教育部哲学社会科学系列发展报告

MOE Serial Reports on Developments in Humanities and Social Sciences

2016
中国财政发展报告

中国政府绩效管理与绩效评价研究

Report on China's Fiscal Development 2016:
Research on China's Government Performance
Management and Evaluation

上海财经大学中国公共财政研究院

主　编　马国贤

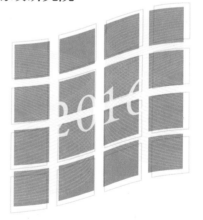

北京大学出版社
PEKING UNIVERSITY PRESS

图书在版编目(CIP)数据

2016中国财政发展报告:中国政府绩效管理与绩效评价研究/马国贤主编. —北京:北京大学出版社,2016.11

(教育部哲学社会科学系列发展报告)

ISBN 978-7-301-27754-6

Ⅰ. ①2⋯ Ⅱ. ①马⋯ Ⅲ. ①财政政策—研究报告—中国—2016 Ⅳ. ①F812.0

中国版本图书馆CIP数据核字(2016)第270070号

书　　　名	2016中国财政发展报告——中国政府绩效管理与绩效评价研究 2016 ZHONGGUO CAIZHENG FAZHAN BAOGAO
著作责任者	马国贤　主编
责 任 编 辑	黄炜婷
标 准 书 号	ISBN 978-7-301-27754-6
出 版 发 行	北京大学出版社
地　　　址	北京市海淀区成府路205号　100871
网　　　址	http://www.pup.cn
电 子 信 箱	em@pup.cn　QQ:552063295
新 浪 微 博	@北京大学出版社　@北京大学出版社经管图书
电　　　话	邮购部62752015　发行部62750672　编辑部62752926
印 刷 者	北京宏伟双华印刷有限公司
经 销 者	新华书店
	730毫米×980毫米　16开本　28印张　534千字 2016年11月第1版　2016年11月第1次印刷
定　　　价	79.00元

未经许可,不得以任何方式复制或抄袭本书之部分或全部内容。

版权所有,侵权必究

举报电话: 010-62752024　电子信箱: fd@pup.pku.edu.cn

图书如有印装质量问题,请与出版部联系,电话: 010-62756370

学术委员会

主　任　丛树海

委　员　胡怡建　蒋　洪　刘小兵

　　　　刘小川　马国贤　朱为群

本报告负责人

马国贤

课题组成员

（以姓氏笔画为序）

马志远	王金秀	王春元	叶宇青	付智鹏
吉文惠	任晓辉	任超然	刘志阔	刘泽华
许　珂	孙文平	李艳鹤	张　勇	张　澜
陈　蓉	欧阳华生	赵宏斌	郝宏杰	袁希君
彭锻炼	滕双兴	滕赋骋		

总　序

哲学社会科学的发展水平,体现着一个国家和民族的思维能力、精神状态和文明素质,反映了一个国家的综合国力和国际竞争力。在社会发展历史进程中,哲学社会科学往往是社会变革、制度创新的理论先导,特别是在社会发展的关键时期,哲学社会科学的地位和作用就更加突出。在我国从大国走向强国的过程中,繁荣发展哲学社会科学,不仅关系到我国经济、政治、文化、社会建设以及生态文明建设的全面协调发展,而且关系到社会主义核心价值体系的构建,关系到全民族的思想道德素质和科学文化素质的提高,关系到国家文化软实力的增强。

党的十六大以来,以胡锦涛同志为总书记的党中央高度重视哲学社会科学,从中国特色社会主义发展全局的战略高度,把繁荣发展哲学社会科学作为重大而紧迫的任务进行谋划部署。2004年,中共中央下发《关于进一步繁荣发展哲学社会科学的意见》,明确了新世纪繁荣发展哲学社会科学的指导方针、总体目标和主要任务。党的十七大报告明确指出:"繁荣发展哲学社会科学,推进学科体系、学术观点、科研方法创新,鼓励哲学社会科学界为党和人民事业发挥思想库作用,推动我国哲学社会科学优秀成果和优秀人才走向世界。"2011年,党的十七届六中全会审议通过的《中共中央关于深化文化体制改革、推动社会主义文化大发展大繁荣若干重大问题的决定》,把繁荣发展哲学社会科学作为推动社会主义文化大发展大繁荣、建设社会主义文化强国的一项重要内容,深刻阐述了繁荣发展哲学社会科学一系列带有方向性、根本性、战略性的问题。这些重要思想和论断,集中体现了我们党对哲学社会科学工作的高度重视,为哲学社会科学繁荣发展指明了方向,提供了根本保证和强大动力。

为学习贯彻党的十七届六中全会精神,教育部于2011年11月17日在北京召开全国高等学校哲学社会科学工作会议。中共中央办公厅、国务院办公厅转发《教育部关于深入推进高等学校哲学社会科学繁荣发展的意见》,明确提出到2020年基本建成高校哲学社会科学创新体系的奋斗目标。教育部、财政部联合印发《高等学校哲学社会科学繁荣计划(2011—2020年)》,教育部下发《关于进一步改进高等学校哲学社会科学研究评价的意见》《高等学校哲学社会科学"走出去"计

划》《高等学校人文社会科学重点研究基地建设计划》等系列文件,启动了新一轮"高校哲学社会科学繁荣计划"。未来十年,高校哲学社会科学将着力构建九大体系,即学科和教材体系、创新平台体系、科研项目体系、社会服务体系、条件支撑体系、人才队伍体系、现代科研管理体系和学风建设工作体系等,同时,大力实施高校哲学社会科学"走出去"计划,提升国际学术影响力和话语权。

  当今世界正处在大发展大变革大调整时期,我国已进入全面建设小康社会的关键时期和深化改革开放、加快转变经济发展方式的攻坚时期。站在新的历史起点上,高校哲学社会科学面临着难得的发展机遇和有利的发展条件。高等学校作为我国哲学社会科学事业的主力军,必须充分发挥人才密集、力量雄厚、学科齐全等优势,坚持马克思主义立场观点方法,以重大理论和实际问题为主攻方向,立足中国特色社会主义伟大实践进行新的理论创造,形成中国方案和中国建议,为国家发展提供战略性、前瞻性、全局性的政策咨询、理论依据和精神动力。

  自2010年始,教育部启动哲学社会科学研究发展报告资助项目。发展报告项目以服务国家战略、满足社会需求为导向,以数据库建设为支撑,以推进协同创新为手段,通过组建跨学科研究团队,与各级政府部门、企事业单位、校内外科研机构等建立学术战略联盟,围绕改革开放和社会主义现代化建设的重点领域和重大问题开展长期跟踪研究,努力推出一批具有重要咨询作用的对策性、前瞻性研究成果。发展报告必须扎根社会实践、立足实际问题,对所研究对象的发展状况、发展趋势等进行持续研究,强化数据采集分析,重视定量研究,力求有总结、有分析、有预测。发展报告按照"统一标识、统一封面、统一版式、统一标准"纳入"教育部哲学社会科学发展报告文库"集中出版。计划经过五年左右,最终稳定支持百余种发展报告,有力支撑"高校哲学社会科学社会服务体系"建设。

  展望未来,夺取全面建设小康社会新胜利、谱写人民美好生活新篇章的宏伟目标和崇高使命,呼唤着每一位高校哲学社会科学工作者的热情和智慧。我们要不断增强使命感和责任感,立足新实践,适应新要求,以建设具有中国特色、中国风格、中国气派的哲学社会科学为根本任务,大力推进学科体系、学术观点、科研方法创新,加快建设高校哲学社会科学创新体系,更好地发挥哲学社会科学认识世界、传承文明、创新理论、咨政育人、服务社会的重要功能,为全面建设小康社会、推进社会主义现代化、实现中华民族伟大复兴作出新的更大的贡献。

教育部社会科学司

前　　言

《2016 中国财政发展报告——中国政府绩效管理与绩效评价研究》是在国家社科重点项目"公共部门绩效管理与绩效指标研究——兼论政府绩效管理'德州模式'"（12AZD097）的基础上形成的。

1. 研究和揭示绩效管理的原理，探索政府绩效管理规律

为落实中共十八大"严格绩效管理，突出责任落实"、2014 年新《预算法》的绩效原则和国务院《关于深化预算管理制度改革的决定》"健全预算绩效管理机制，全面推进预算绩效管理"提供依据。

绩效管理属于科学管理，有自己的规律，只有掌握了规律，我们才能从"自为世界"走入"自在世界"。这要从"绩效"这个词汇说起。有人说它是衡量官员的忠诚和能力的指标，为此在历史上就用于考官，尤其是州县官员考评，是区分贤与不肖的"照妖镜"；有人说它是衡量政府执政能力尤其是政策优劣的"测量器"；也有人说它是衡量政府理财优劣、促进科学理财的"促进器"。首先，我赞成这些说法，作为现代政府治理的核心手段，绩效能起到以上作用；其次，绩效的以上作用能否发挥，取决于我们对绩效概念的科学界定和自觉应用。这就是说，若你说的是假的绩效，就不仅不会获得这些作用，还会将绩效管理引向错误方向，甚至误党误国。然而，绩效毕竟是我们所不熟悉的，它究竟指什么？

在中国，学者们会用"3E"——经济（Economy）、效率（Efficiency）、效益（Effective）解释绩效。然而，经济、效率、效益是三个内涵不确定的抽象概念，以之解释绩效并不符合逻辑，而只能"以己昏昏，使人昏昏"，甚至曲解和神秘化绩效。为此，要推进绩效管理，我们就要正确地理解绩效。

本报告指出，绩效是由效率引申来的，指一定量的政府预算所获得的量化有效公共服务。这就是说，构成绩效的是有效公共服务（简称"有效服务"）和财政投入两个要素，两者是除法关系。有效服务指由政府各部门提供的，且被人民感受到的那些服务。虽然政府做了很多事，但并非都有效。例如，部门间争权夺利、"踢皮球"等官僚主义，以及浪费、腐败等就不是有效服务，这类事越多，绩效越差。按此思路，我们可将政府绩效管理定义为：公共部门为提高资金绩效，以绩效指标

和事业成本为核心,以部门绩效管理和项目化管理为基本形式的管理模式。绩效指标则指用于反映政府投入和有效服务的量化指数。

2. 总结绩效管理的经验,探索中国政府绩效管理的模式

在西方,自20世纪80年代英国"雷纳评审"出现以来,经过三十多年的努力,绩效管理的方法论获得了长足发展。一是政府绩效管理由简单的、低效率的"项目评估"发展为"战略目标—绩效预算—绩效拨款—绩效评价"的四环节体系,以及以政策为对象的"前期评价—中期评价—后评价"的三环节体系,进入了规范化、实用化阶段;二是绩效评价从部门评价扩展到对各下属单位、个人业绩的评价,形成了全方位的绩效评价体系;三是评价结果的应用也从拨款扩展到对官员的晋升或追责。

中国自2003年中央提出"推进预算绩效评价"后,各级政府和财政部门做了许多工作:各地政府成立了考评办,开展了对部门和下级政府的考评;财政部门开展了对预算支出,尤其是重点项目支出的绩效评价。虽然这些工作有改善政风、制止预算资金浪费的作用,但成果是初步的。由于我们尚未正确认识绩效及政府绩效管理路径(包括模式问题),因此尚未将绩效普遍推广和应用于政府管理。

当前,中国在政府绩效管理上的主要问题有:一是虽然建立了政府考绩和预算绩效评价两个体系,但是由于两者在目标、路径、指标、方法等方面有重大差异,因此它们在实施中相互"打架",其效果相互抵消;二是政府对部门考绩采用了以"中心工作完成率"为主的指标,由于中心工作与部门绩效(有效公共服务)、预算投入脱节等,因此考绩并不能全面反映部门绩效,存在绩效误导、部门"不服气"等问题;三是财政绩效管理停留在项目评价阶段。由于中国的预算项目存在多、散、杂、层层重叠等问题,产生了"绩效管理低绩效"难题:(1)项目绩效评价既评不完也评不了,即使已评的项目,其绩效也说不清、难追责;(2)项目与绩效不匹配,在信息不对称下就存在"单项评价有效,总体无效"的难题;(3)在绩效评价中,一些项目明明问题多、浪费大,评价却不能反映,处于低效率状态。可见,路径不合理,广义的项目评价是导致中国"绩效管理低绩效"的基本原因。我们要从总体上提高政府有效服务,治理官僚主义、浪费和腐败等痼疾,就必须摈弃广义的项目评价,开展全面的政府绩效管理。

在如何实现路径转变上,我们既可以采用从理论到制度建设的思路,也可以采用先在某一地区取得突破,形成可复制、可推广的模式,以点到面地在实施中认识其价值的思路。本报告采用第二种思路。

按此思路,我们首先要攻克部门绩效指标难题。为此,从2014年3月起,我们与山东省德州市政府考评办开展了政府绩效管理新模式试点。按照部门绩效管理"一个部门,一套指标的思路",经三年多的共同努力,开发了31个部门的绩效指标。在试点过程中，我们先后动员了上海财经大学、中南财经政法大学两校的教师、博士生等几十人次，与德州市各部门配合，完成了31个部门的绩效指标体系设计，覆盖90%的政府部门。透过这件事，我们看到在德州市市委、市政府和广大干部中蕴藏着求新、求变的强大力量。为记录这一历史，我们称之为政府绩效管理"德州模式"。

政府绩效管理"德州模式"是一项重大创新，其特点可概括为：(1) 确立了党委领导，"一个部门，一套绩效指标"的思路；(2) 建立了以考评办为主的部门绩效管理和以财政为主的项目化管理两大体系，后者虽出于各种原因尚未实施，但框架已建立；(3) 形成了以部门为主，部门、考评办和财政"三驾马车"的绩效管理分工方案；(4) 建设了一套包括投入类、产出与结果类、中心工作类、廉政和满意度类的四维度绩效指标框架；(5) 形成了产出与结果类指标的五项规则。这包括：一是结合部门事务和"三定方案"设计指标；二是注重结果指标；三是优先选用体现社会责任的指标；四是尽量采用定量指标；五是各指标的数据应来自"绩效评价基础表"，纳入数据库管理。应当指出，这些规则是课题组成员共同探索的成果，它解决了绩效指标设计中的共性与个性难题，保证了指标质量。

对于试点效果，我们想以德州市的评估结果进行说明。2015年9月，德州市市委对第一期试点进行了评估，参与试点的部门一致认为，绩效指标结合部门实际，明确了部门绩效目标，具有稳定性，将有力地推进政府治理。为此，他们决定开展第二批试点，2015年10月20日中共德州市市委组织部下发了《关于开展市直部门绩效管理试点工作的实施意见》，将绩效管理的作用归结为：一是有利于强化成本意识，少花钱、多办事；二是有利于突出工作实绩，看过程、重结果；三是有利于树立问题导向，正向激励、改进管理；四是有利于优化部门职能，压实责任、强化作为。总之，"德州模式"是在党委领导下创建的、可复制、可推广的政府绩效管理模式，从一开始就体现出政府治理作用，也为我们树立了信心。针对在评估中部门所反映的指标的适用性，我们在第二期试点中调整了指标构架。

根据"德州模式"和中国当前"绩效管理低绩效"难题，本报告提出中国政府绩效管理路径和方法的政策建议。

3. 总结政府绩效管理的有效经验

为了弄清政府绩效管理的效果和问题，本报告第二篇较全面地介绍了美国、英国等主要西方国家，以及中国香港的政府绩效管理。我们从中可以看出：第一，"绩效管理低绩效"并非中国内地独有，西方国家在绩效管理初期也遇到类似难题。针对这一问题，美国花了近十年时间，才从《政府绩效与结果法案》（GPRA，即绩效评价）转到《政府绩效与结果现代法案》（MGPRA，即部门绩效管理）上。为了适应新模式的要求，奥巴马政府废止已实行五十多年的项目预算而改为部门预算。加拿大政府用了近二十年,才从绩效评价转向基于部门绩效、政策绩效的管理模式。第二,导致"绩效管理低绩效"的原因是政府绩效管理路径和模式不合理,而根源是曲解了绩效。第三,当前的西方政府绩效管理可概括为以加拿大、美国为代表的"部门绩效管理+政策\预算项目化管理"的双轨模式和以法国为代表的"政策—项目管理"的单轨模式两种。双轨模式的重点是部门绩效,由于部门职能具有稳定性,基于部门的绩效指标既可明确部门目标以建立稳定的绩效指标体系,也可为部门深化绩效改革提供依据,因此是公认的政府绩效管理科学模式。这也是为什么美国愿意放弃实行了五十多年的项目预算而改为部门预算。反之,由于单轨模式放弃了部门绩效,也就无法获得以上好处。

政府绩效管理是新事物,原理复杂。我们并不主张所有人都要掌握原理,能不能像只要掌握了遥控器就能使用彩电那样,将复杂问题简单化呢?为此,本报告公布了15个政府部门的绩效指标体系。相信,按此指标再加上自己的基础数据体系,部门是能够开展绩效管理的。

本报告按问题导向方法编写。由于政府绩效管理是新事物,多数官员、学者对此是不熟悉的。为此,本报告从绩效原理开始,遵循"绩效原理—绩效管理理论—问题—解决路径"的编写思路。在方法上,我们按照"绩效—绩效管理—绩效指标—绩效评价"的逻辑思路,每章一个主题,渐次深入,并落到中国绩效管理制度建设的政策建议上。为此,本报告可分为:

第一章至第三章主要介绍绩效,以及绩效管理理论和问题的研究。

第四章至第八章是绩效管理方法论的研究,内容包括绩效指标的原理、绩效评价方法,绩效评价成果的应用等。

第九章至第十七章介绍美、英、法、德等8国,以及香港特区政府的绩效管理历程和现行做法。

我还想说:"政府绩效管理是创新制度,它有一个成长过程,尽管目前还不成熟甚至丑陋,但只要给予时间,它就会越长越俊。"总之,政府绩效管理有其自身规律,对它也有一个认识和实践的过程,甚至会多次反复。从这点来说,中国政府绩效管理改革之路将是漫长和曲折的,我们应有足够的准备。

我需要特别说明的是,虽然本项目由我主持,但动员了上海财经大学公共经济与管理学院、中南财经政法大学财政税务学院的教师和博士生参与。其中,本报告的第一篇由马国贤、任晓辉、李艳鹤参与编写,马国贤主笔。欧阳华生、任晓辉、彭锻炼、王春元、郝宏杰、李艳鹤、任超然、孙文平、张澜、许珂等教师,以及滕赋骋、刘志阔、叶宇青、付智鹏、吉文惠等同学分别承担了德州市2个部门的绩效指标设计,他(她)们分别来自上海财经大学、中南财经政法大学、南京审计大学、上海立信会计学院、浙江财经大学、郑州轻工业学院、上海商学院、华东理工大学、山东大学、山东德州学院等高校；各部门的绩效指标最终由马国贤教授、王金秀教授审定。本报告第二篇分别由以下教师编写：第九章、第十章为李艳鹤（上海商学院），第十一章为任晓辉（上海财经大学），第十二章为任超然（华东理工大学），第十三章为马志远（上海财经大学），第十四至十六章为王金秀（中南财经政法大学），第十七章为赵宏斌（上海财经大学）。此外，本课题还得到山东省德州市市委组织部考评办袁希君、刘泽华、滕双兴、张勇等同志，以及相关部门的领导、人事科长的支持，我们在本报告第七章中记录了这一历史。若说我们为中国政府改革做了点什么，则它是以上同志智慧的共同结晶。在这里，我要特别感谢中南财经政法大学王金秀教授及其团队。

战国时期，伟大的爱国主义诗人屈原在《离骚》中说"路漫漫其修远兮，吾将上下而求索"。本报告是对中国政府管理改革之路的一次探索。

最后，我奉上宋代伟大改革家——王安石《元日》的"爆竹声中一岁除，春风送暖入屠苏。千门万户曈曈日，总把新桃换旧符"来结束本故事。"总把新桃换旧符"不就是饱含着我们对祖国明天的期待吗？

马国贤

2016年9月10日于上海陋室

目 录

第一篇 中国政府绩效管理和绩效评价的理论与模式

第一章 绩效与效率政府 (3)
第一节 什么是绩效 (3)
第二节 绩效的起源与效率政府 (14)
第三节 绩效管理文献综述 (28)
第四节 本报告的突破点 (39)

第二章 绩效管理与责任政府 (42)
第一节 什么是绩效管理 (42)
第二节 绩效管理的相关理论 (55)
第三节 政府绩效管理的作用与责任政府建设 (64)

第三章 中国绩效管理的历史、现状与问题 (78)
第一节 中国绩效管理的历史 (78)
第二节 政府绩效管理的现状与问题 (83)
第三节 原因分析 (90)
第四节 绩效管理模式：对西方两种模式的讨论 (113)

第四章 绩效指标原理和指标框架 (121)
第一节 绩效指标原理研究 (121)

第二节 绩效指标体系建设的标准研究 …………………… (133)
第三节 绩效指标体系建设的框架研究 …………………… (142)

第五章 部门绩效管理的突破
　　　——德州模式 ……………………………………………… (160)
第一节 "德州模式"的缘起 ………………………………… (160)
第二节 绩效管理"德州模式"的特点 ……………………… (163)
第三节 "德州模式"的效果 ………………………………… (173)

第六章 项目化管理流程与绩效指标
　　　——以财政农业支出项目为例 ………………………… (183)
第一节 中国"三农"的现状、问题及成因分析 …………… (183)
第二节 项目化管理:财政农业项目绩效管理的基本方式 … (186)
第三节 涉农部门整体评价的参考绩效指标 ……………… (193)
第四节 项目绩效指标:以农业综合开发土地治理项目为例 … (199)
第五节 项目绩效评价报告 ………………………………… (206)

第七章 推进中国绩效管理的政策建议 ……………………… (209)
第一节 推进绩效管理的政策建议 ………………………… (209)
第二节 搞好部门预算改革,为绩效管理创造条件 ……… (222)
第三节 建立基于绩效的人事制度和问责机制 …………… (227)

第八章 试点课题:15个政府部门绩效的指标 ……………… (230)
第一节 试点简介 …………………………………………… (230)
第二节 试点方对本课题的评价 …………………………… (233)
第三节 参与试点的15部门的绩效指标体系 …………… (234)

第二篇　部分西方国家、香港特区政府的绩效管理

第九章 美国政府的绩效管理 ………………………………… (261)
第一节 美国政府绩效管理的起因 ………………………… (261)
第二节 美国政府绩效管理的发展阶段 …………………… (263)
第三节 美国政府绩效管理的现状 ………………………… (267)

第十章　加拿大政府的绩效管理 ……………………………………（284）
第一节　加拿大政府绩效管理的起因 ………………………………（284）
第二节　加拿大政府绩效管理的发展阶段 …………………………（285）
第三节　加拿大政府绩效管理的现状 ………………………………（288）
第四节　加拿大政府绩效管理的特点 ………………………………（303）

第十一章　英国政府的绩效管理 ……………………………………（306）
第一节　英国政府绩效管理的起因 …………………………………（306）
第二节　英国政府绩效管理的发展阶段 ……………………………（308）
第三节　英国政府绩效管理的现状 …………………………………（319）
第四节　英国政府绩效管理的特点 …………………………………（326）

第十二章　法国政府的绩效管理 ……………………………………（330）
第一节　法国政府绩效管理的起因 …………………………………（330）
第二节　法国政府绩效管理的发展阶段 ……………………………（332）
第三节　新公共预算下的法国政府绩效管理 ………………………（334）
第四节　法国政府绩效管理的特点与讨论 …………………………（343）

第十三章　新西兰政府的绩效管理经验与借鉴 ……………………（347）
第一节　新西兰经济发展背景 ………………………………………（347）
第二节　新西兰政府绩效管理模式变革的动机 ……………………（349）
第三节　新西兰政府绩效管理模式改革的过程 ……………………（353）
第四节　新西兰政府绩效管理模式的理论背景 ……………………（356）
第五节　新西兰政府绩效管理的成果 ………………………………（360）
第六节　新西兰政府绩效管理案例 …………………………………（362）
第七节　新西兰政府绩效管理模式的借鉴 …………………………（367）

第十四章　德国政府的绩效管理 ……………………………………（369）
第一节　德国政府绩效管理的起因 …………………………………（369）
第二节　德国政府绩效管理的历程 …………………………………（371）
第三节　德国政府绩效管理的现状 …………………………………（372）
第四节　德国政府绩效管理的特点 …………………………………（379）

第十五章 韩国政府的绩效管理 (383)
    第一节 韩国政府绩效管理的起因 (383)
    第二节 韩国政府绩效管理的发展阶段 (384)
    第三节 韩国政府绩效管理的现状 (386)
    第四节 韩国政府绩效管理的特点 (393)

第十六章 丹麦政府的绩效管理 (396)
    第一节 丹麦政府绩效管理改革的起因 (396)
    第二节 丹麦政府绩效管理的发展阶段 (397)
    第三节 丹麦政府绩效管理的现状 (399)
    第四节 丹麦政府绩效管理的特点 (404)

第十七章 香港特区政府绩效管理的实践与启示 (408)
    第一节 香港特区政府绩效管理的历程与价值取向 (408)
    第二节 香港特区政府绩效管理的组织与政策措施 (409)
    第三节 香港特区政府的衡工量值审计制度 (413)
    第四节 香港特区政府绩效管理经验的启示 (417)

参考文献 (420)

第一篇
中国政府绩效管理和绩效评价的理论与模式

第一章 绩效与效率政府

绩效管理对中国来说是新事物,存在一些误区。而要真正地了解绩效和绩效管理,就必须从其源头——绩效开始,解决我们对绩效的本质认识问题。

本章的目的并不是研究政府应怎样转变观念、开展绩效管理,而是研究更为基础的问题:什么是绩效?绩效有何特点?绩效如何分类?政府为什么追求绩效?以为本课题打下扎实的基础。

通过对绩效的研究,本章提出两个重要观点:第一,绩效的产生与100年前美国发生的一次重要运动(进步主义运动)中提出的"好政府"有关,是人类追求心目中"好政府"的必然结果;第二,人类在追求"好政府"尤其是"效率政府"的过程中,由于缺乏经验,走了很多弯路,直到20世纪,西方的绩效管理改革才走入正道。总结这一经验,对我们正确地理解绩效是有价值的。

第一节 什么是绩效

一、对绩效的历史考证

"绩效"对许多人来说是陌生的,为此有人说是外来词;其实,它是地地道道的国产词。以下,我们将从中国历史上的绩效和考绩制加以说明。

(一)绩效与历史上的考绩制

在中国历史上,绩效的产生与对官员考绩的制度有关。考绩也叫考评,起源于尧舜时代的"三载考绩,三考,黜陟幽明"制[1],指中央政府对地方官员应每三年做一次考绩,通过三次考绩决定其升迁或降职的制度。到西周,《周礼·天官冢宰》中有:"小宰之职:……以听官府之六计,弊群吏之治:一曰廉善,二曰廉能,三曰廉敬,四曰廉正,五曰廉法,六曰廉辨。"[2]翻译过来,小宰指宰相,其责任是考评朝官的"六计"——品行、行政能力、敬业、工作作风、守法及政令、辨别是非能力。在这里,"廉"指善于或"有分辨,不苟取也"(朱熹语)之意。在《周礼》中,还记录小司徒(司徒的副职)对"地官"(外官,即六乡四郊之吏)的考绩制度。其标准为:"平

---

[1] 《书·舜典》。
[2] 《周礼·天官冢宰》。

教治、正政事、考夫屋及其众寡、六畜、兵器,以待政令。"①总之,西周就有了考绩制,对天官(朝官)采用的是德行标准,对地官(外官)采用的是业绩标准。不过,由于当时国家的实权是由诸侯掌握,因而考绩并未真正地实施。

秦朝灭六国、建立了统一的中央帝国后,在政治上遇到两个难题:一是帝国面积广大,在信息不通和各地经济不一的情境下,如何建立长期、有效的统治;二是如何将政权牢牢地掌控于中央,而不致政令不畅、大权旁落,地方官员利用手中的兵权和财权,拥兵自重、分庭抗礼。

对此,秦始皇采用李斯的建议:一是取消分封制,改而实行由中央委派地方官员的郡县制;二是对官员采用"任期+考绩制"。考绩制的做法如下:(1)对外官考评实行"上计",即"在秋冬岁尽,各计县户口垦田,钱谷出入,盗贼多少,上其集簿"。② 州县的材料直接送皇帝审阅。为此,相传秦始皇每天要看好几牛车的竹简材料。(2)对京官考评"五善五失",即"吏有五善,一曰中(忠)信敬上,二曰精(清)廉毋谤,三曰举事审当,四曰喜为善行,五曰龚(恭)敬多让。五者毕至,必有大赏",以及"吏有五失,一曰夸以泄,二曰贵以大(泰),三曰擅制割,四曰犯上弗智(知)害,五曰贱士而贵货贝"。③

汉袭秦制,汉朝著名的"文景之治"就与政府考绩制和"与民休息"等政策有关。据《汉书·贾谊传》记载,汉文帝即位后,召天下考绩第一的河南洛阳郡守吴公为太尉(最高司法长官),吴公就顺便将其下属——主管洛阳郡考绩的得力官员贾谊推荐给文帝。④ 贾谊是政治家,写过一篇著名文章"过秦论"。在文中,他分析了一个新兴的中央集权王朝——秦朝——在建立不到11年后就被推翻的原因。他们还对汉朝的形势做了分析,认为虽然汉朝表面上是平静的,但深藏种种矛盾和行将到来的社会危机。这包括秦末连年战争导致人口剧减;横征暴敛、土地急剧兼并造成的贫富分化,及其隐含的农民暴乱危机;诸侯王僭上越、割据反叛,对中央政权构成的政治威胁;整个社会以侈靡相竞、以出伦逾和骄逸造成的政治危机;等等。为此,他们提出了兴修水利、轻徭薄赋、与匈奴和亲等"与民休息"政策,以及整顿吏治、恢复对官员的考绩制等"无为而治"政策。这些政策被文帝采用,并持续到景帝朝,从而使中国进入历史上第一个经济稳定发展、政治清明的大治,即"文景之治"时代。

该历史表明,考绩考评是治国的重要措施,它首先是用于考评官吏、治理政府的。在古代,因交通和信息不发达,汉朝的中央政府除了向地方派出官吏(县令和

---

① 《周礼·地官司徒》。
② 《后汉书·百官志》。
③ 《云梦秦简·为吏之道》。
④ 《汉书·贾谊传》。

郡守)外,还应做的是考评其政绩,包括土地、人口、赋税和治安等四指标。若官员这四项指标都完成得较好,则说明他们是忠君爱民且有较强的治理能力的。通过考评,朝廷及时发现了人才,并对绩优者给予升迁,对绩劣者给予免职、降职等,这样既较好地保证了中央政令在全国的贯彻执行,还区分了贤与不肖。其次,考绩的依据是统计资料,如汉朝各州府、县的考绩,除了规定州府必须报送统计资料外,在年底还必须报送包括土地、人口、赋税和治安等记录的原始资料,且原始资料由各州府运送京城,供中央专职机构核查。

在汉朝,除对州县长官考绩外,还对中央各部进行考绩;不过,因京官的绩效难考,为此只设置了德、能、绩、勤等抽象指标。就考评结果来看,这些指标的考评结果并不理想。从这点也说明,绩效考评必须有。

史实表明,绩效管理有三点很重要:(1) 要有一套合适的、体现绩效的指标。(2) 要建立考评机制,严格考评。若无此两点,文帝就不可能发现吴公、贾谊等治国人才,当然也就不会有"文景之治"。(3) 要有严格地按考评结果任免官员的机制。若无此机制,则绩效管理将形同虚设,变成"走过场"。

"绩效"作为官方用词至早出现于北宋。宋仁宗年间,国家遇到的问题多多:(1) "三冗",即冗官、冗员和冗兵,官员不思进取;(2) 边患,连年与辽、西夏战争,且屡战屡败;(3) 财政短缺、入不敷出,政府除了要支付"三冗"费用,还要向辽、西夏赔款;(4) 国内不稳,人民因不堪横征暴敛而举事不断。面对此局面,范仲淹在深入思考后,提出从整顿吏治开始,改革政府。他在著名的"答手诏条陈十事"中,提出明黜陟、抑侥幸、精贡举、择官长、均公田、厚农桑、修武备、覃恩信、重命令、减徭役等10项改革措施。① 其中,明黜陟指按绩效考评官员,辞退无绩效官僚。他说:"我祖宗朝,文武百官皆无磨勘之例,惟政能可旌者,擢不次;无所称者,至老不迁。故人人自励,以求绩效。"② 随着范仲淹主政,绩效也引起官方重视。但是,由于遭到士大夫的强烈反对,"庆历新政"不过一年就夭折了,范仲淹也退出中央而就任地方官。

在宋仁宗晚期,出现了另一个著名的改革家——王安石。他在"上仁宗皇帝言事书"中,提出以发展经济为宗旨的富国强兵主张,以及国家应建立基于绩效的考绩制度。他引用古代尧舜治国的《书》曰:"三载考绩,三考,黜陟幽明。"③以此说明考绩的重要性。到宋神宗熙宁时代的王安石主政期间(1069年),他推行史称"王安石变法"的改革的同时,建立了基于绩效的官员考绩制。他将唐"四善二十

---

① 答手诏条陈十事,《宋史》卷三一四《范仲淹传》。
② 同上。
③ 上仁宗皇帝言事书,《王安石全集》(上),吉林人民出版社,1996年,第403页。

七最"简化为"四善三最",即"德义有闻、清慎明著、公平可称、恪勤匪懈为四善;狱讼无冤、催科不扰为治事之最,农桑垦植、水利兴修为劝课之最,屏除奸盗、人获安处、振恤困穷、不致流移为抚养之最"。① 当时,中央政府为了考绩需要,还设立了审官院(京官考绩)和考课院(外官考绩)。

在此期间,绩效也成了官方的流行用语。例如,王安石在代宋神宗起草的制中,称沈扶"尔行义智能,有闻于家。久于使事,绩效可称"②,并决定将他升为国子博士。从制的内容来看,绩效应指官员的政绩或业绩,与现代意义上的绩效十分接近。

(二) 什么是绩效? 从"范仲淹救灾"案例说起

古代的绩效指什么? 在这里,我们可从"范仲淹救灾"案例说起。受儒家文化的影响,古代的知识分子往往怀着忠君爱国、以天下为己任的理想去解除民间疾苦。这里就记录了范仲淹救灾的故事。

> 皇祐间,吴中大饥。范文正公领浙西,乃纵民竞渡,与僚佐日出燕湖上,谕诸寺以荒岁价廉,可大兴土木,于是,诸寺工作鼎新。又新仓廒吏舍,日役千夫。监司劾奏杭州不恤荒政,游宴兴作,伤财劳民。公乃条奏所以如此,正欲发有余之财以惠贫者,使工技佣力之人,皆得仰食于公私,不至转徙填壑。荒政之施,莫此为大。是岁,惟杭饥而不害。③

罗大经在南宋宝庆年间曾任抚州推官。此外,沈括在《梦溪笔谈》中也有类似的记述。可见,范公救灾之事是可信的。

故事说:范仲淹在杭州当浙西节度使期间,江南遇到严重饥荒,但他没有像其他官员那样向朝廷要钱要粮,而是通过调查发现杭州多富户,有能力自救,而难点是如何将他们动员起来,自愿投入救灾。在他看来,"荒政"难点是克服灾后饥荒,靠政府赈济僧多粥少,而关键是将当地萧条的经济盘活起来。为此,他利用人们积德、福荫子孙的心理和灾后工价低的特点,动员富户出钱修造寺院,大兴土木。在做法上,他不仅要求各寺院化缘筹资,还鼓励富户自行建寺造庙。为了加大建设力度,他还翻修了官府仓敖、吏舍。因为在他看来,只要建设规模足够大到日役千夫,就可使工技者、庸力者仰食于公私,接济亲朋,而不至转徙填壑。而且,修建寺院还会带动石料、竹木、烧砖的生产和运输,使了无生气的杭州经济恢复起来。而有了钱,粮食就会流向杭州。当御史上奏章、弹劾他"不恤荒政,游宴兴作,伤财

---

① 《宋史·职官志》。
② 追官勒停人国子博士沈扶国子博士制,《王安石全集》(下),吉林人民出版社,1996年,第606页。
③ 罗大经:《鹤林玉露》,转自马大英:《中国财政历史资料选编》(第六辑宋辽金部分),中国财政经济出版社,1991年,第709页。

劳民"时,他据理力辩。结果证明,这是一次成功的救灾。政府只用少量的钱就解决了大规模的饥民问题。这一年,江南各地灾害严重,唯杭州做到了"饥而不害"。这是绩效管理的成功例子。

通过此故事,我们对绩效有了初步认识:首先,"绩效"与花钱相关,是指政府在少花钱的前提下提供更有效的服务。在本案例中,有效服务指帮助人民渡过饥荒,少死人或不死人。其次,绩效是一种理念或管理。在本案例中,范公就是通过一系列措施,实现政府少花钱而百姓"饥而不害"的。

二、绩效的概念和特点

通过上述研究,我们对绩效有了初步认识,但是,什么是绩效? 它有什么特点呢?

(一) 什么是绩效?

在我国,绩效及相关词汇(绩效管理、绩效评价、绩效预算、绩效目标等)已在政府管理中广泛使用。但是,我们要正确地用于管理,就应厘清绩效是什么。

绩效(Performance)也称财政效率,早期称为"三 E"(Economy,经济;Efficiency,效率;Effectiveness,有效),这三词既晦涩难懂,内容又不确定,于是经济学家就用"绩效"替代"三 E"。绩效的本意指将事情做得更完满。作为管理词汇,它虽然被用于企业管理,但更广泛地被用于政府管理,其内涵可表述为:绩效指政府提供的有效公共服务与公共支出之比。其公式为:

$$E_f = \frac{S_u}{F} \tag{1-1}$$

式(1-1)中,E_f 为公共支出绩效或财政效率,S_u 为有效公共服务,F 为公共支出。有关绩效的概念,我们可归纳如下:

第一,绩效指向政府的有效公共服务。

绩效是一种价值取向,指向有效公共服务。有效公共服务也称"办实事",指由政府各职能部门提供的且为服务对象所认可的服务。

首先,虽然政府是向社会提供服务的机关,但出于各种原因(诸如政治、官员追求私利、管理信息不对称、多级政府的责任划分不清、官僚主义等),政府提供的公共服务对人民来说未必有效。例如,冗余服务、部门间权力斗争、相互推诿、腐败、繁文缛节规制、"最后一公里"和决策失误等。为此,有效公共服务指在政府的总服务中,减去无效服务后剩余的部分。式(1-1)表明,在同等条件下,政府提供的有效服务越多,绩效就越高;反之,绩效就越低。

其次,绩效与各政府部门的职能相关。比如,抓小偷属于公安局的职能,若卫生局或者医院也被动员起来"抓小偷",则不管它们做得再好也不属于有效公共服务;而预防流行病、办好医疗机构才是卫生部门的绩效。

绩效的相关性表明,由于不同部门的职能不同,提供的公共服务不同,因此尽管原理相同,但绩效的表达方式(绩效指标)是不同的。为此,它在实施中必然是"一个部门、一套指标"。

第二,绩效与投入存在负相关性。

一个部门的绩效除有效公共服务外,还取决于花了多少钱。可见,投入是决定绩效的要素。或者说,在取得相同结果——有效公共服务的前提下,投入多的绩效就低;反之绩效就高。也就是说,若无政府投入,我们就不必问绩效;一旦有了政府投入,就应当问绩效。因为,政府花的是人民的钱,理应给人民一个交代。

长期以来,我们习惯于单一因素管理,为了获得某一效果,政府可以不计成本,一掷千金,造成了劳民伤财,引起群众不满。而绩效改变了这点,它要求我们应权衡结果/投入,从中选取最佳方案。可见,绩效对公共管理具有革命性、颠覆性的意义。而全面考虑结果和投入的管理,必然是科学的、符合实际的管理。

通过以上所述,我们可给予绩效更完整的定义:绩效指政府的有效公共服务与公共支出之比,有效公共服务指由政府各部门提供的且为服务对象所认可的服务。

(二) 绩效的特点

绩效的特点是与现行的公共管理相比而言的,概括起来,它至少有以下特点:

1. 绩效指向结果,而不是过程

在式(1-1)中,有效公共服务指的是结果,而不是过程。就是说,绩效既不是指政府"想做什么",也不是指"做了什么",而是指政府做的事"获得了什么结果(效果)"。绩效的这一特点与中国共产党的实事求是作风是一致的。"实事"指我们根据现存事实做出决策,"求是"指获得好的结果。

这一特点表明,无论是"想做什么",还是"做了什么"均指过程而非绩效,至多是"可能的绩效",唯有结果才是评价政府绩效的依据,且是唯一的。在人民看来,政府说了什么、做了什么并不重要,解决问题才是"硬道理"。

绩效指向结果是一种价值观。原理上,公共管理有过程管理与结果管理之分。结果指人们对"产出"的应用所获得的效果。首先,有效公共服务指结果而非公共服务本身,即过程。其次,从美国的《政府绩效与结果法案》到第一个绩效评价报告"从繁文缛节到结果,构建一个支出更少、绩效更高的政府"(即《戈尔报告》,由美国副总统戈尔主持)也可看出,绩效指的是结果。绩效评价并非回答"我做得怎样",而是"有什么效果"。最后,从中国的历史上看,绩效也是指向结果。比如,在封建社会,中央对地方官员的评价指标(人口增长、耕地扩大、税收足额、诉讼案件减少等),都指向结果。可见,指向结果是绩效的重要特点。

出于各种原因,中国的公共管理一直是以过程为中心而建立的。为此,绩效

的提出具有颠覆性。

(1) 它为绩效管理制度提供了依据。绩效必须用指标来评价,只有指向结果的绩效指标才有管理价值。从这点来说,绩效的提出是中国公共管理上的创新。

(2) 绩效承袭了中国共产党实事求是的作风,有利于打破政府管理上的陈规陋习。在传统的政府管理中,人们往往以"我做了什么,克服了多少困难"为成绩。例如,各部门年终总结就是这样的官样文章。而绩效要求政府拿出真金白银——有效公共服务。这就要求政府面对现实困难,在依法办事的同时,积极进行制度创新和技术创新。从这点来说,绩效将对中国公共管理科学化产生深远的影响。

(3) 它为德才兼备的干部选拔提供了"绩效标准"。在政府管理上,人事是决定事业成败、机关作风的重要因素。德才兼备是中国共产党在实践中提出的标准,这无疑是正确的,但也存在无法量化的缺点。由于说不清"谁比谁更好",因而干部选拔往往靠"印象",这就难免提拔了部分墨守成规的"老好人官员"。这一缺点还被一些人利用,庸俗化为"'德'就是听话——不管是对是错,'才'就是搞定——不管白道黑道",从而提拔了一些庸才、歪才,搞乱了党的事业。

现在,我们终于找到干部选拔的"绩效标准"。由于绩效是可以量化的,而那些多年以来业绩好的干部,必然是在政治上有理想抱负、在管理上有指挥能力、面对困难有担当的做实事干部——人民心目中的好干部。可见,绩效为干部选拔提供了科学标准。历史也证明,以绩效来选拔官员是屡试不爽的。

2. 绩效是评价出来的

绩效并非实体性概念,而是管理词汇。管理词汇指人们为某种管理需要而创制的词汇。资本、利润、成绩等都是管理词汇。我们知道,成绩是度量学生的知识掌握程度的指标;但是,成绩是对考试而言的,没有考试也就没有成绩。同理,利润是用于衡量企业管理水平的管理词汇,而利润是企业会计按照某种核算标准计算出来的。也就是说,没有会计核算,也就无所谓利润。若核算方法不科学,就会将利润算成亏损,或将亏损算为利润。同理,绩效是评价出来的,没有绩效评价,就无所谓绩效。然而,既然评价,就有评价方法的问题,没有科学的评价方法,就可能将白的评价为黑的,黑的评价为白的。

3. 绩效具有可感知性、可量化性

当我们将有效公共服务定义为"政府各部门职能提供的且为服务对象所认可的服务"时,后半句就包含了绩效的可感知性。绩效的可感知性指人民群众能从环境的变化中感觉到绩效的存在。俗话说"金杯银杯,不如群众的口碑"。口碑就指群众的感知。绩效的可感知性表明,服务对象(顾客)的认可程度是评价政府绩效的重要依据。绩效的可感知性既指直接感知,也指间接感知。比如,当人们发现周围的环境变了,水更清了、山更绿了就是对政府的环境治理绩效的直接感知。

有时,虽然政府下了很大功夫,使城市绿化率提高了 1%,但对大多数人来说却并未感觉到变化,这个 1% 就是间接感知。但是,若城市绿化率每年提高 1%,则在 10 年后所有的人就会感到环境的变化。

绩效的可量化性指在理论上,人们可以用量化指标来度量绩效。例如,用城市绿化率度量绿化绩效。水利和环保部门按水的生化需氧量、化学需氧量、总需氧量、总有机碳、悬浮物、有毒物质、pH 值、大肠菌群数、溶解氧、氨氮等设定从 I 类水到劣 V 类水的指标,用于反映水体的污染程度和环境治理上的绩效。由于人的感觉往往具有不可靠性,因此,我们应该通过量化指标来反映和评价绩效,这样的评价才具有科学性。

那么,绩效的可感知性与经济学上公共产品的外部性是否矛盾呢?

我们认为,总体上,这两者并不矛盾。外部性是公共产品的重要特点,指政府服务可以使第三者受益。比如,灯塔是公共产品,它为船只指示航向,避免其触礁,由于它可以通过船员感知来使船只受益,因而具有外部性。而量化指它能使多少船只受益。比如,若人们将灯塔设在无船只经过的地方,灯塔就无绩效。总之,感知是绩效的条件,而量化是对受益的解读结果。一项无人感知的服务,无论政府如何努力也是无绩效的。

绩效的可量化性既是对事物本身的描述需要,也是管理需要。理论上,绩效是用于度量政府的有效服务的,但问题是政府提供了多少有效服务。若没有量的测定,政府就会拿某一件有效服务来夸大宣传,掩盖官僚的无能。为此,从实事求是来说,政府必须量化有效服务。再从管理上来说,绩效指标是由绩效名称和度量数据构成的。比如,我们评价义务教育绩效就涉及生均拨款水平,这是用于衡量学校经费保障程度的重要指标,是按政府拨款额除以在校生人数计算出来的。若对某省份以公用经费生均拨款 530 元为标准,甲市的拨款水平为 580 元被认为达到"基本充足",而乙市的拨款水平为 510 元则属于"不足"。若没有量的支撑,我们就无法判断政府在这项指标上的绩效状态。可见,量化绩效是管理的需要。马克思说过:"一种科学只有成功地运用数学时,才算了达到真正完善的地步。"[①] 总之,量化是绩效管理的重要特点,也是绩效指标建设的一般要求。而我们对绩效指标的量化过程,也是深化对管理对象的认识、实现公共管理科学化的过程。或者说,在解决可感知性与公共产品外部性的矛盾上,我们有时是可以避开外部性问题,找到相关的量化指标的。

然而,由于公共产品具有外部性,我们有时无法避开外部性问题。例如,有时我们很难用某个指标量化部门绩效。在这种情形下,就要用多项指标、从多个方

---

① 邓树增:《自然辩证法引论》(第 1 版),湖南大学出版社,1987 年,第 369 页。

面来量化绩效。这时,虽然每个指标只反映了绩效的某一方面,但若设计合理,整合起来就能全面或近似地反映对象的绩效状态。有关这点我们将在第五章展开。

4. 绩效以委托代理为前提

委托代理是与政府自营对应的管理方式,它源自股份公司。在股份制公司中,股东不再直接从事经营活动,而是将管理事务委托给职业经理人。这样,股东是委托人,而职业经理人是受托人或代理人,因而这一关系被称为委托代理关系。在自营制下,下级人员必须事事按领导的指令办事并对领导负责,因而通常不存在绩效评价的问题。

在委托代理制下,由于多数事务将由代理人处理,只有重大问题才需要请求委托人同意,因此它有利于提高效率,但也存在官员利用信息不对称为己谋利、产生"机会主义行为"的可能,这就需要用绩效来考评其忠诚和能力。在中国古代,虽然在理论上是"溥天之下,莫非王土;率土之滨,莫非王臣"[①],但是由于"天高皇帝远"和信息不对称,封建皇帝不可能事事躬亲地方事务,而只能采用委托代理,派驻官员处理这些事务,考绩制就是这样产生的。这既说明委托代理是历来政府管理的重要制度,也说明绩效产生于委托代理。

绩效的这一特点表明:首先,只有在公共委托代理制下,政府才可能开展对部门和下级政府的绩效评价,要求它们对结果负责;而在自营制下,由于部门、单位按上级指令行事,事事听命上级,因而缺乏权力能力和行为能力,无法对其绩效负责,更无法承担责任、纠正问题。其次,一旦开展了绩效管理,就意味着国家的公共管理模式将由以权力为中心的过程管理模式,转向以委托代理和责任为中心的模式。

总之,绩效有四个特点:(1) 它指向结果;(2) 它可以用指标评价;(3) 它具有可感知性、可量化性;(4) 它基于委托代理。这些说明了绩效既是一种理念,也是一种管理。

三、绩效的分类

分类是管理的基本要求,它指在管理对象广泛时,我们必须按同一角度,将性质相近的对象归入同一类,采用相同或类似的管理方式;而将性质不同的对象归入不同类,采用不同的管理方式。科学的分类可以帮助我们将复杂的问题简单化。

公共事务的内容广泛,它"上管天、下管地、中间管空气",且每项事务都有绩效问题。为了管好它,我们要进行科学分类。分类必须符合形式逻辑的同一律进行,做到既不重复也不遗漏。

---

① 《诗经·小雅·北山》。

在国内,有人将绩效管理分为政府绩效管理、预算绩效管理、项目绩效管理、政策绩效管理、公共项目绩效管理等。这一分类存在以下问题:一是它属于对绩效的管理分类,而不是绩效分类;二是即使对此存而不论,该分类也存在概念不清、既重复又遗漏的问题。可见,国内在绩效的分类上尚属空白。

我们参考国外经验,提出绩效的层次性理论,可以分为政府绩效、部门绩效、政策绩效、项目绩效等四层次(见图1-1)。当然在此之下,我们还可按部门、单位和预算资金目标等进一步细分。

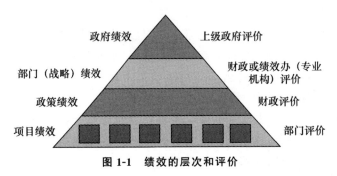

图1-1 绩效的层次和评价

(一)政府绩效

政府绩效也称政府整体绩效,是基于对政府有效公共服务的总体衡量上的绩效。在中国,由于政府分为中央、地方等五级,因而在管理中,政府绩效还应当具体指哪级政府的绩效。

理论上,政府绩效应指各部门绩效、各政策绩效和各项目绩效的总和。但是在中国,由于一级政府的职能广泛,每项职能有许多指标,为了避免陷入烦琐的事务主义,上级部门往往采用列举法,选取70—100项重要指标来评价政府绩效。

(二)部门绩效

"部门"在我国也称职能部门或行政部门(即局部委办),它们是政府直属的、代表政府或受政府委托管理指定公共事务的行政机构及其下属组织。部门的下属组织有的称为二级局,有的称为事业单位(如教育部门管理的学校,卫生部门管理的医院、卫生院等),还有的称为管理中心。

部门绩效也称部门整体绩效,是部门及其下属单位的绩效的总和。理论上的部门绩效指部门在执行职能、向社会提供公共服务时产生的绩效。而管理上的部门绩效指部门按事前设定的绩效指标,经第三方机构(或经批准由部门自己)按客观、公正、真实原则和绩效评价规则获得的绩效分值。部门绩效还可按部门性质细分,如农业事业绩效、环保事业绩效、教育事业绩效、水利事业绩效等。

还应指出,部门绩效有时也称战略绩效;不过,真正意义上的战略绩效指政府的跨部门战略的绩效。

(三) 政策绩效

政策绩效应包括公共政策的绩效和公共工程的绩效两类。早在抗日战争时期,毛泽东就告诫全党,政策和策略是党的生命,各级领导同志务必充分注意,万万不可粗心大意。公共政策既指政府实施的战略性政策(如农业政策),也指政府为发展某一事业而制定的具体政策(如产业政策、土地政策、社保政策、教育政策、卫生政策等)。由于后者是部门实施的,因而属于部门的绩效问题。总之,无论是战略性政策还是具体政策,如农业补贴政策、环保政策、义务教育政策、水利政策等,由于它们都需要预算支持,因而从"花钱买到什么服务"的角度都存在绩效问题。不过,本报告讨论的主要是部门政策的绩效问题。

政策绩效通常还包括公共工程的绩效,如建设高速公路、高铁、展览馆、独立的水利工程的绩效问题等。由于公共工程与公共政策的管理有类似性,都适宜采用项目化管理方式,因而通常将两者合并讨论。

政策绩效是部门以下的绩效,它也有理论和管理概念之分。理论上的政策绩效指政策本身的、基于有效服务的绩效。管理上的政策绩效指部门或第三方按事前设定的绩效指标,对某一具体政策进行绩效评价所获得的结果或绩效分值。

(四) 项目绩效

项目绩效是处于"绩效金字塔"底部的绩效,也是最复杂的绩效问题。为了说清这点,我们将从什么是项目谈起。

广义地说,项目作为公共管理的基本对象,是指独立的、与预算相联系的政府事项。也就是说,项目应当具有以下特点:

(1) 项目指向办事,是指办事与支出结合的事项。比如,公安局提出的建设全市交通护栏就是一个项目;而政府想建设体育馆,将土建、设备等合起来就称为一个项目。项目的全称是预算项目,应与预算支出相联系。也就是说,如果不涉及预算支出的,就不属于预算项目,不存在项目绩效问题。

(2) 项目应具有独立性和可区分性,这是从绩效评价的角度提出的。项目的独立性指每个项目应当是独立,而不是依赖于其他项目的。例如,一艘军舰就是一个独立的建设项目,其中配置的发动机、武器或通信装备等,由于它们依赖于其他条件,因而应称为子项目。又如,政府建设信息系统,若将网络建设、电脑单机、服务器、软件购置和人员培训的预算合起来,就称项目,而电脑购置则属于子项目。可区分性是本项目与其他项目应当是可以区分的。例如,农业部门举办的农民科技培训与科技部门举办的农民科技培训,虽然举办主体不同,但由于内容上不具备可区分性,因而应当合起来才能称为项目。

从绩效来看,项目的独立性和可区分性很重要。因为,若预算项目不能满足此要求,那么项目实施者会将 A 项目的绩效移至 B 项目,造成绩效失真。

预算项目管理是中国部门预算的基础管理。由于公共管理是围绕公共事务、由"管人""管事"两者构成的管理。而预算项目以"项目"形式，将"管人""管事"结合起来，避免了两者的脱节。因而一个好的项目管理制度必须包括严格、规范的立项制度与基于绩效的前期、中期和后期评价制度等内容，在理论上，完备的项目管理是有利于提高公共决策科学性和支出绩效的。

广义的预算项目包括政策项目（公共工程项目）和一般预算项目两类。由于在绩效的四层次中，政策绩效属于第三层次的绩效，因而这里的项目绩效是指一般预算项目的绩效问题。

我国在预算管理上，由于对项目的条件尚缺乏严格的界定，未建立规范的立项制度，因而在预算项目管理上存在许多问题和漏洞。2003年以来，虽然国家财政部要求开展对项目的绩效评价，但在实施中因问题多多、困难多多而效果不佳。为此，项目绩效也是本报告的关注点之一。

总之，绩效的层次性理论表明，绩效评价由于涉及行为能力，因而四类绩效的评价主体是不同的。政府绩效应当由上级政府评价，部门绩效应当由财政或更权威的机构（如政府绩效办等）评价，政策绩效应由本级财政机构实施，而项目绩效应当由各部门实施，即"一把钥匙开一把锁"。评价主体一旦发生错位，就会引起管理混乱，导致效果抵消。

第二节　绩效的起源与效率政府

一、"好政府"与绩效

（一）"好政府"是人类的共同追求

在古代的西方，流传着"好政府"的故事。

据《圣经》记载，以前，以色列各部落长期没有中央政府。公元前1030年，人们祈求先知撒穆尔："请赐给一个国王，以仲裁我们吧。"先知撒穆尔告诫道："在国王的统治下将是这样的情景：他的战车会带走你们的儿子，并使他们成为跟随他的战士……他会把你们的女儿变成洒香水的仆人、厨师、烤面包者……他会将汝等十分之一的羊群拿走。"但是，以色列人并没有气馁，说："不，我们需要国王领导我们，这样我们才能与其他国家一样，给我们以仲裁，走在我们前面，领导我们战斗。"

在这一故事中，以色列人祈求上帝的不是财富，而是赐给他们一个好政府。什么是好政府？在他们的心目中，它并不是救苦救难的"菩萨"，而是代表公共利益、"给我们以仲裁"的公共秩序维护者，生命财产的保护者，在遇到外族入侵或自然灾害时"走在我们前面，领导我们战斗"的组织。尽管他们将付出沉重的代价——将十分之一的羊群拿走、将孩子从父母身边拉走、战争中会死人等,但这一切对人民来说是值得的。

好政府是不同民族的共同追求。在中国历史上也有神农氏尝百草,尧舜禅让,以及大禹领导人民治水13年、三过家门而不入、劈开龙门引导洪水入黄、治理九河、根治水患的故事。在这些故事中,它同样寄托着先民对"好政府"(即勇于担当,能带领他们战胜困难,走向幸福明天的政府)的期盼。而在漫长的封建社会里,受儒家文化的熏陶,正直的中国知识分子以忠君爱国、以天下为己任、解除民间疾苦为人格,其背后是对好政府的向往。

从国家层面来看,在美国,1787年《宪法》序言指出:"我们美利坚合众国的人民,为了组织一个更完善的联邦、树立正义、保障国内的安宁、建立共同的国防、增进全民福利和确保我们自己及我们后代能安享自由带来的幸福,乃为美利坚合众国制定和确立这一部宪法。"①可见,美国的"好政府"是指建设一个树立正义、保障国内安宁、增进全民福利的政府。而在中国,1987年《中华人民共和国宪法》序言指出:"国家尽一切努力,促进全国各民族的共同繁荣。"这就是说,中国的"好政府"是指促进各民族的共同繁荣的政府。这些都表明,尽管社会制度不同,但是好政府是人类追求的共同目标。

在美国,19世纪后期至20世纪30年代的"进步主义运动"再次提出"好政府"。当时,一方面是美国经济取得了杰出成就。1890年,美国工业总产值首次超过农业产值;到20世纪初,美国制造业的生产总量超过英法德三国总和,成为世界上"最富的国家"。而另一方面,由于采用"小政府"制、"政党分肥"和"自由、放任"的经济政策,政府事实上沦为垄断资本家的统治工具,社会矛盾空前突出。(1)垄断问题。截至1901年,1%的公司生产了全美国44%的产品;金融资本的垄断强大到富可敌国、挑战国家权力的程度。(2)贫富分化。截至1900年,占美国人口1%的富人拥有美国财富的87%,而1/8的人生活在极度贫困中。(3)环境污染与食品安全问题严重,经常爆发商业欺诈、假冒伪劣等问题。(4)政府腐败严重,往往前届因贪腐而下台,后届却变本加厉,因而声名狼藉。(5)城市管理严重缺位,形成"白色城市"(垃圾)与"黑暗城市"(无路灯)。(6)工业生产存在童工、矿难等超额剥削的严重问题。由于以上问题集中在城市,因而城市政府被称为"最腐败、最低效率的政府"。② 面对这些,资产阶级中一些有识之士深感社会危机正在迫近,若不能解决就会严重阻碍资本主义的发展。要解决此问题,就必须有

---

① 《美利坚合众国宪法》(Constitution of the United States),好搜百科(www.douban.com)。
② Frederick C Mosher, Democracy and the Public Service,石庆环译,New York: Oxford University Press,1982.

一个以维护公共利益而不是资本家利益为己任,同时有效率、勇于承担责任的政府。在管理上,它必须彻底改变"自由、放任"政策和"政党分肥"制。于是在19世纪80年代,他们兴起了一个旨在促进政府进步的"进步主义运动",并延续到20世纪的20至30年代。"进步主义运动"影响很大,其成员既有民主党人也有共和党人,既有记者、大学教授也有官员。从老罗斯福、胡佛、塔夫脱、威尔逊到实行"罗斯福新政"的小罗斯福,以及继承者杜鲁门等,都称自己是进步主义者。有的进步主义者还自称"扒粪者",专门揭露政府的腐败和无能,提出政府应摆脱党派和国会的控制,成为独立的、服务于公共利益的组织。

在进步主义者的诸多改革主张中,最重要的是"好政府"理论。在他们看来,好政府也就是有效率的政府。"效率政府就是好政府,没有效率的政府就是不好政府"是美国人评价政府的基本标准。[①] 可见,"好政府"是人们对理想政府的追求,也是评价政府的价值标准。可以说,从19世纪80年代的改革到"罗斯福新政",再到20世纪90年代的绩效管理改革,贯穿于美国政府改革的红线就是对"好政府"的追求。

(二)"好政府"内涵与绩效改革

"进步主义运动"的时间长,影响触及各方面,遗产丰富,学者的研究也见仁见智。在我们看来,它的最大贡献是提出建设好政府目标,以及效率是评价政府好坏的标准。事实上,他们提出的评价好政府的标准有两个:维护公共利益和效率(绩效)。

1. "好政府"是以维护公共利益为己任的政府

中国首位翻译马克思《资本论》的教授——王亚南在研究封建社会时发现:同样是封建社会,为何中世纪的欧洲战争不断,而中国社会却稳定有序,一个王朝甚至可延续数百年?结论为:中世纪欧洲是世袭制贵族统治的社会,贵族不仅占有土地,还拥有军队并统治居民,因而欧洲封建社会是残暴、不稳定、不断爆发战争的,史称"黑暗时代",这一状况一直持续到"文艺复兴"后。而在中国,从秦朝开始就废止了贵族制,政权收归中央政府。相应地,中央政府将建立秩序、制止暴乱、保护私有财产、兴修水利、兴办教育等作为自己的职能,并实行集权统治,建立税收、军队和派驻官员治理地方的制度。王亚南先生还认为,一旦政府承担了公共职能,以独立的第三方出现,就能起到平衡地主与农民两个阶级的利益、调和两者矛盾的作用,因而使社会稳定、人民安居乐业。他还指出,一旦政府抛弃公共利益而沦为贵族、地主阶级的帮凶,或者恢复贵族统治,就会失去统治权威,社会就会

---

① Frederick C Mosher, *Democracy and the Public Service*, 石庆环译, New York: Oxford University Press, 1982.

走向内战和分裂。这一结论是王亚南先生从史实而非"阶级斗争"的先验论出发获得的,是符合历史的。至今,它对我国市场经济下的政府治理仍具有重要价值。王亚南先生的结论也说明,"好政府"必然是以公共利益为己任的政府。

"以天下为己任"是中国人心中理想的政府标准。天下既指统治地域,更指政府应维护天下百姓的利益,即公共利益。从孔子《论语》的儒家文化到孙中山先生的"天下为公",再到中国共产党的"立党为公、执政为民",以及习近平认为的"国不以利为利,以义为利也"都是说公共利益是政府存在的依据,也是判断政权合法性的依据。因为,一个不是为民而是专谋一己私利的政府,尽管它会凭强权而一时存在,但不会获得人民的承认,因而是不具有合法性的。

什么是公共利益? 公共利益是隐含在政府的公共事务管理中所体现的全体公民利益。恩格斯在《反杜林论》中指出,公共利益在原始氏族社会已存在。"在每个这样的公社中,一开始就存在一定的共同利益,维护这种利益的工作,虽然是在全社会的监督之下,却不能不由个别社会成员来担当:如解决争端,制止个别人越权;监督用水,特别在炎热的地方;最后,在非常原始的状态下执行宗教职能。"① 他又说:"当实际劳动的人口要为自己的必要劳动花费很多时间,以致没有多余的时间从事社会公共事务,例如劳动管理、国家事务、法律事务、艺术、科学等的时候,必然有一个脱离劳动的阶级来从事这类事务。"② 因此,在恩格斯看来,公共利益是每一个人或企业无法离开也无法提供的利益,它产生于对公共事务的管理。而公共事务是指在私人社会里,那些私人所不愿做、不能做、做不了但又是经济发展和社会进步所必不可少、只能由政府管的事务,如防务、水利、法律、维护社会治安、保护私人利益等。政府管理了这些事务,就等于同时为许多人提供了服务。正是政府管理了公共事务,才成为凌驾于社会之上的权威组织。政府越是以公共利益为己任,就越是具有独立性、权威性,也就越能为广泛的人群服务。例如,良好治安是公共利益,即便小偷也希望有良好的治安,因为若治安差,他偷到的东西也会被别人偷走。公共利益既是每个居民的希求,又是他们所无能为力的。例如,鼠疫在历史上被称为黑死病,在1348年第一次袭击英国并持续三百多年,近1/3的人口死于鼠疫,从贫民到王公贵族都不能幸免。1665年,鼠疫在欧洲再次爆发,几乎毁灭了欧洲。直到欧洲广泛地使用肥皂,加上政府开展了灭鼠运动后才停止。可见,防疫是公共利益。经济学家也十分关注公共利益,在布坎南的投票理论中,公共利益是那些全票通过的政府事务。

总之,公共利益是客观存在的,其缺点是不易测定、不易量化。因此,贬低公

---

① 《马克思恩格斯选集》(第4卷),人民出版社,1957年,第218页。
② 《马克思恩格斯选集》(第3卷),人民出版社,1957年,第221页。

共利益,甚至制造"虚无论"是不符合实际的。从以上论述中我们不难看到,是否维护公共利益是评价"好政府"的首要标准。

2. "好政府"是有效率的政府

好政府的第二个标准是效率。如果说公共利益是好政府的政治标准,效率则是管理标准。政府既是政治组织又是管理组织,而管理的目的是效率,为此作为管理组织的政府,效率自然就成为评价好政府的标准。虽然我们无从考证"效率政府"是谁提出的,但它确实是进步主义者的共识。

效率是经济学概念,指经济活动的有效性,即一定的投入(金钱、时间、资源等)与它所产生的收益(利润或其他目标的实现)之比。公式为:

$$效率 = \frac{收益}{投入} \qquad (1\text{-}2)$$

在一项活动中,若投入相同,收益高的效率就高;或者收益相同,投入少的效率就高。效率是人们的追求目标,也是价值标准,如"事半功倍"或"事倍功半"指的是效率。效率作为价值标准,是指在家庭活动中,高效率家庭的收入高于低效率家庭,故生活更好;在企业经营中,高效率企业的利润高于低效率企业,因而更有竞争力,而低效率的企业易被淘汰。为了提高效率,企业不得不更新技术、产品,改善管理。为此,提高效率是20世纪初西方科学管理运动的核心内容。效率也是政府管理的核心,因为低效率与腐败内在相关。人们将那些低效率、无效率的政府称为"腐败无能政府",而高效率政府受人尊敬、威信高。

历史上,"进步主义运动"的重要贡献是提出了效率是评价政府的标准。F. 马歇尔指出:"在'进步主义运动'的推动下,'效率政府'取代了19世纪的'绅士政府''大众政府'或'道德政府',而成为'好政府'的代名词。"[①](石庆环译)为了效率,总统们以政府干预替代"自由放任"政策;为了效率,总统们以公共利益政府与官僚主义、浪费和腐败做斗争。

在我们看来,两者合起来是市场经济下"好政府"的完整标准。由于市场经济是每个人追求自身利益,因而是物欲横流、陷入种种迷思的时代。"好政府"的提出,犹如黑暗中的明灯和茫茫大海上的灯塔,照亮了现代政府的航程。

若说寻求"好政府"是一个"梦",则改革就是"寻梦之旅"——它既指美国的政府改革,也指中国共产党领导人民推翻帝国主义、封建主义、官僚资本主义,建设新中国的艰苦卓绝斗争,以及20世纪80年代以来的改革开放事业。因此,无论从政治还是经济和公共管理上,我们怎么评价"好政府"都不过分。

---

① 石庆环:"20世纪初工商企业的科学化管理与美国政府的行政改革",《东北师大学报(哲学社会科学版)》,2004年第9期。

二、效率政府的建设历程与绩效

(一)效率政府建设上的难题

在理论上,虽然我们提出了"好政府"的公共利益标准和效率标准,但是政府在实际管理中却遇到许多难题。这包括:其一,"效率政府"指什么?是指政府内部管理效率(行政效率),还是指在管理公共事务、提供公共服务上的效率(绩效或财政效率)?其二,"好政府"的效率标准与公共利益标准是何关系?两者是对立的还是可统一的?若可统一,那么需要什么条件?其三,如何评价政府和行政部门的效率?

以上难题随"效率政府"而产生,指导着20世纪的政府改革;但是,直到20世纪80年代的绩效管理,人们才有了初步答案。由于绩效既指向效率,其指标又事关公共利益,因而是这两个标准的综合。在这里,我们做一简要描述。

(二)从"效率政府"到"科层制政府"

自"效率政府"命题提出后,美国政府就开始了改革。针对当时国会权力过大、政府无法独立行使职能的问题,大学教授(后为美国总统)W. 威尔逊先后于1885年、1887年发文,提出"行政与政治分离"观点:行政是一种事务领域,行政应该从政治的混乱与纷争中摆脱出来。① 对此,古德诺进一步论证为:政治是国家意志的表达,行政是国家意志的执行。② 就是说,国会的任务是"表达国家意志",包括立法、监督政府活动、批准预算或总统提出的重大政策、批准对外缔结的条约等;而政府的作用是执行国家意志的,包括执行法律、依法建立行政机构、管理公共事务、提出预算案等。随着该理论被广泛接受,美国设立了文官法,确立了以行政与政治分离为特征的、区分政务官与文职官员的、去政治化的行政管理文官制度和预算制度。

然而文官制度仅解决了对官员的管理,而未解决政府该怎样有效地管理公共事务的问题。为此,1914年,德国学者韦伯基于效率政府的理论和过程管理,将"好政府"称为"理性—合法政府",提出依法办事、科层制、专业管理、去政治化、公文主义、行政能力完备等"科层制"管理原则,认为这是基于效率的"科学的政府管理模式"。③ 其主要内容如下:

1. 依法办事

这是评价行政机构合法性的标准,它指政府必须在法律授权内管理公共事务,凡法律未授权的就不能做;凡是法律规定必须经过批准的,行政机关就应经批

---

① Woodrow Wilson, "The Study of Administration", In Arthur Link, et al. *The Papers of Woodraw Wilson* (Volume 5), Princeton University Press, 1968.
② 〔美〕F. J. 古德诺:《政治与行政》,华夏出版社,1987年,第12—13页。
③ 〔德〕马克斯·韦伯:《经济与社会》(下卷),商务印书馆,1997年,第311页。

准后方可做,不得僭越。

2. 科层制管理

科层制管理也称层级管理,是指政府应当按科层设置管理机构,形成以权力为中心的领导、部门、科室、办事员等四层次结构(见图1-2)。层级管理采用的是下级向直属上级负责制,上级不断下达命令、指示,下级执行并报告实施结果,这一方式被称为过程管理。

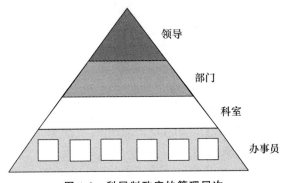

图1-2 科层制政府的管理层次

3. 专业管理

专业管理指政府应当按职能和事务设置部门,聘请专家从事各项管理,从而形成严密分工。专业管理的目的是保持公共事务在管理上的连续性,提高效率。

4. 去政治化

去政治化也称公务员永业制。一是指政府机构应按政治/行政两分法的要求建立,在政党轮替制下,公务员应保持政治中立,不参与党派、利益团体的活动,不向党派提供资金;二是指无论党派如何轮替,公务员将是永业的,只要不犯错误就不得辞退。

5. 公文主义

公文主义指政府机关的活动,应当是以公文而不是以某人的声明为准,公文是政府行事的基本依据。由于从事政府管理的人数众多,每个人或许对业务管理的理解不同,为防止各自发声造成相互掣肘、相互抵消,政府办事应以公文为准。若某一事务涉及几个部门,就应建立公文会签制度,以保持各部门发出同一声音。公文主义还要求,公文是特殊的文书,必须符合规定格式,在起草、制作、审阅、签发、收文和传阅等方面有特殊要求。

6. 行政能力完备

行政能力完备指各行政部门应建立相应的执行机构,以保持其权力或决议得到及时、完整的贯彻实施。比如,法院应设立法警,环保局应设立环保监察站。因此，许多行政机构都有相应的附属机构，如二级局或事业单位等。

将以上六原则合起来，就是韦伯的公共管理的科层制模式，或者简称科层制模式。

从六原则中我们不难看出，韦伯是从提高行政机构的内部效率（即行政效率），而不是从提高政府服务的社会效率进行设计的。政府服务的社会效率指政府应以较低的成本向社会提供更多的有效公共服务。

就其内容而言，以上六原则，有的着重政治方面，如去政治化原则和依法行政原则，但更多的是从管理效率角度设计的，如科层制管理、专业管理、行政能力完备原则等。在20世纪20年代，由于政府管理处于混乱和无效率状态，而科层制模式为政府管理提供了一个可操作模式，为此一经提出就为各国所采用，被奉为公共管理的"圣经"。

科层制模式通过六原则，将行政效率、过程管理、权力政府等联系起来，在历史上第一次形成完整的公共管理的官僚模式，从而开创了公共管理的规范时代。以后，虽然各国政府在实施中有所增删，但大体上是沿着这一思路进行的。

（三）科层制模式的缺陷

虽然公共管理的科层制模式解决了公共管理上的基本问题，但是由于它是基于权力和过程管理设计的，因此存在某些根本性的缺陷。随着它的全面推行，这些缺陷也逐渐暴露且越来越突出，其后果是政府管理的官僚主义、浪费和腐败难题不仅未得到解决，反而变得越发突出。归结起来，科层制模式的缺陷大体如下：

1. 其目标是追求行政效率而非社会效率，因而存在路径性错误

正如前文所述，韦伯科层制模式的目的是提高政府的行政效率而非社会效率，这就与"好政府"的初衷存在很大差异，甚至是南辕北辙的。

在管理制度上，管理学有两个规则：首先是厘清管理目标，即"你要茶，还是咖啡？"目标不清就会南辕北辙、白费劲；其次是在目标确立后，解决好路径与目标的关系。路径是实现目标的手段，它必须与目标同方向（即相向而行），而不是相反；同时，在诸多的可能方案中，应找到关键路径。可见，在管理目标确定后，路径决定一切，细节决定成败。

若我们将建设好政府的"效率政府"作为目标，则路径就指选择合理的政府管理模式，即应采用何种方式管理公共事务，以提高公共管理效率。在这方面我们有两种选择：一是以提高行政部门的效率为目标，二是以提高行政部门的社会效率（即提供更多的有效服务）为目标。由于在第二种选择下，路径与目标的相关性高且存在支撑关系，因而是符合管理学路径选择规则的；而第一种选择试图通过提高行政效率来增进政府的社会效率，不仅路径曲折，而且两者的相关性不高，因而这一路径是不合理的。然而不幸的是，科层制模式属于第一种路径，这就导致

路径性错误。

行政效率指行政机关的运行效率,即领导指令得以及时、正确地传达贯彻,而不管它是否确有价值。而"好政府"追求的是政府的社会效率,即有效公共服务,人民从中获得的实惠。由于政府的行政效率高但不一定会增加有效服务,而往往是以牺牲有效服务为代价、让居民"为政府服务"的,因而科层制模式作为"好政府"建设的路径并不合理,甚至可以说是相反的。

首先,从原理上说,行政效率的评价采用命令的执行与时间标准,而"好政府"追求的是公共支出与有效公共服务,评价标准是绩效。由于行政效率将有效公共服务、公共支出两个因素排除在外,因而两者的评价标准有很大差异,公式为:

$$行政效率 = \frac{执行}{时间} \tag{1-3}$$

本质上,行政效率是基于过程管理的效率,而"好政府"要的是有效公共服务,即结果的效率。虽然过程与结果有一定的因果关系,但谁都知道,结果取决于多种因素,过程只是因素之一。也就是说,即使政府的行政效率是高的,也不等于结果(即有效服务或绩效)是好的。这点也说明,过程和结果是两回事,为此将行政效率作为实现"好政府"目标的路径并不可取。

其次,从深层上看,科层制被西方国家普遍接受,有一个政治基础的问题。在权力型政府下,统治者将统治视为特权。什么是统治?统治指统治者对人的行为和思想的控制。虽然韦伯的"科层制政府"被冠以"科学管理",但从其前提来看,整个制度设计是建立在政府强化统治这一假定上的,因而受到统治者的欢迎。

由于行政效率体现的是统治权力,而在有效公共服务背后的是政府服务(即公共责任),因而两者并非同一回事。在权力型政府下,行政效率就是"为上服务"的效率。由于它是与党政机关的社会责任相脱节的,因而在缺乏责任的约束下,官僚机构极易产生权力膨胀、争权夺利、搞"裙带关系,以权谋私"等问题,更遑论领导的错误决策在层层执行中被自动放大、产生浪费等严重后果了。

最后,在行政效率下,官员们关注的是过程而非结果。对公务员来说,"只要做了领导布置的事就好,结果与我无关"。他们为了证明"无错"和"有权",会设计出事事审批的制度,否则你就不"合法";还会设计复杂的办事程序,要求你提供名目繁多的证明,甚至要求提供"你妈是你妈"的奇葩证明。至于你是否办成,与我无关。在公务员看来,只要我"无错",浪费就与我无关。因而,科层制不但无法解决官僚主义、浪费、腐败等问题,而且会在追求行政效率的口号下放大政府的三大难题,使之愈加严重。

总之,科层制作为管理模式之一,在企业管理、政府处置突发事件、军事管理等方面是有价值的,但是由于其基础是过程管理和权力运行而非责任,它追求的是行政效率而非有效公共服务,因而并不是公共管理的基本模式。Osborne 和 Gaebler(1993)认为,科层制模式并不是有效率的,而是政府能大体提供人民需要的服务。① 而追求行政效率和权力所带来的官僚主义、腐败、浪费才是问题的关键。

2. 构成科层制模式的六原则有一定的缺陷

就科学管理来看,韦伯的依法办事等科层制原则本身就存在某些缺陷。

第一,就依法办事原则来看,我们对它可有两种理解:一是消极的依法办事。法律有明确授权的政府才去做;凡法律未规定的,不管社会如何需要,行政部门也不能做。二是积极的依法办事。凡法律未禁止的,只要有利于经济和社会发展的行政部门就要积极去做。我们认为,第二种依法办事才符合"好政府"的要求,但韦伯采取了前一种,即官僚主义的解释。

第二,虽然层级管理原则有利于确立行政秩序,这是应肯定的,但是由于该原则的内容是指向权力配置和统治,而不是指向公共责任,因而属于权力型政府的层级管理。效率政府也称责任型政府,是指政府应依据公共责任建立层级分工,而我们需要的是基于责任的层级管理。从这点来说,它是与建设责任型政府的要求相违背的。

第三,就专业管理原则来说,我们认为分工合作是公共管理的核心内容,行政部门按专业设置是符合分工要求的。从这点来说,该原则具有合理性,为行政部门设置提供了依据。但是,韦伯并没有回答政府该如何进行专业管理。例如,我国的行政机构虽然是按专业化设置的,却设有综合部门、业务部门、专业部门三类机构(见图1-3)。三类机构并存的好处是细化了分工,而缺点是管理碎片化。它等于将蛋糕先横切、后竖切、再纵切,使每个部门的管理处处受其他部门的掣肘,谁也办不了事。为此,为了推进某些管理,政府不得不在此基础上另设领导小组、办公室等,造成了"叠床架屋"。这一问题在中西方国家都存在。此外,专业管理要求每个公务员固定于某个岗位。这样一来,公务员虽然熟悉业务但视野窄,不会从全局来考虑问题,缺乏创新激情,只是照章办事的官吏。

再说,部门职能分工越细,政府职能碎片化和低效率就越突出,管理上的扯皮就越多。例如,虽然理论上农、林、水和土管部门的界限是清楚的,但具体到农田建设上,水利部门称为"小型农田水利",农业部门称为"建设高稳产田",土管部门则称为"土地整理",到国家发改委就称为"高标准农田建设"。由于它们都以"支农"的名义参与农田建设,且资金来自各自渠道,从而形成"九龙治水"(农发办、国

---

① David Osborne and Ted Gaebler, *Reinventing Government: How Entrepreneurial Spirit is Transforming the PublicSector*, New York: Penguin Books USA Inc, 1993.

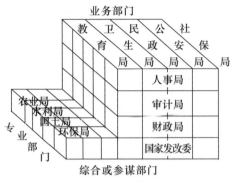

图 1-3 我国政府机构的矩阵模式

土、发改委、烟草、农业、林业、水利、水产等)的局面。由于各部门的开发标准不一,到县级政府就既无法规划也无法协调,结果是好的耕地开发了一遍又一遍,而真正需要开发的中低产田地却无人关注。总之,专业管理是重要的公共管理原则,但是在追求权力和行政效率而非责任的情形下,就无法解决机构设置上的难题。也就是说,行政分工越细,官僚主义和低效率就越严重。

此外,政府一旦将行政效率作为考核目标和依据,就会带来低效率、浪费等后果。据国家审计署曝光,贵阳市投资 85 亿元修建了 30 000 套保障房,却因缺乏配套、小区内污水横流、廉租房质量差等,已闲置了 3 年。中央电视台记者在调查中看到"住户们每去一个部门投诉,都被搪塞去另一部门,一共走了七八个部门也没能解决"。更为奇葩的是,央视记者采访贵阳市住建局局长本人时,他却说自己不是局长! 但记者在住建局网站上发现,他正是局长本人。[①] 可以说,这种扯皮现象在我国到处存在。其根源是政府追求的是行政效率(包括超额完成任务),而不是绩效(即人民的居住条件),因而谁会关心这类投诉呢。

第四,公文主义和行政能力完备原则固然必要,但也有某些"副作用"。(1)它会引导政府关心公文,而不去解决现实问题;(2)它会造成"文山会海";(3)它要求每个行政部门都设下属机构,而不管是否需要,因而极易造成机构膨胀。

科层制模式的以上问题在我国存在,在西方国家也存在。公共管理上的科层制模式已有百年历史了,虽然其目标是"效率政府",但路径错了,因而我们不仅未获得理想中的"好政府",还长期为官僚主义、浪费和腐败所困。为此,除非政府改弦易辙、抛弃过程管理下的行政效率而转向绩效管理,否则这三大难题是无解的。

从实践上看,在美国,由于历届政府追求的是行政效率而不是有效公共服务,

---

① "贵阳 3 万套保障房闲置 住建局局长与记者扯皮",东方财富财经频道(finance. eastmoney.com)。

因而从20世纪30年代起,虽然每届总统在选举中信誓旦旦——上台后大幅度改革人事制度、经济宏观控制方式和预算制度,但是官僚主义等三大难题仍如影随形,愈演愈烈。在整个20世纪80年代,美国政府在医疗保险、公共教育、社会治安等公共事业上的财政开支不断增加,但服务质量和效率却每况愈下。截至80年代末,美国3000多万人仍没有医疗保险;公立学校学生的测试成绩连年下降,其退学率、犯罪率持续上升,成为"垃圾学校"的代名词。根据美国公司的调查,"只有20%的美国人相信联邦政府会做正确的事,而在30年前,这一比例却有76%"。① 奥斯本在《改革政府》中谈道:"20世纪80年代接近尾声时,《时代》周刊在其封面上提了一个问题:政府死亡了吗?"② 20世纪70年代后,随着西方"石油危机"后的经济衰退、"水门事件"等政治丑闻,三大难题已经演变成对政府的信任危机。理论上,由于政府提供了人民所需的服务,理应具有最高的权威性和公信力,但事实上在美国,当时却有80%的人不信任政府,这表明人民已经极度失望。为此,人们称之为官僚主义管理模式。可见,政府除摒弃追求行政效率的科层制官僚主义管理模式,切实推进基于责任的绩效管理改革外,已别无他途。

三、西方的绩效管理改革

(一)"雷纳评审"与绩效管理兴起

20世纪初,为了改变现状、挽救资本主义,美国一些有识之士开始反思"应当建设何种效率政府"。其核心是放弃行政效率,转而追求"公共服务的社会效率"。这一工作在20世纪50年代就开始了。1921年,美国通过了《预算与会计法案》,将预算编制权由国会转到行政部门。按该法案的要求,美国财政部设计了一个以各部门"养人"为主的预算办法——分项排列预算(Line-item Budget)。在杜鲁门执政期间,为了改变政府机构的"叠床架屋",胡佛委员会于1949年提出了重要的预算原则:政府支出必须有效果,无效果支出一文不给,并提出绩效预算。绩效预算指政府应当向有效支出拨款的预算。而在此之前,"养人"是各部门编制预算的依据。

在杜鲁门的支持下,胡佛委员会领导了绩效预算改革,推行各部门试行按"可能达到的目标"编制预算,政府按可能达到的目标组织初审,形成总预算后报国会。然而,此项改革试行两年后就夭折了。其原因在于:一是改革在政治上触动了官僚阶层等既得利益者,遭到国会反对;二是技术上准备不足,政府在"拨款的效果指什么、如何评价或衡量"等技术性问题上说不清,因而实施不了。总之,虽

---

① Gore, Al., Report of the National Performance Review: From Red Tape to Results—Creating a Government That Works Better & Costs Less [R], Washington: the U.S. Government Printing Office, 1993.

② 〔美〕戴维·奥斯本、〔美〕特德·盖布勒著,周敦仁等译,《改革政府》,上海译文出版社,2013年。

然绩效预算改革失败了,但为20世纪80年代的绩效改革起了铺垫,因而至今仍有价值。

20世纪60年代,美国进行了项目预算改革(Planning, Programming and Budgeting System, PPBS)。这是一种基于"办事"与不是"效果"的预算。项目预算指各部门应按做什么(项目)编制预算,而部门的"养人费用"(如部长的工资等)也应当含在项目中,而不是另编预算。比起"养人预算",项目预算属于办事预算,因而更接近行政管理的目标,而且项目可以是跨年度的。例如,建造一艘航空母舰要好几年,实施项目预算后,只要该项目的预算通过了,政府就可采用"直通车"方式安排各年度的预算,而不必每年由国会审批。20世纪70年代,西方多数国家采用了项目预算。

项目预算的缺点如下:(1)项目是办事预算,未必有效果。(2)"项目"可大可小,具有不确定性。大的项目可涵盖一个部委的预算,小的项目可以是国会修一个车棚。因而在信息不对称下,项目审查、管理的难度大。部门往往会利用这点,多编项目、编大项目,造成预算资金浪费。(3)因行政经费含在项目预算中且不可能砍掉,故部门往往会以此要挟预算编制机构,以获得更多的预算。因此,项目预算无法解决官僚主义、浪费和腐败的难题。20世纪60—90年代,尽管美国联邦政府的财政收入逐年增长,但每年都有巨额的预算赤字。

在英国,20世纪70年代政府在推行项目预算中也遇到了类似难题,直到80年代初,撒切尔夫人领导了绩效改革。英国的绩效改革是从"雷纳评审"开始的。"雷纳评审"指政府设立一系列基于结果的指标,采用实证方法,通过对各指标的得分来综合评价各行政部门绩效的制度。比如,为了改善高等教育,英国政府决定从1986年起对公立高校进行绩效评价(Research Selectivity Exercise, RSE)。[①]英国政府按评价结果,将院校分为六类(本科、专科院校各三类),实施"分类拨款+定期评价"的制度,形成了基于绩效的管理制度。英国的改革引起全世界的关注,首先在欧洲、英联邦国家中获得推广,成为绩效管理的开端。

英国的成功促进了美国的改革。1993年克林顿政府期间,国会通过了《政府绩效与结果法案》(GPRA, 1993)。根据该法案,克林顿推行部委的绩效评价和绩效管理,并将这次改革称为新绩效预算。以后,虽然小布什、奥巴马分别进行了某些微调,但基本做法未变。于是,新绩效预算成了美国政府管理的重要方式。在新西兰,政府还通过绩效管理,对监狱制度进行了重要改革。在严格的监管基础上,政府通过购买公共服务,将犯人的服刑监管交给了私人组织。

进入21世纪以来,绩效管理已为多数国家所采用。据世界银行《财政实践和

---

① 刘娅:"英国高等教育系统科研评估制度最新改革及评鉴",《科技进步与对策》,2013年第8期。

流程数据库》2003年的数据,在OECD(经济合作与发展组织)成员中,67%的政府部门或部门负责人正式承担设定绩效目标的职责;在接近50%的成员中,绩效成果信息被用于政府机构和部门内部设定项目优先顺序及分配资源。①

(二)绩效是"好政府"两标准的回归

绩效管理有何魔力能吸引这么多国家并成为世界潮流? 回答这个问题是比较困难的,但我们认为基本的原因是它符合"好政府"要求。第一个问题是,效率政府指什么? 对此,我们从美国"进步主义运动"提出的"好政府"开始,指出了"好政府"有两个特点,即以公共利益为己任和追求公共服务效率。进而分析了美国百年的政府改革,指出它始终未成为"好政府",其原因是路径错了——将行政效率而不是绩效或公共服务效率作为目标,因而它与效率政府的要求南辕北辙、渐行渐远。

第二个问题是,"好政府"的效率与公共利益是何关系? 我们的回答是:两者是可以用绩效统一的,绩效是"好政府"两标准回归,是评价"好政府"的基本标准。

1. 绩效与公共利益

在许多人看来,公共利益是虚的、可任意装扮的。这是错的。在中国古代就有"大道之行也,天下为公"②之说。这是说君子(无论是学者,还是圣人、明君)都应行大道。"大道"指尊重公共利益和公德,实现"天下为公"。"天下为公"指政府应维护公共利益,君子应维护公德,这是儒家文化的核心思想。

那么,绩效与公共利益是何关系? 从式(1-1)可知,绩效的分子指政府的有效公共服务,是公共利益的具体化。绩效管理要求形成以量化的有效公共服务的绩效指标,因而它既指向了公共利益的质,又显化了公共利益的量。从这点来说,绩效将通过有效公共服务的指标化,将抽象的公共利益变得看得见、摸得着,因而是具有可操作性的指标。

2. 绩效与效率政府

前文指出,效率政府有行政效率、绩效(财政效率或社会效率)等两种理解。在"进步主义运动"后,虽然"效率政府"受到了广泛重视,但出于各种原因,政府改革却落在追求行政效率上。

从某种意义上说,行政效率并非体现民众利益的效率,而是体现官僚机构和功利主义利益的效率,因而政府越追求行政效率,与社会利益就越脱节,而官僚主义、浪费和腐败就是这一脱节的外部表现。为此,基于行政效率的"政府改革"越多,就越利己,越脱离民众,离"好政府"越远,离官僚主义、浪费和腐败就越近。

---

① 沈春丽:"绩效预算",论文中国网(www.lw-cn.cn)。
② (西汉)戴圣:《礼记·礼运篇》。

绩效却不同。绩效指向有效公共服务,其背后是社会利益,因而绩效所体现的是政府的社会效率。由于绩效吸收了一般效率公式的优点,用两个要素(有效公共服务和公共支出)来测评,因而它还解决了政府的社会效率的测量、评价难题。也就是说,只要方法是科学合理的,绩效就有可能成为政府支出社会效率的测量器。这正是我们梦寐以求的。

再回到"好政府"上。若我们将它的两个标准(公共利益标准和效率标准)放在同一个坐标系中,则两者就是横坐标与纵坐标,而绩效是45°夹角线(见图1-4)。因而它不仅能同时衡量两个维度,还能从指标值上反映政府建设状态。

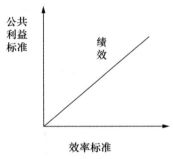

图1-4 "好政府"两个标准与绩效

由于绩效既与公共利益密切相关,又能体现社会效率(或财政效率),使效率政府具有了可操作性、可量化性,因而通过绩效,我们可以将这两个目标协调起来并解决测量难题。或者说,绩效高的,必然是同时符合这两个标准的好政府;而绩效低的,将是不好的政府。绩效的这一特点,使我们找到了建设好政府的"抓手",这点或许是最重要的。

总之,绩效是我们所希望的。然而遗憾的是,受韦伯"科学管理"的误导,我们在寻求"好政府"的道路上花去近百年的时间,在吃尽苦头之后,却蓦然发现它就在面前。这正是,众里寻他千百度,蓦然回首,那人却在灯火阑珊处!

第三节 绩效管理文献综述

预算绩效管理是在传统的过程管理的基础上产生的、以绩效为核心、以结果为导向的公共管理制度。"什么是绩效管理"和"如何建立绩效管理制度"是预算绩效管理的两个核心问题。本节从文献开始,围绕这两个问题做一研究。

一、绩效信息与预算制度文献

预算绩效管理首先可以分为"绩效信息的生产"和"绩效信息在预算管理制度中的应用"两个基本部分。本部分首先综述绩效信息在预算管理制度中的应用的相关文献,然后综述绩效信息的生产的文献。

预算绩效管理中有"预算"和"绩效"两个关键词。根据研究重心的不同,可以将文献分为两类,分别从"预算"和"绩效"两个角度研究绩效信息与预算制度的互动。

(一)预算与绩效管理

1. 美国有关预算绩效管理理论的文献

一般认为,预算是政府制订的公共资金的年度性计划,它一旦经过代议机构批准,就称为预算或政府预算。由于预算绩效管理是预算制度发展的一个阶段,因此西方一些学者从这一角度来研究预算绩效管理。

美国学者 Schick(1966)基于美国 1920—1966 年的预算改革实践,提出政府预算的"控制、管理和计划"三种功能取向的理论。他认为,任何预算体制均容纳了控制、管理与计划过程三种,但却很少能够并重;在特定的阶段,总有某种功能取向占主导地位。在 Schick 看来,1920—1935 年实施的分项排列预算,主要是发挥预算的控制取向(即强调收支控制),重点是防止资金滥用和管理失控。第二阶段是从"罗斯福新政"开始的管理取向逐渐替代控制取向,如胡佛委员会的绩效预算(也称早期绩效预算)。早期绩效预算改革的目的是,由单纯的收支控制转向管理促进与产出测评,主要做法是应用评估手段促进效率。第三阶段是以计划取向为特征的项目—计划预算时期。由于项目—计划预算改革引入项目这一政策目标,从而将预算控制功能转向目标管理。由于在早期绩效预算中,预算只是作为对公共部门以往的工作或产出的管理工具,而项目—计划预算将预算视为分配过程与政策声明,注重公共项目的未来影响,因而属于目标管理。

由于 Schick 预算三功能取向理论强调预算取向是在特定时期的主导作用,不排斥其他功能的存在,在当时引起了广泛关注。对此,美国学术界形成了否定与肯定两种观点。Axelrod 对 Schick 理论中三种预算功能的互斥性与历史发展时序的关系提出质疑。而 Friedman 运用 Kendall 等级相关检验和 Guttman 量表及散点图等方法,对 Axelrod 的质疑进行了驳斥,从而支持了 Schick 理论。

Lynch(1995)从 Schick 的预算三功能理论出发,提出政府预算有三个主要的目标——控制、管理、计划。他指出,若以控制为目标,则预算模式的设计应确保资金根据已通过的政策使用;若以管理为目标,则预算过程便强调管理机构中的人员,以便在项目中实现效率和经济;若以计划为目标,则预算过程应当强调加强政治决策。这三个目标并非相互排斥,它们存在于大多数的预算过程,但它们的区分在概念上是有用的。不同时代的改革者试着强调其中的某一个目标,但其他目标并未因此而消失。从而结束了学术界有关预算三功能理论的争论。

1997 年,Rubin(1997)结合美国 20 世纪 70—90 年代的预算改革实践,对

Schick 的预算三功能理论进行扩展研究,提出政府预算的控制、管理、计划、优先性、责任性五种取向的理论。他认为,美国 20 世纪 70—80 年代的零基预算(Zero-based Budgeting)改革的目的是按公共项目的重要性确定预算分配的优先性,以改进管理的效率和效果(Taylor,1977);而平衡预算(Balance-base Budget)、目标预算(Target-based Budgeting)和行为预算(Activity-based Budgeting)是零基预算的衍生形式(Tyer and Willand,1997)。Rubin 还认为,随着 1993 年美国《政府绩效与结果法案》的颁布而产生的新绩效预算(New Performance Budgeting),标志着"责任性功能"(即联邦预算管理重点)转向产出,从而强调预算责任性(Rubin,1997;Martin,1997)。绩效意味着对当年度预算成果的衡量,并作为下一财政年度预算建议的参考。Martin 指出,责任性导向的预算聚焦于对成果的测评。新绩效预算试图评价政府的成果而不是集中于工作的直接产出,这是新旧绩效预算的最重要区别(Wang,1999)。

Tyer 和 Willand(1997)在 Rubin(1997)研究的基础上整理了 20 世纪以来的美国政府预算改革,分析预算目标的演进,提出美国预算改革的控制、管理、计划、优先性、责任性五个阶段。

Thurmaier 和 Willoughby(2001)将预算功能取向分析范式延伸至预算机构职能,指出中央预算机构有控制、管理、计划和政策四种取向。

通过对以上理论的研究,我们将预算功能取向简要地归纳为表 1-1 所示。

表 1-1　五种预算功能取向的预算改革实践的特征比较

特征	预算功能取向				
	控制	管理	计划	优先性 (控制/计划)	责任性 (计划/管理)
预算起源时间 预算模式	20 世纪早期 分项预算	20 世纪 50 年代 早期绩效预算	20 世纪 60 年代 计划/项目预算	20 世纪 70 年代 零基预算	20 世纪 90 年代 预算绩效管理 (新绩效预算)
预算关键环节 预算信息重点 预算机构地位 预算程序	预算执行 投入控制 受托 自下而上	预算准备 项目产出 追求效率 自下而上	预算准备前期 远期目的 政策制定 自上而下	预算准备 优劣排序 追求效果 自下而上	预算准备、决策 项目成果 追求绩效 自下而上/自上而下

从以上研究可以看出:

第一,预算改革总是与特定历史阶段的政府目标相联系的。

第二,从 1966 年 Schick 提出预算的功能取向以来,西方学者对此进行了深入的研究,这对于我们认识政府预算的作用、解释 20 世纪以来美国频繁的预算改革、为什么最终趋向预算绩效管理(新绩效预算)是有帮助的。

我们认为,Schick 的"预算的功能取向"实质指预算功能。也就是说,政府预算作为一种管理政府的工具,存在控制、管理、计划、优先性(政策)、责任性(绩效)等功能,它们并非人为强加,而是存在于预算本身;不过,预算功能的发挥需要条件。若我们不给予它充分的条件,它就表现为"隐性功能";若我们给予它充分的条件,它就成为现实功能或者"显性功能"。而美国 20 世纪以来的预算改革,就是发现预算功能并为之创造各种充要条件、使之在政府管理中发挥作用的改革。具体地说,在预算的五种功能中,后三种功能(即预算的计划、优先性、责任性)是在项目管理的制度下产生的。当然,从项目—计划预算到绩效管理预算,除了项目管理这一制度外,还应具备相应的法律、信息(如信息公开、公共信息数据库)、问责机制等条件。

第三,Schick、Rubin 等人的研究表明:美国的预算绩效管理实质上是一种与建设责任型政府相匹配的预算制度。这一点,与本报告中我们对绩效管理的判断是一致的。

2. 中国有关预算绩效管理的研究

预算功能取向是预算学术界的基本共识,国内预算学者在介绍国外理论成果及实践经验时,也基本采用这一框架。

苟燕楠(2009)分析了公共预算的基本问题、公共预算的传统与变迁、公共预算决策的理念和测量,以及在这种策略指导下的绩效预算改革的国际经验。

游祥斌(2010)在论述中国推进预算绩效管理的必要性时,提到由于缺乏战略视角,传统控制导向的预算制度陷于支离破碎;而预算绩效制度通过引入战略规划因素,将政策、规划和预算有机地结合起来。

张晓岚和吴勋(2007)论述了预算功能取向与部门预算绩效评价理论导向。

虽然以上文献都指出绩效管理与责任政府建设具有内在联系,但是由于他们尚缺乏对绩效管理的机制分析,因而总体而言,其结论尚不能令人信服。

(二) 绩效信息与绩效预算文献

由于信息是预算绩效管理的基础,因而从绩效信息的角度解读预算绩效管理或许更有价值。

1. 国外的有关文献

Melkers 和 Willoughby(2004)按照绩效信息在政府管理层面上的运用,由低到高将政府绩效管理划分为绩效沟通、绩效管理和绩效预算三种方式。希克(2000)按照绩效信息对决策的影响,从小到大地将绩效管理分为绩效衡量、绩效目标、绩效报告、绩效审计、绩效基准、绩效合同、绩效工资、绩效预算、变动成本九大类型。

单就绩效预算来说,西方理论界尚无共识。最严格的定义认为,按照绩效信息分配预算资金,才算是绩效预算。例如,McNab 和 Melese(2003)认为,绩效预算是按照部门的产出或效果分配资金。在实施绩效预算的早期,很多实践者与学者都持这种观点,我国对绩效预算进行研究的早期文献持这种观点的也比较多(聂丽洁,2004;张维平,2005)。赵璐(2008)认为绩效导向预算是建立在计量经济学基础上的一种公共财政管理工具。新绩效预算改革还被称为"结果预算""结果导向型的绩效预算""企业家预算"等。

然而,这一说法是有问题的。在政府管理中,预算固然重要,但能否取得有效结果往往还取决于其他因素,如各项政策的决策指导思想、主客观条件、行政管理方式(权力型管理还是委托代理式管理)、社会思潮和价值观等。它们都会对绩效产生重要的影响,预算只是影响结果的诸多因素之一。比如,在经济发达地区,人们对普及教育的需求出自内心,政府适时地推出普及教育的预算政策的绩效将会很高。但对于处于刀耕火种的原始状态的边远山区来说,人们对知识的需求并不迫切,虽然政府推出普及教育的预算政策有作用,但要达到发达地区的绩效是做不到的。政府也不可能根据绩效分配义务教育预算。此外,政府预算往往是各种利益阶层的博弈结果,因此在政府支出中,有些是属于政治性的,如何评价它们是一个难题。

为此,一些学者主张对绩效预算给出一个较为宽泛的定义。从绩效信息对资金分配过程的影响出发,将绩效预算定义为投入与成效(业绩)相联系的预算编制系统(沈春丽,2005)。沈春丽根据这一定义,将绩效预算分为四类(见表1-2):(1)报告型绩效预算(Performance Reported Budgeting),绩效信息包含在预算文件中,但并不作为分配预算资源的考虑因素;(2)知晓型绩效预算(Performance Informed Budgeting),在确定预算的过程中考虑项目的绩效信息,但在实际决策中信息仅作为次要考虑因素;(3)决策型绩效预算(Performance Based Budgeting),在资源分配中,绩效信息与其他因素一并发挥重要作用;(4)理论型绩效预算(Performance Determined Budgeting),资源分配直接而明确地与绩效相联系。

表 1-2　绩效预算的类型

分类	预算与绩效联系的程度	范例
报告型绩效预算	绩效信息包含在预算文件中,但并不作为分配预算资源的考虑因素	美国地方政府
知晓型绩效预算	在确定预算的过程中考虑项目的绩效信息,但在实际决策中这些信息仅作为次要考虑因素	美国俄勒冈州政府

（续表）

分类	预算与绩效联系的程度	范例
决策型绩效预算	在资源分配中,绩效信息与其他因素一并发挥重要作用	新西兰
理论型绩效预算	资源分配直接而明确地与绩效相联系	这是绩效预算的理论定义,在实践中并不可行

资料来源:沈春丽(2005)。

另一个观点认为,绩效预算是在预算准备、预算申请、预算执行和预算评估的整个预算过程中使用绩效信息(Joyce,2007)。这是一个更宽泛的定义。Straussman(2007)认为,一般的预算改革和特殊的绩效预算是改变公共管理质量的诸多努力中的一部分。他还指出,任何支出管理改革能够成功的前提之一是具备"足够的能力",该能力与制度密切相关。Melkers 和 Willoughby(2001)认为,绩效预算的实施需要部门首先对其使命、目标和目的进行战略规划,并将关于项目结果的有意义的定量数据纳入管理过程。布劳尔(2007)认为,实施绩效预算仅是建立结果导向型政府的趋势,并不是解决政治因素影响资源平衡分配问题的方法,但可以将资源分配的争议焦点从投入转化为结果和产出。

Joyce(2007)指出,预算过程中绩效信息的使用有一些基本的先决条件。正是由于忽视了制度层面和技术层面的一些基本先决条件,致使许多国家无法成功地建立联系绩效信息和绩效预算的体系。他还认为,绩效预算是政府决策体系的一个部分,在考虑选任官员和政府雇员的决策意图的基础上,在结果信息和资源分配间建立更为直接的联系,促进国家的治理。2006 年,他进一步认为,预算绩效管理必须系统地使用战略规划、绩效计划、预算和财务信息,促进政府更加以结果为导向、更加负责。绩效信息不仅改变了资源分配决策,对机构运作管理和财政报告也产生根本性的影响。同样,Breul(2007)认为,预算绩效管理制度是财政效率原则下政府管理的一种方式,绩效信息不仅应用于预算分配,还应用于战略规划和组织管理。

2. 国内的有关文献

在国内文献中,马国贤(2005)、马蔡琛(2005)、陈旭东(2005)提出,绩效管理的本质是在部门内部按照委托代理的方式建立管理制度。

马骏和赵早早(2011)指出,新绩效预算是整个公共部门重新构造的组成部分,要研究新绩效预算改革,不能单纯地站在预算的角度上,而应全面了解同一时期的公共部门改革,才能了解新绩效预算在各国政府管理实践中的运作机制。绩效管理的核心在于求变和改革,旨在追求深层次的管理效益。

赵合云(2007)认为,绩效预算制度的实施需要满足三个基本理论假设:目标一致性、绩效测量的科学性与绩效信息的真实性。中国目前的改革应该从满足绩效预算的理论假设出发,创造条件,为今后全面实施绩效预算奠定基础。李燕(2005)指出,在中国特殊的国情背景下进行绩效预算制度的"移植",面临许多正式制度与非正式制度的约束。

吴俊培(2011)分析了推进中国地方政府预算条件和传统预算中存在的问题,对中国预算改革推进的前提条件进行了分析。李尽法(2008)建议从系统论、决策论、新公共管理主义的有关成果对绩效预算运行机制的内部和外部因素进行系统的分析与互动研究。游祥斌(2010)提出,绩效预算制度要求政府机构在提出预算需求时必须根据本组织的战略计划(或者中长期计划),明确列出组织的中长期目标、策略、预期产出或成果、绩效评价标准,以及前一年的绩效评价结果。战略规划的成功制定能够帮助公共机构厘清组织的计划优先权,并能够基于一种对共享目标的追求而协调机构成员的行为。

总之,绩效信息是预算分配的重要因素,但并非唯一因素;预算绩效管理是一个系统,通过绩效评价来获得的绩效信息是建立这一系统的基础。但是,要建立责任政府,仅仅依靠预算绩效管理的信息是不够的,我们还要对政府或部门的绩效不高的原因进行具体分析,有针对性地提出改进建议,逐步提高政府的公共服务绩效。

二、绩效评价文献

由于绩效信息是通过绩效评价而生产出来的,因此建立什么样的绩效评价机制事关绩效管理改革的成败。在这方面,国内外的文献较多。

(一)应当建立什么样的绩效评价制度

由于绩效评价是产生绩效信息的源泉,因此许多学者认为,绩效评价制度建设应当符合客观、准确、有效、有用的原则。

Poister(2003)和Mackay(2007)从系统的角度研究了绩效评价系统在公共和非营利性组织中的设计与开发,指出绩效评价并非一项简单的评价活动,它涉及目标制定、指标选择、数据收集、权重确定、评价打分等一系列的工作。Mackay(2007)提出,绩效评价是政府管理的一个系统,与战略管理、人力资源管理、财政管理等系统相互配合,政府要进行绩效改革,必须站在系统的角度来开发。Wholey等(2010)详细论述了各种绩效评价方法;分析绩效结果(Poister,2003;Wang,2010);对绩效评价结果进行战略性应用(Poister,2003;Mandell,2005));实施绩效评价活动(Poister,2003;Wholey et al.,2010)。此外,实务部门也编制了相应的指导手册或培训材料,如世界银行(IEG,2002)、OECD(2008)、澳大利亚财政部、英国财政部等(DOFA,2010)编制的绩效评价指导手册等。

（二）怎样建设绩效指标体系

由于绩效指标与部门服务、预算的绩效目标密切相关，因此绩效指标体系的首要问题是如何构建一个框架，并在这个框架下，根据部门管理的实际及其职能建立相应的指标。因此，框架是绩效指标体系建设的首要问题。在这方面，世界上的主要观点如下：

1. 按 4E 构建绩效指标框架

劳斯、杜鲁克、布瓦尔德、克莱恩将公共组织的绩效指标的主要设计理念表达为 4E，即经济、效率、效能和公平。为此，我们将 4E 框架下的绩效评价称为理性绩效评价。

在国内，安秀梅（2007）等也主张，政府公共支出的绩效评价应当采用这个基本理念。尚虎平（2008）、孔志峰（2005）、王爱学（2008）、晁毓欣（2011）、吴俊培（2012）、王桂娟（2013）、吕炜（2007）等指出，4E 指标的内涵实际上是公共产品理论。他们分别从公共产品和公共财政的角度研究如何加强政府绩效评价，如何构建有效政府，如何在和谐社会的构建中进行制度创新与绩效评价。

2. 按平衡计分卡方式构建绩效指标框架

马国贤（2005）认为，4E 只是传达了绩效的观念，由于经济、效率、效能和公平并非四个独立的维度，而只是四个与绩效相关的观念，因此它们并非建立绩效框架的依据。他还认为，绩效管理的核心是"一观三论"，即花钱购买公共服务、公共委托代理、结果导向和为顾客服务的理论。为此他认为，吸收平衡计分卡的经验，绩效指标应当从"花钱购买公共服务"出发，绩效指标应包括投入、产出与结果、条件、满意度四维度的框架，并应用于指标体系建设。

3. 有关绩效指标的其他研究

关于绩效指标的实际建设，Hatry（2006）详细地分析了政府绩效管理的指标体系建设应该注意的问题；Ammons（2012）对美国市政管理的绩效指标及绩效标准进行了系统的研究。在国内，刘明勋（2005）论述了中国公共支出绩效评价指标体系建设的一般思路；李永友（2005）、董玲（2011）、苟英娥（2007）、汪建华（2010）等分别对不同领域的绩效评价指标体系的构建进行了研究。

马国贤、卓越、包国宪、郑方辉等也为建立中国政府及预算绩效管理的关系、绩效指标体系的构架等问题做了卓有成效的研究。蓝志勇（2007）还提出，绩效管理的方法不仅限于使用刚性的数据绩效原则评估业绩，还应当照顾到一些不易量化的、反映公共服务质量的指标。

三、绩效评价方法文献

理论是灰色的，实践之树常青。从以上的文献整理中不难看出，西方学者（包括 Schick、Friedman、Axelrod、Rubin 等)对预算绩效管理是从实证的角度进行的。实证研究固然可以帮助我们理解历史脉络,但也有一个缺点,即它假定政府改革的措施都是合理的、有效的。然而,事实并非如此。在政府改革中,一些做法往往取决于领导偏好、有随意性。为此,改革可能是顺应了历史潮流的,但有的是偶然事件,这就不必苦苦寻求为什么。

在国内,学术界对政府绩效管理的研究始于介绍国外经验,十多年来,不断有学者对西方的经验进行总结和分析,试图提供借鉴。从实证的角度,这些研究方法大体可分为描述型实证研究、评价型实证研究两类。

(一) 描述型实证研究

描述型实证研究也称历史研究法,它通过对一些政府的绩效管理制度和政策的描述与总结来获得某些结论。在这类研究中,经常提到的是 1982 年英国的"财政改革创新";1983 年澳大利亚启动的"财政管理改进项目"和"项目管理和预算"改革;1989 年新西兰颁布的《公共财政法案》;美国、法国在 20 世纪 90 年代推行的新绩效化改革的相关举措。这种研究在描述各国的政策措施的同时,也显示了预算绩效管理正在成为政府管理改革潮流的趋势。

例如,2005 年,OECD 对其成员(在 30 个成员中,26 个回答了问卷)和 2 个观察员(全部回答了问卷)的问卷调查结果显示,绝大部分的 OECD 成员对政府的绩效进行衡量超过 5 年以上,超过 40% 的成员的绩效管理经验超过 10 年。20 世纪 90 年代,一些中等收入水平的发展中国家启动了新绩效改革,包括新加坡、马来西亚、智利、南非等;其他一些发展中国家也开始引入绩效预算,如坦桑尼亚、乌干达、玻利维亚、加纳、布基纳法索、马里、蒙古、柬埔寨和泰国等。

除对国家层面的描述外,OECD(2007)还对这些国家的改革特点进行总结。该研究对波兰、丹麦、韩国、荷兰、加拿大、澳大利亚、英国、瑞典、美国和土耳其的绩效预算经验进行了系统的总结,发现:(1) 这些国家在不同的时间开始进行绩效预算改革。例如,新西兰的改革始于 20 世纪 80 年代晚期;在 20 世纪 90 年代早中期,加拿大、丹麦、芬兰、荷兰、瑞典、英国、美国开始改革;在 20 世纪 90 年代晚期至 21 世纪早期,澳大利亚、德国、瑞士迈进改革进程。(2) 各国的做法不同。美国要求各部部长开发包括绩效目标战略和绩效计划,而其他国家采用签订绩效合同的方式进行改革。例如,新西兰是在部长和相关部门之间制订购买合同,合同规定部门的产出,部长和部门主管之间签订工资人事绩效合同;英国要求部长批准机构的年度计划,计划中确立了未来一年的绩效目的和目标,部长还要与财政部门签订合同;澳大利亚是由财政部和相关部门机构签订资源合同;丹麦的合同发生在机构负责人和部长之间,合同涵盖与绩效相关的报酬。

(3)各国改革所采用的策略不同。例如,美国实施渐进式改革,在全美推行 GPRA 之前有一个 4 年的试验期;德国和爱尔兰实施爆炸性改革;澳大利亚、荷兰、新西兰、英国实行自上而下的整体改革;芬兰的改革是自下而上的,部门能够自主选择改革手段。

公共管理学者对绩效管理的改革研究主要采用案例比较的方式。例如,Curristine(2005,2007)、Sterck 和 Scheers(2006)对 OECD 成员的比较分析;Taylor(2006)对澳大利亚和中国香港的比较分析;Goldman 和 Brashares(1991)、Mascarenhas(1996)对新西兰绩效预算改革的研究;Kroll 和 Proeller(2012)对德国的研究;Jordan 和 Hackbart(2003)、Willoughby(2004)、Gómez 和 Willoughby(2008)对美国各州政府的研究;Ho 和 Ni(2005)对美国市政府的研究;Wang(2000)对美国县政府的研究;Feller(2009)针对特定部门的研究。这些研究主要关注绩效信息在预算、管理过程中的使用情况、相关趋势、挑战和成功因素,绩效信息使用的不同特点,政府机构的角色与责任,等等。

国内对绩效管理的研究大部分也集中在介绍国际经验上。例如,荀燕楠(2011)对美国布什政府项目评级工具模式及应用的介绍;王德祥(2004)、谭立满(2005)、吴淑英(2007)、李慧(2007)、财政支出绩效评价研究课题组(2007)、邓毅(2008)、屈亚(2011)对美国绩效预算经验的介绍;李慧(2008)、吕听阳(2011)对英国绩效预算改革的介绍;朱海(2009)对丹麦绩效预算的介绍;赵永全(2010)对瑞典绩效预算改革的介绍;孟岩(2010)对新西兰新绩效预算改革的介绍;林岐(2010)、黄严(2011)对法国绩效预算改革的介绍。这些文章主要按照改革顺序和政策文本介绍各国经验,缺乏对案例的分析。

马骏(2004)分析了西方国家新绩效预算改革的主要特征、优点,以及作为新绩效预算核心的绩效合同,并在此基础上探讨新绩效预算对中国预算改革的借鉴。

Bouckaert 和 Halligan(2008)为了分析各国经验的异同、总结改革规律,建立了一个比较不同国家的绩效管理模式的统一框架,包含绩效测定、整合、使用三个元素,形成了绩效管理的四种理想类型(见表 1-3)。绩效信息的测定,是指收集和处理绩效数据并转化为信息;绩效信息的整合,是指绩效信息在正式的管理文件、程序及相关者的研讨中的体现;绩效信息的使用,是指建立绩效信息对改善决策、促进结果实现和问责的战略。按照这种分类,荷兰、瑞典属于管理绩效类国家,澳大利亚、加拿大、英国、美国属于绩效管理类国家。

表 1-3 绩效管理的四种理想类型

元素	绩效行政	管理绩效	绩效管理	绩效治理
绩效信息的测定	通过行政手段收集客观数据,多为投入指标和过程指标	专业化的绩效测量系统	层级化的绩效测量系统	综合绩效测量系统
绩效信息的整合	部分整合	在管理系统的特定模块进行整合	在管理系统内部全面整合	在管理系统的内部和外部全面整合
绩效信息的使用	较局限,主要用于绩效报告和内部管理,信息使用单回馈	不连贯	连贯、全面、一致	使用社会化
缺点	特设、有选择性的、基于规则	不连贯	较复杂,可能不够稳定和可持续	无法控制,难以管理

资料来源:G. Bouckaert, J. Halligan, "Managing Performance-international Comparisons", 2008。

孙迎春和周志忍(2010)将西方各国绩效管理的类型划分为三类,即管理与改进型、责任与控制型、节约开支型。管理与改进型突出引进竞争压力来提高绩效,强调市场检验、竞争力与标杆管理等更加灵活的管理工具和技术。责任与控制型通过简单、透明的绩效信息系统,采用大众熟悉和易于获得的绩效指标与数据,进行自上而下的评估。节约开支型主要关注公共部门的投入,进行自下而上的评估。相较而言,Bouckaert 和 Halligan(2008)、孙迎春和周志忍(2010)的分析更能促进对各类改革模式的了解,但是各类模式之间缺乏统一的逻辑基础,无法进行比较。因为每类模式既有合理性也有局限性,所以实务部门无法从这些研究中获知改革的下一步方向。

(二)评价型实证研究

评价型实证研究主要是对预算绩效管理制度改革的成功衡量。评价标准主要有绩效信息对决策的影响、绩效信息对预算的影响、绩效信息对管理的影响,以及政府公务员对绩效管理的主观评价。

Melkers 和 Wileeoughby(2000)对美国国内实行绩效预算的州政府进行的问卷调查结果显示了两种截然不同的结论:一种观点认为,在对问卷提出的所有方面的影响上,绩效预算是非常有效的;另一种观点则认为,绩效预算完全无效,不同州的财政和经济地位、政治文化和组织关系影响了改革的进程。

有的学者还运用公共产品、公共财政、委托代理等绩效管理在经济学上的原理,对部门的绩效改革进行评价。例如,张雷宝(2008)对浙江地方政府公共支出绩效管理实践的分析与评价;何欣(2010)对鸡西市绩效导向型公共财政建设的分析与评价;张海燕(2011)对上海市闵行区"以结果为导向"的预算管理改革实践探索的分析与评价。

规范理论作为评判的标尺,认可实践案例中符合规范制度的做法,对不符合规范制度的做法提出批评,并对照规范制度和实际制度的差距提出政策建议。这种做法的好处是,为各地政府改进预算管理制度建设指明了方向;但是这类研究无法解释各地做法各异及其与规范做法不符的原因,无法帮助实践者确定差异产生的原因。

第四节　本报告的突破点

从文献来看,国外有关政府绩效管理的论文、著作很少,说明这一领域尚未引起学者们的重视。国内虽有一些论著,但主要针对项目或政府评价,而对部门绩效指标和评价的研究成果几乎为零。为此,本报告更多地依靠自己的研究积累。归纳起来,本报告的突破或创新点大体可概括为:

一、在绩效原理研究上的突破

公共部门的绩效是什么?通常指公共部门效率,这是对的。但若进一步问,公共部门的效率是什么?则几乎无人回答。在这方面,本报告的创新点如下:

一是通过严格的论证,证明政府绩效与投入相关的是公共部门的有效服务;从而突破了理论界以抽象的4E来解释绩效,揭开其"神秘面纱";

二是通过历史研究,证明了绩效的理念在中国最晚于北宋时代就存在,并在官方得到应用,这就颠覆了多数人说它是外来词的结论;

三是通过"好政府"的两个标准——以公共利益为己任和效率政府的分析,证明了绩效实质上是这两个标准的结合,指出公共部门绩效的实质就是人们追求的"好政府"。

二、在绩效管理原理上有所突破

一是本报告回答了绩效管理是什么,这是许多学者试图回答的。本报告提出这样一个命题:公共部门绩效管理是一种与过程管理相对的、以绩效为目标、以绩效指标和事业成本为核心、以流程化和环节化管理为特征、以部门绩效管理和项目化管理为基本内容的公共管理形式。

该命题回答了两个实质性的问题:一是绩效管理是独立于过程管理的公共管理形式,虽然它们都属于公共管理范畴,但两者在管理目标、对象和管理形式等方面有很大的差异;二是绩效管理有两种基本形式,即部门绩效管理和项目化管理。也就是说,其他管理(如对下级政府绩效的评价、事业单位绩效管理等)都是从这两种形式演变来的。这纠正了人们长期将项目化管理排除在外的认识错误。

二是本报告应用公共委托代理理论,解释了绩效管理的产生背景,说明它是政府变革的必然产物。

三是本报告指出了绩效管理的三大作用,并指出,它是中国实现由权力型政府向责任型政府转变的重要环节,也是支撑责任型政府的主要管理手段。

三、在绩效指标原理和方法论上的突破

针对中国当前绩效指标短缺的问题,本报告指出,绩效指标短缺是一个"伪命题"。因为,在指标短缺背后的是设计绩效指标的人才短缺,而在人才短缺背后的是绩效指标原理和方法论短缺。这才是问题的实质。针对这一问题,本报告从绩效指标原理到方法论(包括框架)做了系统的研究,填补了国内在该领域的空白。

四、其他方面的创新

一是通过对中国绩效管理现状的分析,指出中国存在"绩效管理无绩效"难题,其深层原因为绩效管理的路径不合理与绩效指标短缺。

二是通过与山东德州市考评办的合作,根据"一个部门、一套指标"的部门指标建设设想,开发了31个部门的绩效指标体系,解决了指标框架等难题。经过实施,证明了该指标体系在管理上的有效性,从而创立了绩效管理"德州模式"。

总之,公共部门绩效管理是一个新领域,在国内尚无人涉足,更无人主持过大面积的部门指标开发,而我们在这方面做了一些探索,产生以上成果是自然的而非刻意的;或者说,它们是在开发科学的绩效指标体系的过程中,为获得理论支撑而产生的;又或者说,它们在将绩效管理引入中国、完成其中国化的过程中产生的必然成果。

本章小结

本章从绩效的概念开始,介绍中国古代历史上的绩效和考绩制,说明绩效是中国自古就有的管理范畴。在此基础上,我们展开对绩效概念的研究,指出在理论上,绩效指政府有效公共服务与公共支出之比,具有指向结果、用指标评价、基于委托代理以及可感知性和可量化性四个特点。这些特点既是认识绩效的依据,也是开展绩效管理的条件。

围绕绩效为什么受到中外各国重视这一问题,本章用较多的篇幅研究绩效背后的东西,指出追求"好政府"是人们重视绩效、改革政府、开展绩效管理的根本原因。根据本章的研究,"好政府"应当有以维护公共利益为己任和追求"效率政府"两个标准,而绩效正是这两个标准的结合。政府的社会效率(即绩效)是核心,公共管理一旦偏离了这点,那么无论政府怎么做,官僚主义、腐败和浪费将紧紧跟随,无法摆脱。我们还指出,自"进步主义运动"提出"好政府"以来,西方在寻找"效率政府"的历程中,由于未厘清行政效率与政府的社会效率的关系,误将行政

效率作为目标,从而走了弯路。在经历百多年的痛苦探索后,直到20世纪80年代才终于回到以政府的社会效率为标志的绩效管理上。正所谓"人间正道是沧桑!"这个教训是如此深刻,值得我们记住。

最后,我们从中还悟出:政府的官僚主义、浪费和腐败并不是先天的,而是后天的,依附于过程管理。一旦政府摆脱了过程管理,那么长期困扰我们的三大难题就会失去土壤。要做到这点,我们就必须接受"好政府"精髓,转向绩效管理,做"好政府"该做的事——以维护公共利益为己任、提高公共事务上的社会效率,而将其他事交给市场和个人去做。

第二章 绩效管理与责任政府

如果说,第一章只是为本报告开了个头,那么本章将在其基础上,重点展开对绩效管理的研究。本章的内容为:一是绩效管理的范畴。二是支撑绩效管理的相关理论或原理。绩效管理属于科学管理范畴,是建立在一系列相关研究成果之上的,它们既是支撑绩效管理制度的支柱也是制度背景,包括公共产品、科学管理、目标管理和信息公开理论。三是研究绩效管理的作用,并讨论其产生条件。

第一节 什么是绩效管理

绩效管理是公共部门绩效管理的简称。绩效既是一种理念,又是一种管理工具。作为理念,绩效是政府追求的目标,绩效越高,政府在人民心目中的威信就越高。作为工具,绩效是由相应的理念和方法论支撑的管理制度。在这里,我们除了介绍绩效管理,还介绍绩效评价、绩效预算、绩效指标等,它们是构成绩效管理制度的要素。

一、绩效管理体系的逻辑结构与责任型政府

(一)绩效管理体系的逻辑结构

20世纪80年代,随着英国以"雷纳评审"为标志的绩效改革的成功,绩效管理迅速扩展到整个西方世界,也引起了学者们的研究兴趣。研究主要集中于以下领域:(1)绩效管理为何在这一时期出现?(2)绩效管理作为一种政府管理模式,与传统模式有何区别?(3)绩效管理应当是什么?如何完善并使之成为可操作的正式制度?在这三个问题中,前两个将在本章回答,而第三个问题将在本报告的第六章回答。

实践上,西方的绩效管理,无论是英美还是其他国家,都经历了从不完善到完善、从粗糙到科学的过程。这与它们不断吸收已有的学术成果、完善自己的理论和方法论体系有关。为了弄清绩效管理原理,我们有必要对该体系的理论进行梳理。图2-1表明,绩效管理的出发点是"好政府",包括建设以公共利益为己任的政府和效率政府两方面。围绕着这两个目标,产生了科学管理原理、公共产品理论、目标管理理论、信息公开理论、项目化管理理论、公共委托代理理论,以及绩效管理自身的理论,即"一观三论"(花钱买公共服务的预算观、公共委托代理理论、结果

导向管理论、为"顾客"服务理论)。

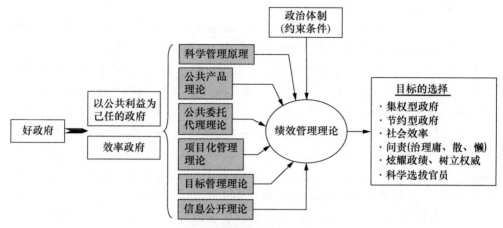

图 2-1 预算绩效管理的理论背景

通过整合这些理论,绩效管理形成了自己的理论与方法论体系。同时,在政治体制的约束下,各国又对绩效管理产生了不同的目标选择,如建设集权型政府、建设节约型政府、提高公共资金的社会效率、使之成为问责(治理庸、散、懒)工具、用以炫耀政绩和树立权威、借以科学地选拔官员,等等。由于追求的现实目标不同,不同国家在绩效管理的做法上有差异。

这一介绍表明:一是除名词概念外,绩效管理并非理论创新,而是以往研究成果的整合。当然,"整合"也是创新,绩效管理属于制度创新。二是由于各国赋予绩效管理的政治使命不同,因而在叫法上有差异,如政府绩效管理、预算绩效管理、部门绩效管理、绩效预算等。但在我们看来,虽然叫法不同,但其内涵或做法基本相同。绩效管理之所以有多个名称,或许与它有多种作用、绩效指标承担多重使命有关。

尽管绩效管理的原理复杂,但在制度和方法上,并不妨碍将它转化为简单的操作,这与彩电的原理复杂、操作可简单化的道理是一样的。

(二)责任型政府的管理特点

责任(绩效)型公共管理是与服务(责任)型政府相适应的管理范式,服务(责任)型政府是中国共产党十八大提出的政府建设目标,应当如何建设是新课题。这是因为,迄今为止世界上尚无一国宣布已建成责任型政府。但是,我们从中国当前的政府管理出发,至少可以对责任型政府的特点做出大概描述。

1. 目标——责任管理

我们知道,统治型政府是以权力为中心建立的。在管理体制上,上、下级政府是依据权力归属划分的;而在一级政府内部,不同部门是依据职能划分的。按照传统观点,职能指公共事务的管理权,如教育事务、卫生事务的管理权。为此职能决定了该部门拥有的权力和管理的人数。

责任型政府与之不同,它是基于责任和服务而建立的。对居民来说,服务指获得那些法定公共服务的权利;而对政府来说,指其提供法定服务的责任。法学认为:(1)与权利不同,责任是既不可转让也不可撤销的,而权利是权利人可以决定是否行使或者在一定条件下转让;(2)责任行使是有条件的,无行为能力或权利能力者不承担相应的责任。

在责任型政府下,责任是处理公共关系的依据。一是在管理体制上,划分上、下级政府的依据是管理责任归谁。有时,为了使下级政府具备行为能力,上级政府还应给予其相应的预算。二是在一级政府内部,划分不同部门的依据是公共事务管理责任,即公共服务应由谁提供,以及是否提供了有效服务。

为了提供更多的有效服务,责任型政府还应将各部门的公共责任目标化,建立更具体的目标标准并落实到各部门、单位。因此,责任型政府通常具有目标——责任管理的特征。

2. 信息公开

信息公开指服务型政府按照公共信息"公开是一般,保密是特例"原则处理政府与居民的关系。通过信息公开,告知居民所享有的权利,以及如何实现这些权利主张。当然,信息公开的另一目的是让居民了解政府在干什么。同时,它希望通过信息公开,让居民监督政府。

3. 公共委托代理

公共委托代理指服务型政府将公共管理视为委托代理关系,政府通过公共委托代理来处理政府—部门、上级政府—下级政府关系。这就是说,凡是按《宪法》和法律规定应由本级政府管理的事务,都应视为本级政府的责任并予以承担。在责任履行方式上,它通常采用以下方式:一是对应当直接由本级政府管理的部分,采用"自营"式管理;二是凡是与下级政府重合的事务,采用委托代理方式将本级事务委托给下级政府管理,但本级政府保留监督权并向辖区内所有居民负责。

4. 绩效管理

由于责任的基础是委托代理,因此责任型政府是基于委托代理关系而建立的。然而在公共委托代理下,委托人与代理人的信息不对称,为了防止受托组织在获得管理权力、预算后"不作为",委托政府通常采用绩效管理、绩效评价的方式监督代理政府的履责情况。可见,绩效管理是建设责任型政府的基本条件。

总之,责任型政府首先是法治政府,同时也是绩效政府,它有自己的治理体系和治理机制,而不是简单的"出了事该找谁负责"的政府。

二、绩效管理的概念和特点

（一）绩效管理的概念

尽管绩效管理的叫法很多，但实质指同一事物。它指公共部门为提高资金绩效，以绩效指标和事业成本为核心、以部门绩效管理和项目化管理为基本形式的管理模式。对此概念，我们可做如下理解：

1. 绩效管理属于公共管理范畴

绩效管理是公共管理模式之一，具有普适性。公共管理指公共部门的管理，也可解释为公共组织对公共事务的管理，或更简单地理解为政府管理。

第一，从性质分，公共管理有政府自营式管理和委托代理式管理。前者由政府自己经营，一是将下级政府看作上级政府的附属，管理权力集中于上级政府，而责任归下级政府；二是将部门看作政府附属。为此，政府领导的责任是不断发出指令、命令，而下级政府的责任是执行命令并对上级负责。而后者讲求权力与责任相匹配，即"有权必有责，权责匹配"。在此前提下，按照权力能力和行为能力将责任层层分解，委托给相应的政府或部门，并建立的问责机制。绩效管理属于委托代理式管理。

第二，从内容分，公共管理可分为过程管理与绩效管理。过程管理指以权力为依据，以领导为中心，按指挥、协调、控制、监督等过程进行的管理。而绩效管理是以结果为导向的管理，是新颖的公共管理模式。

第三，从历史看，公共管理经历了贵族（权力）型公共管理、统治（权力）型公共管理、事务（权力）型公共管理三种类型，目前正在向责任（绩效）型公共管理转变。其中，贵族（权力）型公共管理指在早期封建制度下，以国家—诸侯（或贵族）—平民（或奴隶）为统治对象的管理模式。由于建立有利于巩固贵族统治的秩序、解决贵族间的纠纷及防卫和水利等都属于贵族制度下奴隶社会的共同事务，因此被称为贵族（权力）型公共管理。

统治（权力）型公共管理指封建社会（尤其是类似古代中国的中央集权环境）政府对小农经济以外的事务——社会事务（诸如防务、治安、水利、交通、防疫、救灾等）的管理。

事务（权力）型公共管理指在经济进入资本主义社会、实行政治/行政两分法的条件下，政府基于权力，以"我做了什么"为标志的公共事务管理。

责任（绩效）型公共管理指基于政府和部门的公共责任、以有效公共服务为基础、广泛采用问责制形式的公共管理。

在这四种公共管理中，前三种类型都是以权力为中心的，分别为贵族/权力型管理、统治/权力型管理、事务/权力型管理，我们可以将这三种类型统称为统治型公共管理；而第四种是以责任为中心的管理，属于服务型政府下的公共管理，因而称为"服务/绩效型公共管理",绩效管理就属于此类公共管理(见图2-2)。

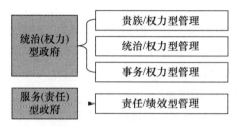

图2-2 统治型政府与服务型政府的公共管理模式

通过对政府模式研究,我们看到:首先,公共管理有多种模式,而绩效管理是其中之一;其次,绩效管理是在服务型、责任型政府下产生并为之服务的,它是建立责任型政府的基本要求。而权力型政府既不需要绩效管理,也不具备绩效管理的条件。

2. 绩效管理的构成

作为管理范畴,绩效管理与其他形式的管理模式一样,由主体、客体和内容等三大要素构成。

(1)主体。绩效管理的主体是各级政府、各部门、各单位,以及受托管理公共事务、使用公共资金的社会组织(简称"绩效责任组织")。因而对公共部门来说,它具有普适性。

(2)客体。绩效管理的客体是公共资金。也就是说,凡是接受公共资金的部门和单位都有开展绩效管理、提高公共资金绩效的责任。

(3)内容。绩效管理的内容应围绕事业效果展开,包括建立绩效目标、绩效拨款、实施管理、绩效评价等环节。采用基于绩效的环节式管理和绩效评价,是绩效管理的重要特点,也是与自营式政府管理的重要区别。

以上三要素说明,绩效管理具备管理的一般特征,因而它属于管理学范畴;同时,由于绩效管理各要素的内容有别于其他管理,因而它又具有自身的特点。

3. 绩效管理有部门绩效管理和项目化管理两种形式

与一般理解的不同,本报告提出,绩效管理并非单一模式,而是由部门绩效管理和项目化管理两种形式组成的复合模式。前者由绩效预算、绩效拨款和绩效评价(监督)等环节组成,并以绩效信息为核心,形成循环式管理;后者由前期评价、中期评价和后评价三个环节组成。尽管两种形式的原理相同,但在管理上有差异。这既与管理客体上的差异有关,也与预算上的部门预算和项目预算的差异有关。

(1)对政府、部门和单位来说,由于机构是稳定的,因此在管理上适用持续经营假定。持续经营指尽管部门(单位)可能会变动,但在管理上可以假定其经营将持续下去,今天未做完的明天会继续去做,今天的权利将会在明天实现,今天的承诺将会在明天兑现。这一假定体现在管理上,要求设计一套多年适用、能连续体现绩效的管理制度体系、绩效指标体系和评价机制,以持续地反映它在公共服务上的进步。这就是部门绩效管理(见图2-3)。

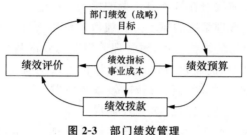

图 2-3　部门绩效管理

(2) 与部门的持续经营不同,包括公共政策在内的项目管理适用一次性经营假定。由于一次性经营不是采用"今天的承诺将会在明天兑现"假定,而是要求它在持续期间内处理完包括债权、债务在内的各种经济关系。例如,将未达债权、债务列入当期损益,及时结束项目等。为此,尽管一个项目(如三峡建设项目)或政策可能会持续多年,但在管理上,应当采用从开工到完工再到投入使用的"线性过程"来设计管理环节。

项目(含政策项目、公共工程项目)管理的以上特点,体现在绩效管理上就形成了以持续期为依据的项目管理流程:前期管理(事前)、中期管理(事中)、后期管理(事后),从而形成如图2-4所示的项目化管理模式。

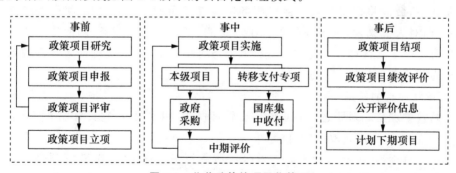

图 2-4　公共政策的项目化管理

总之,部门绩效管理和项目化管理的原理是相同的,但由于两者的运行和管理方式不同,适用的绩效管理模式就有差异,这是符合实际的,也是必然的。此外,在中外的有关著作中,将绩效管理定义为第一种(即"4E"管理模式)而忽视了第二种(即"3E"管理模式)是错误的。

4. 以绩效指标和事业成本为核心,以绩效评价为驱动力

绩效指标是用于描述管理对象的绩效状态的指数。由于绩效管理属于复杂管理,通常需要由投入、产出与效果、能力和满意率等指标复合起来才能全面地反映对象的绩效状态。因而,绩效指标贯穿于绩效管理的全过程,是管理的核心信息。绩效管理的另一个核心是事业成本,它指政府服务的成本,分为单位成本和总成本等。总成本反映政府在该项事业上的投入。

绩效评价是绩效管理系统的驱动力。绩效评价指管理者从提高绩效出发,借助绩效指标和预先设定的评估方法,对管理部门应达到的目标和结果进行测量与评估,以说明其绩效状态的管理方法。绩效评价不仅能肯定被评价者的业绩,还能发现问题、促进工作改善,因而我们对"效率政府"的追求将量化在绩效评价的结果上。由于政府绩效是否提高、多大程度提高等需要由绩效评价来说清楚,因此在建设"好政府"的目标下,绩效评价既是绩效管理体系的中心环节,也是整个绩效管理体系的驱动力。

5. 绩效管理的目的是提高财政效率,建设责任型政府

财政效率也称绩效或公共支出的社会效果,它是"效率政府"的核心内容。绩效管理的目的是提高财政效率,除说明绩效是绩效管理的目的外,还表达了另一层意思:我们追求绩效,就是追求"效率政府"。由于两者之间存在等价性,因此它可使复杂的公共管理问题简单化。

责任型政府也称服务型政府,是指在市场经济下,政府按社会分工的要求负责提供公共产品;而企业和个人依法行使自己的权利,履行法律规定的社会责任,负责提供私人产品。这是"让政府回归政府,让市场回归市场"的管理模式。在这一模式下,政府将提供公共产品和服务视为责任而不是权力,因而被称为责任型政府;而对人民来说,由于他们得到了法定的、广泛的公共服务,因而称之为服务型政府。由于责任型政府是以有效公共服务为中心的,因此提高绩效或财政效率就成为政府管理的"抓手"或目的。

(二) 绩效管理的特点

绩效管理是相对于过程管理的创新管理模式,相比两者,它具有如下特点:

1. 它以提高财政效率为目标

第一章指出,绩效的产生与有效公共服务有关。这是说,绩效管理自产生起就宣布,政府目标是追求绩效或财政效率而不是行政效率,从而与传统管理的政府区别开。有关财政效率与行政效率的区别,本报告第一章已做了分析;在这里,我们还须指出:

(1) 在两种效率的背后是政府的不同追求。行政效率背后是过程管理,是统治型政府的目标——在雷厉风行、不计代价地达到目标的背后是统治权,即无所不能、享有至高无上的"绝对权威"的政府。而支撑财政效率(绩效)的是结果管理、绩效管理,因而它是服务型、责任型政府的目标。

（2）绩效管理制度是围绕着提高财政效率（绩效）而设计的。例如，在部门绩效管理中，它设计了绩效目标、绩效预算、绩效拨款（实施）、绩效评价等环节。其中，绩效目标是首要环节，它要求部门通过绩效指标来说明应当达到的财政效率目标。绩效预算指按绩效目标和事业成本应配置的预算。在按法定程序通过预算后，就进入绩效拨款阶段。最后，它通过绩效评价来测量其绩效的实际提升，为下一循环提供依据。可见，绩效管理的每个环节都是围绕着提升财政效率（绩效）而设计的。虽然政府绩效的提升并不是一蹴而就，而是渐进的，但通过量化的绩效指标，就可以灵敏地反映这一结果。若干年后，所有人都能看到政府绩效的惊人进步。

总之，与传统的过程管理相比，追求财政效率绩效管理的目的是其重要或基本的特点。

2. 它基于公共委托代理

公共委托代理也称政府的委托制或代理制，是指与自营式管理相对的，委托人为提高效率而以公共事务为标的、在与代理人签订合约的基础上将部分责任及相应的权力赋予受托人的管理模式。自营式管理指政府自己组织人员，采用自我经营式的公共事务管理。

通常认为，公共委托代理最早来自商业委托代理。在早期，商人们是自己或聘请助手来经营公司的；但是，随着公司规模的扩大，管理者中有些人会因信息不对称、力不从心或年老体弱又找不到合适的接班人等，在经营上遇到了困难，于是就招聘专业的经营者。在招聘中，若双方以合同方式、以经营权为标的、在约定经营者责任的基础上赋予其经营权时，就产生了委托代理关系。其特征为：产权人是产权的所有者和委托人，而总经理是受托人（或称代理人）和经营者，他应忠于委托人的利益。此外，政府还通过《公司法》等法律，将这一关系固定下来。总之，按照新制度经济学的交易成本理论，产生委托代理的基本原因是它能降低交易成本、增进效率。在中国，《公司法》就是用于约定商业委托代理的法律，它明确了信息不对称下投资人与管理者的法律关系，有利于提高商业效率。通常认为，公共委托代理是在此基础上产生的。

然而，从历史看，公共委托代理甚至早于商业委托代理，它的创立是为了解释政府因何产生。18世纪法国思想家卢梭在《社会契约论》中，引用霍布斯的丛林法则[①]，证明了人是生而自由的，但为了生存，人们必须结合形成集体，以克服个人所无法克服的种种障碍。而在结合的过程中，个人必须放弃部分权利。因为，"这一

---

① 丛林法则是早期社会学家托马斯·霍布斯设想的、在原始状态下的弱肉强食法则。在原始状态下，没有道德、没有怜悯、没有互助，有的只是冷冰冰的食物链。所有人都不关心别人，所有人都不惜牺牲别人以使自己生存，因而每个人都是贫穷、孤独、肮脏、残忍和短命的。

结合行为就产生了一个道德的与集体的共同体""而共同体就以这同一个行为获得了它的统一性、它的公共的大我、它的生命和它的意志"。① 为此,卢梭认为,国家是人们通过契约方式,在完全平等的基础上自愿结合起来的社会组织,法律就是其契约。国家通过其行政组织(政府)来管理公共事务,是人民福祉的受托人。国家的作用是保护每个人的天赋权利——自由、平等和财产权利。由此可见:

第一,公共委托代理的理论产生于18世纪,最早仅仅是用于解释政府的。而它一旦建立,就成为资产阶级联合工人阶级,与封建贵族做斗争的锐利武器,并最终获得政权。

第二,公共委托代理也是西方政权建设的基本理论。例如,宪法和法律、议会、总统和司法"三权鼎立"制度等的出现,都与公共委托代理理论有关。

但是,西方的公共委托代理是不完整的,在理论上,公共委托代理应当有以下三种形式:

(1) 在政府与人民的关系上,人民是公共事务的委托人,而政府是受托人或称代理人,即人民福祉的受托人。

(2) 在多级政府间的关系上,尤其是在统一制的国家里,《宪法》确定的中央政府职能未必都由中央政府自己实施,也可以采用委托代理方式,通过层层委托,由基层地方政府实施。当然,一旦建立了委托关系,基层地方政府就是责任主体,但委托人不能解除法律上的责任。为此,作为委托人的中央政府,在赋予地方政府与责任相适应的行政权力和预算的同时,必须建立监督机制,而绩效管理就是基于绩效的监督。

具体地说,中央政府对受托责任可采用以下两种管理方式:一是自营式管理,即由某一部门直接管理,建立直属的管理体系。例如,国家税务局、海关等就属于自营式管理,它们在各地设置分支机构,一管到底。二是委托代理式管理。凡是按《宪法》中央和地方有同类职能或事务的,中央政府可以将这项事务的管理责任连同预算委托给下级政府,并赋予其相应的职权;同时,通过绩效考评来履行管理责任,监督地方政府的公共服务提供(见图2-5)。

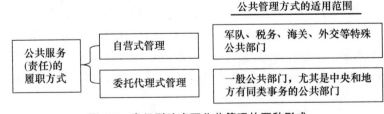

图2-5 责任型政府下公共管理的两种形式

---

① 卢梭:《社会契约论》,商务印书馆,1996年,第25页。

由于自营式管理的成本高,且易产生官僚主义、浪费等低效率问题,因此它只适用于少数特殊类型的公共服务;而对于多数公共服务,中央政府采用公共委托代理方式,既有利于保持质量,也有利于降低制度成本、提高效率。

(3)政府与部门的委托代理关系。政府获得权力后,应当按职能将公共事务委托给职能部门,其中政府是委托人,部门是受托人。由于在信息不对称下,代理人会从自利出发,产生"逆向选择"和"道德风险"等机会主义行为,因此需要监督,而政府通过绩效评价来监督代理人行政。

然而,事实上早期的西方公共委托代理只解释了第一种委托代理,将第二种委托代理变为"联邦制",至于第三种委托代理关系(即政府与部门的委托代理关系)却长期未引起重视。这并非理论上说不清,而是政府在成为统治者之后就不愿放弃统治这一既得利益,因而在管理上,资产阶级政党、政府宁愿选择那种尽管存在官僚主义、浪费和腐败等种种严重缺陷,但能保持统治权的统治型政府的管理方式——过程管理,而不愿意采用基于公共委托代理的管理——绩效管理。

直到西方资本主义制度实施了二百多年,官僚主义、浪费和腐败三大难题成为公共管理的癌症与"公害",甚至危及国家的生存之后,它们才不得不放弃它,转而引进公共委托代理和绩效管理原理。这是20世纪80—90年代西方政府改革的背景。

在中国,《宪法》规定了政府为民服务的性质;但是,由于长期受到计划经济的束缚,加上我们在改革开放和"学西方"的过程中不加区别地接受了统治型政府理论,误以为过程管理是合理模式。而公共委托代理理论表明,我们不应亦步亦趋"学西方",而应按公共委托代理原理重新设计包括绩效管理在内的政府治理机制的。这些论述说明,绩效管理是公共委托代理的完善,也是其基础和特点。

3. 它以绩效目标和事业成本为核心,采用环节化、流程化管理模式

与过程管理不同,绩效管理是以绩效指标和事业成本为核心,采用环节化、流程化模式的管理。绩效指标是用于测量目标的绩效状态的指数或指数体系。绩效管理的两种形式,无论是部门绩效管理还是项目化管理,都是以绩效指标为核心展开的。比如,在部门绩效管理中,绩效目标制定、绩效预算、绩效拨款、绩效评价都离不开绩效指标,因而绩效指标就成为这种管理模式的重要特点。由于绩效管理是绩效目标与预算相结合的管理,因此事业成本(即预算)就成为构成这一制度的核心要素之一。总之,绩效管理采用了科学管理的一切成果,丰富了自己的理论和方法论体系。

为了建立科学的制度,在吸收目标管理、科学管理原理之外,绩效管理还吸收了统计学、数理统计方法等科学分析方法。在管理路径上,它在采用两类管理(部门绩效管理和项目化管理)的同时,还根据不同要求设计了管理流程。对部门绩

效管理,采用了以绩效目标、绩效预算、绩效拨款(实施)和绩效评价为环节的流程;对项目管理(如政策性项目、公共工程项目等)设计了前期管理、中期管理和后期管理的流程。环节化、流程化是现代管理的重要内容,也是提高效率的重要手段。显然,比起传统的过程管理,这也是其重要特点。

4. 它属于结果管理

除了以上三点,绩效管理还具有结果管理的特点。理论上,公共管理有过程管理和绩效(结果)管理两种形式。但出于种种原因,我们习惯于前者,对后者较生疏。有关过程管理的问题及其改革的必要性,我们将在本章第三节展开,在这里重点谈谈绩效管理与结果管理的关系。

结果管理指以结果为重点的管理模式。目标、过程与结果是管理学的三个重要词汇,而结果指管理的后果。人类的一切活动都是为了获得有效结果,因此结果是管理的目的。与之相对应,管理学创造了目标管理、过程管理和结果管理。结果管理是"目标/结果管理"的简称,它并非指管理者只关心结果,而指管理者应先设定目标并将其分解到各有关部门,将过程以委托代理方式放权给实施者,最后通过结果考核,评价各部门的任务完成和努力程度。为此,结果管理指关注重点是目标和结果的管理,而过程管理指关注重点是目标和过程两个环节的管理(见图2-6)。

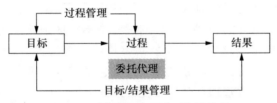

图 2-6 过程管理与目标/结果管理

绩效管理属于结果管理。首先,政府通过绩效目标环节,设定了各项事业的绩效目标——既指实物目标,更指基于绩效的量化目标。其次,政府通过建立与绩效目标相适应的预算——绩效预算,借助于公共委托代理,将公共事务的具体管理连同管理权力和预算委托给各部门,并支持其依法管理。绩效目标的存在,既扩大了部门人、财、物的管理权,也增加了履职责任,迫使它们从投入和产出全方位地考虑问题,管理好公共事务。最后,政府通过绩效评价,检查这些目标和预算的落实并总结经验。

总之,比起过程管理的"拍脑袋"或只讲实物目标、过程目标,目标/结果管理是绩效管理的重要特点。

三、相关名词

（一）绩效评价

政府将绩效理念应用于管理的首要工作是开展绩效评价。绩效评价也称预算绩效评价或绩效评价，是指政府和财政部门为了提高公共资金效率，按照"花钱买服务"原理，依据一定的程序和指标体系，对公共支出的业绩和效果做出客观、公正的评议与估价的制度。这一概念包含以下内容：

1. 绩效评价是一项评议、估价公共支出效果的制度

首先，绩效评价是一项政府管理制度，隶属于绩效管理，凡是政府都应当开展绩效评价。其次，绩效评价并不是工作制度，而是绩效管理上的制度。在政府工作中，制度属于行为规则，用于规定政府（部门）行为，如应做什么、不应做什么。而绩效评价却不同，它是依据绩效目标或其他标准在事后进行的，其作用是评议、估价部门的业绩或效果。最后，评价指评议和估价。评议指评价者对照绩效目标或其他标准（如标杆、行业平均水平等），对支出结果的绩效是否达到目标、为什么能达到或未达到等问题做出分析和议论；估价是一种价值判断，它通过绩效分值，或者给予"绩效高"（或较高）、"绩效差"（或较差）等结论，反映其绩效状态。

必须指出，我们说绩效评价是一项制度，并非指它是独立制度，它是绩效管理体系中的具体制度。通常认为，绩效管理应包含绩效目标、绩效预算、绩效实施、绩效评价等制度，绩效评价是其中之一。实践证明，若无其他三项制度的支撑，则绩效评价就无法独立地发挥作用。

2. 绩效评价采用"谁出资、谁评价、谁用款、谁接受评价"原则

"谁出资、谁评价、谁用款、谁接受评价"是绩效评价的原则。为此，评价的实施主体既可以是政府和财政部门，也可以是政府指定的其他专业部门；而被评价者是使用公共资金的部门和单位。但是各部门在获得授权后，也可以对自身进行整体绩效评价，或者开展对所属单位或项目的绩效评价。

3. 绩效评价的目的是提高财政资金效率

有关绩效管理提高财政资金效率的作用，我们在前面已介绍；而绩效评价作为核心环节，自然应将提高财政资金效率作为制度设计的目的。

首先，财政资金是人民委托政府管理的钱，或者说是纳税人的钱，政府作为公共资金的受托人，有责任提高资金的使用效果，并向委托人报告其绩效。绩效评价就是为此而设计的制度。从这点来说，绩效评价是促进责任型政府建设的核心制度。

其次，正确的绩效评价有利于促进部门和单位改善管理，促进财政资金效率的提高。这是因为，绩效评价依托绩效指标，若指标的设计符合绩效原理并体现部门、单位提供的有效服务，则通过评价就能反映这些指标的状态。我们通过绩

效分析——与历史比较、与标杆比较、与兄弟地区同类指标比较等,就能发现管理上的不足与问题,引导部门单位提高资金绩效。

最后,在绩效管理上,由于绩效评价是每年进行的,其指标是综合的,因此绩效评价能将复杂的部门管理问题简单化为"相关指标的进步"。按规定,部门、单位的评价结果应当公开,因而它犹如悬在部门、单位头上的"达摩克利斯之剑",迫使它们做好工作、提高绩效。

4. 绩效评价是基于结果,而不是过程

绩效评价之所以引人注目,还在于其独特之处——它采用基于结果的尤其是基于单位整体结果的方法论。这与过程管理下的单位总结是截然不同的。两者的差异体现在:

首先,两者的评价主体不同,公信力不同。单位总结是单位自己写的,用于评价自己;而绩效评价是政府的相关机构(如绩效办)或财政部门委托第三方评的,因而公信力不同。

其次,两者的目的不同。单位总结的目的是介绍经验。比如,在党委政府的正确领导下,我们是多么努力,克服了哪些困难,获得了很大成绩,最后才轻描淡写地说一下存在的问题。在体例上,它采用的是举例说明法。而绩效评价关心的是该部门(单位)有效公共服务的提供和绩效状态,评估政府投入是否值得。它虽然也关心单位经验,但它是"在不违法的前提下,只要绩效好,就是对的"来看待经验的。因而,绩效评价并不是鼓励"创造经验",而是鼓励创新。

最后,两者应用的素材不同。单位总结的重点是描写过程,说明我做了什么,多么努力,至于有无效果(公共服务)并不关心,因而注重个别案例,属于"举例说明型评价"。而绩效评价则要采集部门(单位)已有的大量相关数据——财务、统计和业务数据,说明总体绩效状态。为此,与前者相比,绩效评价属于"实证分析型总结"。由于这些数据直接关系到部门(单位)的业绩且具有可核查性,因此绩效评价对中国公共管理方式的转变将产生重要的影响。

(二)绩效预算

中国学术界对绩效预算有多种理解或解释:(1)指一种有别于传统的"养人预算"或"办事预算"的预算方式,即预算单位根据绩效目标编制的预算。绩效预算不同于传统预算,在于它附有绩效目标,是根据绩效目标计算出来的,体现政府的经济、社会目标对部门提供有效服务要求的预算。(2)指绩效管理。比如在美国,人们将绩效管理称为新绩效预算。(3)指作为绩效管理的环节,按绩效目标编制预算的过程。在本报告中,它是第一种意义上的预算。

按这一理解,绩效预算指按《预算法》的规定,逐级编制的政府预算。在部门、单位编制绩效预算时,首先应将政府的宏观目标细化为与部门发展相关的绩效目标;其次是按绩效目标和事业成本计算出年度预算(包括单位预算和项目预算),从而形成建议数。在单位完成绩效预算编制后,应按程序提交财政部门,经财政部门审查、汇总单位预算后,按《预算法》规定的程序和表2-1格式形成本级政府的绩效预算草案,并提交政府审议。在格式上,绩效预算应当包括上年预算的执行数、本年预算数、本年度的主要绩效目标等栏目。

表 2-1 绩效预算的格式示例

款	项	科目名称		上年执行数	本年预算数	绩效目标
13		教育事业费				
	1307	小学经费		150 000	152 500	在校生310 000人,课程测试及格率95%
			01	工资		(资金支出率、使用规范率、教师培训支出达标、图书仪器设备支出达标、财政性经费占总经费比重、教师科研成果获奖、毕业生合格率、学生巩固率)
			02	公用经费		
			03	免费教科书		(资金合适率、资金支出率、免费教科书覆盖率、发放及时率、循环使用率)
			04	校舍维修改造		(资金合适率、资金支出率、维修计划完成率、维修质量合格率、维修校舍使用率、校舍安全事故数)
			05	困难家庭生活费补助		(资金合适率、资金支出率、发放及时率、补助生覆盖率、学生体质测试达标率、困难学生辍学率)

注:( )内的绩效目标属于辅助目标,在政府向人民代表大会报告预算草案时可以略去。

在过去,我国对绩效预算有两种解释:一是指政府基于绩效目标而编制的预算;二是指绩效管理体系。我们主张将绩效预算定义为绩效管理的环节。其理由如下:首先,预算绩效管理属于政府科学管理的核心内容,而要做到科学地使用,概念和术语是前提;其次,绩效预算是绩效管理的一个环节,它与绩效拨款、绩效评价两个环节处于同等重要的地位,三者缺一不可。也就是说,如果政府只有绩效预算而没有其他环节(尤其是绩效评价环节),那么就无法将绩效落到实处,从而使预算改革变成无意义的"玩概念"游戏。显然,这并非我们所期待的。

第二节 绩效管理的相关理论

总之,"财政是国家治理的基础和重要支柱"预示着中国财政改革将进入新阶段。财政要完成此目标、实现历史性的变革,就应以预算改革为起点,引进科学管理机制,推进预算绩效管理。

一、公共产品理论

(一) 什么是公共产品

公共产品最早由瑞典经济学家林达尔在1919年提出。1954年,萨缪尔森在《经济学与统计学评论》上发表了"公共支出纯理论"一文,提出了公共产品的概念,并对其特点(非排他性和非竞争性)做出了定义。以后,马斯格雷夫、科斯、布坎南等也进行了研究。例如,布坎南提出准公共产品的概念,使该理论得到完善,并以此获得了诺贝尔经济学奖。

该理论认为,社会总产品可分为公共产品和私人产品。其中,公共产品指具有非排他性和非竞争性特点的产品或劳务,具体可分为纯公共产品和准公共产品(见图2-7)。纯公共产品指完全具备非排他性和非竞争性特点的产品或劳务,如国防、社会治安、行政管理、基础科学研究、社会科学研究、立法、司法等。准公共产品也称混合公共产品,指具备上述两个特点中的一个,另一个不具备或不完全具备,或者虽然两者均不完全具备但具有较大外部收益的产品或劳务,如高等教育、文艺演出等。

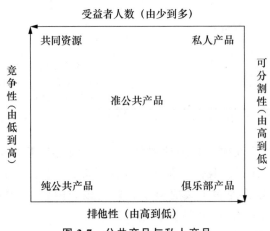

图2-7 公共产品与私人产品

该理论还认为,公共产品的生产有公共生产和私人生产两种基本形式。公共生产指由公共部门(政府或国有企业)生产公共产品,私人生产指由私人部门(个人家庭或私人企业)生产公共产品。而公共产品的提供有公共提供(政府以无偿方式向居民或企业提供,生产成本由政府承担)、混合提供(政府以收费的方式向居民或企业提供服务,收费与成本差额部分由政府承担),以及市场提供(以盈利价格的方式提供)三种方式。

若将公共产品的生产和提供方式组合,我们就形成了公共生产/公共提供、公共生产/混合提供、公共生产/市场提供、私人生产/公共提供、私人生产/混合提供等五种组合方式（见图2-8）。其中，私人生产/公共提供指政府通过市场采购，将公共产品无偿地供给社会。而公共政策的重要作用，是针对不同的公共服务，在上述五种方式中选择最合适的生产—提供方式，并形成预算拨款机制。

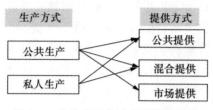

图2-8　公共产品的生产和提供方式

（二）公共产品理论是绩效管理的基础理论

公共产品理论是绩效管理的基础理论，它在本报告中的作用可归结如下：

（1）它提供了一个政策分析框架。政府通常有政治、社会、文化和教育、经济管理四项职能，且需要预算资金的支撑，公共产品理论将它们分成纯公共产品、准公共产品和私人产品，并主张采用不同的管理和成本分摊方式，这就较好地解决了不同政府职能的成本分担的问题。

（2）它提出了政府职能的重点是做好公共产品的供给，至于公共产品的生产，既可以由公共部门也可以由私人部门生产、政府采购的方式，从而扩大了我们的研究视野。

（3）它提出了准公共产品的管理问题。事实上，政府的许多职能（如教育、卫生、应用科技、文化等）都属于准公共产品，它们是可以在政府补贴下、由组织采用市场方式经营的。该理论对推进预算绩效管理和政府改革具有指导意义。

二、科学管理原理

绩效管理之所以能吸引全世界政要的眼球，在于它吸收了科学管理的原理，并通过绩效评价，形成了可操作的方法。

科学管理最早于19世纪70年代由美国工程师泰勒提出，指应用科学方法提高生产效率的管理方式，史称泰勒制。不过，泰勒制是针对企业的。在19世纪90年代，进步主义者试图将企业管理的成功经验移用于政府，借以建设效率政府，于是提出政府管理科学化命题。例如，美国大学教授，后成为美国总统的威尔逊就是政府管理科学化的提倡者。为了改变议会对政府的过度控制，他提出政治/行政两分法理论，该理论的主旨是强调政府行政应具有独立性，从而为科学管理创造条件。正如石庆环所指出的："在企业科学管理运动和'进步主义党人'改革思想的启迪与推动下，20世纪初期，美国政府积极投身到社会科学化管理运动中。

科学管理政府和行政效率,一时间成为政府管理中最时髦的话题。"①

科学与真理是人类的追求。在中国,虽然人们对政府管理科学化尚很陌生,但它已经引起党和政府的高度重视。胡锦涛在2003年提出科学发展观。习近平于2005年提出,不断推进决策的民主化、科学化;2013年又提出,不断提高军队党的建设科学化水平。2011年,李克强在接见全国机关事务管理工作先进集体时指出,"高效的服务是党政机关运行的基础和支撑",并提出"管理科学化"。② 可以预见,在不久的将来,政府管理科学化运动将在神州大地上掀起。

政府管理科学化自19世纪后期提出以后,经过一代代人的补充和完善,其内容逐渐完整,大体上可归纳为一个观念、六项管理规则和两个机制。

(一) 一个观念:以绩效为核心的价值取向

政府管理科学化的历史始于美国的进步主义运动,最早的政府管理科学化是从提升政府效率开始的。当时,进步主义党人提出,评价政府的标准是效率,而不是"无错"或"忠诚"。在他们的推动下,"效率政府就是好政府,没有效率的政府就是不好政府"的理念深入人心。③ 伴随着"效率"替代"忠诚",成为驱动文官制度改革的主要价值取向。"健康政府"为"效率政府"所取代也成为20世纪初历史发展的必然趋势④,这就推动了政府改革。

在泰勒的科学管理取得成功后,美国企业掀起了科学管理热潮。泰勒制一问世,美国进步主义党人立即将之奉为至宝加以信奉。⑤ 于是,许多人开始思考如何将它引入政府管理,以提高政府效率,解决政府行政中的官僚主义、浪费和腐败等难题。政府管理科学化是在此背景下提出的。由于它与进步主义者的"好政府"主张吻合,因此在推动好政府的建设上发挥了重要作用。19世纪末期文官制度(包括政治与行政的分离)的建立,只是联邦政府改革的第一步,而第二步应该是政府行政官员的职业化与科学管理。他们主张,政府应该根据其功能由职业官僚掌管。职业化和政府规模的合理化,是保证效率和消除浪费以及权力重叠的最好办法。⑥

但是,在早期的政府改革中,由于政府效率被解读为行政效率,因此存在路径

---

① 石庆环:"20世纪美国联邦政府行政改革的历史考察",《史学集刊》,2013年第9期。
② 国务院机关事务管理局网站(www.ggj.gov.cn)。
③ Frederick C. Mosher, *Democracy and the Public Service*, New York: Oxford University Press, 1982.
④ Ibid.
⑤ David A. Schuhz, et al., *The Politics of Civil Service Reform*, New York: Peter Lang Publishing, Inc. 1998.
⑥ Robert Maranto and David A. Schultz, *A Short History of the United States Civil Service*, New York: Lanham, 1991.

性错误。人们在事后发现，将提高行政效率作为政府改革目标是有问题的，它不仅没有提升效率，反而造成了独裁和"一言堂"，使错误的行政决策一路通行，造成灾难性后果。直到20世纪80年代的西方新公共管理运动中，人们才意识到政府效率应指基于有效公共服务的效率——财政效率或绩效。基于绩效，西方国家开始了第二次政府管理科学化运动。

（二）六项管理规则

科学管理应遵循某些管理规则，这些规则体现了管理自身的规律。美国学者Mosher 在 Democracy and the Public Service 一书中，将泰勒制的核心内容归纳为六项管理规则，包括合理性、计划性、专业化、定量检测、一种最好的方法、标准与标准化。① 当然，这些规则也适用于政府管理。

1. 合理性

合理性的原意指管理上的各项规章制度应符合组织、管理和活动实际，具有合理性和可行性。合理性在政府管理上也称理性，其内容为：(1) 制定政策或管理制度应符合逻辑、公理和正义。(2) 政府职能的设计应符合公共产品理论。对纯公共产品应当由政府提供，实行免费提供方式；对准公共产品应按成本价格，采用"政府补贴＋向受益人收费"的混合提供方式；而对私人产品应按"谁受益，谁付费"，采用盈利性原则提供。(3) 政府管理应建立在科学的规则之上，制定的规制应符合人们的组织、管理和活动实际。

2. 计划性

计划性指制订具有前瞻性的战略计划，不但作为工作的需要和目标，而且作为实际工作的基础。应用于政府管理，这就是政府既应制订具有前瞻性的战略计划，还应制订具体的、严密的工作计划和应急计划。这不仅是为了明确工作目标，更是为了工作的顺利开展、防止顾此失彼。预算是重要的资金计划。

3. 专业化

实现材料、工具、机器、产品、劳动力及组织的专业化。应用于政府管理，政府部门应当实现在材料、工具、设备、产品、劳动力和劳动组织的专业化。通常认为，按政府职能建立部门，将专门的工作交给专家去做是符合专业化管理的。

4. 定量检测

尽可能地运用所有的工作因素（包括个人做具体工作的胜任能力等），定量地检测工作效果。应用于政府管理，政府在行使职能和管理公共事务上，应当充分利用办公设施、人员、资金和公共资源等要素，而不应闲置、浪费；政府应当尽可能

---

① 石庆环："20世纪初工商企业的科学化管理与美国政府的行政改革"，《东北师大学报》（哲学社会科学版），2004年。

地检测公共服务的投入和结果,量化地反映有效公共服务。

5. 一种最好的方法

做一件工作只有一种最好的方法、一种最好的工具、一种最好的材料和一种最好类型的劳动力。应用于政府管理,即最好的方法只有一种。若某一工作既可这样做也可那样做,就说明未找到科学的方法。为此,决策者应当在多种备选方案中,筛选确定最好的一种,以及最好的工具、最好的材料和最好类型的劳动力,并以此作为实施方案。

6. 标准与标准化

通过系列性和体制性的研究,一旦发现一种最好的方法或模式,就必须将其标准化,然后严格遵守所制定的标准,并按其进行工作。① 用于政府管理,这指一旦我们确定了最好的方法,就应当将它作为标准的作业方式及其所需的条件(如劳动力和人员配置、材料和设备等),并作为标准配置固定下来,成为科学的、标准的模式(见图2-9)。

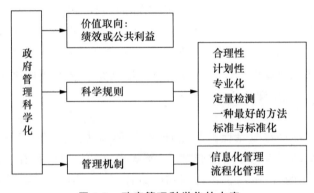

图2-9 政府管理科学化的内容

(三) 两个机制:信息化和流程化

这是在20世纪80年代西方政府再造运动中提出的,它补充和完善了管理科学化的体系。政府再造指政府应当充分应用信息工具,对传统的框架进行信息化、流程化、扁平化改造。

信息化和流程化是两个相互关联的改革。信息化指政府应当通过计算机和网络来收集信息,处理公文。流程化指政府应当对传统的作业方式"一项工作,一个人承担"进行改造,通过建立新的工作流程,采用"多项工作分环节,每人承担一个环节"的作业方式,使行政管理更有效率。由于这两项改革将导致传统管理模

---

① Frederick C. Mosher, *Democracy and the Public Service*, New York: Oxford University Press, 1982.

式发生重大的变化,因此也被公认为政府管理科学化的重要内容。

以上科学管理原理,许多为绩效管理所采纳。例如,以绩效或有效公共服务为核心的价值取向,计划性为绩效目标建设提供了依据,定量检测为绩效指标的定量化所采用,按一种最好的方法选择绩效指标并确定其标准值,按标准与标准化的要求建设绩效指标体系等。在绩效管理上,我们还应按信息化和流程化的管理原理设计管理环节。例如,绩效管理中的绩效目标、绩效过程和绩效评价三个管理环节,就是按流程化管理的要求设计的。

总之,科学管理原理为绩效管理提供了依据,从这点来说,绩效管理隶属于科学管理,是它的具体化。同时,由于科学管理长期缺乏抓手,因此它并未真正应用于政府管理,直到绩效管理的出现才将其原理变成可实施的工具,从而实现了从理论到应用的转化。

三、目标管理理论

(一) 什么是目标管理

目标管理是由管理学大师,美国学者德鲁克首创的。1954年,他在《管理的实践》一书中提出"目标管理与自我控制"主张,随后又在《管理:任务、责任、实践》一书中对此做了进一步阐述。德鲁克认为,并不是有了工作才有目标,而是有了目标才能确定每个人的工作。他还指出,凡是工作状况和成果直接、严重地影响公司的生存与繁荣发展的地方,目标管理就是必要的。如果一个领域没有目标,这个领域的工作必然被忽视。他主张,管理者应该目标对下级进行管理,当组织的高层管理者确定了组织目标后,必须进行有效分解,转化为各部门和各个人的分目标;管理者再根据分目标的完成情况对下级进行考核、评价和奖惩。

德鲁克还认为,一名优秀的管理者应具有六项特征:(1)重视目标和绩效,只做正确的事情;(2)一次只做一件事情,并只做最重要的事情;(3)明白自己所能做出的贡献;(4)注重高层管理者出色的绩效和正直的品格;(5)知道增进沟通的重要性,选择性地搜集所需的信息;(6)只做有效的决策。目标管理的最大优点也许是,它使得一位经理人能控制自己的成就。自我控制意味着更强的激励——一种要做得最好而不是敷衍了事的愿望,这意味着获得更高的成就和更广阔的眼界。

在德鲁克看来,目标是管理的首要问题,没有目标就没有管理。企业存在的价值是顾客,而不是利润,为此企业应以顾客需求为目标。目标管理就是在正确地选定目标后,将它分解到整个组织中,使得人人有目标。这些,不仅对企业管理有重大价值,对绩效管理也有重大价值。

(二) 目标管理在美国政府管理上的应用

在美国,尼克松总统是将目标管理引入预算改革的第一人。他设想将当时联邦政府的项目预算改造成目标——项目预算。1974年,为了推行这项改革,他聘请德鲁克为顾问。但是,企业的目标相对简单,无非是成本、销售和利润,而政府的目标远较企业复杂。首先,由于它是向社会提供服务,而公共服务是无形产品,因此设立量化的各部委目标是困难的。其次,即使公共服务有了量的目标,由于缺乏质的标准,政府也很难计算出合理的成本,并作为拨款依据(直到20世纪80年代,西方在推行公共服务标准化后,这个问题才得到突破)。最后,在联邦政府的诸多目标中,由于存在信息不对称,因此如何找出哪些是"真目标"、哪些是无价值"伪目标",同样是一个难题。正是因为德鲁克为以上问题所困扰,所以尼克松政府的目标预算改革未获得成功,它既不能限制联邦各部门的权力扩张,也不能限制预算扩张。随着"水门事件"导致尼克松下台,目标预算改革停止了。

(三) 目标管理与绩效管理:目标—绩效管理

政府的目标管理改革虽然失败了,但是现在看来,改革方向是对的,只是没有解决好技术性问题,因而尚不具备实施的条件。从原理上说,目标管理可分为基于过程的目标管理和基于结果的目标管理两类。这就是说,前者的"目标"是指过程管理目标。

基于过程的目标管理指管理者将某一过程(如某一项具体改革或压缩预算措施)作为目标,然后通过行政命令,将其分解到相关部门。由于过程管理下的目标是数量目标,因此具有追求数量、不求质量的缺点;加上这类改革是过程性措施,只能"治表",虽然被管理者称为"目标",但事实上并非真正意义的目标——结果,而是过程性或中间性目标,因此检查其落实情况比较困难,效果也不可预见。为此,它虽然看起来热闹,但约束性较差,缺乏实际管理价值,1974年尼克松政府的"目标管理改革"就属此类。

基于结果的目标管理也称目标—绩效管理,是指管理者设定的、以结果为导向、基于绩效指标的管理目标。这类目标的特点有:(1) 目标是按结果(即管理效果)设定的;(2) 它既是管理目标,又是绩效评价依据,因而具有较强的约束力;(3) 它是按委托代理而非行政命令的方式分解目标的。绩效目标本身是量和质统一的目标,而且它通过绩效评价来检查落实。对于完成目标的,管理者将给予某种奖励;对于完不成目标的,将启动追责机制。以上特点符合绩效管理的要求,因而基于结果的目标管理为绩效管理所采用,绩效管理将"绩效目标"设为其环节之一,并成为其方法论之一。

四、信息公开理论

(一) 什么是信息公开

西方有一句俗话:阳光是最好的消毒剂,路灯是最好的警察。当然,我们应加上一句:信息公开是最好的防腐剂。

信息公开也称信息自由或信息透明。Kopits 和 Craig(1998)对信息公开的定义为：向公众最大限度地公开政府职能、财政政策意向、公共部门账户和财政预测信息，并且这些信息是可靠的、详细的、及时的、容易理解且可以比较的，便于选民和市场准确估计政府活动的真实成本与收益。① 在中国，它通常被定义为：政府和其他公共机构依法以主动方式或申请受理方式，向社会、居民和组织公开的政治、行政、司法与财政等信息的行为。② 该定义表明，信息公开是对政府和公共机构而言的，是它们应承担的公共责任。

信息公开有政府主动公开和申请受理公开两种方式。前者是由政府或公共部门通过媒体，主动向社会、居民和组织公开的信息；后者是由申请者在主动公开之外，通过法定申请手续，要求公共部门另外提供的信息。信息公开的内容是公共部门有关政治、行政、司法和财政信息，其中的财政信息具有标志性。透明度是用于衡量政府或财政信息公开程度的指标。通常，人们主要通过测量财政信息的公开程度，评价一个国家或地区的信息透明度。

信息公开是 20 世纪 80 年代以来各国行政改革的重要内容之一。在此之前，政府是按过程管理和保密原则行政的。管理型政府有两个重要特点：(1)过程管理，采用命令/执行的行政模式。在该模式下，领导不断地下达命令，下属执行并反馈执行情况。(2)保密原则，即采用"以保密为一般，以公开为特例"的行政管理原则。然而，我们知道，代议制是现代政府的基本制度、建立在委托代理之上的，议会作为委托方，代表人民向受托人(政府)授权。为此，现代政府作为公共委托代理的产物，理应向委托人(人民)公开信息并接受监督。

信息公开的作用可归纳为：一是满足人民对政府活动的知情权，沟通政府与人民的关系；二是通过信息公开，监督政府的活动；三是降低交易成本。由于在信息不对称下，人们对政府往往有许多误解和谣言，"谣言止于智者"，政府持续地发布信息，就会使谣言退出市场。既然信息公开有这些好处，那么，政府为什么要采取保密原则呢？一个重要原因是试图制造"无谬误神话"，掩盖其决策的失误，保护官员在此炫目光环下获得的既得利益。

1970 年，Albert Hirshman 在 *Exit, Voice, and Loyalty：Response to Firms, Organizations, and States* 一书中，对保密原则下委托人表达不满的方式做了研究，并归纳为退出(Exit)和发言(Voice)两种方式。退出指委托人通过终止与代理人的协议，寻找另外的代理人。发言指继续维持该关系，但通过向代理人提出不

---

① Kopits, G. and J. Craig, Transparency in Government Operations, IMF Occasional Paper, 1998(158).
② 马国贤、任晓辉：《公共政策分析与评估》，复旦大学出版社，2012 年，第 255 页。

满、进行干预来制约其行为。但是,由于发言要调查取证等,成本很高,因此为了降低成本,他们就要求政府公开信息。

(二)信息公开是绩效管理的重要依据

信息公开是绩效管理的重要依据之一。首先,绩效管理以绩效评价为基础环节,而绩效评价需要政府的业务信息(如财政拨款、支出和审计信息及各部门提供的有效公共服务信息)和预算信息。如果没有信息公开,在绩效评价中收集信息的成本将会很高,而且难以全面、准确。不全面的信息会使评价结果产生系统性偏差。从这点来说,绩效管理依赖于信息公开。其次,由于绩效管理以预算为基础,因此绩效管理信息本身就属于预算信息公开的范围。

第三节 政府绩效管理的作用与责任政府建设

在进入绩效管理路径和方法研究之前,我们尚有一个问题要理清:绩效管理有哪些作用?为何中外政要会如此苦苦地追求它?当然,我们研究的目的,不只是了解对象——绩效管理,纠正认识上的误区,更为了创造有利于其发挥的制度条件。因为,任何管理制度的作用发挥是有条件的,若不能满足,就会处于抑制状态。

一、绩效管理的功能与作用

在学术上,功能与作用是两个相互联系但内容又不同的词汇。功能指事物的内在能力,这种能力,无论我们认识与否它都存在。作用指其外部表现,民众在认识它的基础上,通过提供相应条件,推动工作或管理。

绩效管理有哪些功能,既事关现代国家的治理,也事关我们正确地认识绩效管理。我们认为,若全面地看,绩效管理具有形成新的公共管理机制、控制预算、落实责任政府三大功能。

(一)绩效管理的功能

1. 形成新的公共管理机制

这是指绩效管理将形成基于绩效的新公共管理机制,治理官僚主义、浪费、腐败三大难题。

中国的公共管理模式是在计划经济时代形成的。在改革开放中,由于我们对市场经济缺乏了解,因此基本上搬抄西方理论和政府管理的做法,尤其是美国的做法,在政府治理上长期采用过程管理模式。然而,由于过程管理模式自身存在缺陷,这就衍生出官僚主义、浪费、腐败等政府治理难题。绩效管理就是为替代过程管理模式而提出的。

(1)过程管理与官僚主义。看起来,过程管理与官僚主义似乎是两回事;但事实上,两者存在因果关系。首先,过程管理是以权力为中心,以自我为中心的管理模式。例如,中央与地方政府的关系是以权力而不是责任为中心建立的,下级政府关心的是我有多大的职权和财权。再如,政府是按权力而不是责任划分部门职能的,官员关心的是我的权力多大,而不是责任。其次,过程管理的背景是科层制政府,各部门的行政活动受到其他部门的掣肘,相应的问题如下:

首先,划分权力边界十分困难。由于权力只能描述部门职能的中心点,其边界是模糊的;加上我国存在综合部门、业务部门和专业部门三种权力划分方式,因此每个部门的权力边界均受制于其他部门,这样就更加混乱。权力边界划分上的困难必然带来责任边界不清,于是"有权相互争夺,遇事相互推诿"成为基本的"官场生态"。

其次,在过程管理下,由于权力与责任是脱节的,领导有了权就任性:你必须按我的指令行事,否则就是不服从领导;或者"说你行,你就行,不行也行!说你不行,你就不行,行也不行!"处于这样的官僚主义和"一言堂"环境下的政府,怎么可能不脱离人民呢?

最后,在过程管理下,对处于服从方的官员来说,必须事事听领导的,凡领导布置的就必须去做,至于是否有效,与我无关。在办事上,他们追求的不是有效,而是不违法和"无错"。办事程序设计越复杂、越是繁文缛节,就越能证明我无错,至于办事者是跑一次还是跑一百次,与我无关!这一制度并不鼓励官员对事实负责,对人民负责和创新,而是"向上爬"。

总之,过程管理是产生官僚主义的土壤,为此在西方,官僚机构常常成为政府的代名词。看来,这一说法是有道理的。

(2)过程管理与浪费。在这方面,我们只需指出就够了。

首先,过程管理具有"决策上的低成本,实施上的低效率"缺陷。决策失误是最大的浪费。而过程管理将权力集中于少数人,若他们能深入调查、勤于思考,是可能做出符合实际的决策、产生良好效果的;但是,领导毕竟是普通人,会犯错误,一旦做出主观的、违背规律的决策,过程管理体系就会自动地层层贯彻下去,并产生灾难性和全局性的后果。1958年非理性化的"大跃进"就是例证。

其次,在过程管理下,即使日常管理也浪费惊人。在我国,环卫部门是按"每天扫一遍"清扫城市街道的,然而,这包含着无形浪费。由于街道的卫生与过往人员有关,对于那些商业集中地或菜场周边街道而言,每天扫一遍显然不够,因此到晚上垃圾很多;而对于那些过往车辆、行人很少的街道而言,三天扫一次也并不脏;有的下雨天还在洒水,浪费很大。我们若按有效服务的绩效(街道清洁度)的思路设计管理模式,本来是可以做到既省钱、街道又更清洁的。

最后,过程管理的另一制度性缺陷是建立追责机制难,"党政一把手专项"更是如此。因此,几乎各地都有"政绩工程",但无人敢追责;即使被追责,他也会编出各种搪塞理由。总之,过程管理与浪费存在因果关系,不改革过程管理,就很难制止浪费。

(3)过程管理与腐败。腐败是中国官场的难题之一,虽然在明朝,朱元璋曾对贪官处以"剥皮实草"措施,但仍不能解决腐败问题。在今天,腐败也是一大公害,不但贪官人数多,而且层级越来越高,还出现了一批"小官巨贪"。面对严峻的形势,中央又提出建立惩治和预防腐败体系,做到标本兼治。尽管这样,但我国的反腐形势依旧严峻。

对官场腐败的原因,有人说是官员的个人品质。但在我们看来,官员也是人,在市场经济环境下,他们也需要钱养家活口,而且他们也曾有光荣历史。为此,借用林肯·斯蒂芬斯的话:"一旦贪污腐败以同样一种形式在各地出现,那么这种普遍的罪恶一定是有自身原因的非个人的结果,而不是某些坏人道德败坏的偶然事件。"[①]这就是说,个人品质固然是导致贪污腐败的因素,但它的普遍出现,肯定还有更重要的制度或社会因素。那么,它们又是什么呢?

对此,有人认为,这是因为官员的权力太大、监督不够。一般来说,这个说法是对的。但是,当我们联系到具体管理时,就遇到"为什么授予官员重权,但又缺乏监督"的问题。

应当说,政府是公共权力机构。由于公共权力要由人行使,因此官员作为公共事务管理者要履行公共管理的责任,我们自然应授予其公权。从这点来说,官员应获得与管理相适应的权力,这是没有问题的。至于监督,应当说我们并非没有去做。比如,2012年11月,中共中央修订的《中国共产党章程》就重申党员的八项义务;2004年2月,中共中央颁布了《中国共产党纪律处分条例》;2012年7月,又颁布了《中国共产党党内监督条例(试行)》;此后,又公布了《中国共产党纪律检查机关控告申诉工作条例》《监察机关举报工作办法》,以及中共中央《建立健全惩治和预防腐败体系2008—2012年工作规划》;在行政方面,2010年,全国人民代表大会常委会修订了《中华人民共和国行政监察法》。总之,我们已经形成比较完整的党内监督、行政监督的制度体系,从这点来说,我们不缺监督。

那么,为何该体系在实际管理中未发挥出应有作用?贪腐案件为何不减反增呢?在我们看来,原因在于信息不对称:我们可监督他们的公务行为,却难以监督其私人行为。由于贪腐事件发生在暗室,因此在事中难以被发现。既然难以发现,也就难以监督。看来,监督是必要的,但其作用是有限的。看来,我们要建立、健全惩治和预防腐败体系,就必须跳出传统的思维模式,另辟蹊径。

---

① 〔美〕林肯·斯蒂芬斯著,展江、万胜译,《新闻与揭丑——美国黑幕揭发报道先驱林肯·斯蒂芬斯自述》,海南出版社,2000年,第46—358页。

那么，贪污腐败问题的原因究竟何在呢？在我们看来，官员腐败既有个人原因，更有制度原因。后者主要有以下两个：

其一，政府运行上的过程管理造成官员的权力过大、权力与责任脱节。过程管理是与权力型政府相适应的，其运行以权力为中心，采用上级不断下达命令、下级执行并反馈结果的模式。这个运行方式有两大缺点：一是公共管理建立在指挥者与执行者的信任关系之上，它极易被放大而形成"裙带关系"；二是权力配置不是基于责任，而是由领导授予，因而极易脱离责任。脱离责任的权力既无从监督，也会带来权力滥用和腐败。

其二，在我国，吏治的核心是官员的选拔、任用，虽然我们规定了德才兼备的标准，但在过程管理下，由于缺乏可操作的量化标准，极易变成以党委书记个人为中心的人事制度。加上事实上"裙带关系"的存在，使一些"一把手"自觉或不自觉地陷入"人事腐败漩涡"，最后是官场的整体腐败。总之，在我们看来，过程管理下的权责关系不顺，只讲权力、不讲责任，以及相应的人事制度上的德才兼备缺失，是导致我国腐败长期"治而不理"的基本原因。若做进一步概括，则过程管理是根源，而解决路径是以绩效管理替代过程管理。

必须指出，官僚主义、浪费和腐败只是现象，根源是公共管理上的低效率，而产生低效率的既不是政治，也不是利益，而是过程管理模式。"庆父不死，鲁难未已"，只要过程管理模式尚存，官僚主义就不会断根。现在，该是我们彻底清算过程管理的时候了。

通过以上分析，我们还应回答以下两个问题：

第一，公共管理新机制是什么？这是一种以追求"好政府"为目标，以财政效率或绩效为核心的科学管理机制。

第二，绩效管理能治理官僚主义等三大难题吗？首先，可以肯定，绩效管理是治理三大难题的关键措施。其次，绩效管理是通过另一种机制（责任）来治理官僚主义等难题的。绩效管理所设计的四个环节（包括绩效目标、绩效评价等）都是为了落实绩效责任。责任是一把高悬在人们头上的"达摩克利斯之剑"，而绩效是高悬于公堂之上、区分清浊的"明镜"，我们有了这两个"宝贝"，何惧妖魔鬼怪哉！最后，绩效管理与现行的反腐措施并无冲突，而是相向而行的。由于绩效管理指向公共部门的低绩效、无绩效，一旦揭示出这些，其官僚主义、腐败等难题就暴露无遗；由于绩效管理指向公共责任，一旦量化了责任并公开于社会，官员们就不得不为之而努力。如果官员的提拔、升迁和任用不再受控于"暗室"和"少数人"手上，那么他们还有必要"走门道""送贿赂"吗？当然，有关答案，读者要在后面各章中寻找，自己做出判断。

2. 控制预算,形成与业绩相适应的拨款机制

由于在式(1-1)中将有效公共服务作为分子,而将公共支出(财政投入)作为分母,因此绩效管理势必对预算产生重大的影响。有人认为,它是政府为了预算上的"节钱"而设的。我们并不认可这种说法。

在我们看来,虽然"节钱"和"绩效"都与预算支出相关,但却是两码事。

首先,"节钱"指财政不分青红皂白地"砍项目,砍支出",这是政府在极端情况下采用的。"节钱"虽然会取得财政平衡,但也会"砍掉"那些高绩效的支出项目,因而并不利于效率政府的建设。而按绩效观点,政府的钱总是要花的,不是用于这里就是用于那里,问题是如何提升绩效。为此,政府在预算安排上,对那些无绩效项目应当一文不给,而尽力满足那些有绩效、高绩效的项目,必要时政府发点公债也是可以的。可见,两者的目的不同、心态不同,效果也不同。

其次,在"节钱"与"绩效"的背后是两种理财观。"节钱"理财观产生于封建时代,如国无三年之蓄、国将不国的说法。在经济不发达的小生产时代,积谷防荒是必需的。而在现代条件下,由于财政收入来自税收,只要经济正常运行,政府的收入是有保证的。因此,政府理财的核心任务是发展生产和提高支出绩效,并承担起管理政府之责任,而非节钱。对于部门合理的、有绩效的要求,财政应积极创造条件,支持它们去做好。这才是正确的理财观。

最后,利用绩效管理"砍支出"的做法,会将财政置于与支出部门对立的地位,即使从推进绩效管理来说,这一做法也不可取。

总之,绩效管理的作用是控制预算。控制预算指财政应形成与业绩相适应的拨款机制。说白了,就是从绩效出发,做到该拨的拨款、该控的控制拨款。无论是从部门绩效管理上的绩效目标等四环节设计,还是从项目化管理上的事前评价等三环节设计来看,它们都在传达形成基于绩效的新预算机制的信息。对于这点,我们应当能体会到。与之相联系,在绩效管理中,我们砍去一些低绩效项目是必要的、必然的,但并不是为了"节钱",而是为了形成新的拨款机制。对于这点,财政部门有必要理直气壮地加以宣传。

3. 落实责任政府

建设责任政府是中共十八大提出的重要目标。责任政府也称责任型政府或服务型政府,是一种与权力型政府相对应的政府形态。

什么是责任型政府?中共十八届中央委员会第三次全体会议做出的《中共中央关于全面深化改革若干重大问题的决定》指出:"优化政府组织结构。转变政府职能必须深化机构改革。优化政府机构设置、职能配置、工作流程,完善决策权、执行权、监督权既相互制约又相互协调的行政运行机制。严格绩效管理,突出责任落实,确保权责一致。"从这段话中,我们可以对责任型政府做出如下理解:

首先，责任型政府是以维护公共利益为己任、勇于担当责任、领导人民克服困难的政府，而不是那种玩权力、遇事后退、不愿担责的政府。由于"责任"指政府在管理公共事务、提供公共服务上的责任，因而它也称服务型政府。

其次，责任型政府是"责任落实，权责一致"的政府，是"严格绩效管理"的政府。权力与责任是公共管理中的一对矛盾。从本源来说，公共权力是来自责任，而不是暴力。正是履责需要，人民才通过法律授予政府相应的权力，且权力的授予应以满足履责需要为限。可见，对公共部门而言，责任是第一位的，权力依附于责任。然而，权力型政府却颠倒了此关系。它们迷信权力，崇拜权力，奉行权力至上。过程管理就是权力至上的管理。在过程管理下，管理者将管理视为权力和统治工具，这就违背了公共管理的本意，而官僚主义、腐败是其外在表现。

责任型政府恢复了公共管理本来的面目：(1) 它要求按照政府的公共责任确立职能；(2) 它按适宜原则将责任配置给相应级次的政府，并按权力与责任相匹配原则、事权与公共支出相适应原则，赋予相应的权力和财力；(3) 建立基于绩效指标的考评责任制，通过绩效指标将政府的公共服务显化，同时通过评价将其管理结果显化，从而实化公共服务。绩效评价既为对官员的德才兼备评价提供了依据，也为问责提供了依据。为此，绩效管理既能肯定有为官员，也会使那些"拿钱不管事""只知用权，不知干事"的尸位素餐官员显形。可见，责任型政府并非仅仅是那种"出了问题就找个人来负责"的政府，而是勇于担当责任、落实责任、建立起绩效管理体系的政府。其中，绩效管理是责任型政府建设的核心环节。

最后，责任型政府是治理腐败的政府。前面指出，在中国腐败的诸多原因中，过程管理下的权责不匹配是其中重要的一个。因为，有权者一旦没有责任，就可以任性胡为、买官卖官、声色犬马、恣意享乐，或者经营自己的"人事网络"。而在责任型政府下，虽然我们不查察"暗室"，但握有责任履行和绩效评价的武器，一旦人事部门按绩效考察干部，提拔、任用干部，就会清浊立判。而那些"混年头"或靠"裙带"混迹官场的"南郭先生"们，就会感到大祸临头。在责任型政府下，"一把手"也会因做不好事而被追责，这就促使他们将精力放在做事上，而非放在建立关系网上。总之，在责任型政府下，责任是高悬于官员头上的"达摩克利斯之剑"，虽然它不一定能根治腐败，但至少使之大大减少。

通常，某措施若能解决一个问题，它就有价值。而绩效管理能同时解决公共管理中的三个重大问题，无怪乎受到中国共产党和中国政府的重视了。

(二) 绩效管理的作用

通过以上分析，我们可以将政府绩效管理的作用归结为治官、治事、治财。

1. 治官作用

在中国历史上，政府很早就认识到绩效管理可用于评价官员。当时，因信息不发达，朝廷虽向各地派了官员，但不知道他们的工作怎样。是积极发展经济、减少干扰，还是结党营私、贪污腐败、鱼肉百姓？为此汉朝对"长官"（州县官），采用了人口、土地、赋税和治安四项绩效指标，以评价他们是能吏、循吏，还是贪吏。能同时达到这些指标的，必然是那些一心一意发展地方经济且简政、廉洁的官员，而贪吏必然绩效差，于是这四项指标就成为朝廷的考评指标。为了防止考绩失真，朝廷还设计了一套考评机制，规定在年度终了，各州应将本州的土地、户口、赋税、审判资料全部上交朝廷，由朝廷组织审查并结出考评结论。在汉初，因尚无纸张，官方文书记录于竹简，故而将资料运送京城的成本很高。

在汉文帝、汉景帝时代，由于朝廷坚持对官员进行严格的绩效考评，对绩效好的能吏加以提拔重用，及时查处绩效差的贪吏，因此朝政一新，加上政府兴修水利，采用"与民休息"、与匈奴和亲等政策，使国内的人口、财富得到快速积累，国库充盈，甚至连串钱的线都磨烂了，史称"文景之治"。但到汉中期，随着考绩制被取消，国家急剧衰落。可以说，考绩制是一面"照妖镜"。

汉以后，中国历代都采用考绩制，出现了一个朝代能延续 200—300 年的奇迹——对欧洲来说是无法想象的。总之，绩效管理的首要作用是治官，以业绩来客观、公正地评价官员。

2. 治事作用

治事即治理政事，这是绩效管理的另一个作用。在现代社会里，政府管理范围越来越宽——不仅是因为公共事务越来越广泛，而且与官员为扩大权力、显示"自我价值"而将该管和不该管的事都纳入政府管理有关。为了扩权，他们会利用信息不对称，将某些个案问题当作普遍问题来说明其必要性。此外，政府每年会出台大量的公共政策，其中有些是扰民的、冗余的。于是，政府花了纳税人的血汗钱，却不能增加有效服务。

为此，经济学家发现了纯公共产品、准公共产品和私人产品规律，希望以此限制政府扩权。但是，理论是一回事，做又是另一回事。那么，现代社会该怎样治理政府的盲目扩权呢？答案是实施政府绩效管理。

因为，绩效管理能对政事起到"过滤器"的作用。例如，若农业部门要出台某些补贴政策，则最佳做法是对它开展前期评价，包括对补贴的必要性、路径上的可行性、补贴的预期绩效（即农业增产、农民增收）的评价。若部门不能说清这些，则政策就不成立。部门再对它进行跟踪评价，即中期评价和后评价。若政府能如此做，则那些随机的、无实效的政策及其预算将大为减少，而那些深思熟虑的、有实效的政策将获褒扬坚持。当然，我们还可通过部门绩效评价，考察部门的价值，以及过度"扩权"带来的低效率、官僚主义等问题。

总之，绩效管理有治事作用，它是保证政府"管好该管之事"，防止政府过度扩权、为政不为或过度作为的有效手段。

3. 治财作用

在现代社会里,财政的地位很高。由于社会对公共财政有众多的需求者,且不同阶层人的需求不同,而政府的财政资金总量是有限的,这就产生了"僧多粥少"的矛盾。而且,这一矛盾贯穿于整个时代。

绩效管理可将政府理财的三个基本问题(即预算用于哪里、有什么结果、花的钱是否值得)联系起来,因而它具有治理财政预算的作用。

第一,它有利于政府科学地配置预算资源。绩效管理通过合理的预算程序,以及对各部门、各政策项目预算结果的绩效评价,有利于解决政府在预算资金分配上"拍脑袋""跟着感觉走""会哭的孩子多吃奶"等难题,实现按绩效来分配预算。

第二,它有利于发挥人民代表大会的监督作用。为应对预算资金上的"僧多粥少",我们设计了政府预算的人民代表大会审批制度,它的本意是发挥人民代表大会代表的当家理财作用,通过对预算的审查、表决来限制各种无效需求。这一制度显然是好的,但也是有条件的,这就是信息对称。而在中国,人民代表大会代表的优势是广泛性,缺点是缺乏专业性。他们不懂预算,投的只是对政府的"信任票"而非"自主票"。显然,在西方,从民主制度诞生那天起,这个问题至今未得到解决。

唯有绩效管理才能解决"信任票"问题。如果政府通过绩效管理,列示上年每个项目、每个部门的资金绩效,那么即使不懂财政预算的人民代表大会代表,也能自主地对预算案做出判断,这时他们投的就是"自主票"。而基于"自主票"的监督,才是真正的人民代表大会监督。

总之,从这两点来看,绩效管理有治财作用,是促使政府预算科学分配、科学管理的"促进器"。绩效管理有着治官、治事和治财的作用,其必然成为中国现代公共治理的核心制度。

二、绩效管理与经济发展

在绩效管理的作用上,我们还有一个问题未讨论,即它与经济发展的关系。绩效管理会不会阻碍经济发展?

对于这个问题,我们从以下三点做出回答:一是经济发展是政府的重要目标;二是经济发展存在好政府下的经济发展和自由主义下的经济发展的两种路径;三是绩效管理是促进好政府下的经济发展的推动力。

(一)经济发展是政府的重要目标

应当指出,经济发展既是政府工作的重要目标,也是一项公共事务。对此,马克思、恩格斯指出,社会主义社会的物质基础是大工业的充分发展。因为,"生产力的这种发展之所以是绝对必需的实际前提,还因为如果没有这种发展,就只会有贫穷、极端贫困的普遍化。而在极端贫困的情况下,必须重新开始争取必需品的斗争,全部陈腐污浊的东西又要死灰复燃"。① 邓小平也指出,社会主义的本质是解放和发展生产力。这些论述都说明,经济发展是公共事务而不是私人事务。或者说白了,创造经济发展的良好环境(包括市场竞争环境、制度环境和交通、通信、信息等硬条件)是政府职能,而私人部门的任务是充分利用这一条件,按市场经济要求发展经济。

在经济发展上,中国经历过两个重要的历史阶段:(1) 计划经济时代的"以阶级斗争为纲"阶段;(2) 中国共产党第十一届中央委员会第三次全体会议后"以经济建设为中心"的改革开放阶段。在第一阶段,虽然我们也注重经济发展,但它经常为政治运动、阶级斗争所打断。而在"文化大革命"中,经济发展更是受到"要社会主义的草,不要资本主义的苗"的冲击,民穷财尽,国民经济到了崩溃的边缘。为此,只有在第二阶段,中国才主动地将经济发展纳入政府职能,走在人民的前面,领导人民克服困难发展经济,改善民生。

总之,无论是从国家富强、人民生活水平的提高,还是全面建成小康社会、实现中华民族伟大复兴的"中国梦"来说,最终要靠经济发展。因此,经济发展是公共产品,是政府的重要目标。自1979年以来,中国的党和政府一直将它作为重要的工作目标,并取得了骄人成绩。对这一点,我们不应有丝毫怀疑或动摇。

(二) 经济发展的两种路径

在经济发展与绩效管理的关系上,我们的观点为:绩效管理不但不排斥经济发展,而且重视经济发展,并将它视为重要的政府责任而落实于绩效指标;但是,它反对那种违背经济规律的"父爱主义"和拔苗助长式"政府推动型"的经济发展,主张那种按经济规律和市场竞争规律办事的、有实效的"政府调控型"经济发展。绩效管理还将经济发展作为重要的绩效指标,鼓励和尊重各级政府,尤其是地方政府的积极性和创造性。为了说明这点,我们有必要对中国改革开放以来经济发展的路径展开讨论。

路径一:政府推动型经济发展

政府推动型经济发展有两个特点:一是各级政府将 GDP(国内生产总值)作为经济发展的唯一目标;二是对企业采取"父爱主义"的自由放任政策。

对于第一个特点,应当说,GDP 是公认的重要经济指标。一般说来,一个地区的 GDP 增长,意味着生产力的提高和所创造的财富总量的增加。由于 GDP 是由人生产出来的,既包含了工资等因素,也包含了社会管理(包括政府为之提供的各

---

① 《马克思恩格斯全集》(第3卷),人民出版社,1957年,第39页。

种条件和政府服务），因此 GDP 增长也意味着这个地区的工资收入增长了。从这点来说，GDP 既是衡量一个地区经济发展水平的重要指标，也是衡量政绩的指标。

但是，GDP 并非衡量经济发展的唯一指标。就一个地区来说，企业的创新能力、盈利水平、工资水平、科技创新水平、纳税能力、产业结构（包括第一、第二、第三产业比重等）都是重要的衡量指标，只有将以上指标进行综合分析，我们才能判定其经济发展状态。比如，若某地区的 GDP 增长了，但其他指标（如企业盈利能力、纳税能力、科研投入）却停滞不前，甚至是负增长，则说明它们并无技术储备、缺乏科技创新能力，只是"拼设备""吃老本"式短视的经济增长。按绩效观点，该地区绩效评价结果应是及格，而不是优良。可见，衡量国家和地区的经济发展需要一个指标群，GDP 只是其中之一。

然而出于各种原因，中国忽略了指标群的建设，而在很长的时间内，将 GDP 作为考评政府的指标，甚至是唯一指标；有的还将 GDP 政治化，将其与干部的升迁、任用挂钩。对于 GDP 增长快的地区，就认为领导"有能力"而提拔重用，对其存在的问题（包括贪污、腐败、弄虚作假等），往往采取容忍、纵容的态度，而不是批评制止；而对 GDP 增长不力者，则施加种种政治压力，甚至调离。

应当说，"一切为了 GDP"和"GDP 论英雄"是政府推动型的经济发展模式。从思想方法来说，它犯了"攻其一点，不及其余"的错误。从实际上看，经济发展有自己的规律，而"GDP 论英雄"否定了经济规律，会导致经济发展"变形"。其后果有：一是弄虚作假。为了 GDP，一些地方搞"假合资""GDP 造假"。这些假数据经多年积累，一个县的 GDP 甚至超过了香港。二是一切为了 GDP。一些地方不惜以牺牲环境为代价，甚至以"优惠"条件引进污染企业，虽然 GDP 上去了，但土壤、空气和水源遭到严重污染，以至于"水乡无水可喝"。这就违背了经济发展的初衷。三是追求超常发展。一些地方为了获得超常发展奇迹、产生"轰动效应"，就举债搞建设。据国家审计署调查，截至 2014 年年底，全国财政性债务达到 12 万亿元，且 70% 以上为市县政府的债务，债务总额超过全国当年财政收入。由于这些债务是"用子孙的钱"，造成了一些市县的债务危机。

最后，GDP 的政治化，包括党委对"能人"的重用，以及对他们在官商勾结、贪污腐败、弄虚作假等问题上的容忍，严重地腐蚀了干部队伍，造成了干部队伍的变形。这一严重后果，我们需要好多年才能消除。

对于第二个特点，地方政府为了 GDP，对企业采取以"自由放任"为特点的"父爱主义"政策的做法。在我们看来，放任必然会放大资本最丑恶的一面，导致恶性竞争和激化社会矛盾。在历史上，美国就有过惨痛的教训。19 世纪中叶以后，在美国政府"自由放任"的政策下，资本主义经济获得了快速发展；到 20 世纪初，美国的制造业总量超过英德法三国之和，成了"最富的国家"，但同时，国内社会矛盾严重激化。正如本报告第一章所述,当时美国的垄断、贫富极度分化、环境污染、食品安全、商业欺诈、假冒伪劣、政府腐败、童工、矿难等问题十分突出,且久拖不治,这就产生了对政府的信任危机,甚至质疑资本主义制度。这一教训表明,政府一旦过度地抬高 GDP 地位,视之为"政绩标志",就必然会有"自由放任"政策,将会放大资本最恶劣的一面。因此,政府推动型经济发展是不符合绩效要求的,是有害的。

在中国,虽然在经济发展上取得了举世瞩目的成绩,但是在政府推动型经济发展下,我们也实施了类似西方的"自由放任"和"父爱主义"政策,产生了与彼时的美国类似的问题,从而导致国内矛盾激化。这就引发了在经济发展上,我们是"重蹈西方的老路,还是走科学发展新路"的思考。为了制止这一倾向,2003 年 10 月,胡锦涛代表党中央提出了科学发展观。2007 年 10 月,科学发展观被写入中共十七大通过的《中国共产党党章》。2009 年,中央决定改进县乡政府的考核体系。尽管这样,但是出于利益,政府推动型经济发展仍是一些地方政府的政策目标。

路径二:政府调控型经济发展

政府调控型经济发展是在责任型政府下的经济发展。它是在确立企业的经济发展主体地位的同时,实行"让政府回归政府,让市场回归市场"的管理模式。在责任型政府下,政府不再包揽企业事务,也不再是"救世主",而是承担起三个角色——社会的领导者、公共服务的提供者、市场经济规则的制定者和执行者。在责任型政府下,政府以绩效为中心,高效地管好自己的事,做到"该政府做的事,政府负责做好;该企业和个人做的事,由他们按市场规则自己去做好"。在责任型政府下,企业不再在政府保护之下,而是严格按市场规则和法律规则行事,承担市场主体的责任(包括社会责任),从而使政府、企业和个人三大主体做到"各负其责,各行其道"。

如果这样,社会就形成了基于有明确责任边界的政府、企业和个人的分工合作关系。这种分工合作,有利于企业摆脱政府束缚,自己去面对市场竞争、选择发展道路,并且承担起发展和进步的责任。在这种环境下,企业才能成为真正的社会主体,而社会也获得了"合作红利"——社会有序、经济发展。这难道不就是中共十八届三中全会以来我们所追求的经济发展模式吗?

(三)绩效管理与经济发展

我们将以上分析做一概括:一是企业和市场是经济发展的两个条件,一个也不能少;二是即使具备了这些条件,政府也有制定何种规则、如何处理两者关系(即经济发展路径)的问题,而政府推动型经济发展和政府调控型经济发展都是重要路径;三是无论从美国的教训,还是从中国现阶段经济既快速发展又存在种种问题的状况来看,以"自由放任"和"父爱主义"为特点的政府推动型经济发展具有很高的制度成本,因而它并非最优的制度路径。相比起来,基于责任型政府的政府调控型经济发展确立了政府、企业和个人的责任边界,使得三者具备了分工合作,形成"合力"的条件。为此,它或许是最优的经济发展路径。

在责任型政府建设和经济发展路径由政府推动型转向政府调控型上,绩效管理居于重要的地位。这是因为:首先,绩效管理有利于落实政府责任,使政府真正成为市场经济的领导者,使企业成为市场主体,从而理顺了政府、企业和个人的关系;而理顺三者关系,使政府在经济发展上回归领导地位,这既是绩效管理提供有效服务的要求,也是责任政府的要求。其次,绩效管理有利于强化政府的有效服务,起到清除 GDP 中杂质、垃圾的作用。只有清理了 GDP 中的垃圾,中国经济才会健康发展,供给侧所提供的才是有效产品。最后,绩效管理将规范政府行为,促进诚信政府建设,制止政府人员的以权谋私、吃卡拿要等,从而从根本上保护了资本利益。政府保护资本利益,就是保护市场经济本身。

总之,从这三点来看,绩效管理不但不会削弱经济发展,而且将促使经济更健康地发展。资料表明,美国的一些农业州在政府开展绩效管理后,发现到当地投资的项目增加了。据调查,其原因是:政府能提供规范服务,因而比起其他州,投资者感觉更安全了。

当前,一些人之所以担心绩效管理会阻碍经济发展,是出于以下理由:一是它会促使政府退出竞争性市场,少数靠"保护伞"生存的企业将无法生存;二是绩效管理后政府各部门将严格执法,使一些靠"浑水摸鱼"或靠"打政策的擦边球"的企业无法生存。而在我们看来,这两点理由是不成立的,因为无论是靠政府"保护伞"还是靠"浑水摸鱼"生存的企业都是无生命力的,是 GDP 中的杂质和垃圾。政府在推进绩效管理中,淘汰"垃圾"企业不仅无害于经济发展,还会使中国的经济发展更健康。既如此,则何虑之有?因此,"绩效管理会阻碍经济发展"是一个伪命题。

三、对绩效管理作用的再讨论

以上,虽然我们分别讨论了绩效管理的三个作用,但还有以下两点须说明:

(一)绩效管理的三个作用是整体和本源的、不可分割的

在公共治理上,我们习惯于"发生了什么,就着手解决问题"的思路;然而,以上分析表明,官僚主义、浪费和腐败出于同一根源——低绩效的三种外在表现形式。为此,我们应对它进行辨证施治,而非"一对一治理";否则,治理将是低效、无效的。现在,我们终于找到其病因及其整体解决路径。

这里还应指出,(1)绩效管理的作用——形成公共管理新机制、控制预算和落实责任型政府——是本报告归结出来的,它们是"一石三鸟",在促进新公共管理机制形成的同时,也起着控制预算、落实责任型政府作用。至于谁主谁次,对我们来说并不重要。(2)绩效管理的作用仅此而已,我们没有必要去过分夸大,甚至"神化"。(3)三大作用是整体的、不可分割的。当我们在谈论绩效管理某一作用时,也包括其他作用。

在中国,人们习惯于根据某一改革措施的作用,将其划归相关部门。然而,绩效管理是政府整体改革,虽然从控制预算来看与财政有关,但是从公共管理新机制、落实责任型政府来看,又似乎与所有部门(如治理腐败与监察局、干部升迁与组织部)相关,于是就产生了"绩效管理应归哪个部门管"的问题。

(二)绩效管理作用的发挥是有条件的

理论上,尽管绩效管理具有以上作用,但这是我们建立在满足相关条件的假定下获得的。没有这些条件,其作用就无从发挥。比如,若我们不改革过程管理,则绩效评价应起的作用就会"打折扣",甚至变成"走过场"。若没有绩效评价环节,绩效管理在责任型政府建设中的作用就无从发挥;而有了绩效评价,但若无绩效目标、绩效预算环节型支撑,同样难以起作用。

一旦我们提供了充要条件,绩效管理的三大作用就会自动发挥,其能量将得到充分释放。为此,本课题认为,政府绩效管理改革,实质上是为这一制度的运行,提供充要条件。

本 章 小 结

本章是好政府理论的继续,重点是研究绩效管理的制度建设问题。绩效管理对中国来说是新事物,许多问题困扰着我们。什么是绩效管理?为什么中国在现阶段需要引进绩效管理?作为制度,绩效管理是根据什么原理建设的?绩效管理与经济发展的关系是什么?这些问题,在建立绩效管理制度之前应首先理清。本章就是基于此开展研究的。当然,它为后续研究(尤其是绩效管理制度建设的研究)起奠基作用。

以下内容是重要和有价值的:

第一,绩效管理是公共部门绩效管理的简称,它指公共部门为提高资金绩效,以绩效指标和事业成本为核心、以部门绩效管理和项目化管理为基本形式的管理模式。这就是说,它具有以提高财政效率为目标、基于公共委托代理、以绩效指标和事业成本为核心、采用流程化管理模式和结果管理等特点。

第二,绩效管理属于科学管理的范畴。一是它的目标是追求绩效,其背后是公共部门的有效服务;二是它吸收了当代管理科学的成果,主要有公共产品理论、科学管理原理、目标管理理论和信息公开理论等,并在此基础上形成自己的理论和方法论体系,从而支撑了绩效管理制度。可见,随着这些现代管理理论的流行,社会需要一个新的公共管理载体,整合这些分散、个别的理论和原理,形成完整的制度。这一载体就是公共部门的绩效管理。绩效管理提出的量化指标问题,对政府管理具有划时代的意义。

第三,理解绩效管理的作用很重要,它指明了绩效管理能做什么、不能做什么。结合西方研究,我们认为,将其作用归结为以下三个方面是合适的:一是形成新的公共管理机制,治理官僚主义、浪费和腐败三大难题;二是控制预算,形成与业绩相适应的拨款机制;三是落实责任型政府。除此之外的作用,则是人们臆想出来的。正确理解这些作用,对中国推进绩效管理很重要。

然而,绩效管理的作用恰恰指向中国当前经济和社会发展中的难题。一般地说,一项改革能够解决其中一个难题,它就具有重要意义,将受到党和政府的重视;而绩效管理能同时在这三方面起作用,解决三个重大难题,无怪乎它能吸引中国政府甚至世界各国政要的眼球了。

第四,绩效管理具有促进经济发展的作用。它通过市场经济和责任型政府的建设、促进中国经济发展模式由"政府推动型"向"政府调控型"转变来实现这一作用。事实上,随着绩效管理在中国不断推进,将扫除在政府推动型市场经济下的GDP垃圾以及靠"浑水摸鱼"生存的"垃圾企业",迎来更健康、更有绩效的经济发展。这正是我们所期望的。为此,将绩效管理与经济发展对立起来,认为绩效管理会阻碍经济发展,是一个伪命题。

第五,通过对绩效管理的机制分析,我们证明了它的三大作用是客观存在的,但也是有条件的。若我们不能给予它充分条件,则其作用只会停留在理论上、纸面上,而绩效管理改革,就是要为之创造必要条件和充分条件。

第三章 中国绩效管理的历史、现状与问题

上一章指出,绩效管理是建设责任型政府的重要途径,它有治官、治事和治财三大作用。本章需要进一步回答的是,它在中国实施得怎样?存在什么问题?这些问题是由什么原因产生的?

自 2003 年以来,绩效管理在中国已实施 13 年,总的说来,它得到了广泛普及,但其三大作用尚未见到。本章将通过分析,指出其原因是中国绩效管理的路径尚不尽合理。

第一节 中国绩效管理的历史

改革开放前,中国实行"公有制+计划经济+过程管理"模式。国家以计划形式,确定各地应生产什么、生产多少、原料从哪里购买、产品销往哪里。此外,企业的招工、工资也纳入计划。计划经济实质是借助于"计划"这一形式实施的统治型政府,支撑计划经济的是过程管理。如果说,过程管理在国民经济恢复阶段起过重要作用,那么,在大规模建设阶段,这种管理模式的低效率、浪费等缺陷就暴露出来,再经过 10 年"文化大革命",国家到了民穷财尽的崩溃边缘。为此,1989 年党中央从建设"好政府"的愿景出发,提出中国共产党和政府的工作应当以经济建设为中心,实施推进市场经济改革的一系列政策。由于中国的改革开放适逢西方政府绩效管理改革期间,因此绩效管理也就进入中国政府的视野。从时间上,中国的绩效管理大体可以分为探索阶段和推进阶段。

一、绩效管理的探索阶段(2003—2013 年)

中国的绩效管理改革是从政府和预算两个方面展开的。为此,我们从这两个方面来介绍历史。

(一)绩效管理纳入政府试点

在中国,绩效管理最早开始的是政府绩效管理。2000 年后,杭州、南京、青岛、重庆等地成立了政府绩效办,开展对政府的满意率评价,也称"万人评政府"运动。

2003 年,中共十六届三中全会提出"建立预算绩效评价体系"。同年,广东省财政厅青年干部们到美国考察后,对分散在全省的私营经济开发区开展绩效评价试点。他们以每亩土地、每万元政府投入获得的 GDP、税收、利润、吸收的劳动力、

污染等为指标，进行绩效比较并提出相应的政策。此事件得到时任省委书记张德江的重视，他在批示中不但肯定了绩效评价的做法，而且要求财政厅做好它，为政府改革提供手段。于是绩效评价率先在广东省获得推广。

2003年，根据中央的要求，国家财政部、广东省、江苏省等开始了预算绩效评价的制度建设探索，两省还印发了绩效评价办法。

2004年，江苏省财政厅、教育厅和上海财经大学中国教育支出绩效评价中心，联合开展了江苏省义务教育、高等教育绩效评价试点。其中，义务教育绩效评价覆盖了全省8000多所中小学。通过绩效评价，在充分肯定全省义务教育的成绩的同时，对存在的债务、农村中小学经费不足、城乡教育不公平等问题进行了揭示和研究。同年，还开展了省属19所高校绩效评价的试点。通过评价，揭示了高校存在的教育质量、拨款方式、高校布局、高校债务、学科建设和实验室管理等问题，提出了相应建议。其中，化解"两个债务"（中小学债务和高校扩建债务）等政策建议，为省政府和教育厅、财政厅所采用。

2003年，兰州大学管理学院团队，对甘肃省开展了以满意率问卷调查为主的政府绩效评价，对居民、企业主设定不同调查问卷，在全省进行了广泛调查。这一评价结果得到省政府和监察部的重视。

2009年，中共中央办公厅印发《关于建立促进科学发展的党政领导班子和领导干部考核评价机制的意见》的通知。同年，中共中央、国务院出台了《关于加大统筹城乡发展力度，进一步夯实农业农村发展基础的若干意见》，提出"按照促进科学发展的党政领导班子和领导干部考核评价办法的要求，指导地方细化考核指标，把粮食生产、农民增收、耕地保护、环境治理、和谐稳定等纳入地方党政领导班子绩效考核"。此后，各省份陆续开展对县乡政府的绩效评价。但由于全国尚无统一的指标体系，各省份的考评办法、指标差异很大；此外，有的省份的考评机构是考评办，有的省份是统计局。

2009年，国家财政部出台了《财政支出绩效评价管理暂行办法》。此后，各地开展了以预算项目为对象的绩效评价。到2011年，一些地方的县级政府也开始了绩效评价试点。

2010年的中共十七届五中全会提出"完善政府绩效评价制度"。此后，各地财政部门开展了以项目预算为对象的绩效评价试点，有的还开展了部门绩效评价试点。例如，2006—2008年，上海市浦东新区财政局、公安局对公安支出进行了连续三年的整体绩效评价，评价报告为区政府所肯定。

2011年，国务院召开了第一次政府绩效管理工作部际联席会议，确定了中国绩效管理的两大体系：以监察部为主的政府绩效管理，以财政部为主的预算绩效管理。会议审议通过了《关于政府绩效管理工作部际联席会议成员单位职责分工的意见》《2011年政府绩效管理工作要点》《关于开展政府绩效管理试点工作的意见》。经国务院批准，会议指定北京市、吉林省、福建省、广西壮族自治区、四川省、新疆维吾尔自治区、杭州市、深圳市等8地区开展地方绩效管理试点；国土资源部、农业部、质检总局进行国务院机构绩效管理试点；国家发改委、环境保护部进行节能减排专项工作绩效管理试点；财政部进行财政预算资金绩效管理试点，为全面推行政府绩效管理积累经验。

按文件要求，各省级地方政府设立了考评办，开展了政府绩效评价工作。

2011年，财政部按国务院要求出台了《关于推进预算绩效管理的指导意见》，提出统一领导、分级管理，积极试点、稳步推进，程序规范、重点突出和客观公正、公开透明四原则。

2012年，财政部出台了《预算绩效管理工作规划（2012—2015年）》《县级财政支出管理绩效综合评价方案》《部门支出管理绩效综合评价方案》。同时，各级地方政府也出台了相关办法。

2013年，根据全国反腐工作的要求，中央决定纪检委、监察部退出政府绩效管理，这项工作由中央组织部接手。为此，中央组织部出台了《关于改进地方党政领导班子和领导干部政绩考核工作的通知》，对党政领导干部提出了政绩考核的具体要求。这标志着绩效管理将由政府转由党委领导，评价结果纳入干部考绩。

此后，各地按文件要求调整了绩效考评机构的归属，有的为本级政府的直属机构，但多数归组织部领导。

(二) 试点期间的绩效管理特点

对此，我们试图从预算绩效管理与政府绩效管理两个方面归纳其特点。

1. 预算绩效管理方面

这一期间的预算绩效管理是围绕着绩效评价展开的。2011年，财政部《关于推进预算绩效管理的指导意见》出台，河北、江苏等省也开展了绩效管理试点，有的省份还将绩效目标纳入了预算编制。

(1) 按"抓大放小"思路确立评价对象。例如，多数省份规定支出在100万元以上的项目应进行绩效评价，对5 000万元以上的项目应进行第三方评价。

(2) 多数省份将绩效评价覆盖所有重点项目，做到"应评尽评"。评价对象由本级政府支出扩展到包括财政转移支付资金在内的所有省级支出。

(3) 重视绩效评价的体系建设。在将项目预算作为评价工作重点的同时，逐渐转向部门整体评价。绩效评价工作也逐渐走向规范化、制度化，评价质量有所提高，一些报告成为政府领导的决策依据。

(4) 注重三支队伍的建设，绩效管理的专家队伍、评价中介队伍、管理队伍等三支力量逐步形成。

2. 在政府绩效管理方面

在政府绩效管理方面，我们将分本级政府部门和下级政府部门介绍。

各地对本级政府部门的绩效管理由党委或政府考评办负责，这一期间的工作大体有以下两个阶段：

第一阶段：对满意率打分阶段。2004—2010年，各地采用以所有部门为对象，按德、能、勤、绩、廉五项制成调查表，由居民按好、较好、不好等区分度进行评价；然后经过统计，形成对各机构的"绩效分值"，并进行排名。排名结果公开，有的还实行"末位淘汰"。

第二阶段：探索符合中国特色的绩效管理方法。满意率调查存在的片面性，无法全面反映政府绩效，各地纷纷采取改进措施：一是改进评价方式，按绩效评价的要求，以指标评价下级政府、本级行政部门，然后按积分对所属的下级政府、部门分别进行排队，表彰先进；二是采用目标/节点法改进评价指标。2005年，台州市对区县和市级行政部门试行绩效评价目标/节点法；2010年，广西、厦门市等地全面采用目标/节点法，将考核对象覆盖到下级政府和本级各行政部门。

目标/节点法是基于过程管理的绩效指标建设方法，是各地在绩效评价中创造的。其做法为：(1)各部门根据市委、市政府的年度工作计划，提出本部门的工作目标；(2)工作目标经考评办审定，转换成基于实物目标的绩效指标和绩效考评方案，即目标/节点法考评方案；(3)年度结束后，由考评办考评各部门、各单位的节点完成情况，形成相应的分值(绩效值)；(4)考评结果经本级党委批准后公布，为加大力度，党委将表彰绩优部门并发年度奖，对考评差的部门则给予警告。

据我们调查，各地政府用目标/节点法考评下级政府工作大约始于2005年，在此之前，各地主要考核GDP。由于GDP考核后遗症大，因此从2005年起，一些地方开始试行以GDP为主的、较全面的指标体系。以下，我们以浙江省台州市为例说明其演变过程。

台州市政府对县区的绩效考评始于2005年，目的是改变"GDP第一"的观念，它以小康社会、和谐社会(简称"两个社会")建设为内容。其做法为：(1)确立市政府有关小康社会、和谐社会建设的指标，约有70多项；(2)将市政府的年度工作目标分解，细化和量化到各区县、各市级部门；(3)考核办通过赋予各指标的权值和落实考核对象，使之可操作。在实施中，台州市2007年增加了"公众满意指数"，样本包括领导、群众评价两方面。群众评价包括对政府的公共服务、公共安全、廉政建设和环境保护的满意度四项，评价方式有电话调查、信函访问、网络调查等，指标总量增加到70多项。2008年，该市将绩效指标分为"两个社会"建设、市委市政府重点工作、党建工作、满意率四大类，共有100多项指标。"两个社会"建设指标包括经济发展、社会发展、人民生活、社会和谐、生态环境五类。

从全国看,各地省级政府对市县考评的指标不一,大体为80—140项,内容涉及党政工作、经济指标、农业和农村、民生服务、社会事业和社会管理、廉政建设等方面。在对市县考评上,有的省份还采用对经济发达和不发达区县分类的做法。在机构建设上,2005—2009年,绩效考评多数由省级政府办公室兼职;2009年以来,各地加强了政府绩效管理的机构建设,成立了省级绩效评价专职机构;截止到2013年,多数市县建立了绩效考评办。

二、绩效管理的全面推进阶段(2013年以后)

如果说,在2013年前,中国的绩效管理处于试点探索阶段,那么自2013年以来,绩效管理也从试点阶段进入实施阶段。

2013年,中共十八大召开,在《公报》中提出"创新行政管理方式,提高政府公信力和执行力,推进政府绩效管理"。这就要求从责任政府、诚信政府建设的角度推进绩效管理。2014年,《中共中央关于全面深化改革若干重大问题的决定》(简称《决定》)提出,"财政是国家治理的基础和重要支柱"。在政府建设上要"优化政府机构设置、职能配置、工作流程,完善决策权、执行权、监督权既相互制约又相互协调的行政运行机制。严格绩效管理,突出责任落实,确保权责一致"。同时,《决定》还要求在文化事业管理上,要"明确不同文化事业单位功能定位,建立法人治理结构,完善绩效考核机制"。在医疗卫生事业管理上,要求"加快公立医院改革,落实政府责任,建立科学的医疗绩效评价机制和适应行业特点的人才培养、人事薪酬制度"。这表明,十八大后的政府管理转到以绩效管理为中心。

2014年,新修订《预算法》(简称新《预算法》)对绩效管理做出了较具体的规定。这主要有:(1)确立了绩效原则。"各级预算应当遵循统筹兼顾、勤俭节约、量力而行、讲求绩效和收支平衡的原则。"(2)确立了绩效评价是法定环节。"各级政府、各部门、各单位应当对预算支出情况开展绩效评价。"(3)政府应当编制绩效预算。"各级预算应当根据年度经济社会发展目标、国家宏观调控总体要求和跨年度预算平衡的需要,参考上一年预算执行情况、有关支出绩效评价结果和本年度收支预测,按照规定程序征求各方面意见后,进行编制。"(4)部门、单位的预算编制应有绩效目标。"各部门、各单位应当按照国务院财政部门制定的政府收支分类科目、预算支出标准和要求,以及绩效目标管理等预算编制规定,根据其依法履行职能和事业发展的需要以及存量资产情况,编制本部门、本单位预算草案。"新《预算法》的通过,意味着预算绩效管理作为正式制度进入了政府运行阶段。

2014年,国务院在《关于深化预算管理制度改革的决定》中指出:"全面推进预算绩效管理工作,强化支出责任和效率意识,逐步将绩效管理范围覆盖各级预算单位和所有财政资金,将绩效评价重点由项目支出拓展到部门整体支出和政策、制度、管理等方面,加强绩效评价结果应用,将评价结果作为调整支出结构、完善财政政策和科学安排预算的重要依据。"并且,提出从项目绩效评价到对下级政府、部门、单位总体绩效评价的规划。

从以上三方面看,绩效管理是当前中国政府改革方向,也是各项社会事业治理的中心任务,这点已是高层共识。同时也说明,中国已经形成一个由政府考绩制和预算绩效评价为核心的体系。但是,绩效管理是复杂管理,除认识外,还需要解决路径问题。路径错了将南辕北辙,全盘皆输——既得不到"效率政府",又浪费了时间、资源。而在路径的背后,则是错综复杂的利益问题。为此,总结国内外经验,厘清绩效管理的路径,是摆在我们面前必须解决的问题。

总之,从 2003 年中共十六届三中全会决定"建立预算绩效评价体系"后,中国就开始了绩效管理探索;以后,在中央决议或政府工作报告中一再提及,绩效管理还被写入中共十八大文件和全国人民代表大会 2014 年新《预算法》,足见中国共产党和政府对它的重视,寄予其建设"好政府"的深切期望。

第二节　政府绩效管理的现状与问题

一、政府绩效管理的现状

本报告所说的现状,是指 2014 年后中国绩效管理的现状。总体上说,随着中共十八大系列文件的落实,各级政府推进绩效管理的速度明显加快。其特点可归结如下:

（一）形成了两大体系

中国存在政府绩效管理与预算绩效管理之分。前者是由中央倡导,各级地方政府实施的;后者由财政部领导,各级财政部门实施的。这样,中国就形成政府绩效管理和预算绩效管理两大体系。

在实施方式上,前者是按落实科学发展观的要求建立的,以各级政府或党委的绩效办（或称考绩办、考评办）为主,考评采用目标/节点法,内容包括：(1) 对下级政府整体绩效考评;(2) 对本级政府各行政、事业单位的绩效考评;(3) 政府交办的其他考评任务,如依法行政等。各地考评的总分值不等,有的总分值高达1 000 分,有的为 500—600 分,考评结果与奖惩挂钩。

后者是以各级财政部门为主、以提高预算资金"三性"（经济性、效率性、效益性）为指标建设依据、以项目为对象,形成绩效指标体系。

两大体系的存在,既加快了中国绩效管理推进的速度,也带来了力量分散、传达的绩效概念不正确、评价结果不一致等难题。

（二）得到各级党委、政府重视

随着中共十八届三中全会《中共中央关于全面深化改革若干重大问题的决定》有关绩效管理的提出，尤其当人们认识到绩效管理不只是评价政府工作，而且是培养、选拔德才兼备干部的"抓手"、是实现责任型政府的支点时，改革意义就超出了传统的政府管理改革，越来越引起各级党委、政府的重视，成为行政管理的"抓手"。

（三）政府绩效考评覆盖面宽，形成了三大体系

政府绩效考评指由各级考评办实施的绩效考评。随着党委、政府的思路的转变，政府绩效考评出现了以下变化：

1. 建立了各级评价组织

早在延安时代，毛泽东就将工作归结为"出主意，用干部"。有了机构和人才就会去做事，与任何政府工作一样，绩效管理也有个主管机构的问题。目前，虽然国家尚未建立全国性的政府绩效管理机构，但在省级层面，多数省份已建立评价机构。

据我们调查，省级政府评价机构可分为两类：第一类称为"考评办"或"考核办"，是沿袭科学发展观的"目标—考核"思路建立的，如山东、黑龙江、山西、陕西、甘肃、广东、内蒙古、贵州等；第二类称为"绩效办"，是试图突出传统的"目标—考核"，而按绩效评价思路来开展工作，如广西、吉林、云南、湖南、江苏、四川、河北、浙江、江西等。但是，出于各种原因，尤其是缺乏理论和方法论支撑及科学的绩效指标建设思路，其工作仍停留在"目标—考核"上。

从机构的归属看，多数将其从纪检委、监察局的二级机构升格为省委、省政府的直属机构，有的归组织部领导。随着省级绩效机构的建立，多数市级政府也建立了相应机构，一些省份还建立了区县级考评机构。

2. 初步形成了三大考评体系

随着绩效办的建立，各地的政府绩效考核或评价工作也随之展开，初步形成了三大考评体系，即对政府、对行政机关和对事业单位等三个考评体系。各地政府绩效考评的主要做法如下：

（1）以落实科学发展观为主，开展对所属市县的全面考评，即"上考下"。虽然各地的评价指标有差异，但思路上大体一致，考评指标大体包括经济建设、社会建设、文化建设、生态建设、公众满意率、临时性重大工作等板块。据统计，被考评的县区政府约占全国的80%。

（2）开展对本级政府部门的绩效评价，即"同级考评"。对政府部门的绩效评价也称部门评价。在中国，由于各机关的职能不同，因此评价指标的确定是难题。从20世纪90年代的"万人评政府"起，人们就想突破它，但却始终未找到好的突破

口。20 世纪初,广西区考评办、杭州市考评办等各自独立设计出目标/节点法,并迅速推行到全国。

目标/节点法的做法为:各部门按考评办设定的框架和职能,申报本年度的工作目标;然后考评办将其转化成考评节点并赋予分值,加上满意率、中心工作完成率等组成指标体系。也就是说,部门考评体系大致由本部门工作目标的完成率、政府或上级指派的工作的完成率、居民满意率等三大块组成。到年终,考评办根据各部门总结报告中有关各节点目标的实现度,确定各指标的分值,并计算和排出名次。

(3) 加强了评价结果的应用。各地还通过党政联席会议,听取考评办的评价结果汇报,形成表彰先进单位的决定。此外,有的地方还通过奖金发放、干部提升与评价结果挂钩等方式来强化结果应用。

(四) 预算绩效管理开展较快

在推进政府绩效考评的同时,由财政部领导的预算绩效管理也得到了快速发展,尤其是 2014 年以来,各地按新《预算法》和国务院的《关于深化预算管理制度改革的决定》开展了预算绩效管理。根据财政部预算司的资料。[①]

1. 预算绩效管理不断增点扩面

一是从中央看,预算绩效管理的范围已基本覆盖全部中央一级预算部门,并逐步向二、三级预算单位延伸。

二是从地方看,绝大部分省份的预算绩效管理试点范围已从省本级逐步扩大到市、县层面。

三是预算绩效管理的资金规模逐年扩大。据初步统计,2013 年纳入绩效目标管理的项目约 10.9 万个,涉及资金约 1.34 万亿元;开展绩效监控的项目约 5.3 万个,涉及资金约 0.8 万亿元;纳入绩效评价试点的项目约 4.7 万个,涉及资金约 1.35 万亿元。三者都呈现逐步扩大的趋势。

2. 开展重点项目、重点领域绩效评价

一是开展重点项目支出绩效评价试点。财政部选择 2012 年度"就业补助专项资金"等专项转移支付项目开展了全国绩效评价试点,涉及资金约 1 000 亿元;此外,地方财政部门开展的重点民生绩效评价项目有 7 000 多个,涉及金额约 6 000 亿元。

二是开展重点领域绩效评价的试点逐年扩大。除财政部开展的对全国 1 985 个县财政支出管理绩效综合评价外,还对中央部门支出管理综合绩效进行了试评

---

① 财政部预算司:"2014 年预算绩效管理工作取得积极进展",财政部网站(www.mof.gov.cn),2015 年 3 月 19 日。

价。河北等17个省份开展了县级财政支出管理绩效综合评价试点,四川等18个省份开展了部门整体支出绩效评价试点,还有的省份开展了财政政策绩效评价试点。例如,广东省开展了对"十件民生实事""基本公共服务均等化"的综合绩效评价,促进各项民生政策落实。

3. 探索绩效评价结果应用

财政部在评价结果应用上也取得了以下突破:

一是实施评价结果公开。通过财政部门户网站,首次公开县级财政支出管理绩效综合评价结果。2014年9月,财政部公布了龙口市、寿光市、沭阳县、汶上县、五指山市、琼海市、泗洪县、无为县、洞头县、石台县、北安市等200个全国绩效管理优秀的县(市)名单。同时,财政部公布了全国2013年度县级财政管理绩效综合评价前10名的省份(海南、黑龙江、青海、安徽、山东、浙江、吉林、江苏、广东、陕西)名单,引起了震动。① 此外,财政部还将评价结果纳入2014年县级基本财力保障机制的内容,对于县级保障资金绩效高的省份给予相应的激励。

二是注重评价结果应用。评价结果应用是预算绩效管理上的普遍难题。例如,山西省晋城市财政局为了解决该难题,邀请电视台对专家绩效评价过程进行全程录像,在会上,中介机构、被评价方、财政相关科室和绩效科等,围绕被评价项目的资金使用低效率问题展开了激烈争论。虽然出于种种原因,录像没有公开,但对各方的震动很大。各地注重评价结果应用,一些地方将评价结果与部门预算联系起来,从而获得了单位的重视。

三是开展绩效约谈。2014年,财政部领导首次对部分县级财政综合评价平均得分靠后的省(区)和绩效管理开展薄弱的省(区)财政厅负责人进行了集中约谈。

四是实施绩效奖惩。例如,财政部对县级综合评价排名靠前的县和省份给予了相应的资金奖励;根据"重点生态功能区转移支付"绩效评价结果,相应扣减了评价结果较差地区下年度的转移支付资金;等等。同时,各地完善了评价结果的反馈整改机制、与预算编制结合机制、向政府和人民代表大会报告机制、向社会公开机制、目标责任考核机制、绩效问责机制等,这些措施取得了积极效果。

4. 强化绩效管理基础工作

一是规章制度渐成体系。财政部印发了《预算绩效评价共性指标体系框架》,完善了顶层制度设计;地方的规章制度也不断完善,青岛市还启动了预算绩效管理的地方立法工作,以提高工作的权威性。

---

① "建立健全花钱问效、无效问责常态机制——财政部扎实开展2013年度县级财政管理绩效综合评价",财政部网站(www.mof.gov.cn),2014年9月17日。

二是组织机构不断完善。据初步统计,截至 2014 年年底,全国已有工信部等 12 家中央部门和 22 个省级财政部门成立了预算绩效管理工作小组,19 个省级财政部门和近 50% 的市级财政部门、近 30% 的县级财政部门设立了独立的预算绩效管理处室。

三是智库建设逐步完善。据财政部统计,全国有 21 省份建立了省级专家学者库,在库专家学者近 10 万人;23 个省份建立了省级中介机构库,在库机构 1 200 多家;7 个省份建立了省级监督指导库,在库人员近 300 人。

四是宣传培训力度加大。在财政部的支持下,《中国财政》出版了"全过程预算绩效管理"增刊,《中国财经报》开展了"预算绩效管理行与思"的有奖征文;此外,地方财政部门通过电视、报刊、广播、互联网等开展预算绩效管理宣传。同时,各地不断加大培训力度,财政部在开展中央部门和省级财政部门培训的基础上,开展针对市、县级财政部门的培训,并编印了《中国预算绩效管理探索与实践》等辅助教材。此外,各地还积极开展绩效管理的培训工作。

5. 调整绩效管理的路径

除以上四点外,各地还在思考全面推进预算绩效管理的路径。根据国务院《关于深化预算管理制度改革的决定》"全面推进预算绩效管理工作……逐步将绩效管理范围覆盖各级预算单位和所有财政资金,将绩效评价重点由项目支出拓展到部门整体支出和政策、制度、管理等方面"的要求,各地财政部门正在将绩效评价重点由项目支出转向部门整体支出和政策评价。

2014 年,浙江省财政厅针对各级政府在涉农补贴上的散、乱和绩效差问题,开展了对 17 个与水稻补贴相关项目的政策总体绩效评价。通过评价,他们发现各级政府在水稻上存在补贴项目多、杂、重复、低绩效等问题。例如,将全省 2014 年水稻上的各项补贴加起来,政府补贴达到 4.7 元/千克,而稻谷的市场售价为 3 元/千克。这一结果引起省委、省政府的重视,也说明在信息不对称下,中国的项目评价确实存在"对各单一项目评价有效,而总体无效或低绩效"的问题。在对部门总体评价和政策评价上,上海、广东、江苏等已开始了试点。

此外,财政部针对政策类项目支出持续长、资金量大的特点,提出了项目化管理思路。例如,财政部《关于加强和改进中央部门项目支出预算管理的通知》提出,应当将项目评审嵌入预算管理流程,进入部门项目库的项目原则上都要组织评审。纳入财政部项目库的项目,由财政部根据管理的需要组织开展再评审。这些体现了对公共政策、公共工程的项目化管理要求。

总之,中国的预算绩效管理已取得长足进步,这是应当肯定的;但是也应当看到,绩效管理毕竟是一场"政府革命"——它将彻底转变上千年形成的"政府=统治"的理念和行政制度,因此中国的绩效管理之路将是曲折、漫长的。现实中存在的问题多多。例如,虽然财政部在 2014 年表彰了全国 200 个县级财政管理绩效综合评价较好的县市,但这是单项的,而且"上评下"的评价与各级财政部门主动地开展本级预算评价是两回事。虽然县级财政管理绩效综合评价覆盖了全国多数县,但通过它,我们仍无法得出"预算绩效评价已在县级普遍开展"的结论,也很难得出中国县级财政管理的绩效是"高"的结论。事实上,中国市县级政府的预算绩效管理十分薄弱,能主动开展绩效评价的县占 10%—20%。

二、政府绩效管理中存在的主要问题

虽然绩效管理在中国经历了十多年的探索,取得了长足的发展并积累了经验,形成了两大体系,但是,按绩效管理的三大作用,它在改变行政方式、控制预算和建设责任型政府上的作用不明显,在治理官僚主义、浪费和腐败上并未取得相应效果。

(一)考评制未触动官僚主义管理

如果说,在经济快速发展的过去十多年里,官僚主义的主要表现是"拍脑袋""滥管事",那么,在中央加强廉政建设后,这个问题有所抑制;但官僚主义的另一面,即官员尸位素餐和不作为问题却突出起来。例如,群众到政府机构办事会处处受刁难,甚至被要求提供"你妈是你妈"的奇葩证明。在一些地方,当群众遇到困难时,政府不是走在前面、领导人民去战斗,而是谨小慎微、畏缩不前和不作为。

危险品堆放应远离居民区和工厂,不同种类危险品应区隔堆放是常识,且国务院《危险化学品安全管理条例》也有规定,但是,2015 年天津港"8·12 瑞海公司危险品仓库特大火灾爆炸"事故却反映出监管缺失。企业将 7 大类、18 种危险化学品,还有 700 吨氰化钠堆放在同一场地,而周围是居民区和办公楼。

该公司是在没有取得相关化学品经营资格下开展业务的。事发后,天津市安监局、塘沽安监分局、天津港(集团)有限公司、东疆保税港区管委会等相互推诿监管责任。更不可理喻的是,它们甚至没有告知消防队是危险化学品爆炸。在不知情的情况下,消防人员是按常规办法用水灭火的,致使发生了二次爆炸。据媒体报道,截止到 2015 年 8 月 23 日,该事故已致 123 人遇难、50 人失联。[①] 这是典型的"官僚主义害死人"。

虽然相信在中央重视下,事故将被查清,责任者将受到惩罚,但经济损失已不可挽回、死者不会生还。而我们应思考的是,这次爆炸是在政府考评制下发生的。这说明,虽然考评制是政府管理的"抓手",却并未触动政府官僚主义的难题。

---

① "天津爆炸事故已有 123 人遇难 50 人失联",人民网—社会频道,2015 年 8 月 23 日。

(二) 预算绩效评价并未解决财政资金浪费

虽然预算绩效评价被认为"花钱问效、无效问责",是治理预算浪费的工具,并已经开展了十多年,但事实上效果有限。

第一,预算绩效评价并未改变预算项目过多、过滥的现状,而项目过多、过滥是造成预算资金浪费的公认条件。

第二,虽然我们对预算项目开展了绩效评价,但由于没有抓住对部门绩效的整体评价和政策评价这两个关键,因此它既无力制止政府"拍脑袋"式无效决策,又无力制止"政绩工程"式浪费,而这类工程的浪费动辄上亿元甚至上百亿元。

第三,虽然广泛地开展了预算绩效评价,但却没有形成追责机制。目前,虽然公共资金浪费问题突出,但至少到现在,还没有一个资金浪费案例是绩效评价发现的,也无一人因无绩效而受到追责。

第四,虽然按 2014 年前的《预算法》,各级政府不得搞财政赤字,但事实上市县级政府普遍有庞大的财政债务。据国家审计署 2014 年的统计,加上地方政府通过各种筹资平台形成的政府债务,全国债务总额已超过 12 万亿元,相当于全国一年的总财政收入。由于缺乏问责、追责机制,对地方政府这类既违法又无绩效的筹资,从全国人民代表大会到中央最终只能"默认"。

第五,预算绩效评价无法解决中国涉农政策性补贴上的过多、过滥和浪费问题。在中国,涉农政策性补贴上的过多、过滥和浪费是人所共知的。近年来,每个县的财政部门要收到省级政府下达的上百个涉农转移支付项目,补贴的范围从种子、化肥、耕地、打药到收获,补贴行业从"种什么庄稼"到"养什么牲畜"甚至"是公猪或母猪"。虽然补贴很多,但种地者获益不多,比较收益差,部分补贴进入那些城市化"农民"的钱包。虽然各地开展了支农资金绩效评价,但并未阻止这一问题。

涉农补贴过滥是大问题。我们在山西省的调查中发现,某县总人口为 28 万,其中农业人口不足 10 万,农业产值为 3 亿元。但 2014 年,该县包括上级专项在内的财政农业投入超过 3 亿元也就是说,在每 1 万元农业产值中,政府的投入为 1 万多元。尽管该县对农业投入如此高且是煤炭主产区,但并未使农民致富。据统计,2014 年该县农民人均收入达 12 050 元,但来自农业的为 3 000 元/人,财政投入总体上无效。公共资金上的此类浪费到处都有,令人痛心。

总之,若预算绩效评价既无法发现公共资金上的浪费和低效率,又无法向责任者追责,那么它有什么价值呢?

(三) 尽管开展了绩效考评,但并未治理腐败

理论上,绩效管理是有利于铲除孳生腐败土壤的,但是,由于目标/节点法是基于过程管理模式的评价,因此它并未触动以权力为中心的行政体制,对治理腐

败的作用不大。而且许多人在中共十八大后仍不收手。在宁夏,仅2015年上半年,全区立案就达89件,处分96人。① 另外,据某市审计局长介绍,目前中国在财政管理上漏洞较多,堵不胜堵。比如,在各级财政加强了对行政事业单位账户的管理后,它们仍可以通过多编项目预算、将钱存入宾馆账户等方式逃避监管。这一事实至少说明,各地考评办的目标/节点法评价是有问题的,它不仅未改变过程管理模式,触动以权力为中心的行政体制,还试图通过评价强化"一言堂",因而是不可能治理腐败的。

总之,理论上,绩效管理应是治理官僚主义等三大难题的良药,而在分析中我们看到,它虽然起了某些监督作用,但对治理这三大难题总体上是基本无效的,从而产生了"绩效管理无绩效"问题。

我们认为,有效性是新制度存在的基础,也是它的价值所在。如果某一制度长期不能起到应有的作用,那么它是否会被我们无情地抛弃,使中华民族错过这一历史机遇呢?这正是我们所担心的。

第三节 原因分析

中国当前有一种混乱现象:一方面是绩效管理在全国蓬勃开展,另一方面是传统政府的种种弊病依然存在。从出发点来说,绩效管理是为了提高绩效,但事实却是"绩效管理无绩效"。那么,我们究竟出了什么问题,使在西方改革中行之有效的绩效管理"变了味"而无法发挥应有的作用呢?

一、一般原因分析

我们认为,绩效管理在应用上的无效与如下原因有关:缺乏顶层设计,重复管理、重复评价;方法不科学,绩效指标设计不合理,评价质量不高;路径不合理,评价上有盲区;等等。

(一)缺乏顶层设计,导致重复管理、重复评价

1. 政府绩效管理缺乏顶层设计

前文指出,绩效管理既是政府的整体改革,是管理创新,又是事关"政府再造"和"好政府"方向的复杂改革。经验证明,凡涉及政府整体改革都应由党委、政府进行顶层设计,先制订严密的计划,然后才由有关部门组织实施。

政府绩效管理顶层设计的必要性还在于:一是它属于科学管理,需要相应的条件。就政府绩效管理应采用"部门绩效管理+项目化管理"的双轨制模式来说,就需要党委、政府、人民代表大会统一认识,形成一致的改革方案,这一方案的设

---

① "严查群众身边腐败上半年立案89件处分96人",中央纪委监察部网站,2015年8月17日。

计就属于顶层设计。二是部门绩效管理不只是更换一种管理模式,而是要按"三个再造,一个标准"(机构再造、流程再造和规制再造,建立公共服务标准)的要求,对部门进行再造。受既得利益的限制,若无一个权威机构来领导和监督,部门就会产生路径依赖,使之"走过场"或"变了味"。三是绩效管理还须理顺政府考评办、财政、部门三者的关系,解决绩效考评上两大体系摩擦和绩效指标短缺等难题。由于这些工作不但事关各部门,而且涉及党委、政府、人民代表大会的关系,这就要求事先进行周密设计,做好顶层设计,做到"谋定而动"。

但出于种种原因,中国对政府绩效管理尚无顶层设计,仅停留在一般号召上。这就带来了以下问题:

第一,改革目标不清晰,相关部门各行其是、盲目改革,甚至搞"圈地运动",借以扩大部门实权,或者加剧绩效考评两大体系的摩擦。

第二,缺乏明晰的改革路径。部门会以改革之名来扩大部门利益,或者因路径不明确而"做到哪算到哪"或"面多了加水,水多了加面",致使改革失败。例如,虽然中国的预算绩效评价已开展了十多年,但在治理浪费上是无效的。这是因为绩效管理的路径错了:没有将绩效管理与绩效评价的重点放在部门和政策层次,而是舍本逐末,搞一般项目评价。而绩效管理的路径是顶层设计的基本问题之一。

第三,若绩效管理缺乏顶层设计,在推进上就会既无时间表,也缺乏各阶段目标的实现步骤;而没有目标,这项工作就不会引起党委、政府的重视。

2. "两大体系,两种评价"违背科学管理,导致重复管理、重复评价

科学管理认为:最好的方法只有一个。然而,中国政府绩效评价却采用"两大体系,两种方法"的双轨制方式。

两大体系指以各级财政部门为主的预算绩效评价体系和以各级考评办为主的政府绩效考评体系。两种方法指政府考评办采用目标/节点法;而财政部门采用的是"对预算支出的经济性、效率性、效益性等进行的客观、公正的评价"方法(按财政部的说法),实际上是指以项目评价为主的绩效管理方法。

即使不去评价两者孰优孰劣,单就管理原理来说,"两大体系,两种评价"也违背科学管理"最好的方法只有一个"的原理。在实施中,它带来的问题有:

第一,造成绩效概念混乱。对部门和单位来说,既然两套指标都是以"绩效"名义进行的,而方法却截然不同,为此必然产生"究竟什么是绩效"、"我们该听谁的"等疑问。这点不消除,部门、单位绩效管理如何推进?

第二,重复评价造成人力、财力虚耗。无论是政府绩效管理还是预算绩效管理,都将开展对部门的绩效评价。而现在,由于两套指标的差异过大,这就无法避免在实施过程中的重复评价——上半月是政府绩效评价(考绩办),下半月是预算

绩效评价(财政局)。两种评价都需要准备文字材料,且材料的内容、要求各异,部门就要耗费大量的时间和精力去准备材料、应对评价,从而造成人力和财力的虚耗,也干扰了正常的工作。

第三,管理效果相互抵消,产生"零和博弈"。由于"两大体系,两种方法"作用于同一对象——部门和单位,这就无法避免产生"A对该部门的评价结果为'优',而B对该部门的评价结果为'不及格'"——效果相互抵消的"零和博弈"问题。逻辑一致性是科学管理的基础,两套评价在逻辑上的矛盾,不仅使得人们对绩效管理的科学性、权威性产生质疑,也会直接影响绩效管理的效果。

(二)绩效管理目标不清晰,政府考评指标不合理

虽然政府考评上的目标/节点法是中国创造的,具有简单、直观的优点,但创造不等于"创新"。在我们看来,检验它是否创新的标准只有一个:能否体现绩效管理三大作用,解决政府行政上的官僚主义等难题?

2013年,我们对广西的南宁、百色两市做了调查。在百色市,我们不仅查看了绩效考评表,与市考绩办展开了讨论,还调查了一些行政部门,从而对政府绩效考评有了概念性认识。

总体感觉,百色市的考绩做得较细、较实。例如,为了实化绩效指标、防止信息造假,他们聘请一批离退休干部为调研员,在绩效办的领导下开展查访,发现并纠正了不少问题。但是,由于考绩并非真正意义上的绩效评价,因此在实施中有些问题值得研究。

1. 绩效管理目的不明确

绩效管理目的不明确,在这里是指目标/节点法存在绩效指标与工作目标混同、以工作目标替代绩效目标的问题。从百色市农业局的考评指标(见表3-1)来看,该市绩效办的考评节点是细致、具体、具有可操作性的,也是我们所见中较完整的指标,这就为年终考评提供了条件,但也反映出考评上工作目标与绩效指标混同的缺点。

第一,目标/节点法混淆了两个概念,以工作检查替代绩效评价。山东省德州市在部门考评上采用目标/节点法。在年初,考评办根据政府工作目标和部门计划,确定各部门的考评节点及其分值;到年终,根据部门工作总结中各项目标的实现度并结合满意率调查,给出每个部门的"绩效分值",对优者给予奖励。可见,目标/节点法并不是创新制度,而是传统的检查评比制度的"包装"。通过几年考评发现,采用此法考评的结果并不等于绩效。

这是因为,部门考评分值在很大程度上取决于任务指标:若任务指标高,部门因完不成或勉强完成,获得的评分就不高,但这不等于部门低绩效;若任务指标低,部门就能轻松达到,相应的评分就高,但这不等于部门高绩效。由于考评背离

表 3-1 百色市农业局 2013 年度绩效考评指标

一级指标	二级指标	三级指标	四级指标	评分细则	目标值	分值	计分方式	采集渠道	责任科室	分管领导	完成时限	指标设置依据	备注
一、上级任务指标	（一）粮食生产	1. 粮食生产目标任务	（1）强化责任		12个县（区）	20	A	查阅文件档案			2013.6.30	自治区下达任务	
			（2）全市完成粮食播种面积410万亩		410万亩	25	D	报表			2013.12.31	自治区下达任务	
			（3）全市完成粮食单产273.2公斤/亩		273.2公斤/亩	25	D	报表			2013.12.31	自治区下达任务	
			（4）完成粮食总产112万吨		112万吨	25	D	报表			2013.12.31	自治区下达任务	
			（5）完成超级稻推广103万亩		103万亩	25	D	报表			2013.12.31	自治区下达任务	
			（6）完成"三免"示范推广173.5万亩		173.5万亩	25	D	报表			2013.12.31	责任状	
		2. 督促指导各县（区）完成农业良种良法示范推广	（7）全市水果园面积达100万亩		100万亩	25	D	报表			2013.12.31	自治区水果总站"2013年'优果工程'升级行动责任状"	
			（8）完成水果总产量54万吨		54万吨	20	D				2013.12.31		
			（9）完成品种结构调整面积0.7万亩		0.7万亩	25	超目标递增计分法	报表			2013.12.31		
			（10）★完成推广果园改低创高技术应用面积7万亩		7万亩								
	（二）服务"三农"工作		（11）实施测土配方施肥630万亩		100%	25	A	报表、总结			2013.12.31	桂土肥字〔2013〕1号《关于印发2013年广西土肥工作意见的通知》	
		3. 农业产业化、农业信息化	（12）农业信息资源采集2626条		2626条	25	D	广西农业信息网统计表			2013.12.31	桂农业办发〔2012〕48号，桂农信发〔2013〕4号	
			（13）农业生产进度50期		50期	25	D	查看农情报表			2013.12.31		
		4. 农业遥感	（14）完成自治区下达的全年新增44个水稻地面样方监测		44个	25	D	早晚稻地面样方监测报告、早晚稻监测结果表			2014.1.1	任务书	
		5. 发展农民专业合作社	（15）完成自治区下达的140个合作社的任务		140个	25	D	报表			2013.12.31	自治区文件	
	（三）农业执法与农产品质量安全工作	6. 农产品质量安全检测	（16）蔬菜、水果产地的监测点不低于10个、批发市场、农贸市场超市不低于5个		15个	25	D	查看有关资料、记录			2013.12.31	任务书	
			（17）每月完成蔬菜、水果农药速测样品106个		106个/月	25	D	报表			2013.12.31	任务书	
			（18）每季度完成蔬菜、水果农残色谱分析100个		100个/季度	25	D	查看农业厅工作通报			2013.12.31	任务书	

（续表）

一级指标	二级指标	三级指标	四级指标	评分细则	目标值	分值	计分方式	采集渠道	责任科室	分管领导	完成时限	指标设置依据	备注
		7. 农业病虫害综合防治	（19）每个县全年病虫情报不能少于16期		192期次	25	D	查看资料			2013.12.31	责任状	
			（20）农业重大有害生物防治处置率达95%以上		95%以上	25	C	查看资料			2013.12.31	责任状	
			（21）农业重大有害生物防治效果达85%以上		85%以上	25	C	查看资料			2013.12.31	责任状	
	（四）"三农"服务工作	8. 督促指导各县（区）完成农业良种良法示范推广	（22）完成蔬菜种植面积183万亩		183万亩	25	D	部门统计报表			2013.12.31	百色市2013年农民增收工作责任状	
			（23）全市建立商品蔬菜示范基地面积12000亩		12000亩	25	D	部门统计报表			2013.12.31	桂农业办发[2013]44号	
			（24）"三避"技术示范推广270万亩		270万亩	25	D	报表			2013.12.31	年度工作计划	
			（25）农作物间套种技术推广153万亩		153万亩	25	D	报表			2013.12.31	年度工作计划	
二、市级业务任务指标		9. 督促指导各县（区）完成各项生产指标任务	（26）全市茶园总面积达33.92万亩		33.92万亩	25	D	工作总结、报表			2013.12.31	百色市2013年促农增收责任状	
			（27）全市茶叶鲜叶产量47500吨		47500吨	25	D	工作总结、报表			2013.12.31	市重点工作	
			（28）完成水果新种面积8.5万亩		8.5万亩	25	D	报表			2013.12.31		
			（29）新种桑园面积2.5万亩		2.5万亩	25	D	报表			2013.12.31		
	（五）秋冬菜产业开发	10. 秋冬菜目标任务	（30）秋冬菜种植面积162万亩		162万亩	25	超目标递增计分法	部门统计报表			2013.12.31	百政办发[2013]37号、百农业发[2013]10号	
	（六）为民办实事项目	11. 农补工程（农作物良种补贴）	（31）建立补贴台账、档案齐全规范		100%	25	B	查阅文件档案			20.3.12.31	百政办发[2013]37号	
			（32）农作物良种补贴面积收集、审核和汇总上报		100%	25	B	查阅文件档案			20.3.12.31	百政办发[2013]37号	
			（33）按时将批复文件转发各县区、农业局和财政局		15天内	25	A	查阅文件档案			2013.8—2014.2	百政办发[2013]37号	
			（34）满意度测评		85%以上	5	A	电话访问、问卷调查			2013.12.31	百绩办[2013]19号	
	（七）"菜篮子"工程	12. "菜篮子"工程	（35）百色市城区"菜篮子"工程实施情况		100%	25	B	查阅相关资料			2013.12.31	百色市百政办发[2013]37号	

（续表）

一级指标	二级指标	三级指标	四级指标	评分细则	目标值	分值	计分方式	采集渠道	责任科室	分管领导	完成时限	指标设置依据	备注
三、核心职能工作	（八）种子质量	13. 种子质量建设	（36）水稻种子质量鉴定建设		80个	25	D	检验结果单、检验结果通报	种子站/张必雄		2013.12.31	职能工作	
	（九）农业执法工作	14. 农业执法	（37）水稻制种田花期质量检验		200亩	25	D	检验结果单、检验结果汇总表					
			（38）开展农资打假专项整治活动		2次	20	C	工作实施方案、工作总结、农资打假统计报表			2013.12.31	全国、全区2013年农资打假专项治理行动部署	
			（39）开展农药、肥料市场抽检		10个样	25	D	检测报告			2013.12.31	常规工作	
四、配合类工作	（十）质量兴桂战略	15. 深入实施质量兴桂战略	（40.1）基础兴市工作		100%	2	A	查阅文件、档案			30日内		
			（40.2）基础兴市工作		100%	8	C	查阅相关资料			2013.11.20		
			（40.3）基础兴市工作		2个	5	C	文件、证书			2013.11.20		
			（41.1）质量提升工作		95%	10	C	检测报告			2013.11.20		
			（41.2）质量提升工作		100%	10	A	查阅资料			2013.11.20		
			（41.3）质量提升工作		100%	5	A	查阅资料汇总			2013.11.20	百办发〔2013〕47号	
五、临时性重大工作	在部门指标制定印发后，根据自治区党委、政府、市委、市人民政府部署的临时性、突发性重大工作来细化确定					5		由市绩效考评办根据相关文件牵头组织实施，列入单位考评指标					
六、加分工作	1. 重点工作成绩突出，在全区或全国影响较大，且反映工作成绩的主要指标超过全区平均水平，排名前移两位以上（含两位），或者获得省部级以上表彰的项目					10		各考评单位提出加分申请，由市绩效考评领导小组审定					
	2. "创新创优"项目目标考评加分，具体细则由市绩效办制订报市绩效考评领导小组审定后另行印发					5		各级考评单位提出加分申请，由市绩效考评领导小组审定					

注：A 为否决计分法，B 为次计分法，C 为数量递减计分法，D 为完成比率计分法。

资料来源：百色市绩效考评领导小组办公室，2013 年 10 月。

了绩效评价的初衷,因此部门对考评结果往往"不服气"。

那么,绩效指标与工作目标、绩效评价与工作检查有何关系呢?

从管理目标来看,绩效指标指向结果(即做得怎样),它采用基于部门公共事务的责任指标或效果指标。工作目标也称工作计划,指部门准备(或应当)做什么事,拟做到何种程度。比如,对农业局的植保事务上,绩效指标应指农作物是否发生大面积病虫害、是否做到早防早治,而工作目标指设立了多少观察点、点了多少诱蛾灯、喷撒了多少次农药等。总之,工作目标是依据"做事"提出的,它与绩效目标并非同一回事。

进一步说,绩效属于结果,是多因素共同作用的结果,部门努力固然是提高绩效的重要因素,但并非唯一因素;而能否有效地利用现有主客观条件,尤其是政策条件是很重要的。总之,由于绩效与工作努力并非直接相关,因此绩效指标与工作目标并非同一回事,两者也不存在替代性。

再从指标来源来看,绩效指标的依据是部门的管理事务,即按政府"三定方案"中部门应管的事务,而不论是否开展;而工作目标指我拟做什么。在指标数量上,由于部门的事务是有限的,因此绩效指标数量也是有限的、稳定的,指标设计采用概括法。而部门的工作目标(计划)以做什么事为基础,由于部门日理万机,要做的事很多,具体目标很多、不胜枚举,为此部门编制工作计划采用列举法,只列示关键性工作;而目标/节点法继承了这点,并将关键工作转化为指标。由于基于概括法的指标与基于列举法的指标并非同一回事,因此目标/节点法提供了政府检查部门工作的综合指标,但并非绩效指标。因而两两是不可替代的。或者说,政府考评办将目标/节点法的考评指标当成绩效指标,说轻了是"张冠李戴",说重了是"偷换概念"。这是说,各地考评办以此作为绩效评价指标,不仅技术路径不合理,被评价人也"不服气"。

联系百色市绩效办的考评方案,表3-1较详细地列举了农业局年度工作中的重要目标,有的还提出了质量要求,这是我们在各地看到政府考绩指标中较完整的。但是,由于这些任务目标可能与农业局的公共责任相关,也可能无关,因此"工作目标=绩效指标"公式并不成立。为此,我们无法将它称为绩效目标,而按此表考评的结果也不能称为绩效。从这点来说,由于目标/节点法没有厘清"你要什么",要绩效?还是要工作完成?因而评价的目的不明确。

第二,从百色市绩效办的考评指标来看,该市对农业局的考评采用了列举式指标,如"全市完成粮食播种面积410万亩、粮食单产273.2公斤/亩"等。我们认为,农业局是政府的职能部门,承担一定的宏观指标是必要的;但是,除了粮食生产,它还承担了其他农业公共事务(如农机管理、植保、土壤和肥料、种子管理、农业区划等),这些事务同样应设置相应的绩效指标。但在该表中,有些被忽略了。

这也说明该表应属于"综合检查考评指标",而非绩效指标。

2. 考评与预算投入是脱节的

我们知道,预算是投入要素,是决定绩效的两个关键因素之一,因而是不能忽略的。而表3-1未反映政府对农业局的预算投入,这就无法起到控制预算作用,以说明这些工作成绩是在预算充足还是在预算匮乏下获得的。兼顾投入与产出,既是绩效指标的特点,也是评价标准。也就是说,缺乏预算投入的指标,无论多完善也不属于绩效指标。

必须指出,将预算排除在考评之外是过程管理下目标/节点法的重要缺陷,而其根源可追溯到管理学。比如,管理学教材大体是以过程管理为基础的,它将管理界定为目标、指挥、实施、控制、监督等活动,而将预算排除在外或称之为条件。可见,注重实务管理而排除以预算为代表的价值管理是它的一大缺陷。从这点出发并联系表3-1,以它来评价农业局绩效是不合适的,农业局是不服气的。可见将目标/节点法指标用于绩效评价,目标是不明确的。

3. 考评指标体系的连续性、稳定性较差

绩效管理是一项制度,其效果与它能连续评价、不断发现问题、不断进步有关。而要达到这点,绩效指标体系就必须保持稳定性、连续性,而不能兴之所至、朝令夕改。绩效指标体系的稳定性、连续性是必要的,因为只有这样,才能使每个管理者的目标明确,并保持政府管理的连续性。

然而,目标/节点法很难做到这点。(1)由于指标是基于某种管理路径设定的,而不同管理者的路径、方法不同是正常的,体现在考评指标上就是"换一个市长,就换一套指标",难以稳定。(2)即使不考虑这点,由于政府工作重点每年会变动,因此考评部门每年都会变动指标——增删某些指标,难以做到稳定和连续。而指标不稳定、不连续就会斩断部门历史,缺乏历史依据,评价者又如何对其绩效做出客观、公正的评价,证明其绩效改善呢?总之,目标/节点法存在指标体系稳定性、连续性较差的问题。

4. 考评指标与绩效的相关性差

由于绩效指标的目的是描述部门单位绩效,但从百色市的考评实际看,并非如此。比如,在百色市对公安局的考评上,抓小偷数是指标之一。但是,若某一年A派出所比目标多抓了10人,超额完成了任务;而B派出所却未完成目标,因少抓3人而扣了分。那么,这是否表明A比B绩效高呢?我们的回答是:未必。因为,若B派出所因区域内治安做得较好、小偷少而没有完成抓小偷任务,这未必是无绩效的。可见,治安是派出所的重要工作,但绩效不等于抓小偷数,而应指偷盗案件尤其恶性偷盗案件发生率的下降。从这点来看,百色市考评指标存在与绩效的相关性差的问题。产生这一问题的原因是目标/节点法自身有缺陷,考核过程而非结果,对部门的考评指标尚不能完全反映绩效。

5. 被考评者对考评结果"不服气"的现象较为普遍

我们在调查中还发现,人们对按目标/节点法的好单位、好干部结果存在不服气。这个问题在德州市、百色市、长沙市、杭州市等地存在,凡采用目标/节点法考评的城市都存在,因而具有普遍性。据分析,其原因并不是部门不愿考评,而是考评中指标体系、方法不合理,因而考评结果"优"的单位并非真优,而考评结论"差"的单位并非真差,因而被考评者不服气。

据我们调查,其原因主要有:

(1) 考评体系忽视了预算投入。由于部门做多少事与预算相关,而目标/节点法只考评"做多少事",而不管"花了多少钱"。这种"只管做事,不问条件"的考评结果,自然不能令人服气。然而,一旦引进预算投入因素,将破坏目标/节点法的整个体系。这确实是一个两难的选择。

(2) 由于指标源于各部门的工作目标,而工作目标是由部门提出,由党委审查通过的,这就产生"用以我提出的工作目标评价我的绩效"的逻辑难题。更有部门以压低当年目标来获得"高绩效",这一考评结果就更难使人服气。

(3) 绩效更关注的是部门有效服务的质量和效果。而在目标/节点法中,由于指标采用列举法(通常列举的是重点工作),而往往忽视日常服务指标,因此考评指标与绩效的相关性差。例如,对交通局来说,新修道路、新建公交站点固然是绩效,但更重要的是公路养护效果。而在目标/节点法中,无论是在百色市、长沙市还是在德州市考评办提供的交通指标中,均无有关公路养护效果方面的指标。于是,在某市的考评中,虽然交通局超额完成各项实务指标而获得了"优",但面对全市破烂不堪的公路和农村中不断增加的"断头公路",交通局长怎么也高兴不起来。可见,考评指标与绩效的相关性差,也是许多人不服气的理由。

总之,从理论到方法论,中国的政府考评存在绩效目标与手段不匹配的问题,影响了绩效评价作用的发挥。可见,路径不合理是中国当前的主要问题。

(三)预算绩效管理路径不合理,绩效评价问题多多

在中国的绩效管理体系中,预算绩效管理是最成熟、最稳定的。自 2003 年起,在财政部的领导下,预算绩效评价已经进行了十多年,积累了丰富经验。尽管这样,但仍然存在以下问题:

1. 预算绩效评价"上热下冷"

绩效评价是预算绩效管理的重要环节,也是标志。经过多年的努力,虽然它已在全国范围内展开,但绩效评价仍存在诸多问题。

(1) 绩效评价"上热下冷"。绩效评价在中央和省级政府较普遍地开展,但在市县级层面,多数地区的这项工作或尚未开始,或只是做了个别评价试点。在中

西部地区,绩效评价的对象主要是省级项目。

(2)绩效评价覆盖面窄。作为绩效管理的重要环节,理论上绩效评价应覆盖所有预算资金,只有这样,评价结果才能为预算分配提供依据。但就全国来看,经评价的项目(财政或中介机构评价的)约占整个预算项目的25%,其中经中介机构评价的仅占10%—15%。这就是说,中国的绩效评价仅做到"举例说明"。由于多数项目未开展绩效评价,也就谈不上绩效监督,更谈不上为预算编制提供依据。

2. 专注于项目评价,而不是预算绩效管理体系建设

本报告第一章谈到,绩效应包括政府、部门、政策和项目管理四个层次,指出部门和政策是绩效管理的两个基本对象,而一般预算项目的绩效评价应当由部门完成。这一说法是符合逻辑的。然而,在现实工作中,财政部门却专注于一般项目评价,而非预算绩效管理体系建设,产生了"路径性错误"。

那么,绩效管理为什么必须以部门和政策为重点呢?

(1)它是政府改革的自身要求。对一个市政府来说,仅行政部门就有40多个,限于精力和信息不对称,加上不同部门在业务性质、管理方式上的差异,政府不可能事事下达指令,也不可能事事监督。这是说,日常工作应当由部门自己去做。由于每个部门管理着某一方面的公共事务,并拥有数量不等的事业单位,而其服务质量和效果直接关系到政府声誉与威信。因此,从"好政府"建设看,政府必须引入绩效管理,建立与绩效监督相适应的责任机制。为此,政府绩效管理的工作重点必然是部门和政策两个层次,与之相适应,绩效管理就设计了部门绩效管理、项目化管理两个体系。

(2)从一般项目评价与部门评价的关系来看,虽然对一般项目评价很重要,但它应在对部门(单位)整体绩效评价的基础上由各部门自己去做。这是说,如果我们通过对部门的评价,证明该部门的总体绩效是好的,那么它也包括了部门林林总总的项目预算在总体上是有绩效的,个别项目的绩效高低是部门预算的优化问题,当然应当靠它们通过评价来自己调整。

(3)加拿大的经验也表明,部门绩效评价(管理)应优先于项目评价。若政府和财政部门将精力主要放在一般项目评价上,就会既得不到部门的支持,也因项目过多、过杂而评不了,导致"绩效评价上的无绩效"。

(4)按中国新《预算法》的要求,部门应制定绩效目标,编制绩效预算;然而,如果不对部门、政策开展绩效评价,那么部门编制绩效目标、绩效预算就会缺乏相关指标和数据的信息支撑,因而"编不了"。这点也说明,部门应当开展绩效管理,政府的绩效管理重点应是部门绩效管理和对政策(公共工程)的项目化管理。

然而,道理虽然如此,但在过去较长的时间里,中国各级财政部门却未将预算绩效管理的重点放在部门和政策层次,而是忙于一般项目评价。据我们了解,这

主要有以下原因：

第一，开展部门和政策层次的绩效管理难度大。一是从政府体系上说，财政部门与其他行政部门处于同一地位，是兄弟关系，而开展部门和政策层次的绩效管理就等于"哥哥管弟弟"。与国外相比，中国财政部的地位本来就不高，若无党委、政府的授权和支持，"弟弟"根本不会听"哥哥"指挥。

第二，开展部门和政策层次的绩效管理会涉及许多业务问题，若无专业部门提供一套科学的、具有可操作性的绩效指标，而让各级财政部门自行开发，就会"做不了"。

第三，开展部门和政策层次的绩效管理存在政治风险。由于按分工，部门是由国务院总理、副总理分管的，而一旦对部门开展绩效评价，"上面"是否要"过问"就很难说了。而政策性（公共工程）预算项目往往是"市长工程""书记工程"，一旦绩效评价的结果不好，财政局长就会有"丢掉乌纱帽"的风险。

总之，从这三点来看，开展部门和政策层次的绩效管理是政府革命，它是有难度和风险的，除非党委有相关决定，并在遇到困难时"第一把手"能及时参与和调解，否则预算绩效管理既不敢做，也做不了。相比而言，由于一般项目拨款来自财政且政治风险较小，评价还有利于"砍项目"和"节钱"，因此从实用主义出发，相关部门就自动地选择了一般项目评价。

然而，尽管各地财政部门在一般项目评价上做了很多，但效果却不显著。由于没有开展对部门整体绩效的评价，因此部门既缺乏绩效目标指标，也无法提供历史资料，更无法编制绩效预算。2002年以来，虽然财政部要求中央部委和各地试编绩效目标与绩效预算，但多数部门编不了，即使编制的也因缺乏实用性而变成了"数字游戏"。而在中国的预算管理上，一般预算项目过多、过杂、过滥，而"财政＋中介机构"的评价能力有限，加上绩效指标短缺，因而在绩效评价上必然存在"评不了""无法评""用不上"等难题。

3. 预算绩效评价的覆盖面过窄、公信力不高

理论上，预算资金只有经过绩效评价才能进入新的循环。因而，绩效评价应覆盖所有预算支出，通过评价，应当对支出绩效做出客观、公正的结论，这样才对政府工作有指导价值。但是，现实的预算绩效评价却做不到这些。

（1）项目过多而"评不了"。在部门预算下，基本支出预算是与人员编制挂钩的，而项目支出预算是由各部门申报、财政部门受理的，其总量并不受约束，因而近年来，中国财政支出呈现逐年膨胀的趋势，这主要来自项目支出膨胀。据了解，中国的项目支出不仅总额不断扩大（由10年前的占总财政支出的10%—20%扩大到目前的占60%—70%），而且项目数也急剧增加。10年前，一个市的市级预算项目不到100个，而现在达到2 600—3 000个。据北京市统计，2014年全市的

预算项目达6.4万个,但是通过第三方做出正式评价的项目不足1 000个。这就是说,只有3%的项目经过正式评价。预算项目过多,而财政绩效评价受人员、财力等限制而"做不了"(即无力开展全面评价),这就限制了其作用的发挥。

(2)项目因过杂、过散、过小而"无法评"。财政绩效评价要求"一个项目、一套指标",因而它比较适宜评价那些重要的、影响大的政策性项目,而不适宜评价小、散、杂项目。但事实上,项目是由单位提出、财政受理的,其名称来自"拍脑袋",因而极不规范。再加上财政项目具有"上管天、下管地、中间管空气"特点,体现在预算项目上,就是"小、散、杂"。

"小"指项目的资金总量小。据统计,中国70%以上的项目拨款在50万元以下,其中20万元以下项目占50%以上。若将它们全部纳入绩效评价,则财政因总成本过高而"不能评";但若不评,绩效评价就不能全覆盖,相应地,其作用就难以发挥。这是"两难"。

"散"指项目的内容散,既有本级政府项目,也有上级转移支付项目,还有向下转移支付项目。此外,它也指项目命名乱。由于缺乏统一的项目命名规则,因此预算项目的名称混乱,既有按目标、过程命名的,还有按项目产生时间命名的。面对如此分散的项目,财政绩效评价犹如"老虎吃天,无从下口"。

"杂"指项目的性质杂,既有建设类和政策类项目,又有用于部门的公务类项目(如购买、培训项目),还有对社会补贴、向事业单位支付的购买服务的项目。它们的目标不同,有的甚至根本无目标,只是随便安了个1234就成了项目;从渊源关系来看,祖辈级项目、父亲级项目、子孙级项目"四世同堂"、鱼龙混杂。

财政和中介机构面对如此小、散、杂的项目,即便使出浑身解数也是"无法评";即便凑合评价了也无法提供像样的报告;即便有的省规定了对100万元以上项目必须评价,事实上也评不完。据我们对一些省份的调查,即使像江浙沪等起步较早、财政绩效评价做得较好的省份,由财政部门或中介机构进行正式评价的,也只占应评价数的30%以下。

总之,绩效评价的覆盖率低,既给绩效管理留下了漏洞,也影响了绩效管理制度的权威性和公信力。

(3)评价结果"用不上"。尽管中国开展了大规模项目的绩效评价,效果却不高,其价值也并未得到体现;而是该停止拨款的项目没有停拨,该追责的没有追责,该修订实施路径的项目没有修订,而是一切照旧。据调查,在某市的30个绩效评价年度报告中,政策建议全部被财政部门和被评单位采用的仅为20%,部分采用的为30%,两者加总占50%。这还是较好的。而从全国来看,对于已评价项目的绩效评价报告,政府的采用率不足15%。

绩效评价的宗旨是提高政府绩效,但政府花了如此大的人力、财力而形成的绩效评价报告,采用率却如此低,这就违背了宗旨,也造成了"事实上的无效率"。总之,无论是从"评不了""无法评",还是从绩效报告采用率低、评价结果"用不上"来看,至少说明中国绩效管理的路径设计存在缺陷。这是说,绩效管理上的路径问题将事关绩效管理改革成败。

(四)项目化管理尚未开展,存在"盲区"

项目化管理"盲区"指除中央财政对少数政策性、公共工程支出开展了绩效评价(后评价)外,中国约90%的政策性项目未被纳入项目化管理,也未开展绩效后评价,因而它基本上属于"盲区"。

政策性项目是对公共政策、公共工程类支出的总称。在部门预算下,由于各级财政将这两类支出纳入项目预算,因此统称为政策性项目。

毛泽东曾告诫,政策和策略是党的生命,各级领导同志必须充分注意,万万不可粗心大意。政策性项目(含公共工程项目,下同)是各级财政花钱最多的支出。例如,中国的涉农支出就占全国财政总支出的12%—13%,而主要采用政策/专项转移支付方式管理。因此,管好这笔钱,让其发挥应有作用是十分重要的。

在美国,绩效管理是20世纪60年代、随着政府的项目预算改革开始的,90年代后也就自然地纳入了新绩效预算。其做法为:一是将政策项目化。无论是什么政策、多么重大,凡涉及预算的就是预算项目,应当纳入项目化管理的流程;二是设计科学的项目管理流程,建立一套包括前期评价、中期评价和后评价的制度体系,尤其是中长期政策必须纳入流程;三是建立项目预算优先原则,对于中长期项目,其预算经过议会批准后,每年的预算就不必再列入议会的预算审查,当然,其条件是不得超过当年的计划预算。世界银行在1980年引进美国做法,对贷款项目实行项目化管理。而在中国,由于财政部在项目设置、管理、评价上尚未形成相关制度,也未开展对政策的项目化管理,因此存在"盲区"。

那么,为什么国家应当对政策性项目开展项目化管理呢?

1. 它是政府科学决策、科学管理的要求

对政策性项目进行项目化管理属于科学管理的范畴,是指我们应将一项独立的政策连同预算作为一个独立项目来管理,设置前期评价、中期评价和后评价等环节,进行环节化、程序化管理。

由于政策性项目的资金量大,社会影响也大,一旦决策错误,所造成的损失(包括预算资金损失、经济损失、政府信誉损失等)也大,有的还使政府背上沉重的债务包袱。然而,由于这类项目的决策是由少数人做出的,为了做到科学决策、科学管理,防止决策失误,我们就应当将它纳入项目化管理。

例如,1958年的"大炼钢铁",虽然初衷是希望加快中国经济的发展,但是由于它脱离了中国实际,反而造成了重大损失。一是"全民炼钢"把农村的大批青壮劳力抽去炼钢,导致农村劳动力严重不足,大量粮食、棉花、油料等农作物沤烂在地里,给全国农业生产造成严重破坏,也为1959年的大饥荒埋下伏笔。二是生态、矿石、煤炭等资源遭到大规模的破坏。农民炼钢主要用木材作燃料,这就将中国的林木资源几乎砍伐殆尽,造成水土流失等自然灾害。而农民上山"找矿石"和煤矿造成的资源破坏,更是无法计算。三是过于突出钢铁生产,造成中国工农业之间、轻重工业之间的国民经济比例失调,随着用于农业、轻工业的资源减少,给群众的生活和生产带来严重困难。而炼出的钢铁质量太差,几乎不能用,也造成了极大浪费。四是国家财政仅用于土高炉建设就补贴50亿元,加上为了炼钢造成的粮食、林木、铁矿等资源的浪费,国家损失是100亿元、1 000亿元也不为过。

2. 它是治理公共资金上的浪费和低绩效的要求

在政策性项目的背后往往涉及利益阶层,由于这类项目是以"政策"或"政治"名义进行的,因此政府部门"管不了",成了官僚主义、浪费和腐败的"温床"。例如,在公共工程背后往往聚集着利益阶层,往往是"高速公路修好了,交通局长倒下了",河南在高速公路建设上先后有7名交通厅长、副厅长因贪污受贿而进了班房。而项目化管理的作用之一,就是通过流程和对绩效的前后期评价,治理贪污、腐化、浪费和管理上的无效率。

3. 它是避免绩效评价落入"项目评价陷阱"的需要

项目评价陷阱指在对大型政策评价上,我们往往会产生对各具体项目或分政策评价结论为"有效",而对整体评价结论为"无效"或"低效"的现象。

例如,在水稻生产上,地方政府往往采用从土地、耕种到收获的分项补贴政策,虽然这些补贴看似有效,但若将其加起来,就会发现总体绩效不高。2014年,浙江省财政厅将17个水稻补贴单项合起来评价,发现该省的涉农补贴过多、过滥、重复。该省对单位稻谷的补贴额合计为2.4元/公斤,而市价仅为3元/公斤,因而补贴的总体绩效低。

在我们看来,产生项目评价陷阱的主要原因是信息不对称。由于单项补贴政策是按"做什么事,补什么钱"设计的,而绩效是综合结果,其效果与单项补贴不存在对应关系,于是受补贴者会以全部结果来证明该政策是有绩效的。例如,中国高等教育上的"211工程"和"985项目",虽然名称不同,但实质都是用于高校的教师、学科建设,改善办学条件的。由于两个项目指向一致,因此各校会整理出一套实验室和学科建设、科研论文发表等方面的资料来对付教育部,"张部长来了,就说211工程拨款的绩效很高",而"李部长来了,就说985项目拨款的绩效很高"。其实,将两者加起来也就这些成果,这就落入"单项评价有效,总体评价无效"的陷阱。可见,只有对政策性项目进行整体的项目化管理,我们才能避免落入此陷阱。

通过以上原因分析,我们看到,虽然在理论上,绩效管理是治理官僚主义、浪费和腐败的有效手段,但从绩效管理实施效果看却基本无效。为此,将本章中有关当前的问题和一般原因分析结合起来,我们隐约地感到,中国的绩效管理存在"无绩效"的严重问题。如果这样,就值得忧虑。

综合以上,我们从顶层设计、绩效目标、管理路径和项目化管理等四方面,对中国的"绩效管理(评价)无绩效"问题进行了分析,得出了某些结论。这就告诉我们,要使绩效管理真正成为政府治理的工具,就必须消除以上问题,使其应有的作用得到充分发挥。

二、深层原因分析

虽然我们列举了制约中国绩效管理的一般原因,但那些只是表象,在其背后有着深层的原因(认识性原因、路径性原因、机制性原因等)。必须找到它们,对症下药,才能解决问题。为此,我们结合美国和加拿大的经验,对"绩效管理无绩效"问题展开深层原因的分析。

(一) 认识性原因:绩效管理的目的未厘清

管理学认为,"目标决定行动,细节决定成败"。这是说,目标错了将南辕北辙,而路径错了也将导致失败。我们将绩效管理目标定义为建设"好政府",实现三大作用,为此必须尊重绩效管理规律,而不应实用主义地阉割、取舍它。然而从一开始,绩效管理在中国就被实用化,相关部门往往试图以实用主义方式改造它,将之纳入本部门的职能范围,结果使它碎片化,成了"四不像"。这是认识上的误区。在这里,我们列举以下三种观点:

1. 绩效管理为了推进反腐和廉政建设

这一观点的影响很大。2011年,中央要求由中纪委、监督部领导绩效管理,就是基于它的廉政建设作用。而考绩办创造的目标/节点法指标,也与试图将它纳入廉政建设体系、成为"廉政建设工具"有关。

在我们看来,治理腐败是关乎国家长治久安的大事。绩效管理是有促进廉政建设作用的,但其作用方式并非直接的,而是通过落实绩效责任和对部门的绩效测量,间接地治理腐败的。

首先,它利用腐败的重要弱点(与部门的公共服务无效率、低效率,与官员的利己主义有内在联系),借助客观公正的评价和量化绩效,鉴别出那些低绩效或公众满意率低的部门,从而引导部门转向高绩效目标,将那些可能存在腐败的部门"挑出来"而治理腐败。这就和新皇帝改变了吹竽规则而将混迹在吹竽者中的"南郭先生"挑出来,使他只能连夜逃走的道理是相同的。例如,高速公路、重点工程往往是腐败重灾区,若一项工程的建设成本高而质量差,则绩效评价势必会暴露其低绩效问题,从而为发现官僚主义、腐败问题提供了线索。也就是说,若我们沿着这一线索追查下去,就能发现真相。可见,在治理官僚主义、腐败问题上,绩效管理的作用是发现问题而不是治理问题。

其次,在中国,多数腐败案件是在权力与责任不匹配、权力大而责任小或无责任下产生的。绩效管理以委托代理方式赋予部门相应的行政权和财权,同时也以绩效指标方式显化、量化绩效责任,且要求其绩效逐年提高,于是部门就有了"绩效压力"。为此,即使领导从保地位来说,也必须将事做好,把绩效搞上去,而无暇尸位素餐"熬年头",或者搞小团体和"权钱交易"。可见,绩效管理是一种威慑力,是高悬于他们头顶、使之寝食难安、不想腐也不敢腐的"达摩克利斯之剑"。从这点说,绩效管理有间接治理腐败的作用。

总之,绩效管理是具有反腐和廉政建设作用的,但它属于建设"好政府"过程中的"副产品",是间接的。绩效管理既不能替代中央惩治腐败,也不能替代纪检、监察等机构发现腐败。为此,我们不宜将它视为治理腐败的主要手段,更不宜过度夸大这一作用,颠倒主次从而导致制度"变形"。

2. 绩效管理是为了"节钱"

这也是认识误区,但它在中国财政部门有着广泛的市场。例如,财政部之所以积极地推进预算绩效管理,除"贯彻落实执行中央决定"的正式理由外,还有一个不宜公开的理由——它能够"节钱"。

应当指出,由于绩效公式为"绩效(财政效率)=有效公共服务/财政支出",预算是评价绩效的要素,因此绩效管理具备了控制预算的作用。但这不等于绩效管理的目的是"节钱"。

首先,"节钱"是与储蓄相联系的家庭理财观念,而非政府理财观念。由于国家财政收入来自税收,它通常是有保证的,政府理财的任务是将预算资金用好、产生更多的有效服务,而不是将它储蓄起来、以备荒年。因此,"节钱"并不适用于政府理财。

其次,在绩效管理中,财政部门通过前期、中期评价,撤销那些低绩效项目,但这并非是因为它们花钱多,而是因为其绩效目标不清晰或预期绩效过低等。为此,从这点说,我们也没有理由将绩效管理解释为"节钱"。

最后,从策略讲,若财政以"节钱"为目标,则势必将自己置于与部门(用钱者)对立的地位,不利于绩效管理的推进;更何况,"节钱"最有效的做法是砍掉一些项目。既然这样,我们又何必舍近求远、通过绩效管理来"节钱"呢?

然而,正是基于"节钱"的目的,各级财政部门从一开始就将绩效评价定位于项目。可见,"节钱"是预算绩效管理的动因,导致我们忽视对部门绩效的整体评价,从而犯了"路径性错误",致使绩效评价"评不了""无法评",评价报告"用不上""绩效评价无绩效"。这反过来说明,"节钱"是我们对绩效管理认识上的误区。

3. 绩效管理是为了选拔干部

还有一种观点认为,推行绩效管理是为了考评和选拔干部,解决在信息不对称下选拔德才兼备干部的难题。例如,中组部就是基于这一理由,将各地政府的考绩办接收下来的。但在我们看来:

首先,绩效管理确有选拔优秀干部的作用,这已为中国上千的年实践所证明。在汉代,中央政府就用人口、耕地、治安、税收等指标考评县令,也解决了国家治理上的难题。即使在科举制盛行的唐、宋、明朝,官员考取进士后仍要从县级低级官员(县长秘书)做起,然后通过政绩考评来决定升迁任用。例如,北宋仁宗和神宗年间的王安石、范仲淹、欧阳修等名臣都有长期任职地方的经历且政绩斐然,才获得逐级提拔,甚至当上丞相的。如果没有对官员的政绩考评制,在中国封建社会里,一个王朝能够延续 200—300 年是不可想象的。

其次,绩效管理的此项作用并不是来自刻意设计,而是一种自然"收获"。这是说,绩效管理会使"清者清,浊者浊",发现那些有抱负、有能力、勇于担责且政绩斐然的官员,并受到组织部门的重视。但这仅仅是其作用的一方面,而不应当是推进目的。若刻意地以此推进绩效管理,则那些靠"裙带关系"生存者或尸位素餐的贪官、庸官会联合起来群起而攻之,使人真伪莫辨;或者利用新制度的某些缺点攻其一点、不及其余,进而推翻之。在历史上,这种情况是经常发生的。同时,将"选官"作为绩效管理的目的,还可能使之"变形",甚至变成"选官秀"闹剧。

最后,绩效管理在选拔干部中的作用是有限的。一是它只能发现那些参与评价的单位领导且主要是正职领导,而无法用于官员普选;二是它是通过绩效和政风来发现优秀官员的,至于能否提拔,还须结合其他条件,经人事部门的长期考察。而那种靠"一次性成绩"突击提拔的做法,并不符合绩效管理的要求。可见,即使组织部门承担了绩效管理,也应按其规律办事,而不应过分夸大其选拔作用,造成主次颠倒、目标混乱。

总之,绩效管理属于科学管理,有自己的规律。绩效管理只有按规律办事,才能提高政府绩效,同时也将收获某些"副产品"——治理官僚主义、控制预算、发现人才等。然而出于种种原因,我们在认识上有某些误区——试图将其作用变为实用主义的目标,按"部门利益"要求改造它以扩大本部门利益。这样会导致绩效管理"变形",而"两个机构、两套模式"就与此有关。可见,认识问题是导致"绩效管理无绩效"的深层原因之一。

(二)路径性原因

管理应解决好三个基本问题:一是目标,二是路径和制度,三是实施。在目标确定之后,路径和制度就成为关键。虽然路径也属于制度范畴,但有一定的区别。前者指综合各种因素,找到一个与目标相关性最高且具有可操作性的制度方向;

后者指按此路径设计制度。无论是政府还是企业,总会受到一系列外部条件和内部要素的约束。为此,新目标的提出会与固有的规制发生冲突,产生"路径依赖"。这就要求我们找出合理的制度路径,解决实现新目标中的各种矛盾与冲突,以最小的代价实现目标。因此,路径是政府改革中的重要问题。古人说"南辕北辙"就是指因路径不合理而导致行动达不到预定目标。

本报告之所以提出路径问题,是因为中国确实存在"虽然开展了绩效评价,但为何花了钱却不见实效"。其深层原因是缺乏好的路径设计,主要有以下三点:

1. 绩效管理缺乏强有力的领导机构

绩效管理是中国继改革开放以来的重大政府改革,它需要强有力的机构来领导。这个机构应当是党中央和各级党委,理由如下:

首先,绩效管理是政府的重大改革,也可以说是"政府革命"。改革直接关系到执政党的使命,也关系到"好政府"的建设,因而是一场深刻的、历史性的变革。而在改革中,政府会受利益关系的约束,在改革上会产生"路径依赖",还会遇到既得利益者的抵制,以及处理改革与现行法规、改革与经济发展等方面的难题。更甚者,绩效管理会涉及政府的机构重组、各部门规制再造、管理路径再造等问题,若无党委的强力支持,改革就可能"卡壳",或者半途而废,或者"变形"。为此,政府绩效管理改革不可能是政府靠"自我革命"完成。为了保证绩效管理改革的彻底和制度上的不变形,它应当被置于中国共产党的领导下进行。

其次,从中国的历史看,凡是重大改革都是在中国共产党的领导下进行的。例如,1979年的改革开放,就是在党中央的坚强领导下完成的。绩效管理不是政府某个制度或某项管理措施上的变革,而是事关中国未来的历史性变革,这同样需要党中央的领导和保障,否则改革就很难彻底。

最后,从中共十六届三中全会的"推进预算绩效评价",到中共十八大的"推进政府绩效管理",它已多次列入中央决议。从这点说,"推进政府绩效管理"既是中央的庄严承诺,更是中国共产党的行动纲领和责任,也是各级党委参与并领导政府绩效管理的依据。为了完成中国共产党的历史使命,要求党中央和地方党委承担起领导、组织与推进绩效管理改革,完成自己的使命。

总之,从这三点来看,绩效管理改革必须由中央和地方党委领导。然而,由于认识上的误区,中国将这一重大的政府改革视为一般的财政改革,或者将绩效管理视为单纯的政府考评,因此绩效管理尚未列入各级党委日程。这样,党委既没有参与,也没有指定某个部门来筹划、组织和领导改革,而是将它分割为"财政的事"和"行政考评的事",造成一件事由考评办、财政两个部门做,各做各的、"两个机构,两种评价",而一些重大问题(诸如改革路径、绩效指标建设短缺等)长期得不到解决。

2. 关键路径未厘清,绩效指标缺失

关键路径指绩效管理的方向,它是朝南走还是朝北走?由于绩效管理的路径关乎绩效指标的设计走向,为此我们可将这两事一起说。

在这里,关键路径(政府绩效管理的指向)是部门评价还是一般项目评价?这看似技术问题,但却事关绩效管理事业的成败。部门评价指对以部门及下属单位(如校、院、所、中心)为整体对象的评价。其特点为:(1)引进"事业"概念,以部门(事业)的总预算为评价依据;(2)以事业(部门)整体绩效(即有效服务)为评价对象;(3)绩效指标设计以部门为对象,采用一个部门、一套指标。一般项目评价指财政部门以列入部门预算中"项目支出预算"的那些项目为对象所进行的绩效评价。

按本报告的绩效四层次原理,政府绩效管理的重点应是第二、第三层次,即部门绩效管理和政策绩效管理。因此,财政(或政府绩效办)绩效评价的重点应是部门和政策;而项目属于第四层次的绩效,对其评价应由部门实施。然而,中国的实际情况是,在预算绩效管理的开始,财政部门就将评价重点定位在一般预算项目上。当时提出的理由有:一是项目预算占部门预算的比重高达60%—70%,是财政支出"大头"且多、杂,因此设想通过一般项目绩效评价来减少项目支出上的浪费,甚至削减项目;二是由于预算项目的控制权在财政,因此影响也有限。而且,当时财政部门尚缺乏绩效评价的经验,为此可以借项目评价来练兵,即使因指标等而没有搞好,其也风险不大。

然而,随着财政部门对一般项目评价的展开,人们发现,财政部门将一般项目评价作为绩效管理对象的做法存在因项目过多而"评不了"、因项目过杂而"无法评"和评价结果"用不上"等"绩效评价无绩效"的问题。事实上,西方国家在绩效管理初期,大多以一般项目评价为"突破口",也遇到类似问题。不过,随着它们调整方向,将重点转向部门整体评价,而将一般项目评价的责任划归部门,效果也逐渐显现。由此可见,绩效管理关键路径选择上的不合理,是造成中国"绩效评价无绩效"的重要原因,也是深层原因之一。

与关键路径相关的另一个原因是中国的绩效指标短缺。绩效指标短缺指政府考绩办、财政部门都缺乏合格的评价指标,或者即使有指标也不适应部门和项目管理,无法产生真实、有效的评价结果。

绩效指标短缺在中国真实存在且十分严重,从这点来说,绩效指标短缺是中国的重要命题。这主要表现在:(1)在政府考评上,由于缺乏适用于部门的绩效指标,因此各地只能以"工作检查的综合指标"代替绩效指标,致使绩效管理"变了味"——而这并非个案,整个行业都是如此;(2)在财政绩效评价中,因缺乏部门绩效指标而使部门预算绩效管理无法开展,而在项目绩效评价上,因大量使用滥竽

充数的绩效指标而使得辛辛苦苦完成的绩效评价报告失去应用价值,甚至将那些明明有重大问题的预算项目的绩效评价为"优",导致绩效评价报告失去可信度,政策建议的采用率低。在上文分析中,我们已反复提及这些问题。这说明,中国确实存在严重的绩效指标短缺问题。

虽然在绩效管理中,绩效指标是技术问题,但却具有特殊重要的地位。它既是度量绩效的工具,也传达了绩效信息,即"我要什么"。绩效指标错了,会传达错误信息,甚至将无效的说成有效、有效的说成无效。因此,绩效指标建设是事关绩效管理成败的大事。

应当说,绩效指标短缺并非中国独有,而是世界性的,西方国家在绩效管理推行之初也遇到绩效指标短缺,而且就我们接触到的案例看,许多国家至今也没有解决这一问题,致使绩效管理开展得并不成功。其原因有:(1)绩效管理是全新领域,人们还不熟悉新的管理模式,因而一开始会遇到绩效指标困难;(2)指标是绩效管理的精华,涉及经济学、管理学、责任政府和科学管理理论或原理,对于不熟悉这些的人来说,设计指标有难度;(3)绩效指标要求结合部门、行业的管理特点,反映部门和行业的有效服务且要求它具有可量化性,而既熟悉绩效原理又熟悉部门管理的人不多,加上预算涉及的范围广泛,项目千变万化,致使绩效指标的设计更加困难。这些,都是导致中国绩效指标短缺的原因。

但我们认为,仅凭以上理由尚不足以服人。人们凭过去的知识和经验,仍然可以找到部门的绩效指标;且与预算项目相比,行政部门的数量有限、业务固定;更何况,中国上下级政府管理间的差异不大,为此针对部门开发的绩效指标能复制全国。这些都说明,绩效指标是可以开发的,即便一开始不完整,也是可以在实践中完善的,而不至于出现目前的绩效指标极度短缺、使部门绩效管理无法开展,或者因传达错误的绩效信息而导致绩效管理误入歧途。

可见,中国的绩效指标短缺有更深层的原因:一是绩效管理在关键路径选择上出错。说白了,各级财政部门长期将绩效管理之"宝"押在项目评价上并试图努力完善其指标体系,而忽视了部门评价,更没有组织技术攻关,从而将绩效指标建设引向了错误方向,导致部门绩效指标上的短缺。二是绩效指标是有其自身规律的,但出于种种原因,我们对其原理未开展深入研究,导致其"神秘面纱"尚未揭开。可见,一旦揭开了"面纱",它就不再神秘。人们根据其原理,通过集中攻关是可开发出所需的指标体系的,即政府评价指标、部门评价指标、行业评价指标、政策(公共工程)评价指标和一般项目评价指标。

3. 缺乏顶层设计,两大体系"打架"

影响中国绩效管理推进的另一深层原因是缺乏顶层设计,造成两大体系"打架"。有关这点,我们已在一般原因中做了分析;作为补充,我们在这里只对绩效管理顶层设计内容做一些说明。

1993年,美国联邦政府通过《政府绩效与结果法案》,克林顿总统指派副总统戈尔领导国家绩效评价委员会来主持联邦政府的绩效管理改革。在实施中,他并未要求联邦政府各部门马上开展绩效管理,而是给出三年预备期,到1998年才正式开展绩效管理。那么,这期间他们做了什么呢?一是调查动员。在戈尔的主持下,国家绩效评价委员会发布了"从繁文缛节到结果——构建一个花钱更少、效果更高的政府"等系列报告,通过这些报告,学界、政界及国会议员都看到了政府官僚主义、浪费、腐败的情况触目惊心,统一了绩效管理的决心。二是督促各部门开展"三个再造,一个标准"活动,即对部门的机构、流程、规制进行再造,制定各类公共服务标准,被称为"打基础阶段"。例如,为了减少繁文缛节,戈尔下令联邦政府各机构废止了上千项规制,将几十吨的繁文缛节规制文件变成了垃圾。三是要求各部门开发绩效指标体系。

经过三年准备,1998年,联邦政府宣布正式启动绩效管理。一炮打响,当年就取得了削减赤字的效果。若无这一"顶层设计",则美国的绩效管理改革就不可能那么彻底,也就不会取得这些成绩。而在英国,绩效管理改革是由当时的首相撒切尔夫人亲自主持的,她甚至用撤换部长威胁阻止改革者。

总之,绩效管理是实实在在的"政府革命",必须做好顶层设计,在高层的支持下,以壮士断腕之决心实施,打破现有既得利益格局,让政府回归政府、让部门回归部门,才能形成改革洪流。

那么,政府应当在绩效管理改革上做些什么呢?有关顶层设计的内容,本报告归结为:(1)做好规划;(2)建立符合中国国情的绩效管理模式,确立党委领导政府改革的地位;(3)组织科技攻关,解决绩效指标短缺难题;(4)监督部门删除繁文缛节,搞好"三个再造,一个标准"建设;(5)在具备了以上条件后,开展绩效管理试点,进而全面推广。

绩效管理的顶层设计是必需的,因为若缺乏顶层设计,不但绩效管理会缺乏改革时间表,而且各部门在绩效管理上会"各取其所",导致矛盾和冲突以及制度"变形"。正是由于中国缺乏顶层设计,因此在中央文件中,绩效管理出现了两种提法。一种是中共十八大报告中的"创新行政管理方式,提高政府公信力和执行力,推进政府绩效管理"。另一种是2014年国务院《关于深化预算管理制度改革的决定》中的"健全预算绩效管理机制。全面推进预算绩效管理工作,强化支出责任和效率意识,逐步将绩效管理范围覆盖各级预算单位和所有财政资金,将绩效评价重点由项目支出拓展到部门整体支出和政策、制度、管理等方面"。可见,在这两个文件中,一个是讲"政府绩效管理",而另一个是讲"预算绩效管理"。各级政府在绩效管理上究竟要做什么?谁也说不清。而上面的两种提法,到下面就形成了两套机构(政府考评办和财政)、两套评价体系(目标/节点考评体系和预算的投入产出评价体系)。由于两个部门都持有"尚方宝剑",谁也不服谁管,结果必然是相互"打架"。

绩效管理缺乏顶层设计,在实施中就必然会产生"三无"混乱:(1) 在高层无专门决议,各地绩效管理改革"做到哪,算到哪";(2) 在重大改革上无改革"路线图"和时间表;(3) 无指派高层主持此项改革,使之处于自流状态。在这种状况下,出现"绩效管理无绩效"就是必然的、难免的。可见,顶层设计缺失是导致中国绩效管理无绩效的路径性原因。

(三) 机制性原因

阻碍中国绩效管理的,除认识性和路径性原因外,机制不适应是另一个深层原因。机制是制度经济学的重要对象。该理论认为,一个制度之所以能长期实施,就因为在其背后有一定的利益关系在支撑。该理论还认为,公共委托代理和信息公开是促使公共部门开展绩效管理的利益依据,为此政府有必要建立委托代理机制和绩效管理,以深化改革。在这里,我们联系中国现实,重点讨论与绩效管理机制相关的两个问题——机构不适应与法律滞后。

1. 绩效管理与行政机构改革不同步

绩效管理必须与行政机构改革同步,这是西方的重要经验。例如,美国的绩效管理就是从"简政放权"开始的。它们从一开始就要求行政机构删除繁文缛节规制,对部分事业单位实行法人化、市场化改革和行政机关绩效化改革,而改革的成功为部门绩效管理奠定了基础。因此,尽管美国的改革有难度,但总体上是顺利的。

在中国,虽然国家提出"简政放权",减少行政审批项目和证照发放,又要求各部门清理和删除繁文缛节规制、简化办事流程,以及事业单位法人化改革等,但以下两个问题依然存在:

第一,以上改革的提出是单项的,属于"单打一"或"措施级"改革,因而分量不重、力度不大。退一步说,即使某省贯彻不力,也只能被认为是"认识问题",而不太可能查撤省长、省委书记。

但若我们换一角度,经过梳理,将简政放权、删除繁文缛节、重建办事流程、重建行政机构、建立各部门的公共服务标准措施等"打包"为系统的改革方案,则分量就重得多,下面也会重视得多。可见,在行政改革上确实存在机制问题。

第二,以上改革措施缺乏标准和监督。这是说,这些改革措施应改到何种程度?是否应当验收?在这些问题上缺乏标准,也缺乏强有力的监督。虽然为了督促地方改革,国务院派出了检查组,但是监督检查遇到以下问题:一是改革目标不集中、不系统,因而监督困难。由于以上改革是措施级、零敲碎打的,因此监督检查是逐项的、零散的,监督的目标、精力分散,效率不高。二是国家尚未制定标准,说不清"什么叫做好",为此监督的权威性不足,这也影响了改革效果。

就减少审批而言,在中国,各级政府确实有一个庞大的"审批经济"体系。例如,工商部门利用对企业年审强制摊派"中小企业协会"会费。在收费上,企业年审费按国家规定是 100 元,而会费却是 1 500 元且不入国库。"中小企业协会"是工商局办的社团,除了收费,它们从不向中小企业提供服务,这显然是工商局的利益和"小金库"。又如,有些部门利用发放职业证书的权力,形成垄断的高收费"培训经济"。为此,无论从提高政府绩效看,还是从治理官僚主义和腐败看,减少审批、杜绝"审批经济"是必要的。但是,由于其背后是利益集团,因此改革会触及利益,引起一些人抵制。为此,若无强有力的监督,则"简政放权"会因路径依赖而"变形",甚至变成地方政府"你放我不放,你放权我接收"式的博弈,导致改革失效。

但是,若我们将这些改革整合"打包",在明确目标和步骤之后,以"中央决定"的形式上升到政治高度,或许就会引起各级党委和政府的重视,改革的阻力更小些,改革的推进会顺利些。但是,整合"打包"必须有一个合理角度。在我们看来,这个合理角度是现成的——政府绩效管理,不必费尽心机去找。

首先,"三个再造,一个标准"本身就是绩效管理的前提条件。其中,三个再造是指部门、机构再造(包含事业单位的企业化改革),管理流程再造[包含由权力型审批(减少审批项目)转向以服务提供为主],规制再造(包含减少繁文缛节,提供便利化服务);一个标准是指政府应当制定各类公共服务标准,如公安的办事标准、医疗的服务标准、教育的条件和服务标准、环卫的垃圾收集和运送标准、农业公共服务标准等。可见,"三个再造,一个标准"可以覆盖以上单项改革。为此,将政府的"三个再造"纳入绩效管理,不仅在道理上说得通,还可转移改革"兴奋点",使地方政府不再局限于利益博弈,而导向建设"好政府"目标。为此,若中央出台一个推进政府绩效管理改革的决定,则不但包括了"三个再造,一个标准",从而整合了各单项改革,而且推进了各级政府绩效管理。若中央再派出检查组,则监督从零散转为系统,其权威性、质量将得到提高。

其次,由于绩效管理会产生"倒逼机制",即那些"三个再造,一个标准"做得不好的地方,绩效评价中的群众满意率等指标的分值不高,因此即使从绩效角度,地方政府也会自觉地抓改革。可见,推进绩效改革有个机制问题。

综合以上分析,我们认为,绩效管理的推进必须与行政机构改革同步,形成强有力的推动力,才能摆脱利益束缚。同时,推进政府改革须搞好机制设计,不能零敲碎打,而应整体设计,在党委领导下逐步推进,才能整合效应。当然,整合效应也是机制问题,不过与常规理论相比,它属于另一类机制——改革的动力机制。

2. 相关法律缺失

重大的政府改革必须立法,这是所有国家都采用的政府治理规则。在中共十八届四中全会提出"依法治国"后,绩效管理的立法问题就更加迫切了。

美国的绩效管理是从设立《政府绩效与结果法案》(GPRA)开始的。该法案既规范了政府绩效改革,也规范了议会责任,同时也是限制以后政府行为的依据。因而,尽管美国的两党在许多问题上有争议,但在推进政府绩效改革上是一致的。立法使克林顿政府绩效改革的阻力大大减小。

在中国,长期缺乏有关绩效管理的法律,而是靠党中央、国务院文件来推进。2014年,新《预算法》虽然确立了绩效原则,但由于许多具体问题尚未解决,仍无法实施。

(1) 在管理主体上,谁应当负有绩效责任,绩效评价应当由预算单位自己进行还是由财政进行,或者由财政委托第三方进行。

(2) 专项转移支付资金的绩效应由谁评价、按什么原则评价。由于这项资金是中央财政出钱、县级政府使用甚至配套的,这就涉及"谁评价"的问题。

(3) 绩效指标应按什么原则建立才能保证公平、客观和公正地反映绩效?

(4) 如何处理绩效管理两大体系(政府绩效管理与项目化管理)的关系,如何处理政府考评与绩效评价的关系。

(5) 政府应如何公开绩效评价信息,对低绩效支出按什么程序追责,谁进行追责。

总之,这些都是绩效管理制度建设上的重大或关键问题,必须提升到法律层面,而现在,中国甚至连国务院规章都没有。这让地方政府如何依法进行绩效管理。

第四节 绩效管理模式:对西方两种模式的讨论

绩效管理模式也称关键路径,是政府绩效管理制度的顶层设计,指一个国家应采用什么路径和方式实施绩效管理。实践证明,好的模式不但能有效地推进绩效管理,而且能减少制度对经济和社会的干扰,通过推进政府绩效管理,社会以较低的成本最大限度地发挥政府和市场两因素的作用;反之,我们就会陷入"为绩效管理而绩效管理"的被动局面,极大地提高了绩效管理成本。当然,这是我们所不希望的。

一、加、美、英、澳、法的绩效管理改革实践

(一) 加拿大的绩效管理改革

加拿大的绩效管理归国库委员会秘书处(TBS),始于1994年,最初推行的是项目评价,但在实施中遇到了项目过多、过杂而"评不了"、评价结果"用不上"等难题。通过反思,他们发现:(1)尽管项目评价很重要,但只是管理环节之一,若无绩

效(战略)目标、绩效预算等制度跟上,评价结果并不会引起重视;(2)理顺政府与部门的绩效评价关系很重要,政府应做好对部门(战略)的整体绩效及政策、公共工程的评价,而将行政性项目评价下放给部门。按此思路,2000 年他们制定了"为了加拿大"战略,2003 年形成新的绩效管理框架(见图 3-1)。

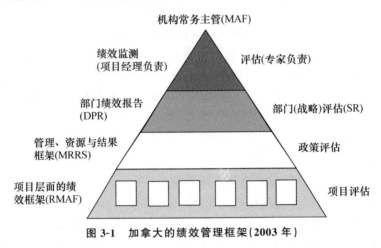

图 3-1 加拿大的绩效管理框架(2003 年)

随着该框架在全国展开,2010 年加拿大完成了责任型政府的战略转型。

(二)美国的新绩效预算改革

美国的绩效管理始于克林顿时代,1993 年他们在总结英、加、德等经验后拟订了立法优先、部门为主的改革方案:(1)由国会通过《政府绩效与结果法案》,确立了以部委为主,以战略计划、绩效目标、绩效评价为内容的框架。该法案的要点为:规定每个部门必须于 1997 年 9 月 30 日前向管理与预算办公室的负责人和国会呈交关于项目执行的战略计划;要求各部委呈交的战略计划应当涵盖自本财政年度(1993 财年)起的不少于五年的时间,并且至少每三年进行更新和修订;规定 2000 年 3 月 31 日以前及今后的每年 3 月 31 日前,每个部门的负责人应当准备并提交给总统和国会一份上一财政年度项目绩效报告。(2)授权总统领导绩效管理。为此,联邦政府成立了以副总统戈尔为首的国家绩效评价委员会。该委员会的第一个行动是要求各部门删除规章中的繁文缛节,将成吨规章变成垃圾。同时,要求联邦政府各部门进行机构、规章和管理路径再造,改革政府办事方式以提高绩效。此外,联邦政府还发布《绩效评价报告》,指导改革,其发布的第一个报告为"从繁文缛节到结果——构建一个花钱更少、效果更高的政府"(1993),此后又发布了系列报告。(3)要求各部门制定基于"顾客"的公共服务标准。根据这些要求,联邦政府各部门进行了一次比较彻底的改革。(4)在这些做完之后,1998 年,联邦政府宣布全面实施新绩效预算。其效果统计,1994 年联邦财政收入为 12 586

亿美元,支出为14 168亿美元,赤字1 582亿美元;到1998年,财政转为结余562亿美元;2000财年的结余达到超纪录的2 510亿美元。此外,联邦政府还扩大了民生支出,拿出2 936亿美元补助资金帮助州、地方推进绩效管理。可见,美国的做法有两点值得肯定:一是强调做好顶层设计;二是注重将绩效管理与政府改革结合,使政府的每一步改革都有实效,并从"打基础"开始渐进地推进改革。

但是,克林顿时代之后,美国的绩效管理有反复。例如,小布什政府出台了以项目为对象的项目评估分级工具评价,由于它违背了绩效管理原理,未获得应有的效果。奥巴马总统上台后,取消了项目评估分级工具模式,联邦议会通过了《政府绩效与结果现代法案》(GPRAMA)。一是放弃了从20世纪60年代以来使用了近五十年的项目预算,预算编制模式改为部门预算,类似于中国的"基本支出预算＋项目预算";二是在此基础上,推进以部门绩效管理为主,加上对政策性项目的项目化管理的双轨制政府绩效管理模式(参见本报告第九章)。从这一"正—负—正"的历史反复中我们不难看到,关键路径对政府绩效管理是多么重要。

(三) 英国和澳大利亚的绩效管理

在其他国家,政府往往不断地在"项目评价为主,部门评价为辅"和"部门评价为主,项目评价为辅"两种模式之间徘徊选择。例如,英国在1997年以后建立了以部门为主的评价体系,财政部与职能部门建立"公共服务合同";澳大利亚早期以项目评价为主,1999年以后建立了以部门为主的绩效评价体系。通过对部门的绩效评价,他们不但解决了项目评价下覆盖面差、评不完、评不了、评价结果用不上等难题,而且促进了政府改革。例如,澳大利亚通过对政府监狱的全面评价,发现官僚主义、浪费和腐败等问题突出,虽然政府花钱很多,但犯人待遇很差,虐待犯人和犯人反抗、逃跑等事件时有发生。为此,他们改革了监狱制度,通过"花钱买服务"方式,在严格的绩效管理和监控下,将犯人监管主体由公共机构转为私人机构。

(四) 法国的新《财政组织法》与绩效管理

法国政府实施绩效管理的标志是2001年8月1日颁布的新《财政组织法》(Le cadre Organique des Lois de Finance, LOLF),建立了以结果和绩效为导向的绩效预算。经过五年的准备,于2006年正式实施新LOLF预算。

新LOLF将中央预算分为任务—项目—行动三层次模式。

(1) 任务指公共政策,2006年中央预算共设34个任务。

(2) 项目指战略性项目,按需要,每个任务下设若干项目,每个项目必须具备战略计划或绩效目标、预算及绩效指标三个要素。2006年共设133个预算项目,并对项目开展绩效评价。

(3) 行动指战略性、政策性项目的子项目,即行动计划。2006年共有620个公共预算行动。

新 LOLF 还规定，项目必须指定项目人和项目以下的行动，项目人经一定程序可调整预算。2006 年以来，法国中央预算中的任务、项目和行动的数目未发生变化，因而成为一种固定的预算模式。

由于法国的绩效管理是通过对项目的定义及其绩效目标、预算拨款和绩效指标等加以实化，并形成固定的绩效管理模式，因此预算项目是绩效管理对象，而任务仅仅是为了对项目合理分类而设的。行动指项目的实施，比如，对全国性项目，就存在项目的责任人，下级政府的责任人，以及它们各自的绩效目标等。因此，法国的绩效管理是基于预算项目而展开的，这与加拿大的绩效管理（将绩效分为政府、部门、政策和项目四层次，按相应管理主体，开展部门绩效管理和政策项目绩效管理）制度模式存在较大的差异。

二、从五国实践看政府绩效管理上的两种模式

（一）西方的政府绩效管理进入全面推进阶段

将以上五国的经验归结起来，这就是：

第一，自 21 世纪初以来，五国都走过了绩效管理的初级阶段——项目绩效评价阶段，步入了以对部门和政策性项目评价为标志的全面绩效管理阶段；而且，绩效管理的深度，也从部门层面向所属单位、个人层面延伸。由于评价超越了预算范畴而上升到公共管理层面，将各部门的有效服务（绩效）与预算拨款挂钩。因此，它大体上已经从预算绩效评价上升为全面的政府绩效管理。

第二，五国在做法（即关键路径）上各有特点。我们将这些特点归结为：(1) 基于预算项目的绩效管理模式，或称单轨制绩效管理模式，简称 A 模式；(2) 部门绩效管理＋项目化管理，或称双轨制绩效管理模式，简称 B 模式。例如，法国的政府绩效管理就属于 A 模式，而加拿大、美国的则属于 B 模式（见图 3-2）。

```
A 模式：基于预算项目的绩效管理（单轨）模式
        采用任务—项目—行动三层次预算模式
```

```
B 模式：部门绩效管理+项目化管理（双轨）模式
        ① 部门绩效管理：绩效目标→绩效预算→绩效拨款→绩效评价
        ② 项目化管理：前期评价→中期评价→后评价
```

图 3-2　政府绩效管理的两种模式

（二）政府绩效管理 A 模式存在的一些难题

两种模式都来自的实践，且均始于 2001 年，为此，它们均具有原创性。但是，从绩效管理规律来看，两者在运行上有差异。从法国的运行来看，A 模式存在以

下难题：

1. 难题之一：它难以厘清部门与预算关系

理论上说，部门是按政府职能设置的管理机构。部门的职能，有的通过常规管理来实现，有的通过公共政策来实现，因此部门与公共政策并非一回事，两者是无法画等号的。为此，通常认为，政府绩效管理的核心是巩固和强化部门绩效管理。

而现在，法国预算编制取消了部门层次，而试图以任务—项目解决部门经费问题。按他们的解释，任务指总体公共政策，项目指具体公共政策，它通过绩效目标、绩效预算、绩效指标、绩效评价等将项目绩效管理实化。为此，新LOLF试图虚化部门、实化项目，以此推进绩效管理。

然而，在新LOLF的推进中，遇到了部门与预算厘不清的难题。例如，由于一些部门的常规管理虽然很重要，但无法列入政策项目，因此就无法获得经费。这不但会使简单问题复杂化，而且会引导各政府部门只重视列入预算项目的那些职能而放弃其他职能，从而导致"该管的事无人管"，即政府管理变形。于是，跟着就出现以下问题：在行政管理中，政策能替代行政部门吗？若行政部门的经费全部来自政策项目，无项目就无经费，则部门还有存在的必要吗？

反之，若我们采用A模式（部门预算＋项目预算），并在此基础上开展绩效管理，则问题或许就变得简单。一是对于部门预算部分采用部门绩效管理，重点是评价其服务的社会效果；二是重点评价政策性项目的预算。（1）政策会提高部门整体绩效吗？若做不到这点，则这项政策必无价值；（2）政策的自身绩效如何？增进了多少有效公共服务？显然，从这点来看，A模式优于B模式。

2. 难题之二：它易产生"部门绑架项目预算"问题

虽然新LOLF采用了任务—项目—行动三层次预算模式，但就预算来说，由于任务有时会横跨多个部门，而一个部门又会有多个任务，因此它是虚的。相比而言，由于项目与预算挂钩并由部门实施，因此是实的。由此可见，法国的新LOLF预算改革或说绩效管理改革，也就是美国原先的"项目预算＋绩效指标"的模式。而在奥巴马执政期间，国会通过《政府绩效与结果现代法案》，联邦政府放弃了单一的项目预算，形成了"部门绩效管理＋项目化管理"的双轨制绩效管理模式。

那么，究竟是什么难题使美国政府改弦易辙？原来，单一的项目预算模式无法解决"部门绑架项目预算"难题。道理很简单。行政部门存在的依据并不是预算项目，而是公共事务管理的需要。假设某政府部门仅有一个预算项目，他们就会将部门所有支出（包括行政经费）打入项目预算，导致它被无限放大；而且，即使其预算项目做得再"烂"，政府和预算也无法拿掉它。因为，若政府拿掉其项目，该部门就会因无预算而停业。对此，选民会不答应。总之，由于"预算绑架"的存在，部门会有恃无恐，而不去积极推进绩效管理。美国自20世纪60年代实行项目预算以来，"部门绑架项目预算"一直困扰着历届政府；而法国的新LOLF法案也将遇此难题。

那么，美国是如何摆脱"部门绑架项目预算"难题的呢？在奥巴马执政期间，国会通过《政府绩效与结果现代法案》，其核心内容是全面推进绩效管理，而做法为：联邦政府在预算编制上采用"部门预算＋项目预算"，在管理上采用"部门绩效管理＋项目化管理"的双轨制模式。

总之，政府绩效管理上的"部门绑架项目预算"难题，从反面说明了政府绩效管理单轨制模式不如双轨制模式更为合理。

3. 难题之三：它难以回答绩效管理是靠部门还是靠项目人推进

通常认为，政府绩效管理应由部门绩效管理和项目化管理两大体系组成。一些部门如教育局管理着许多公立学校，为此，公立学校的绩效管理应由教育局推进，而不可能靠项目来推进。此外，政府行政部门通常具有行政执法责任，行政执法是部门常规工作，无法以项目来管理。既然它不是项目，就无法纳入项目的绩效指标。以上分析表明，政府绩效管理的全面和深化，应靠部门推进，而不是靠项目人。

然而，在法国新LOLF下，由于预算编制取消了部门概念而只有项目预算，于是各部门的绩效管理将由项目人负责推进。虽然项目人多数是部长，但使命决定了他们只是从保证项目绩效目标实现的角度推进绩效管理。这就存在以下问题：(1) 部门并不承担绩效管理责任，也就不会积极去推进它；(2) 对部门来说，项目属于局部，即使某些项目的评价绩效不高，也无法说明部门管理的低绩效；(3) 理论上，部门是永存的，而项目是短期的——即使3年期的项目仍是短期的，为此以项目推进部门绩效管理是无法避免短期效应的。而且，若某部门有三个项目且绩效指标和管理要求各异，则部长又该怎样推进部门绩效管理呢？可见，法国新LOLF法案的败笔之处是，它难以回答绩效管理是靠部门还是靠项目人推进。

(三) 绩效管理双轨制模式或许更适用中国

通过以上分析，我们的结论为：法国新LOLF下的绩效管理是一种尝试，我们尚应密切关注其效果，但至少表明，A模式固然可行，但并非高绩效的。这反过来说明，B模式或许是适用中国的绩效管理模式。

除此之外，我们还要补充以下理由：

1. 它与中国的部门预算有较高的切合度

部门预算指中国以部门为预算单位，按"部门总预算＝基本支出预算＋项目支出预算"公式编制的预算。由于部门预算已将部门总预算和项目预算纳入预算编制,因此它已经是政府绩效管理双轨制模式(即部门总体绩效管理和项目化管理)创造了基本条件。由于两者的切合度高,因此由部门预算转化为政府绩效管理双轨制模式比较容易。这就是说,只要对部门预算公式稍加改造,它就能成为适用政府绩效管理的预算。

反之,若选用类似法国的政府绩效管理单轨制模式,则我们不但会遇到以上三大难题,而且光是预算改革的工作量也十分巨大,这显然是得不偿失的。

2. 它比较符合中国绩效评价的两套机构现状

上文指出,中国绩效评价存在"两套机构,两种评价模式"。在我们看来,两套机构并不是问题,而是怎么利用这一现状。事实上,多数西方国家的政府绩效管理也是由两套机构来实施的。例如,加拿大是由国库委员会秘书处负责对部门进行绩效评价、由财政部负责对政策项目进行评价的。

这就是说,两套机构的问题在于缺乏科学的绩效指标、充分的信息流通和两个部门的合理分工。若我们能做到:一是通过建立基于部门的绩效指标体系,将各级考评办的"考评"转到部门总体绩效评价上;二是通过建立项目化管理制度体系,将财政绩效管理的重点转到对政策性项目的全过程管理上;三是两个部门建立信息流转体系,使考评办对各部门的各项绩效指标评价结果自动地为财政部门编制绩效预算、检查绩效目标的执行所使用,那么政府绩效管理双轨制模式就实现了。这些都属于技术性问题,在党委和政府的重视下是能够解决的。

总之,从这两点来说,中国的政府绩效管理采用双轨制模式的条件或许比西方国家更具备、更充分,实施难度或许更小些。

本 章 小 结

本章首先介绍了绩效管理在中国的历史和现状,指出在中共十八大以来,政府考评获得了长足发展,预算绩效管理在中国蓬勃展开,发展形势超出预料;而2014年新《预算法》更赋予其应有的法律地位,从而为深入开展预算绩效管理提供了法治环境。同时也从政府考评和预算绩效评价两方面指出当前存在的问题,主要是政府考评采用的目标/节点法来自过程管理,因而未触及官僚主义难题;预算绩效评价并未解决财政资金浪费难题;尽管开展了政府绩效考评,但并未治理腐败难题。归纳起来就是,中国存在"绩效管理(评价)无绩效"的问题。

本章提出这样的命题:绩效管理是从追求绩效出发的,怎么会导致无绩效呢?围绕这一问题,我们先分析了其产生的一般原因,包括顶层设计缺失、绩效管理目标不清晰、绩效管理路径不合理、项目化管理上存在"盲区"。

从深层原因看,这主要有:(1) 在认识上,我们对绩效管理的认识不到位,没有尊重其规律;(2)在路径上,缺乏强有力的机构来领导绩效改革,关键路径未厘清,绩效指标缺失,缺乏顶层设计,两大体系"打架"等;(3)在机制上,存在绩效管理与行政机构改革不同步,制度建设滞后等。将这些综合起来就是,虽然中共十八大确立了绩效管理目标,但是并未解决路径问题。管理学认为,在目标确立之后,路径是关键。由于我们没有解决好路径问题,因此出现"绩效管理无绩效"就不足为怪了。

为了说明这点,本章还通过美国、加拿大、英国、澳大利亚、法国等国家的绩效管理历史和经验考察,说明绩效管理路径问题的重要性。西方国家在绩效改革中,由于缺乏经验,也遇到因路径不合理而导致"绩效管理无绩效"的问题,并通过总结纠正了方向,尤其是加拿大、美国的经验更有价值。

总之,中国在公共部门绩效改革上已经做了许多工作,取得了一定成绩,但出于种种原因,我们对绩效管理规律、条件等问题尚缺乏了解,一些做法并不符合绩效管理规律的要求,因而它的三大作用尚未获得应有发挥。看来,除了深化政府改革,别无他途。

第四章　绩效指标原理和指标框架

我们在第二章指出,绩效指标和事业成本是绩效管理的核心,同时也是绩效管理中最神秘、最困难的部分。我们在第三章又指出,绩效指标短缺是制约中国绩效改革的关键因素。本章认为,绩效指标短缺是现实存在的,但又是"伪命题"。因为,在其背后反映了我们对绩效指标规律的认识,它一旦为我们所掌握,绩效指标就不再短缺。本章的重点是破解绩效指标原理,揭开它的"神秘面纱",从而为部门绩效指标设计提供依据。

本章的内容:第一节研究绩效指标原理,包括绩效指标定义、特点、分类,以及绩效指标体系建设规则;第二节研究绩效指标体系建设标准,包括价值标准与评价标准;第三节是绩效指标框架理论研究,以指标框架的作用为起点,分析国内外指标框架的优缺点,提出投入/结果指标型框架。

第一节　绩效指标原理研究

一、绩效指标的功能及其特点

(一) 绩效指标的概念

简言之,绩效指标指人们用于描述管理对象绩效状态的指数或指数体系。首先,绩效指标是为满足绩效评价要求而设计的。一个绩效指标应由指标名称和与之相关的数值(或指数)构成。前者指向指标的质,即价值;后者反映指标的量,因而两者缺一不可。其次,绩效指标是用于动态地描述、测量管理对象绩效状态的。或者说,它是为了回答"花政府的钱买到了什么?"以及"与效果相比政府花的钱是否值得?"而设的。最后,与过程管理的"凭感觉"或举例说明不同,它在回答这两个问题上采用的是指标方式。这三点表明,绩效管理实质是基于绩效指标的管理,因而有别于传统的管理方式。

(二) 绩效指标的功能及特点

1. 绩效指标的功能

绩效指标是绩效管理的核心内容,是人类管理智慧的结晶,也是最有特点的部分。绩效指标虽然不是绩效管理的环节,但却贯穿于绩效管理的始终。绩效指标的功能可归结如下:

(1) 评价功能。评价功能也称价值判断功能,由于绩效指标是由指标名称和指数组成的,前者体现了公共价值指向,后者反映了现实结果,因此具备了评价功能。这是说,我们通过绩效指标,可以动态地反映被评单位的业绩状态,若用多项指标,就能多角度地反映其业绩动态,从而对其做出比较客观的结论。我们可以通过与绩效目标的比较,评价他们做得怎样;通过历史指标,还可以描述被评单位的发展轨迹,因而它也被称为"测量器"。

例如,若我们用一群指标对某市的中学进行绩效测量,则测量结果不但说明该市中学的整体绩效状态、在全省的排位,而且反映出各学校的业绩差异。通过分析那些业绩偏低的指标,发现教育部门在管理上的问题;而通过绩效指标的个体差异分析,还可以发现那些较好的学校,总结其经验并加以推广。这些,在过去是很难做到的。

(2) 导向功能。由于绩效指标是从有效服务出发、用于测量部门和单位或项目的绩效的,它回答了部门、单位或行业的绩效是什么。因而,它一旦应用于部门、单位的管理,就具有了导向功能。导向功能指绩效指标可用来表达部门、单位的管理目标,引导它们为实现目标而努力。

如果说,在过程管理下,人们习惯于按领导指示工作,将"听话"和"做事"作为评价标准,那么,绩效管理改变了这点,它要求按绩效评价单位或个人。说白了,就是政府对部门的考评,不再是做事或具体的实物指标,而是若干关键的绩效目标。对部门来说,在不违法的前提下,只要达到了绩效目标,那么你就是好的;反之,在同等条件下,若人家能实现而你却未达到绩效目标,则无论多努力,你也是不好的。为此,"追求绩效,就像小鹿追求清泉"。它鼓励人们利用一切资源,主动地、开拓性地去实现绩效目标。总之,绩效指标改变了对单位、个人的评价规则,是指示你该做什么、不该做什么的"导向器"。从这点说,它具有了导向功能。

导向功能是绩效指标的重要功能。由于公共部门的职能是稳定的和连续的,因此绩效指标具有稳定性。于是,部门和单位就可以按绩效指标确立的目标,充分地运用现有公共资源,自主地安排各项工作来获取高绩效。而绩效指标的稳定性也为评价部门应用科学方法客观地评价绩效提供了条件,并通过与以往年度的对比来确定其绩效进步的程度。

(3) 发现功能。发现功能指部门和单位可通过自己的绩效指标与同行的绩效指标的全面对比,发现管理上的长处与不足,进而改善管理。俗话说"不怕不识货,就怕货比货",这点在绩效指标上就是发现功能。由于在信息不对称下,部门在管理中往往喜欢肯定自己的成绩,而不是发现不足。绩效指标就像镜子,它能如实地反映绩效现状,发现成绩和不足,这对搞好部门管理是有较大帮助的。例如,某县的义务教育毛入学率为90%,说明该县尚未做到"应上学的尽上学"。这说明该地区的义务教育绩效不高,政府在义务教育政策上存在某些问题。

有了绩效指标,我们就可通过与省标、国标等标杆值的比较,发现管理上的问题。例如,某县农村卫生院的医疗工作量平均值为9人/医护人员,而某一卫生院水平为19人/医护人员,严重超过全县平均水平,这就反映出他们的工作量过重、人员紧张和超负荷运行,从而为解决问题提供了依据。总之,我们用真实的、有用的数据说话,是发现问题的有效方法。在提倡"问题导向管理"的今天,这点对我们搞好管理是有价值的。

(4) 预算功能。绩效指标的预算功能既指它是绩效预算目标,也指它是编制绩效预算的重要依据。而绩效预算既是绩效管理的环节,也是《预算法》规定的预算编制方法。

由于不同绩效目标会影响事业成本,为此人们将按绩效目标和事业成本编制的预算称为科学的预算。例如,政府拟将供水水质由Ⅴ类水提高到Ⅳ类水,就需要增加水源地监测点、提高测量密度,还要减少污染源、关闭上游的工厂矿山。这些都需要增加预算投入。可见,绩效指标具有预算功能。

绩效指标的评价功能、导向功能、发现功能和预算功能很重要,它说明了绩效指标既是公共部门科学管理的依据,也是绩效管理须臾不能离开的核心信息。

2. 绩效指标的特点

(1) 绩效指标属于指数。指数是统计学概念,是一种用于描述社会经济现象动态的相对数。运用指数可以测定不能直接相加和不能直接对比的社会经济现象的总动态,可以分析社会经济现象总变动中各因素变动的影响程度,可以研究总平均指标变动中各组标志水平和总体结构变动的作用等。绩效指标属于指数,这是说:

第一,绩效指标是由指标名称和相对值组成。其中,前者指向事物的质,而后者说明事物的量。例如,我们说某地的毛入学率为100%,是说该地区在义务教育上应上学的孩童100%都在校读书。绩效指标通常应具有文字简明扼要、价值指向明确、与数字(相对值)匹配的特点。

第二,绩效指标应定义计量单位。例如,百分比及其他测量单位,如衡量生均拨款水平的元/生,衡量医疗服务的人均工作量等。利用这些数据,我们可以区分不同地区、同类机构的业绩差异,进而反映管理差异。

(2) 绩效指标指向结果。绩效指标是绩效管理的工具,绩效管理属于结果管理,它是通过绩效指标和绩效测量来体现的,这就决定了绩效指标应指向结果。那么,为什么绩效指标不是指向过程呢?

第一,唯有结果,才能同时满足绩效指标的价值判断和管理功能的需要,在肯定部门、单位业绩的同时,指出问题。而过程性指标,将不可避免地陷入"多做点好,还是少做点好"的就事论事式争论之中。

第二,唯有结果才能满足绩效指标的可测量性、可操作性要求,而可测量性、可操作性是绩效指标的管理价值体现。在过程管理下,由于过程是连续的,正所谓"明日复明日,明日何其多! 我生待明日,万事成蹉跎"。[①] 一旦发现管理上有问题,人们就会用"明日就改"来搪塞,从而无法对其做出评价。而结果指标是以存在的事实为依据的,不但符合实事求是的原则,而且我们可通过结果来还原事物的过程,得出相应的结论。可见,无论是从可测量性、可操作性,还是从绩效评价本身来看,绩效指标只能是结果指标。

第三,从绩效的原理说,在构成绩效的两个要素中,无论是有效公共服务还是预算投入都指向结果,而非设想,更非过程。例如,有效服务指那些政府已提供并被"顾客"认可的服务,而那些"计划提供""准备提供"的并不能计入有效服务。总之,绩效指标是实现绩效管理各功能的基础,若脱离了结果,则"结果导向管理"变成空话。

(3) 绩效指标通常指一个体系。在理论上,尽管绩效指标可以是单一的,但事实上,由于公共服务具有外部性,因此通常需要多个指标形成体系,才能全面描述对象的绩效状态。

第一,公共管理原因。部门绩效是复杂的,就有效服务来说,它至少应包括质和量两方面,而要找到一个同时反映这两个方面的指标,且满足可测量性的要求是困难的。不如我们将它分为两个或多个指标、从多方面描述绩效状态会更容易些。从这点说,绩效指标应当是一个体系。

第二,受绩效指标自身的限制。"同类项相加"是数学定理。这是说,只有同一计量单位的项才能相加或相减,否则就会犯逻辑错误。因为,如果将不同计量单位的数据相加,那么"一只大象加一只鸡等于什么?"的计算是无意义的。但在绩效指标上,无论是对有效服务(分子)还是投入(分母)都会遇到类似问题。例如,在投入上就有"当年投入"和"积累性投入"两种情况。再如,公安局既有当年经费的投入,又有财政以往年度建成的 DNA 实验室、天网工程等积累性投入。这两者都是公安局提高破案率的条件和技术保障;但是,我们又无法将两者简单相加来计算总投入。为此唯一可行的是将它们分解为若干单一指标,然后通过权数组成体系。

这点也告诉我们,理论上的绩效指标与管理上的绩效指标是有区别的。管理上的绩效指标通常是一个体系或称绩效指标体系。

[①] (明)钱福:《明日歌》。

二、绩效指标理论公式和应用公式

(一) 绩效指标公式在构建上的难题

1. 绩效指标公式

第二章已指出,绩效来自效率,是效率概念在政府管理上的应用。为此,我们从效率公式研究起。效率的一般公式为:

$$\text{效率} = \frac{\text{产出}(B)}{\text{投入}(C)} \tag{4-1}$$

其中,分子(B)指有效收益或产出,指你想获得什么?"是要茶,还是要咖啡?"例如,达到的工作目标(产出)或获得的利润等。这些产出或收益应是有效的,而无效收益(如政府活动中的扯皮等)是不能计入收益的。分母(C)指相应的资源(如金钱、人力、土地等)的投入或占用。

绩效指标公式是从效率公式推导而来的。根据我们对绩效的定义,在政府管理上,效率公式的分子演绎为有效公共服务,而分母则指公共支出(或投入),从而形成了式(4-2),我们称之为理论绩效指标公式。

$$\text{绩效(或财政效率)} E_f = \frac{\text{有效公共服务}(S_u)}{\text{公共支出}(F)} \tag{4-2}$$

2. 绩效指标公式在应用上的两个难题

但是,式(4-2)在应用中遇到以下两个难题:

(1) 有效公共服务 S_u 测量上的难题。公共部门的有效公共服务往往并非单一指标。例如,教育的规模(毛入学率)和教育质量都是描述义务教育绩效的,两者各自从某一方面反映义务教育的绩效状态;但因计量单位不同,两者的数据是既无法简单相加,也无法折合为某一标准值的。若我们试图评价的是教育部门的整体绩效,由于教育部门有中小学、职校和专科、大学等类型的学校,各类学校在有效公共服务的内涵上有差异,因此相关的统计数据就更不能简单地相加。这样,我们在计算绩效指标公式分子 S_u 上就遇到了难题。

(2) 公共支出 F 测量上的难题。公共支出 F 通常指当年预算投入,但有时为了正确地评价绩效,我们还得计算其条件。例如,初中的实验室就是历年投入的结果,这些仪器、材料的使用,对于学生建立科学概念、增进知识有很大的价值,也属于教育绩效的一部分。又如,高校的国家重点实验室不但是高校的水平标志,而且其应用往往使得那些装备国家重点实验室的高校在获得国家课题上的机会高于无实验室的高校,这就是绩效的条件。同时,实验室应用效果也属于高校的绩效方面。但困难在于,由于这些条件是历年投资建设的,因此与当年的拨款无法简单相加。这样,我们在计算绩效指标公式分母上也遇到了难题。

这两个,我们称之为"绩效评价公式建设难题"。

（二）绩效指标公式的推导

面对理论绩效指标公式的两个难题，我们要进一步破解，这就要再推导下去。第一步是将式(4-2)演变为式(4-3)：

$$\text{绩效（或财政效率）} E_f = \frac{S_1 + S_2 + \cdots + S_n}{\text{公共支出} F} \tag{4-3}$$

其中，$S_u = S_1 + S_2 + \cdots + S_n$。

或式(4-4)：

$$\text{绩效（或财政效率）} E_f = \frac{S_1}{F} + \frac{S_2}{F} + \cdots + \frac{S_n}{F} \tag{4-4}$$

并将它演化为式(4-5)：

$$E_f = \frac{S_1}{F_1} \times r_1 + \frac{S_2}{F_2} \times r_2 + \cdots + \frac{S_n}{F_n} \times r_n \tag{4-5}$$

其中，$F_1, F_2, \cdots, F_i, \cdots, F_n$ 为公共资源的投入，且 $F = F_1 + F_2 + F + \cdots + F_n$；$r_1, r_2, \cdots, r_i, \cdots, r_n$ 为系数；$\frac{S_i}{F_i}$ 为绩效指标。

可见，若能满足 $\frac{S_i}{F} = \sum \frac{S_i}{F_i} \times r_i$，则式(4-5)成立。

式(4-5)被称为绩效指标应用公式，以文字表述，则为：

$$\text{业绩值} = \text{指标}1 \times \text{权值}1 + \text{指标}2 \times \text{权值}2 + \text{指标}3 \times \text{权值}3 + \cdots \tag{4-6}$$

或者为式(4-7)：

$$\text{政府绩效} = \sum_{i=1}^{i=n} S_i \times r_i \tag{4-7}$$

其中，S_i 为第 i 项的绩效指标；r_i 为与之相关的权值。

为了区别于绩效指标理论公式，我们将式(4-7)称为绩效指标应用公式。绩效指标应用公式是本报告的重要成果，它第一次揭示了绩效的观念与管理之间的关系，解释了为什么在绩效评价时，指标体系均采用"加法"而不是"除法"。此外，式(4-7)有以下作用：

第一，它解释了公共部门绩效评价（无论是项目评价还是部门整体评价）都应是指标体系，而不可能是单一指标的问题。这就回应了第二章有关不应以 GDP 单项评价地方政府业绩的观点。

第二，它论证了绩效评价是可以由"除法"变成"加法"的，从而解决了对部门或项目绩效评价上的重大难题。人人都知道，学校在考试时，老师会事先设定试卷中的试题类型，确立各自的分值和评价标准，然后编写试题，最后根据学生答题结果批出各试题小分，再汇总计算出总分。这就是将"除法"（测试学生成绩——

知识掌握程度)变成"加法"的做法。而绩效指标应用公式表明,我们在对项目或单位进行绩效评价时,可以在一定条件下将"除法"变成"加法",从而使绩效评价、绩效管理由理论转为实用。

需要指出的是,在此之前,我们遍阅国内外文献,但发现国内外对绩效指标的原理研究是空白的,也无人提出类似的绩效指标建设理论。为此,式(4-7)是绩效指标在原理上的突破,它为建设科学的指标体系奠定了理论基础。

第三,式(4-7)还表明,理论上的绩效与管理上的绩效是有差异的。管理上的绩效指按某种规则(绩效指标、标准和实际实现程度)计算出来的数值,近似地描述了评价对象的绩效状态。而理论上的绩效是式(4-2)以除法形式计算的。

然而,必须指出:从理论上的绩效到管理上的绩效是有条件的,它必须符合绩效指标建设的一般规则。若绩效指标建设能按其规则办事,则指标是符合科学管理的,用于评价后,我们所获得的必是真绩效;否则,我们所获得的就是假绩效、伪绩效。

三、绩效指标建设的一般规则

虽然式(4-7)实现了绩效指标由"除法"到"加法"的转变,从而具备了实用价值,但在推导过程中我们也应看到,式(4-7)是有条件的。只有在符合某些条件下,我们才可通过"加法"来获得绩效的近似值。这些条件就是本报告所说的五项规则。

(一)当用于绩效评价时,绩效指标通常是一个体系

上文对这点已经述及,我们需要补充的是,受自身条件的限制,单项绩效指标只反映绩效某一方面,只有组合成体系,才能全面地反映绩效。绩效指标通常是一个体系也与评价对象的特点有关。我们知道,公共部门绩效有两个特点:(1)公共服务属于无形产品,再加上它具有外部性,为此捕捉并使之变成绩效指标并不容易;而且还需要使绩效指标量化,这就更加困难。(2)绩效指标必须顾及产出和投入两方面,而能同时满足这一要求的理想指标在自然界或许并不存在。为此,与其我们满世界去找指标,不如创建一个指标群更现实可行。尽管这样的绩效指标不是最合意的,却是可行的。

在将单项指标组合成体系时,我们还有如下要求:(1)组成体系的单项指标应与评价对象的绩效有相关性,能从不同侧面反映和描述对象的绩效状态,对不相关或相关性不高的指标应予剔除;(2)各项指标应围绕评价对象的有效公共服务来建设,并覆盖绩效的各个方面,做到既不重复又不漏掉重要方面。

(二)绩效指标应符合指数化要求

这就是说,每个绩效指标都应当采用或尽量采用相对数,分子、分母应符合匹配性要求。绩效指标的数据应来自被评价者的统计、会计和业务数据,并经核查

证明是真实的。具体要求包括：

1. 绩效指标应尽可能做到指数化

首先，凡是骨干指标应采用指数，做到定量描述；其次，即使那些定性的调查数据（如满意率）也应通过计算机处理，使之定量化；最后，在满意率调查中，由于不同的被调查者掌握的信息不同（例如，老师与学生的满意度），我们应设定不同权值，以客观、真实地反映其感受。

2. 绩效指标数据应尽可能来自被评价单位的管理信息

这类信息也称为绩效评价的基础数据。由于基础数据是否真实、可靠，是否便于采集，既关系到绩效评价的成本，也关系到绩效评价结果的真实性、有效性，因此是评价绩效指标优劣的重要标准。为此，我们在设计绩效指标时，应充分考虑数据的来源和可采集性。在同等条件下，应尽量选用被评价者的统计、会计和业务数据。

这样做的好处为：(1) 数据采集容易，成本低；(2) 由于一个单位的基础数据存在关联性，我们可利用这点，通过数据系统的智能化设计来识别真伪，或提供识别线索。这一点十分重要。理论上，若绩效指标采用孤立数据，则通常容易造假，且不易识别真伪。但是若我们采集的是被评价者的基础信息——单位的统计、会计和业务数据，则数据造假就比较困难。若单位改动一个数据，就会与其他相关数据不匹配并反映出来；而单位若为此而改动所有数据，则造假成本很高。我们还可以从内部数据与外部数据的核对中发现造假。为此，绩效评价要求单位填报的通常不是指标数据，而是基础数据群。

（三）应通过赋予适当的权值来组成绩效指标体系

既然绩效评价应采用指标体系，那么我们就有一个如何将单项指标组合形成指标体系的问题。绩效指标体系指通过对各单项指标赋予权值，从而将它们联系起来形成的有机体系。

式(4-7)表明，在组成指标体系时，必须赋予各绩效指标权值 r_i。我们应根据重要性原则确定 r_i，即绩效指标越重要，权值 r_i 就越高。两两对比法是赋值的基本方法。两两对比法也称排队法，指我们在对一群指标进行逐个赋值时，应当将那些重要的（即能反映绩效方面的指标）赋予较高权值 r_i，而次要的则赋予较低权值。通过这一方式，等于向被评价者传达了应当将工作重点放在保证重要指标上的信息。

（四）在绩效评价时，应采用相应公式计算绩效值

在绩效评价时，我们遇到的一个难题是，当我们有了绩效指标的数据时，怎样计算出该指标的绩效值？绩效值是特定的绩效评价概念，它指每项指标能够获得的绩效分值。这与试卷批阅中，老师给予各道题的分值十分类似。

在绩效评价时,应采用相应公式计算绩效值。也就是说,评价人员应当采用标杆法,通过相应的公式,计算出评价对象的各指标分值。

标杆法也称比较法,是绩效评价的基本方法。比较法在管理上应用广泛,俗称"货比三家"就是比较法。而标杆指被评价者在某项指标上的最高目标值或应达目标值。评价者会通过比较标杆值与实际值来确定被评价者的绩效分值。因此,标杆值有时也称绩效标准值。确定绩效标准值的方法有:(1)历史法,通过与上年同类指标相比,确定绩效指标的变化;(2)同业比较法,通过与省内、全国的同业平均水平或先进水平相比,确定绩效状态;(3)目标法,通过与绩效目标相比,确定绩效状态。

此外,在对象样本较多时,我们也可采用正态分布法确定各样本的绩效值。通过对所有样本的计算,我们可获得正态分布状态下的指标平均值(中值)、正负拐点 Q 值、正负拐点 $2Q$ 值(见图 4-1)。通常,我们可将正拐点 $2Q$ 值定义为 100 分,将正态平均值定义为 76 分,而将负拐点 $2Q$ 值定义为 52 分,进而分段计算出各个样本的绩效值。

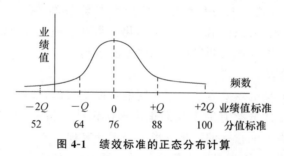

图 4-1　绩效标准的正态分布计算

由于用这种方法计算的绩效值比简单平均法计算的更符合科学原理,因此它在一些地区获得了推广。关于正态分布法的公式和计算方法,读者可查阅有关统计教材。

在采用标杆法计算各样本的绩效值时,我们还应建立标准值和评价公式,以保证评价的公正性和质量。评价公式指根据绩效的目标值和实际值计算该项指标应当获得绩效分值的计算方法。通常,可采用直线分布法或分阶段直线分布法计算。

直线分布法(见图 4-2)的公式为:

$$\text{绩效值} = \text{绩效目标值} \times (\text{绩效实际值} / \text{绩效标杆值}) + \text{基值} R \quad (4-8)$$

其中,绩效目标值也称权值,指该项指标设定的绩效值,也指在获得满分时的绩效值。基值 R 指预算设定的某一业绩数值,当被评价者绩效达到该数值时,才开始计算绩效;但通常它可以为零。

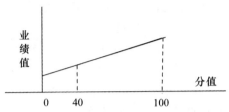

图 4-2 绩效标准的直线分布计算

（五）绩效指标体系应符合资源不转移原则

资源不转移指绩效评价不应将大多数人认为好的评价为"差"，将差的评价为"好"，从而导致公共资源转移。这就是说，我们对每项绩效指标的赋值往往带有一定的主观性，至于它是否恰当需要通过试算来确定。如果试算结果发现问题，就应当调整指标权值 r，这一过程称为试评价。当然，我们调整指标权值 r 并非盲目的，而是优化权值配置。如果通过调整，我们达到了这样一种状态——尽管通常认为好的单位或项目，评价结果并非第一但仍处在第一层次（即优的范围内），那么，这时的权值配置方案应是最佳权值配置方案。这时我们就应按"最好的方法只有一个"的规则，将该权值分配方案固化并贯彻于绩效评价的始终。当然，最佳指标权值配置方案往往需要经多次调整才能达到。

四、绩效指标的分类

分类是认识对象的重要方法。按不同的功能或目的，我们可以对绩效指标进行多种分类。科学的分类有助于我们正确地认识绩效指标，为建立规范、合理的指标体系提供依据。而指标的科学分类就是揭示其规律。

出于种种原因，国内尚未形成绩效指标分类理论，使之蒙上了"神秘的面纱"，也加剧了"绩效指标短缺"难题。为此，本报告试图通过绩效指标的科学分类，展开对绩效指标体系，尤其是对单位、项目和公共政策三大指标体系的研究，弥补国内在该领域的空白。

（一）通用指标与专用指标

通用指标与专用指标是人们按用途对绩效指标的分类。就质而言，指标本身是不存在通用与专用之分的。

1. 通用指标

通用指标指在组成指标体系时，适用于大多数评价对象的绩效指标。例如，在设计各部门绩效指标体系时，我们就可以采用通用指标与专用指标的概念。其中，投入类、满意率类等就属于通用指标，因为它们适用于每个部门。

建立通用指标有利于减少指标体系设计上的工作量，并保持不同部门的指标的可对比性。

2. 专用指标

专用指标也称行业（项目）特征值指标，指与各行业的业绩相关、仅适用于本行业或项目、体现评价对象的特征值的绩效指标。由于绩效评价不同于工作过程评价，且不同行业有效服务的内涵不同（例如，教育服务是学校直接向学生提供知识、技能教育服务，而市政服务是通过清扫街道垃圾、管理市政设施来间接为居民提供服务的），因此两者在绩效的概念、表达方式上有区别。为此，在通用指标外，我们还需要一些结合行业特点、体现行业特征值的指标，即专用指标。

由于专用指标具有"一个行业（项目），一套指标"的特点，因此具有行业性特点。正确地使用专用指标是符合绩效指标"有用性"要求的，也有利于开展同行业对比；但是，由于专用指标应密切结合各部门的业务，因此指标建设的难度大，易产生指标短缺。这也正是本报告需要突破的。

（二）结果指标与过程指标

按指标性质，我们可将绩效指标分为结果指标与过程指标。

1. 结果指标

广义的结果指标指绩效指标指向结果。无论是投入类指标、产出类指标，还是满意率类指标等，都应当针对结果来设计。而狭义的结果指标指产出与结果指标，它指用于测量描述公共资金的产出和结果（效果）的指标，具体又分为产出指标与结果指标。有关广义的结果指标，我们将在本章第三节讨论；在这里，重点讨论狭义的结果指标。

事物是不断运动的，从其运动过程，逻辑分析法将它分为投入、过程（实施）、产出、结果和影响五个环节。这说明，产出与结果是不同概念。产出指公共资金等投入所达到的直接目标。例如，水利工程投资的直接结果是产出渠道、桥梁或涵闸等工程，政府的展览馆投资项目的直接产出是建成的展览馆，高铁项目的直接成果是按标准建成的高速铁路。这些产出是取得有效服务的条件。

结果指社会对产出的应用而取得的有效服务。例如，政府对新展览馆利用、所提供的展览服务增加了参观人数，人们通过参观，了解城市的历史和文化传承等。再如，高铁工程的使用增加了客运量人流数，提高了旅行的舒适度等。为此，根据绩效的定义，结果指标指反映政府有效服务的指标。它既包括工程类项目通过工程的作用发挥而获得的有效服务，也包括非工程类支出直接产生的有效服务，如政府的养老、救助、补贴政策的效果。

在绩效指标的设计上，我们还应严格区分结果与影响指标。影响指结果的应用而产生的社会效果。例如，高速公路开通后，促进了沿途加油站、休息区的营业就属于影响环节；而高速公路开通后所增加的车流量属于结果指标。当然，高速公路的最大影响是改变了人们的时空观念——原来需要7—8个小时的交通，现在2小时就能到达。

但是在结果指标上,我们应注意以下两点:(1)由于产生影响的因素往往是综合的(例如,高速公路并不是影响人们时空观念的唯一因素,汽车性能、小汽车的普及、动车、高铁列车的开行等也是重要因素),因此结果与影响并不一定存在直接相关性。为此,绩效指标应严格限定于结果环节,只有在少数特定的情况下——找不到合适的结果指标时,才谨慎地选择那些属于影响环节且与结果存在因果关系的对象作为绩效指标。(2)应去掉那些具有抵消效应的指标。例如,高速公路沿途的加油站、休息区的营业收入就属于抵消效应收入,因为如果没有高速公路,这些汽车在普通公路上行驶同样是要吃饭加油的。而抵消效应指标的加入,等于重复计算了绩效,因而是不合适的。

总之,结果指标是绩效指标的基本属性,也是特征。在绩效指标的选择上,我们应当坚持以下两点:

一是对工程类项目的绩效指标,应同时列示产出指标和结果指标,在权值上以结果指标为主;对于非工程类项目,只列示结果指标。

二是在产出与影响关系上,应当严格控制影响指标的使用,只有在特殊情况下方可使用;否则,将影响指标体系的公信力。

2. 过程指标

过程指标指反映经济活动和行政活动过程的指标,如公安抓了多少小偷等。由于绩效评价属于结果评价,因此它们通常被禁止进入指标体系。

但是,这并不等于绩效评价不重视过程,绩效评价将通过结果指标,发现其管理原因,如通过分析绩效值低的指标来发现管理上的问题或不足。而且,最后的改进措施建议也应当落实到过程上。因此,绩效管理是重视过程的,但为了使绩效指标更具有科学性(包括确定或可度量性)、可操作性和管理上的有用性,不主张将它们作为绩效指标,以免使指标重复。

必须指出,虽然在绩效评价中,我们不主张使用过程指标,但并不排斥在其他评价中适当地使用过程指标。例如,在绩效审计中就应安排对单位的制度建设(包括与会计分离、财务制度、项目管理制度是否健全等方面)的指标,目的是促进部门规范财务管理。当然,审计部门的绩效评价重点仍应当落实到绩效上。

还要说明的是,在某些特殊情况下,我们也可用过程指标解决某些特定的管理问题。但是,其权重不能太高,以避免绩效评价"变味"。

(三)量化指标与定性指标

按指标的性质可分为量化指标和定性指标。

1. 量化指标

量化指标也称定量指标,指以数量或比例等描述业绩的指标。由于量化指标具有确定、灵敏、精确和可比性特点,符合指数化要求,因此代表了绩效指标的建设方向。

2. 定性指标

定性指标也称概念化指标或判断型指标,指以"好中差"等级次描述对象的指标,比如满意率调查就采用这类指标。例如,财政部颁布的"财政支出绩效评价指标体系(参考样表)"中就列举了项目目标、决策过程、资金分配、资金管理、组织实施等绩效指标。由于它们无法获得数据支撑,而是靠评价者的判断,因此属于定性指标。定性指标不能精确地描述绩效状态,而且判断者的一致性较差,因而通常处于辅助地位。

(四) 主干指标与辅助指标

1. 主干指标

主干指标也称骨干指标,指那些用于描述对象的主要绩效状态的指标,具有反映事物特征、确定绩效状态、权值大等特点。为此,我们在设定指标体系时,应当既要关注辅助指标,更要关注骨干指标;在绩效分析时,应当尽量抓住骨干指标,分析它们在取得较高绩效值方面的经验,或者绩效值低的原因和教训等。

2. 辅助指标

辅助指标指那些与骨干指标相对应、处于辅助地位、用于配合骨干指标的指标。辅助指标有时也指那些属于部门(单位)次要方面的工作的相关指标。为了保证绩效评价体系的完整性,我们除了设置骨干指标,还要设置若干辅助指标,以全面反映部门的绩效状态。

辅助指标通常用于描述部门工作的次要方面,因而权值较低。但是,这并非说它们不重要或可取消。例如,对公安局来说,治安效果是主要指标,其日常的户籍管理、便民服务等虽然是次要工作,但同样是政府的公共事务,且对居民来说十分重要。为了促进公安的全面管理,我们不应忽视辅助指标。

此外,部门的工作重心是会转移的。在某一特定时期,一些次要事务或许会变成主要工作,辅助指标将随之转为骨干指标。如果我们在关心骨干指标的同时也设有相应的辅助指标,并在历年绩效评价中积累原始资料,那么在重心转移时只需调整各指标权值,而不必改动指标体系,这样工作量就小得多。总之,在组成指标体系时,区分骨干指标与辅助指标意义重大。

第二节 绩效指标体系建设的标准研究

在第二章中,虽然我们讨论了绩效管理制度的背景和理论基础,但尚未涉及绩效的"灵魂"——价值标准。在本章中,虽然我们对绩效管理制度建设的核心问题——绩效指标的原理进行了研究,但主要是从技术层次展开的,回答了"我们怎样形成指标?"但也没有涉及绩效指标的价值标准。

由于绩效指标的价值标准是用于回答"我们该选择怎样的指标"的,因而对指标体系建设更为重要。而要回答这一问题,就须介绍"一观三论",引进绩效指标建设的价值标准理论。

一、绩效指标的价值标准与"一观三论"

"一观三论"是马国贤在 2005 年出版的专著《政府绩效管理》中提出的,是用于选择、判断绩效指标的重要理论。

(一)花钱买公共服务的理财观

1. 什么是理财观

预算观是政府理财的基本理论,用于回答政府为什么拨款?或者"政府为何对 A 单位拨款 100 万元,而非 120 万元"?对此,我们或许会有三种回答。

第一种回答:因为 A 单位有若干人要养,按供给标准需要 100 万元拨款,至于它在获得预算后做什么则不在视野之内。这就是基于"花钱养人"的预算观,按这种观点编制的预算称为"养人预算"。

第二种回答:因为 A 单位除养人外,还提出若干支出项目(办事项目),它们合计需要 100 万元。这就是基于"花钱办事"的预算观,按这种观点编制的预算称为"办事预算"。

第三种回答:政府需要向社会提供若干量的某种公共服务,而 A 单位提供该服务,按成本计算需要 100 万元。这就是基于"花钱买服务"的预算观,按这种观点编制的预算称为"绩效预算"。

养人预算和办事预算是 20 世纪 80 年代前西方国家采用的两种预算模式。与养人预算相适应的预算范式称为分项排列预算,与养人预算相适应的预算范式称为目标/项目预算或项目预算。而在中国,现行的部门预算也是按办事预算或按项目预算设计的。由于这两种预算既无法回答"我们为什么要养这么多人?"也无法说清"预算项目是否有效?"因此难以克服预算上的浪费、无效率难题。西方 20 世纪 80 年代政府再造就是从破除前两种预算观、树立"花钱买服务"的预算观开始的。

2. 花钱买公共服务的理财观的内容

作为一种理财观,"花钱买公共服务"的内容指:政府花钱购买了多少有效公共服务?与花去的钱相比,政府购买的服务是否值得?

"花钱买公共服务"是政府在市场经济下的基本理财观点,已经逐渐被各方接受。例如,近年来,国务院就将"花钱买公共服务"作为公共政策。据新华社 2013 年 7 月 31 日报道,国务院总理李克强在国务院常务会议上指出,政府将通过向社会力量购买公共服务,加强市政地下管网建设和改造、污水和生活垃圾处理及再生利用、设施建设、地铁和轻轨等大容量公共交通系统建设、城市桥梁安全检测和加固改造、城市配电网建设、生态环境建设等城建重点任务。① 可见,"花钱买公共服务"是普适的公共理财观,也是建立绩效指标体系的基本依据。

第一,预算的目的是"购买"公共服务,评价预算的标准应是绩效。也就是说,政府预算不是用于"养人"的,而是购买公共服务、向人民提供的。无论是公立机构还是民营机构,只要拿了政府的钱,就应当评价其提供的有效服务的质量和数量。由于公共政策也需要预算支撑,因此也应评价其绩效。绩效评价指标应当围绕部门的整体绩效和政策目标设计。

第二,政府应购买有效服务,不包括无效服务,如部门之间的扯皮、冗余服务,以及"最后一公里"等。无效服务属于无绩效的支出,不应计入绩效。从管理上说,在同等投入下,凡是能够提供更多有效服务的就有预算优先权。例如,若 A 单位提供的服务质量好、数量适合需要,就应当优先获得拨款(多购买或先购买);反之,则应扣减拨款。从委托代理观点来看,A 单位如何生产服务产品,是增人、减人,还是"外包"属于经营问题,与预算无关。

第三,花钱买服务应当落实到部门和单位,并通过绩效评价回答政府花的钱是否值得,凡是无绩效的支出就不应拨款。花钱买服务应当是绩效指标建设的依据,部门绩效指标应包括投入指标各产出或结果指标等。绩效指标若只反映产出或结果而不反映投入,将是不完整的、产生错误导向的指标。

(二)公共委托代理理论

公共委托代理在本报告已多次提及,它是有关绩效管理合法性的基础理论。委托代理来自民事上的"受人之托,忠人之事",指以契约方式,委托人将管理权授予经营者(代理人)并支付相应费用,代理人虽有经营责任但不改变资产的属性,忠于委托人利益的制度。根据该原理,19 世纪英国创立了以所有权与经营权分离为特征的《公司法》。

公共委托代理是在商业委托代理基础上形成的,其内容包括以下三层次:

第一层次的委托代理:在政府与人民的关系上,政府的行政权力来自人民委托,政府是人民福祉的受托人。

第二层次的委托代理:在上下级政府关系上,下级政府的职能既来自法律授权,也来自上级政府委托,因而它同时是法律的实施者和上级政府的代理人。

第三层次的委托代理:在政府与部门关系上,部门并非与生俱来,而是委托代理的产物。政府将某些公共事务委托给某组织,它就具备了权力与责任,成了政

---

① "国务院推进政府购买公共服务",《齐鲁晚报》,2013 年 8 月 1 日。

府行政部门。为此,行政部门是政府某一方面职能的代理人,预算是委托费用。

在早期,西方学者只是解释了第一层次的公共委托代理,并根据它创立现代政府理论的。17世纪的学者洛克在《政府论》中猛烈批判"君权神授"的封建统治论,提出并解释了政府是公共委托代理产物。随后,法国学者卢梭在《社会契约论》中发扬洛克的主张,提出建立基于"公意"的共和国的主张。公共委托代理用于解释政治制度上,就是政府职能来自人民委托,《宪法》是委托协议。人民将公共事务管理权授予政府,目的是增进福祉(公共利益);在公共事务管理上,人民是委托人,议会是委托人代表,预算是纳税人(人民)委托政府管理的钱,其产权属于人民。但是,在当时,该理论尚未深入第二和第三层次,因而被称为"不完全的公共委托"。

20世纪70—80年代是公共委托代理理论完善的重要阶段,主旨是如何改造官僚政府。为此,科斯在《企业的性质》一书中提出交易成本理论,指出交易成本是制度变迁的动因。他还认为,公共委托代理可以使复杂的政府管理简单化,降低制度成本,提高公共效率。为此,委托代理再次受到人们重视,并相继拓展了公共委托代理的第二层次——多级政府间委托代理关系,以及第三层次——政府与部门委托代理关系,批判基于统治关系的官僚政府制度,形成了完整的理论体系。这就使人们看到官僚政府并不是天生的,而是可以按委托代理再造的,为西方的"政府再造"运动提供了理论依据。人们将这些理论称为新制度经济学派。

西方的公共委托代理理论还产生了绩效管理。这是因为,学者们发现该理论在应用上有重大漏洞:由于在公共委托代理上存在信息不对称,不仅存在于多级政府之间,还存在于政府与部门之间。而由于上下级政府之间、政府与部门之间存在利益不一致的问题,因此受托人极可能利用这点来扩大自身利益,从而产生"逆向选择"和"道德风险"等机会主义行为,使委托人的利益受损。为此,委托人有必要建立监督机制,当发现代理人有不诚信行为时,提出警告或停止委托。而绩效评价是基于结果的监督。

可见,公共委托代理是建立绩效评价和绩效管理制度的依据。由于存在人民—政府、上级政府—下级政府、政府—部门三种基本的委托代理形式,因此必须建立与之相适应的绩效管理制度。其中,政府—部门之间由于存在两种委托关系——整体职能的委托关系和政策(战略)的委托关系(局部委托关系),因此有部门整体评价和政策评价两种形式。

当然,在部门以下,还存在部门与下属单位的委托代理问题。例如,教育部门有许多下属学校,按委托代理要求,它们也应当开展对学校的评价;不过,这属于附属层次。

这样,我们就形成四种公共委托代理形式;相应地,也就形成了6种绩效评价。当然，最基本的是前四种评价(见表 4-1)。

表 4-1 公共委托代理的形式与绩效评价

公共委托代理形式	委托人	代理人	绩效评价对象	绩效评价
人民与政府	人民	政府	全部预算和整体绩效	政府整体评价
上下级政府	上级政府	下级政府	全部预算和整体绩效	政府整体评价
政府与部门	本级政府	部门	部门预算和部门绩效	部门评价
			政策项目预算和绩效	政策评价
部门与下属单位	部门	单位	单位预算和绩效	单位整体评价
			一般项目预算和绩效	一般项目评价

应当说，公共委托代理是现代行政学、公共管理学的重大发现。它不仅正确地解释了制度的形成，也为处理好人民与政府、上下级政府、政府与部门关系(包括绩效评价关系)提供了依据。

第一，它厘清了为何中国的公共部门应设立政府、人民代表大会和法院(检察院)三大机构。这是由于，人民是公共事务委托人，政府是代理人，而人民代表大会是代表人民行使委托权的，法院则是国家法律的实施者，也是人民在法律事务上的代理人。为此，无论是政府(行政部门)还是法院，理应受人民代表大会监督，并向其汇报工作。由于法院、检察院是特殊的授权组织，因此它们不对政府负责，而应对法律和人民代表大会负责。当然，《宪法》规定了中国共产党是执政党，为此无论是政府、人民代表大会，还是法院、检察院，都应当在党委的领导下活动，并受党委监督。而党委的重要任务是保证三大机构按公共委托代理要求开展各自的工作。

第二，它厘清了政府和部门的关系，指出这是委托代理关系。部门作为受托人，应当忠于委托人(政府)的利益，并承担相应的公共事务管理责任。按权力能力和责任能力对称原则，政府对部门的授权应以满足其开展公共事务的需要为限。政府应当通过绩效评价来监督其实施。

第三，它也厘清了上下级政府的关系，即从政治上说，上下级政府是领导与被领导的关系。从管理上说，它们都应依法行政。这就是说，凡是《宪法》规定的上下级政府共有的事务(如经济发展、治安、交通、教育、卫生、水利、农业事务等)，应当按属地原则划分各级政府的事权；但是对于有外部性的公共事务(如义务教育、社保、直接面对农民的农业基本公共服务等)，由于它们具有外部性，县级政府因出了钱却得不到利益而不予重视或管理积极性不高，从实现"基本公共服务的最低公平"出发，应将这些事务的最低责任部分从县级上升到中央级；在中央政府制定出公共服务全国标准的基础上，以委托代理方式连同预算委托给县级政府管理，并建立政策绩效评价机制。至于省市级政府认为应提高标准的，费用应由其自己承担。这样做的好处是有利于减少中央与地方的制度摩擦和博弈关系,有助于实现基本公共服务的全国均等,同时也能照顾地方利益,从而使复杂问题简单化。

第四,我们还可从中推导出处理绩效评价、绩效管理的原则,其中最重要的是该由谁来评价。按委托代理原理,绩效评价规则应当为:"谁出钱,谁评价;谁受托,就接受委托人(或其代表)的评价。"应当指出,在这里,绩效评价并非委托人的权力,而是监督责任,因而是既不可转让也不可免责的。

总之,我们从以上论述中不难看出,公共委托代理既是中国责任型政府建设的基本理论,也是绩效管理的基本理论。

(三)结果导向管理论

结果导向管理是由目标管理引起的。我们要了解结果导向管理,就必须先厘清结果管理与过程管理。结果管理也称目标—结果管理,是西方在20世纪80年代新公共管理运动中创造的、与过程管理对应的公共管理模式。过程管理是统治型政府的基础,指以权力为中心,以命令—执行为特征,领导对下属的指挥、控制和监督的行政管理方式。由于过程管理的关注重点是目标和过程两个环节,因此"目标"通常指实物目标。

结果管理则不同,指委托人通过设定目标、授权和结果评价,将管理过程委托给部门和单位的模式。绩效管理既是基于委托代理,也是目标/结果导向的公共管理模式。在该模式下,由于绩效指标具有强烈的导向作用——只要你能完成绩效目标且不违法就是对的,因此能鼓励人们充分应用现有资源下的制度创新。我们将这种模式称为目标/结果导向管理。与过程管理的实物目标不同,在目标/结果管理中,"目标"指价值目标。

目标/结果管理的难点在于"什么是结果?"在早期,人们对产出、结果等概念是模糊的。20世纪80年代,西方引进了逻辑分析模型。该模型将事物的发展过程分为投入、过程、产出、结果和影响五个阶段(见图4-3),相应地产生了投入产出评价、绩效评价和政绩评价等。这表明,绩效评价是对投入/结果的评价,它与投入/产出评价(经济效率评价)的理论和方法论是有差异的。结果导向管理的内容包括:

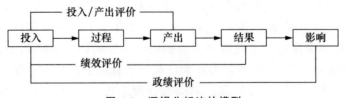

图4-3 逻辑分析法的模型

第一，确立预算的绩效目标，即预算应当达到的预想结果。按"花钱买服务"原理和事业成本，计算政府应当花多少钱，形成绩效预算；绩效预算应经过审查，只有符合这些目标是必要的且需要的钱是合理的时，预算才能通过。例如，在展览馆工程项目中，按过程管理的做法，文化局只要将工程做好了（即成为本市"标志工程"）就完成了任务，而按目标/结果管理的观点，建成展览馆只是完成了中间环节——"产出"，而政府花钱的"目标"是要将它变成传统教育基地，因此每年有多少参观人次才是价值目标，即绩效目标。从中可看出，两者的"目标"是有差异的。

第二，按绩效优化预算分配，绩效高的支出优先安排，停止对无绩效（有效公共服务为零）的项目拨款。

第三，绩效预算的实施应归部门，财政部门的责任是监督其实施，以防止贪污、挪用和浪费。在支出完成后，通过绩效评价来确定结果所达到的预算目标程度，以回答"花的钱是否值得？"同时也为下年度科学地安排预算提供了依据。

与之相联系，绩效指标作为结果导向管理的依据应体现以上要求。具体地说：第一，绩效指标应指向或反映结果，而不是过程，且应当用价值指标来描述结果；第二，它应当能起到导向性作用。导向指它应成为部门与单位管理和目标的"指挥棒"。这是说，首先是它应当尽可能量化，能够通过它来反映评价对象的历史进步；其次是它应起到评价业绩和充当绩效目标的双重作用，对骨干指标来说更是如此。

总之，由于该模式将目标管理与结果管理有机地结合起来，形成了一个制度体系，因此是科学的政府管理模式。在指标设计上，目标—结果导向管理要求我们将绩效指标严格地定义在产出和结果两个环节上，且应以绩效为主，而不应将影响指标视为绩效指标。

（四）为顾客服务论

顾客是西方政府改革中产生的概念，为顾客服务也就是为公共服务的受益人服务。这就将抽象的为人民服务具体化为"为特定的受益人服务"。绩效管理引进顾客概念的意义有：

第一，它明确了政府服务目标，使为人民服务具体化。例如，我们可通过学生和家长满意度来评价政府的教育职能。

第二，它为设定绩效目标提供了依据，有利于去掉累赘、无效率的服务项目。

第三，它为财政资金由供给保障向有效供给转变提供了依据。

必须指出，为顾客服务虽然重要，但由于在信息不对称下，居民所能感知的政府服务是有限的，甚至是短视的，往往对事关国家重大利益的公共服务（如科技发展和科技竞争、国防等）是很难感知或评价的。因此，尽管满意度指标很重要，但它只是组成绩效指标体系的一部分,而不是全部。

总之,"一观三论"既是绩效管理原理,也是绩效指标的核心理论。我们说,绩效管理吸收了社会科学的一切成果,但是只有"一观三论"才将社会科学的一般成果转换为自己的理论,从这点说,它是绩效管理的"灵魂"。正是由于"一观三论"的出现,使它完成了由借用别人理论到"自己的理论"的转变,从而为绩效管理这一新颖管理学科的诞生准备了条件。

二、评价绩效指标体系的三维标准

虽然"一观三论"为我们设计绩效指标提供了价值标准,但是还不够,一个重要的问题是,在我们手头有了一堆分散的、独立的指标之后,怎样使之组合成指标体系?如何从中选择出适用的指标?在这里,我们提出评价绩效指标体系的三维标准。三维标准是绩效指标体系建设规律的体现,是科学性、可操作性和管理上的有用性的标准(见图4-4)。

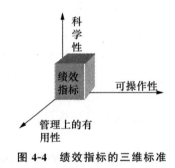

图4-4 绩效指标的三维标准

(一)科学性

指标体系的科学性标准指一个指标体系的建设应当符合绩效指标公式和形式逻辑要求,符合各部门职能和管理要求。具体包括:

1. 绩效指标应符合绩效指标规则和形式逻辑要求

首先,组成指标体系的各项指标应当符合公共价值观,并符合绩效指标建设的规则要求。

其次,绩效指标体系建设应当符合形式逻辑要求。形式逻辑也称分类上的同一性规则,指我们在对若干对象进行科学分类时,每一次分类只能从同一角度出发,而不应对甲按一个角度,而对乙又按另一个角度来分类和命名,从而导致逻辑混乱。

例如,本报告图1-3就显示,政府在职能部门设置上同时采用了三个角度进行分类:综合(参谋)部门、业务部门、专业部门。按科学性来讲,这不符合形式逻辑要求。从其实际运行来看,它形成了一个部门的职能同时受到横纵方向的其他部门的掣肘,从而既无法完整地实现也无法追究责任的问题。若我们对政府部门按形式逻辑分类:第一层次按综合(一级局)部门,第二层次(二级局)按业务部门,第三层次(科室)按专业部门。那么,部门之间的矛盾、扯皮、摩擦和相互掣肘将会少得多。

那么,我们该怎样按形式逻辑要求建设绩效指标体系呢?我们的回答是,先按指标的性质分类。如果在按性质分类后尚不能表达清楚的,那么在第二层次就按功能(职能或事务)分类;如果还说不清楚,第三层次就按作用分类。通常,通过三个层次的分类就能将所有指标安排到位,并发现组成指标体系尚缺乏什么。在这里,我们切忌对甲采用按性质的分类方式,对乙却按功能的分类方式,从而造成逻辑上的混乱。

在这里,我们以部门绩效指标(见图 4-5)为例来说明。在该图中,我们先按投入/产出过程分类,从而形成投入类、产出与结果类、服务能力类、廉政和满意率类指标;然后按事务的内容,将产出与结果类指标分成产出类指标和结果类指标;第三层次再按部门管理的公共事务,形成具体的结果指标。由于它严格地按同一性进行分类,因此指标间关系清晰并形成层次,使用者一目了然。

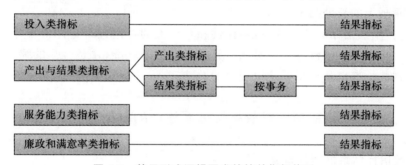

图 4-5 基于形式逻辑要求的绩效指标体系

最后,应删去同一角度的重复指标。例如,对高速公路的绩效而言,若我们已将日平均车流量作为结果类的骨干指标,则不应再将沿途住宿收入作为其指标。因为,它属于绩效上的同一角度的重复计算。

2. 绩效指标应符合各部门职能和管理的要求,有利于揭示问题、改善管理

按马克思主义观点,科学的基本问题是实事求是、体现规律。为此,与传统的过程管理不同,绩效管理是一种以问题为导向的管理;也是结合各部门职能,通过指标客观地反映各部门绩效动态的管理。因此,绩效指标应体现这两点要求。在我们看来,只有结合各部门业务、动态地反映其投入与管理绩效的指标才是科学的。由于一个部门的业务涉及许多方面,因此符合这点的绩效指标有时数量较多,这就需要确立相应的方法。360 度评价法、调查评价法、投入产出评价法、平衡计分卡等都是重要的指标体系建设方法。

（二）可操作性

可操作性指绩效指标应体现行业特征，基础数据应出自被评价者的会计、统计资料且符合口径清楚、易采集、易鉴别真伪等要求，而不宜将"效率性"及"经济效益、社会效益"等抽象的、总括性词汇作为指标。

在指标体系中，由于每个绩效指标的任务是描述某一绩效方面，因此将"效率性"作为绩效指标不仅会引起概念混乱，还会陷入"论点＝论据"的错误逻辑循环。同时，由于"效率性"是结论用语，其内涵并不确定，因此用这类词汇作为绩效指标，不但内容不确实，而且缺乏可操作性。这不符合可操作性标准的要求，也使得绩效指标缺乏公信力。

（三）管理上的有用性

绩效指标管理上的有用性指：

第一，评价结果应符合资源不转移标准。除非有充分理由，否则就不应将大多数人认为好的评价为"差"，导致公共资源人为地转移。

第二，绩效指标应反映公共价值并具有区分度，使被评价者自己通过分析就能发现管理上的长处与不足。

总之，绩效指标的科学性、可操作性和管理上的有用性既是评价指标的标准，也是评价指标体系的标准。只有同时具备了这三个标准，才是科学的绩效指标体系。而这些标准也是对指标建设规律的总结。

第三节 绩效指标体系建设的框架研究

一、绩效指标体系框架的意义

绩效指标体系框架问题是由于在绩效评价、绩效管理中，我们需要将各个分散的绩效指标系统化、组成有机体系而引起的。绩效指标框架的作用为：

1. 它有助于帮助我们正确地认识绩效和绩效管理

事实上，我们大多数人对绩效的认识并非来自理论，而是通过绩效指标体系来认识的。因为，一个好的绩效指标体系会自然地向我们传达"什么是绩效""怎样提高绩效"的信息。而好的绩效指标体系指在绩效指标框架的指引下，各绩效指标安排到位并形成互补关系，因而能揭示被评价对象的绩效状态各方面信息的系统。可见，建设好的绩效指标体系的首要条件是，有一个合理的指标框架。若没有框架，则它们就犹如建筑工地上的一大堆材料。而绩效指标框架的作用是理顺这些建筑材料，将它们安放到应有的位置，从而建成大楼。可见，绩效指标框架不仅指导我们建设好的指标体系，还传达了绩效信息。

例如，在没有框架下，人们就无法理解这一堆指标，更无法解释"为什么采用这个指标而不是那个指标""为什么 A 指标权值是 10 分,而 B 指标权值是 1 分"。通过框架,我们不仅可了解绩效指标之间的关系和各自的地位,还能发现绩效指标体系的缺点——哪类指标偏多?哪类偏少?哪些指标重复?哪些短缺?从而将复杂的绩效指标建设问题简单化。

绩效指标框架也是对绩效指标三维标准的应用,是形式逻辑要求在绩效指标体系上的具体化。

2. 它有利于解决绩效评价上的排队难题

排队是我们经常使用的、决定谁优先的管理方法。排队难题是我们在部门评价、单位评价和项目管理中经常遇到的问题。

(1) 当我们应用不同指标、评价不同部门绩效时,将遇到"哪些绩效最好""哪些最差"的问题。这就是按绩效排队的问题。

(2) 面对不同项目,财政资金该先满足谁,这是项目选择排队。

在这两种排队尤其是第一种排队上,若我们要公平合理,就得先确定排队条件。然而,由于不同的对象各有特殊性,这就使排队变得困难,而解决办法是先建立指标框架。也就是说,尽管不同对象适用的具体指标会有差异,但若有同一个指标框架且采用的指标大体可比,则一旦我们将框架的分值固定下来,就能发现其评价分值具有一定的可比性。这样,我们就可以根据评价结果做出大体排队。这点在政府管理和财政管理上特别有用。

3. 它有利于实现绩效指标建设标准化

在这方面,它的作用表现在以下方面:

一是有利于解决部门绩效评价上的"一个部门、一套指标"与全面提升政府绩效的矛盾。为了满足指标建设三维标准的要求(特别是绩效指标的可操作性和管理上的有用性),对绩效管理必须采用"一个部门、一套指标"。但它也带来另一问题:因指标不同,故不同部门缺乏评价结果的可比性。那么,我们能否找到既能照顾行业要求又使评价结果有一定横向可比的指标建设方法呢?

我们的答案是:(1) 建立一个适用于所有部门的指标体系框架,统一大类指标的权值标准;(2) 在部门指标建设上,尽可能采用同一规则,按标准化的要求建设指标体系。例如,对"投入类指标"采用统一的按受益者人数计算的预算的人均水平、预算项目的年度完成率、审计有问题资金的比重。再如,对"产出与结果类指标"采用按各部门的事务建立指标,且重点落在部门的社会责任指标上。这样做以后,尽管尚无法做到部门之间横向完全可比,但至少是大体可比。总之,指标框架十分必要。

二是有利于合并"两套指标"(考评办指标与财政绩效指标),建立科学、权威的部门绩效指标体系。目前,我国的"两套指标"由于出发点、思路的框架上的差异,因而相互不协调,"各吹各的号,各唱各的调",导致效果抵消。要解决该难题,办法是跳出部门利益框框,按照绩效管理规律和指标框架,重新建设部门指标体系和信息共享机制,或许这就同时能为考评办、财政管理所用,即"一次评价,满足多管理需要"。从这点说,指标框架将是解决问题的关键。

三是有利于实现绩效指标建设上的标准化。绩效指标的标准化包括:首先,凡是部门共性的部分应尽量采用通用指标,即使需要修改的指标也尽量按同一规则建设;其次,对部门设计的绩效指标,应尽量考虑项目化管理的需要,或者说,项目化管理的前期、中期或后评价指标,应当尽量采用部门评价指标,而不必另设一套指标体系。也就是说,对部门提出的政策项目,评价的标准除可行性外,更重要的是"它是否有利于部门绩效(有效公共服务)提高"。当然,这样做也是基于对指标建设成本、数据收集成本上的考虑。

总之,指标框架是绩效指标体系建设中的重要环节。做好这点,可以提高绩效指标的科学性、实用性,为此我们应予以充分重视。

二、对现有四种绩效指标框架的评析

(一)平衡计分卡绩效指标框架

1. 平衡计分卡绩效指标框架的原理

在绩效评价上,目前,国内使用的指标框架有 360 度评价法、调查评价法、平衡计分卡等,但使用最广泛的是平衡计分卡绩效指标框架。

平衡计分卡(Balanced Score Card)绩效指标框架[①],或称四维度绩效指标模型,是由美国学者卡普兰等创制的,广泛用于企业绩效评价上。该框架以企业的战略和愿景为核心,将绩效指标分解为财务、客户、内部流程、学习与成长四维度,并分别确定其绩效目标和绩效指标,从而形成指标框架(见图 4-6)。

(1)财务维度。这是围绕"我们怎样对待股东"提出的。财务是企业的生存基础,财务业绩指标可以显示企业的战略及其实施和执行是否对改善企业盈利做出贡献。财务目标通常与获利能力有关,其衡量指标有营业收入、资本报酬率、经济增加值(EVA);财务目标也可能是销售额的迅速提高或创造现金流量,如总收入、数据业务收入比率、总资产报酬率、利润率等。在内部考评时,企业应将它分解为各考评对象的财务指标。

(2)客户维度。它是围绕"客户怎样看待我们"提出的。客户和市场是企业存在的依据,在平衡计分卡中,该维度的绩效指标通常为客户满意度、客户保持率、客户获得率、客户盈利率、目标市场的所占份额等。

[①] 平衡计分法是由美国哈佛商学院的卡普兰教授和复兴方案公司总裁诺顿在 1990 年开发的绩效测评模式,经美国标准、苹果电脑、杜邦化学、通用电气等 12 家公司试用而形成,它将绩效指标分为客户维度、财务维度、内部流程维度及学习与成长维度。

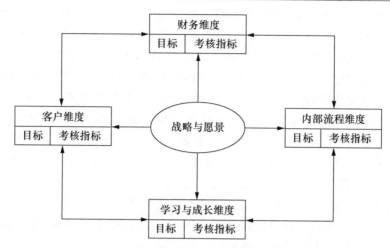

图 4-6 平衡计分卡绩效指标框架

资料来源:罗伯特·卡普兰等,《平衡计分卡——化战略为行动》,2004 年。

(3)内部流程维度。它是围绕"我们应在哪些方面卓越"提出的,从管理方面评价企业和员工的,它所考虑的是"企业必须擅长什么""怎样提高企业内部的资源效率"。相关指标包括设计能力、设计水准、制造效率、流程周期、流程效率和安全性等。

(4)学习与成长维度。它是围绕"我们能持续改善和创造价值吗"提出的。平衡计分卡认为,一个好企业需要好的员工,若企业想达到宏大的长期财务增长目标,就必须对企业的基础框架——员工、系统和程序进行投资。学习与成长维度可以分为三个主要范畴:员工能力、信息系统能力、激励授权和协作。① 指标包括新产品创意数量、主要员工保留率、员工能力评估和发展、员工的品德等。

平衡计分卡框架对各国政府绩效管理的影响很大。英国、加拿大等的绩效指标体系就是按此构建的。在中国,朱艳萍和尉京红(2013)也试图将其应用于项目评价上。

2. 对平衡计分卡绩效指标框架的评析

平衡计分卡框架是针对企业的,它的产生使企业绩效管理由原理走上实用,因而影响很大。此后,人们又创造了 360 度评价法等,但仅仅是其扩展。由于该框架将影响企业绩效的关键因素——财务(投资人)、内部管理、客户管理、职工进步——建立起有效联系,从而回答了"企业绩效是什么""该怎么管理"等难题,因此在世界上影响很大。但是,该框架有以下缺陷:

---

① 〔美〕罗伯特·卡普兰、〔美〕大卫·诺顿著,刘俊勇等译:《平衡计分卡——化战略为行动》,广东经济出版社,2004 年。

（1）它是针对企业设计的，无法简单地应用于公共部门绩效评价。企业的管理目标是明确的——能否生产出合格的、市场需要的产品能否获得盈利？因而功能单一，为此绩效指标体系设计不必考虑企业目标或职能，而可以将企业管理的四个目标——销售（客户）、盈利（财务）、管理（内部流程）和员工（学习与成长）直接作为四个维度来建设绩效指标。而政府管理比企业复杂得多。例如，一个部门有多项事务，在内容、目标、实施方式上均有差异。此外，政府还有许多约束条件。即便厘清一个部门的职能并形成相应指标都是困难的，何况政府还有许多专项资金。这些项目会产生怎样的效果？它们与部门的绩效是何关系？这些都是难题。因而，我们无法将平衡计分卡框架移植于政府绩效管理上。

（2）平衡计分卡框架的有些维度（如内部管理等），虽然在我们评价员工业绩时是必要的，但对政府来说，更需要的是评价各类公共事务的效果、服务能力的指标。为此，公共部门无法照抄此框架。

然而，尽管平衡计分卡框架有上述问题，但是它将目标、指标与管理联系起来，将预算（资金）纳入绩效管理的思路是可取的。这就为我们建设部门绩效指标框架提供了思路。

（二）美国的PART绩效指标框架

1. 美国的PART指标框架原理

PART指标框架指美国2003年由小布什政府实施的项目评估分级工具（Program Assessment Rating Tool）的简称。

在美国，虽然1993年颁布了《政府绩效与结果法案》（Government Performance Results Act，GPRA），但由于联邦政府是按部门设计绩效指标的，采用平衡计分卡框架并由各部门自己设定指标体系。当时，联邦政府有1 200多个预算项目，分散在近百个联邦机构内。由于信息不对称，加上绩效评价归各部门，因此总统预算办既无法掌握进程，也弄不清其实际价值。

这样，联邦政府管理就出现以下问题：一是各部门从自身利益，利用信息不对称将对自己有利的设为指标、不利的就不设为指标，因而指标不能反映部门的真实绩效；二是对绩效指标体系缺乏统一的框架和标准，指标设置随意且五花八门，无法评价部门绩效管理，管理上也显得太难、太烦；三是项目过多、过杂，总统预算办很难掌握其进程，也说不清其真实绩效。

为了加强对项目选择的有效性、搞好绩效管理，2003年OMB（总统预算办）推出按照更加严格、系统、透明的方式加强预算项目绩效管理的项目评估分级工具[①]，即

---

① Guide to the Program Assessment Rating Tool（PART），www.researchgate.net/publication_2013-06-28.

PART 框架。

PART 框架的指向是项目预算。在美国，项目预算是基本的预算方式。由于它将各政府部门人员工资等纳入项目（或政策）预算，因此 PART 框架的目的是控制项目预算。这是改革的基本背景。

PART 试图通过对一个（或一类）预算项目的目标、设计、规划、管理、成效和责任的指标化，进行全方位评估，以确定该类项目的有效性，淘汰无效的预算项目。2003 年，OMB 设计了行政管理计分卡（PART），采用红灯、黄灯、绿灯分别代表"无满意结果""混同""顺利进行"，在联邦政府级次上实施，用于即时地评价各部门的预算项目绩效。

PART 设有"项目的目标和设计""战略规划""项目管理""项目结果和责任性"四维度 25 个正式问项，再加上若干附加问项（见表 4-2）。被评价者通过书面回答以上问项，由 OMB 打分，确定其绩效状态。在做法上，PART 框架沿袭了克林顿政府的思路，采用部委为主的评价方法。这包括，先由各项目单位按以上 25 个指标准备书面材料，然后由各部委组织评价，最后由 OMB 复评并公布评价结果。

表 4-2 PART 包含的问项

维度	描述		问项
项目的目标和设计（20%）	主要评估项目的目标是否明确，项目设计是否完整	1.1	项目的目标是否清楚？
		1.2	项目定位于一个特定的、现实存在的问题、利益和需求吗？
		1.3	该项目与其他联邦、州、地方或私人部门的项目相比是多余的吗？或者与这些项目是重复的吗？
		1.4	项目设计中是否存在一些影响其效率和效益的缺陷？
		1.5	项目是否具有清晰、有效的目标，以使得资源能够直接服务于项目目标或者到达项目的预期受益人？
战略规划（10%）	主要评估项目是否具有一定数量和前瞻性，但可能实现的目标的绩效指标，以使计划、管理和预算具有战略性、针对性	2.1	项目是否具有一定数目的、具体的、关注结果并反映项目目标的长期绩效测量指标？
		2.2	项目的长期绩效指标是否具有挑战性的目标和时间限定？
		2.3	项目是否具有一定数量的具体的年度绩效指标以表明长期目标的实现程度？
		2.4	项目的年度绩效指标是否具有合适的底线和一定挑战性的目标？
		2.5	所有的项目参与者（包括项目的拨款对象、次拨款对象、合约人、成本分担人和其他政府合作者）都信奉项目的年度和长期目标并为其努力工作吗？
		2.6	是否具有一定范围和质量的独立评估，且这种评估能够按照一定规则进行，并能够支持项目的改进和评估项目效益及相关的问题、利益与需求吗？

（续表）

维度	描述	问项
		2.7 预算请求与年度和长期绩效目标的完成情况之间有清晰的关联吗？所需的资源是否以完全和透明的方式呈现在项目预算中？
		2.8 项目是否采取了一些有意义的措施来弥补其战略规划的缺陷？
		不同项目类型下的特殊战略规划问题
		RG1 项目或机构发布的规章都符合项目所陈述的目标吗？所有的规章都清楚地表明这些规则是如何有助于目标的实现的吗？
		CA1 机构或者项目是否已经对替代品进行了最新的、有意义的、可靠的分析，包括成本、计划表、风险和绩效目标之间的平衡？是否利用结果引导结果导向的行动？
		RD1 如果项目被应用，是否能评价和比较其所能带来的收益并与其他具有相似目标的项目进行比较？
		RD2 项目是否使用了争夺优先程序来指导预算请求和资金决策？
项目管理（20%）	主要评估项目是否有效的管理，以满足完成项目绩效目标的要求	3.1 相关机构定期收集及时的和可信的绩效信息（包括主要合作人的信息）并用来管理项目与提高绩效吗？
		3.2 联邦管理者和项目的合作者（包括项目的拨款对象、次拨款对象、合约人、成本分担人和其他政府合作者）对成本、计划表和项目结果负责吗？
		3.3 资金是否被用到既定的目标上？是否准备报告了？
		3.4 在项目执行过程中，项目是否有一些程序（如竞争性外包/成本比较、IT 技术提高、适当的激励等）来测量并实现项目的效率和成本有效性？
		3.5 该项目是否与相关项目进行了有效的合作和协作？
		3.6 项目是否推行了强有力的财务管理实践？
		3.7 项目是否采取了一定的步骤处理管理中的缺陷？
		不同项目类型下的特殊项目管理问题
		CO1 拨款的拨付是否基于一个清晰的竞争程序以对项目的长处有一个质量的评估？
		CO2 项目是否有用于提供受资助人行为信息的监督措施？
		CO3 项目是否收集受资助人的年度绩效数据并使之以透明、有意义的方式公布？
		BF1 项目是否有用于提供受资助人行为信息的监督措施？
		BF2 项目是否收集受资助人的年度绩效数据并使之以透明、有意义的方式公布？
		RG1 当制定重要规章时，项目是否寻求和重视各受影响团体（如顾客、大小规模的企业、州、地方和基层政府、受益人和一般公众）的观点？
		RG2 该项目是否按照《12866 号行政命令》的要求准备充分的规章影响性分析？是否按照《规章灵活性法案》和 SBREFA 进行规则灵活性分析？是否按照《非资助项目规则改革法案》进行成本收益分析？这些分析是否符合 OMB 的指南？

(续表)

维度	描述	问项	
		RG3	通过最大化规章措施的净收益,规章的设计能否帮助项目目标的完成并具有一定程度的可操作性?
		CA1	项目是通过保持明确定义的交付标准、能力/绩效特征和适当、可靠的成本以及进度目标来管理的吗?
		CR1	项目是否在一个正在执行的标准下管理,以保证高质量的信用贷款、按时支出与回收及履行报告请求?
		CR2	项目信贷模式是否向政府提供了可靠的、一致的、精确的和透明的成本与风险评估?
		RD1	对于非竞争性拨款的研发项目而言,该项目是否分配资金和使用管理程序来保证项目质量?
项目结果和责任性(50%)	主要评估项目是否达到长期和年度绩效目标,在独立评估的基础上评价该项目与其他类似项目相比的优势	4.1	在完成长期目标方面,项目是否表现出足够的进步?
		4.2	项目(包括项目合作人)是否完成了年度目标?
		4.3	项目在完成每年的目标时,是否都提高了效率和成本有效性?
		4.4	与其他政府、私人部门的具有相似目的和目标的项目进行比较,该项目是否具有优势?
		4.5	有足够范围和质量的独立评估是否表明该项目是有效、具有结果导向的?
		不同项目类型下的特殊项目结果和责任性问题	
		RG1	项目化目标(和收益)是否以最少量增加的社会成本完成并且最大化净收益?
		CA1	项目目标是否在预算成本和已建立的计划表范围内实现?

资料来源:*Guide to the Program Assessment Rating Tool*,2008。

PART 实质上是对项目绩效能力的评价。由于该体系将绩效能力与绩效混为一谈,失去了绩效管理的价值,因此仅在小布什任期内实施,在奥巴马接任后,该方法被废止。

2. 对 PART 绩效指标框架的简要评析

PART 框架从产生起就遭到各方的质疑,但小布什总统仍力排众议、执意实施。从实施来看,该框架存在以下问题:

第一,从对象看,绩效分为政府绩效、部门绩效、政策(公共工程)绩效和具体项目绩效四层次。克林顿政府的绩效管理(GPRA)之所以成功,是因为将目标锁定在部门绩效上,即将部门的所有项目加总起来,评价部门和整体绩效。而具体项目的绩效评价将下放给部门,因而信息对称,部门有积极性。但 PART 框架偏离了这点,试图将 1 200 个联邦预算项目统统抓在 OMB 手上,为此设计了一个通用的项目评价框架。想法虽好,但在信息不对称下,PART 脱离部门绩效,而以项目为"抓手"的路径是否可行?值得怀疑。

第二,从指导思想看,PART 未脱离过程管理窠臼。虽然 PART 采用了由单位按 25 个正式问项和相关附加问项写出书面报告,再由 OMB 邀请专家按单位报告打分评价绩效的做法,但这与传统的"总结报告"无实质差异。由于它无法解决信息不对称下总结报告的"充分肯定成绩,轻描淡写问题"难题,再加上这些指标是定性的,缺乏数据支撑,因此极易作假。

第三,从逻辑上看,框架的前三部分主要说明"我做了什么"。首先,PART 框架在"项目的目标和设计"维度上,设定了"项目的目标是否清楚""项目定位于一个特定的、现实存在的问题、利益和需求"等五个问项。应当说,提出项目的目标清晰、项目具有针对性等要求是重要的,这是公共管理的基本问题。但是,这五个问项适用于评价项目的可行性,属于前期评价的范畴,而非基于结果的绩效评价。其次,PART 框架在"战略规划"维度上,设定了"项目是否具有一定数目的、具体的、关注结果并反映项目目标的长期绩效测量指标""项目的长期绩效指标是否具有挑战性的目标和时间限定""项目是否具有一定数量的具体的年度绩效指标以表明长期目标的实现程度",以及项目应当具备长期绩效目标指标、绩效目标指标的先进性、年度的可实现性,是否对实施团队具有可激励性等 8 个常规问项。从内容看,这些问项是用于前期评审项目的,而非绩效。最后,PART 框架在"项目管理"维度,设定了项目绩效信息的可取得性、项目合作各方的责任承担等 7 个问,主要用于考察实施者的绩效管理能力和可能结果,而非绩效指标。总之,将前三个维度合起来,我们不难看出,它提供了评价项目可行性的工具,用于说明项目前期评价中的价值。而现在的问题在于,联邦政府需要开展绩效评价的是那些已经实施的预算项目,对于它们来说,绩效评价需要回答的是实施是否正常、是否已经获得了相应效果等问题。因此从逻辑上说,PART 框架的前三项是将项目的前期评价(即可行性评价)与第四项评价(即结果评价)混为一谈,这就违背了绩效指标建设的科学性要求。这说明,即使从逻辑上,该指标体系在解决什么问题上的目标是不清楚的,犯了未厘清"你要茶还是咖啡"的错误。

第四,从管理上的有用性看,PART 框架的第四维度是项目结果和责任性,如"项目(包括项目合作人)是否完成了年度目标""项目在完成每年的目标时,是否都提高了效率和成本有效性"等。显然,这些问项是针对中期或后评价的,目的是回答项目是否有绩效或阶段性绩效。显然,这些才是真正意义上的绩效评价。然而,由于这些问项的回答缺乏相应的、与业绩相关的绩效指标的支撑,而只是要求部门简单地回答"是"或"否",因此它没有回答"政府花钱买到了什么"这一绩效评价的基本问题。显然,在信息不对称下,这些问项就缺乏实际的管理价值。

由于结果绩效与绩效能力、绩效规划是两码事,因此即使我们对 PART 框架的作用存而不论,单独从对象看,该表也存在前后对象不一致的逻辑缺陷。PART

试图将项目的价值、项目的能力、项目的结果集于一身,提出的问项与评价的任务脱节,这就叫人既无法理解也无法评价。

总之,绩效评价的依据是绩效指标,而 PART 框架并未认真地解决部门、项目绩效指标短缺难题,也没有将评价对象转向部门绩效上,而是舍本逐末地追求项目评价,这就将方向弄错了。在方法论上,它没有将重点放在绩效上,而专攻评价方法,这显然缺乏意义,评价结果也不可信。至于它将评价结果分为红灯、黄灯、绿灯,实质上是将评价结果分为优中劣三类,"灯"只是"噱头"式炒作。为此,若我们不衡量三维标准,则 PART 框架虽然设计花俏,但不符合逻辑性要求;此外,这些指标既缺乏操作性,也缺乏管理价值。就实用性看,它也无法制止联邦政府的预算扩张。这就决定了它无存在的价值,也无法逃脱被后任取消的命运。奥巴马上任后,立即着手通过了《新绩效预算法案》(New GPRA),从而恢复了以部门为对象和绩效预算、绩效评价等做法。

(三) 基于科学发展观的绩效指标框架

1. 基于科学发展的绩效指标框架的内容

宋斌和鲍静(2008)提出基于科学发展观的指标框架。该框架吸取了中国古代考绩经验,根据中央"推行政府绩效管理和行政问责制度"的要求,结合科学发展、全面发展和淡化 GDP 的要求而构建的。该框架将指标分为经济发展、社会发展、可持续发展、政治文明建设四个维度 22 项指标(见表 4-3),评价对象为地方政府。

表 4-3 基于科学发展观的绩效指标框架

一级	二级	三级	业绩值	权值	得分
工作实绩	经济发展 150	GDP			
		财政收入			
		招商引资和对外出口			
		非农产业比重			
		工业经济效益			
		城镇居民可支配收入			
		农民人均纯收入			
	社会发展 125	科技三项投入			
		教育发展			
		医疗卫生			
		文化体育			
		就业和社会保障			
		社会治安			
		基尼系数			

(续表)

一级	二级	三级	业绩值	权值	得分
工作实绩	可持续发展 125	人口增长与计划生育			
		生态环境			
		国土资源利用			
		经济发展的成本			
	政治文明建设 100	干部队伍建设			
		基层组织建设			
		民主法制建设			
		统战群团建设			

资料来源：宋斌和鲍静（2008）。

2. 对"基于科学发展观的绩效指标框架"的简要评析

在我们看来，该指标框架有以下特点：(1) 该框架吸收了中国封建社会中央对地方官考绩的传统做法，符合中央对地方政府绩效评价的要求。(2) 该框架采用了结果指标，依据统计数进行，因而简单可行。我们还须指出，该框架是 2008 年提出的，2009 年中共中央、国务院出台了《关于加大统筹城乡发展力度，进一步夯实农业农村发展基础的若干意见》，提出"按照促进科学发展的党政领导班子、领导干部考核评价办法的要求，指导地方细化考核指标，把粮食生产、农民增收、耕地保护、环境治理、和谐稳定等纳入地方党政领导班子绩效考核"。显然，两者的思路是一致的。

然而，该框架也有以下缺点：

(1) 它只适用于上级政府考评下级政府，而不适用于对部门和项目的绩效考评。由于对政府考评是整体评价，而部门的考评是基于某项职能的，因此两者在方法论上有较大差异。关于这点，该体系尚未展开研究。

(2) 概念性指标过多，如干部队伍建设、基层组织建设、民主法制建设、统战群团建设等，而具体的、可操作的指标较少。

(3) 指标总量偏少，目前，省对市县绩效评价指标为 100—140 项。更重要的是，该框架排斥投入类指标这一关键因素，因而严格地说，这仍然属于过程评价类的指标框架。

(四) 财政部财政支出绩效评价指标框架

1. 财政支出绩效评价指标框架的内容

为了推进全国预算绩效管理，财政部预算司根据中国绩效指标短缺、不规范的现状，2009 年在《财政支出绩效评价管理暂行办法》中提出了"财政支出绩效评价指标体系（参考样表）"（简称"参考样表框架"）。2011 年，财政部《财政支出绩效评价管理暂行办法》沿用了该框架。

参考样表框架是以预算项目为对象的,它按管理过程设有项目决策、项目管理、项目绩效三维度,共设有项目目标、决策过程、资金分配、资金到位、资金管理、组织实施、项目产出、项目效果 8 项二级指标、20 项三级指标(见表 4-4)。由于该文件为各级财政所采用,成为中国预算绩效评价的基本框架。

表 4-4 财政支出绩效评价指标体系(参考样表)

一级	二级指标	三级指标	分值	指标解释
项目决策 20	项目目标 4	目标内容	4	目标是否明确、细化、量化
	决策过程 8	决策	3	项目是否符合经济社会发展规划和部门年度工作计划;是否根据需要制订中长期实施计划
		决策程序	5	项目是否符合申报条件;申报、批复程序是否符合相关管理办法;项目调整是否履行相应手续
	资金分配 8	分配办法	2	是否根据需要制定相关资金管理办法,并在管理办法中明确资金分配办法;资金分配因素是否全面、合理
		分配结果	6	资金分配是否符合相关管理办法;分配结果是否合理
项目管理 25	资金到位 5	到位率	3	实际到位/计划到位×100%
		到位时数	2	资金是否及时到位,若未及时到位,是否影响项目进度
	资金管理 10	资金使用	7	是否存在支出依据不合规、虚列项目支出的情况;是否存在截留、挤占、挪用项目资金情况;是否存在超标准开支情况
		财务管理	3	资金管理、费用支出等制度是否健全,是否严格执行;会计核算是否规范
	组织实施 10	组织机构	1	机构是否健全,分工是否明确
		管理制度	9	是否建立、健全项目管理制度;是否严格执行相关项目管理制度
项目绩效 55	项目产出 15	产出数量	5	项目产出数量是否达到绩效目标
		产出质量	4	项目产出质量是否达到绩效目标
		产出时效	3	项目产出时效是否达到绩效目标
		产出成本	3	项目产出成本是否按绩效目标控制
	项目效果 40	经济实效	8	项目实施是否产生直接或间接经济效益
		社会效益	8	项目实施是否产生社会综合效益
		环境效益	8	项目实施是否对环境产生积极或消极影响
		可持续影响	8	项目实施对人、自然、资源是否带来可持续影响
		服务对象满意度	8	项目预期服务对象对项目实施的满意程度
总分	100		100	

资料来源:财政部,《财政支出绩效评价管理暂行办法》,2009 年。

2. 对财政部参考样表框架的简要评析

财政部参考样表框架是中国应用最广泛的绩效指标框架,但各地在应用中都做了修改。对此,我们做以下评析:

第一,从逻辑性看,该框架的问题主要有:首先,从历史看,该框架是以绩效的前身——"三E"理论[①]为依据建立的,而"三E"属于投入/产出评价中的概念(马国贤,2001)。在20世纪50—80年代,投入/产出评价曾经被视为重要的投资评估方法而被各国采用,例如,决策的合理性、管理的科学性等指标均来自"三E"评价。但是,投入/产出评价有两个重大缺点:一是它属于过程评价,无法解决工程投资决策上的合理性问题——政府是否需要建某项工程、建多大规模;二是它无法解决政府投资决策性的资金浪费。因而随着绩效评价的产生,投入/产出评价已经被淘汰。其次,参考样表框架过多地采用了过程性指标,这就混淆了概念,淡化了结果评价。该框架的第一和第二维度,重点是回答"我做得怎样"。例如,项目决策中的项目目标、决策过程、决策程序、资金分配等指标,以及项目管理中的资金到位、资金管理、组织实施等指标,都是回答"资金管得怎样"或证明"无错"的,因而属于过程性指标。由于从相关性看,"无错"虽然重要,但"无错"并不等于"有绩效"。而该框架将这些指标列入并赋予分值,等于传达了"无错"就应给予绩效分值,这显然不合乎逻辑。

再从指标与绩效关系看,绩效评价本意是通过对绩效结果的量化描述来反映绩效动态,并通过与标杆值对比,找出绩效不高的原因,借以肯定成绩、改善管理。而资金到位、资金管理、组织实施等指标属于过程性指标,它未反映结果。而参考样表框架却忽视了这点,将它们列为绩效指标,这不但不能反映绩效状态,而且会产生"这些指标就是绩效"的误导。

第二,从源头看,参考样表框架与美国PART框架的思路雷同。为了说清这点,我们将PART与参考样表框架做一比较(见表4-5)。通过比较不难发现,两者除第四部分有差异外,前三部分的内容基本是一致或类似的。这就是说,PART框架的缺陷,在参考样表框架中几乎都存在。

表 4-5　PART框架与中国财政部的参考样表框架的比较

	PART框架	财政部的参考样表框架
1	项目的目标和设计	项目决策
2	战略规划	
3	项目管理	项目管理
4	项目结果和责任性	项目绩效

---

① "三E"理论由Checkland提出,是指产出(Efficacy)——衡量自身的产出、效率(Efficiency)——体现系统对资源的利用情况、效果(Effectiveness)。

第三，就项目绩效维度看，比起 PART 框架，参考样表框架的指标有较大改进，首先，它试图指向绩效结果，为此设立了项目产出、项目效果两项二级指标。它的优点是适应了对公共工程类项目（产出类，即完工工程）的评价；但是，并非所有项目都有产出。例如，政府的基本支出预算、政策类项目预算等并无产出（完工工程）问题，而是直接指向效果的。为此，地方财政部门在设计政策类项目指标时往往"硬套"该框架，闹出了许多笑话。其次，在"项目效果"项上，参考样表框架设定了经济、社会、环境和可持续影响等四项三级指标。而在实际项目评价时往往是：(1) 除大型项目外，一般预算项目不太可能同时产生这几方面效益，通常至多产生 1—2 项效益。为此，除非经过修改，否则该框架很难适用于具体项目。(2) 表中列示的经济、社会、环境和可持续影响等四项指标，是指项目可能产生绩效的四个方面，并非绩效指标。这就是说，真正的绩效指标是什么需要"二次开发"。至于怎样二次开发，只有靠开发者自己了。

第四，由于前三类指标的出发点是"我做得怎样"，而第四类指标是"效果怎样"，而将这两种不同思路的指标放在一起，显然违背了形式逻辑的同一规则。为此，该框架也存在逻辑性缺陷。而在实施中，各方反映较多的是，由于前三类属于判断性指标，其评价规则为"只要没有明显错误就应给满分"，而第四类属于量化指标，按绩效目标或标杆值评分。于是，就出现了前三类指标分数很高但第四类指标扣分很多的现象。为此，被评价者不服，甚至提出"我的项目的决策、管理都很好，为何绩效不好"等争议。这也是逻辑不合理引起的。

第五，在公共部门的四个层次绩效中，财政部门的任务是抓好对部门整体绩效评价和政策评价，而应当将项目绩效评价交给部门去做，目的是促使部门通过评价来调整项目、提高整体绩效，但是参考样表框架却引导各级财政部门将重点放在一般项目评价上，因而尽管各级财政部门尽了努力，但仍存在评不了、无法评、用不上等问题。这是由绩效评价的路径性缺陷造成的，但与参考样表框架也有一定关系。

总之，在绩效指标框架上，我们介绍了以上四种有代表性的框架。通过分析发现，从时间看，绩效指标框架问题得到各国的重视；从内容看，四种框架各有特色。然而，就科学性等三维标准来看，以上框架尚有种种缺陷，还无法满足我们对部门绩效管理和评价的要求。"人间正道是沧桑"，这就迫使我们必须创建中国式部门绩效指标框架了。

三、投入/结果型绩效指标框架

投入/结果型绩效指标框架是马国贤（2005）提出的。他认为，我们应当按平衡计分卡原理构建绩效指标框架。根据这一设想，在"德州模式"试点中，我们根据绩效指标的"一个部门、一套指标"的要求，成功地运用投入/结果型绩效指标框架,解决了指标设计上的诸多难题。

(一) 投入/结果型绩效指标框架的结构

投入/结果型绩效指标框架是按照投入/产出原理设计的,它接受了平衡计分卡的四维度思想,以部门和单位为绩效评价对象,形成投入类、产出和结果类、服务能力类、廉政和满意率类指标的四维度框架(见图4-7)。

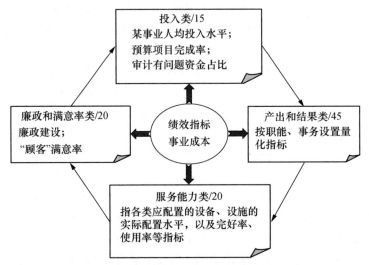

图 4-7　投入/结果型绩效指标框架(部门)

投入/结果型绩效指标框架中各类指标的关系如下:

1. 投入类指标

这是用于描述预算资金投入及管理效果的指标群。经过多次实践和修改,我们最终确定按受益人计算的某事业人均投入水平、预算项目完成率、审计有问题资金占比等三项指标。显然,这些指标具有通用性。

2. 产出和结果类指标

这是指按各部门和单位的职能、公共事务设置的量化指标。它由产出和结果两个亚类构成。产出指对工程类投资相关的产出指标,如工程完成率、质量、预算是否充分等指标。这就是说,若部门没有工程性项目,就不必设置此类指标。结果指与部门相关的各项事务的有效服务,通常包括质和量等方面。例如,市县教育局管理的事务应包括义务教育、职业教育、扫盲教育、特殊教育等;相应地,应当按以上各类教育设置相关的绩效指标。

3. 服务能力类指标

服务能力指部门和单位在实施公共服务时应当具备的条件或能力。它通常包括工作人员配置(如每万人口应当配置的卫生防疫人员、大学和中小学的生师比)、设备和仪器配置水平及其完好率、使用率等指标。例如,中学的实验室、操场及其相关的配套设施,教室的人均面积,图书馆、实验室的使用率等。

4. 廉政和满意率类指标

廉政和满意率指标通常包括廉政建设指标和"顾客"满意率指标。例如,群众在来政府办事上的满意率,专门机构在满意率调查中的有关数据等。

总之,它既适用于各政府部门,也适用于各部门下属单位的绩效指标建设,还适用于对公共政策和工程项目绩效指标体系的建设。

(二) 投入/结果型绩效指标框架的特点

投入/结果型绩效指标框架吸收了以前的指标框架的优点,与前四个绩效指标框架相比,它有以下特点:

1. 体现了"花钱买公共服务"、为"顾客"服务的公共价值观

"花钱买公共服务"是绩效管理"一观三论"的核心观念,体现在指标框架上指将绩效指标按投入、产出和结果、服务能力、满意率等分类,从而形成以投入/结果为特点的指标体系。其中,为"顾客"服务既是价值标准,又是指标建设要求。为此,我们将它设成一个维度。

由于该框架采用了四个维度——投入类指标、产出和结果类指标、服务能力类指标和满意率类指标,因此比较全面地诠释了"花钱买公共服务"、为"顾客"服务与部门指标的关系,将这些理念有机地植入指标体系。可见,它是符合"一观三论"要求的。

2. 它较好地体现了结果导向管理要求

其一,该框架将理论上绩效的"除法"转变为绩效指标建设上的有条件"加法",并运用"合理区间"理论而使之具备了管理价值。

我们从本章的绩效公式推导中可见,投入/结果型指标框架是根据绩效指标公式的原理构建的。由于它将绩效的"除法"原理应用于指标建设上,变为有条件的"加法",解决了绩效指标建设上的重大难题。在产出上,有条件"加法"指部门提供的有效服务数量越多、质量越高,绩效分值就越高;在投入上,它指在合理区间内,人均投入(按受益者人数计算的人均水平)越高,绩效分值就越高。但是,投入一旦超出合理区间——投入达到"满足"水平时,该指标的分值就达到"天花板"——即使投入再高也不增加绩效分值。这是我们对"合理区间"的理论应用。当然,有关投入上的"合理区间"标准,我们应广泛地调查,提出方案,并报经有关部门批准后才实行。总之,由于该框架将对指标的评价与人民对政府的要求统一起来,因此具备了评价价值和管理价值。

其二,在产出和结果类指标上,该框架要求结合部门职能或事务,将特征性指标作为绩效指标,这就较好地体现了绩效指标的结果导向要求。

其三,该框架还将历年的财政投入转变为服务能力,通过相关指标(如评价房屋、设备、设施的达标率指标、使用率指标等)的设置,使政府和财政部门对部门按标准配备设备设施;同时,它还通过使用率、完好率等指标,督促单位有效地使用设备设施,增进公共服务。就这点来说,它也体现了结果导向管理"以评促管"的要求。

3. 它能打通多个评价平台,满足多种管理需要

其一,投入/结果型指标框架是一种模块式的、可替换性的指标框架。例如,在对部门进行绩效评价上,如果评价人是考评办,服务能力类指标就可替换成"中心工作类"指标——尽管这对预算绩效评价有牺牲,但它并非关键指标。由于将对"中心工作"的评价嵌入该体系有利于提高绩效评价的权威性,也有利于结果的政府应用。因此,这一牺牲是值得的。总之,可替换性是它的重要特点。

其二,投入/结果型指标框架还可通过模块替换和数据共享,打通政府绩效考评与预算绩效评价两大平台、部门评价与政策评价两类评价、绩效目标与绩效评价两个环节。因为,预算绩效评价可以借用部门评价指标。应当说,一个科学的部门绩效指标框架,不但应具有可持续性,而且对部门的评价结果理应覆盖政策性项目及一般预算项目绩效,这样才具有管理价值。而投入/结果型指标框架正是满足了这点,因而它具备成为绩效评价基本框架的条件;或者说,抓住了它,我们就可以"一石三鸟"。

本 章 小 结

本章重点开展对绩效管理的关键环节——绩效指标的研究。绩效指标是绩效管理的关键,而绩效指标短缺是阻碍中国绩效管理推进的关键。在我们看来,绩效指标短缺本身不是问题,而绩效指标原理短缺(这点是世界性的,出于各种原因,我们尚未见到一个有关研究绩效指标原理的文献)及缺乏掌握指标设计原理的人才是问题的关键。为此,本报告应当将破解绩效指标原理和框架作为攻克重点,这也是本章的出发点。

本章的目的是总结绩效指标建设上的规律。第一节为绩效指标原理,包括绩效指标定义、特点、分类,绩效指标体系建设规则;第二节为绩效指标体系建设问题,提出评价指标体系建设的技术标准与价值标准;第三节是绩效指标框架理论的研究,以指标框架的作用为起点,分析现行四种代表性的绩效指标框架,提出了投入/结果型绩效指标框架。

本章有些观点和结论或许是有价值的。

第一,绩效指标短缺是制约中国绩效管理开展的深层原因,而绩效指标短缺

的实质是我们对指标和指标体系的规律尚不够了解。因此,破解指标短缺难题应从绩效指标原理开始,找出其规律。

第二,绩效指标公式是绩效理论转化为实用的关键。它表明,在一定条件下,我们可以将"除法"变成"加法"——以多个指标、从多角度描述对象的绩效方面,从而近似地接近真实绩效。而要做到这点,必须严格遵守五项规则。五项规则是建立指标体系的基本规则,包括:(1)绩效评价应当有一个绩效指标体系,而不是用某一单项指标进行评价;(2)各单项指标应符合指数化要求;(3)应通过权值来组合各指标,形成体系;(4)绩效评价应尽量通过公式来计算各指标的绩效值;(5)"资源不转移原则"是评价指标体系的基本标准。这些既是我们的经验总结,也是绩效指标建设上的创新。

第三,绩效指标建设应当同时符合价值标准和技术标准的要求。绩效指标的价值标准指"一观三论",而三维标准——科学性、可操作性和管理上的有用性——是评价指标体系优劣的基本标准。其中,逻辑性是科学性的核心标准。

第四,绩效指标框架是对以上原理的应用。通过对既有的四种绩效指标框架的分析,我们发现,投入/结果型绩效指标框架可能是适合中国对部门、单位绩效管理的基本框架。

第五章 部门绩效管理的突破
——德州模式

中国的绩效管理当前存在三个主要问题：一是两大机构、两种模式"打架"；二是绩效管理应起的三大作用——形成新的公共管理机制、控制预算和落实责任型政府建设等未见效果，政府管理上的官僚主义、浪费和腐败三大难题依然突出，存在"绩效管理无绩效"难题；三是两个路径性问题（即绩效评价对象的选择和绩效指标短缺）没有解决。

那么，我们能否面对现实、找到"突破口"、形成既符合绩效管理理论又有实际价值的中国绩效管理模式呢？这是本报告想做的。基于这一目的，我们与德州市委组织部考评办进行课题合作，在德州市委支持下，经过两年努力，初步形成绩效管理的"德州模式"。

本章重点介绍绩效管理"德州模式"，包括"德州模式"的缘起、绩效管理"德州模式"的特点、"德州模式"的效果等。通过它，试图回答绩效管理在中国能否搞好？应当指出，"德州模式"实质是党委领导下的政府绩效改革模式，也是在经济发展新常态下公共管理的创新模式。

第一节 "德州模式"的缘起

在课题经费的资助下，2014年3月，我们与德州市考评办合作，分两期先后动员上海财经大学公共经济与管理学院、中南财经政法大学、南京审计大学、立信会计学院的教师和硕博士生共21人，开展了对31个部门的绩效指标设计和评价试点。通过试点，我们不仅解决了中国绩效指标，尤其是部门整体绩效指标短缺的难题，也使德州市直部门考评工作发生了重大变化，实现了由工作目标考核转向绩效管理评价，我们将此经验称为绩效管理的"德州模式"。

一、部门绩效管理"德州模式"的产生

德州位于鲁西北，北依京、津，南接济南，西邻河北，是山东的西北大门，为环渤海经济圈所覆盖，是京津冀协同发展示范城市，著名的京杭大运河有140多公里流经境内。该市地处古黄河河道下游和华北平原东南部，地势平坦；历史悠久，

秦朝始设县；交通便利，自古就有"九达天衢""神京门户"之称，是国家交通运输主枢纽城市。该市物产丰富、民风淳朴、文化繁荣，特产有德州扒鸡、金丝小枣、德州黑陶等。近年来，被评为中国优秀旅游城市、中国太阳城等。该市农业经济发达，是国家主要的商品粮基地之一。

该市下辖德城区、陵城区、宁津县、庆云县、临邑县、齐河县、平原县、夏津县、武城县、乐陵市、禹城市等 11 个县（区）和德州经济技术开发区、运河经济开发区。据统计，2014 年该市人口为 570 万，地区生产总值为 2 596.08 亿元，比上年增长 10%，人均国民生产总值为 45 641 元；三次产业的比重为 11.1∶51.6∶37.3，城镇化率为 49.53%。2014 年，该市的财政总收入为 265.74 亿元，比上年增长 12.3%，其中的财政预算收入为 171.26 亿元，增长 14.2%。

改革开放以来，虽然德州市经济、社会获得了全面发展，但也与全国一样，在政府管理上遇到了很多难题，为此德州市建立了考评机制并专门成立了考评委员会办公室（简称"考评办"），力求通过考评来激发各级干部的创业动力。德州市直部门综合考评始于 2008 年，是按中央落实科学发展观要求建立的。考评采用目标/节点法，建立了以市委和市政府重点工作为主要内容、社会评价为印证的综合评价体系。这一做法有力地推动了市级重点工作的落实，然而也面临部门职能差异较大而难以客观量化排名、指标体系不稳定、数据不实等问题，以及各部门在熟悉和掌握该体系的诀窍后出现的"效用递减"问题。如何通过考核来进一步推进责任政府、效能政府和廉洁政府的建设，是该市一直不懈探索和实践的课题。

与此同时，本课题也在寻找合作方，以便绩效管理的理论和方法论得以中国化。经多次磨合，2014 年下半年，德州市考评办与上海财经大学绩效管理课题组（简称"课题组"）合作成立了"德州市部门绩效管理改革试点课题"。

课题组以中共十八大"完善发展成果考核评价体系，严格绩效管理"为依据，以市政府"三定方案"为基础，从德州实际出发，以市直各部门为对象，创建科学、实用的绩效指标体系，并在此基础上形成新的管理机制，从而为德州市转变行政管理方式、建设责任型政府提供支撑。课题试点分为两个阶段：第一阶段，联合开发教育局、卫计委等 15 个部门的绩效指标体系，并于当年投入试运行；第二阶段，在总结经验的基础上，再开发 20 个行政部门的绩效指标体系，使之基本覆盖全市各政府部门。

参与本课题的是马国贤教授领导的上海财经大学团队和王金秀教授领导的中南财经政法大学团队，第一期共 12 人。2014 年 8 月底起与市考评办一起，对 15 个部门进行调研，通过查阅资料、总结等，初步了解了各部门职能和管理现状，分析了现行考评制度的问题，进行了绩效指标的初步设计，经反复沟通，初步形成了部门绩效指标体系。

二、对德州市部门考评制度的分析

德州市直部门考评工作从 2008 年实施目标考核以来,经过六年多的探索实践,形成了较为完整的体系。它主要是紧紧围绕市委、市政府年初确定的重点工作,以各部门上报的工作目标为"节点指标",同时建立社会评价体系,把综合考评结果作为加强班子建设的重要参考和评价领导干部政绩的重要内容。这些措施起到了良好的作用,有力地推动了市委、市政府重大决策的落实。但是,从我们调查和与市考评办的深入讨论来看,仍存在一些不足,须进一步改进。

(一)考评未改变传统行政方式,与中共十八大要求有差距

1. 对部门的考评路径不够合理

中共十八大指出,改变政府行政管理方式,建设政府绩效管理体系。中共十八届三中全会进一步提出"严格绩效管理,突出责任落实,确保权责一致",以及"建立法人治理结构,完善绩效考核机制"。这些都说明,考评部门的目的是改变行政管理方式,建立责任型政府和公共治理新机制。

该市对部门的目标/节点法考评体系是按照落实科学发展观建立的,考评指标主要说明部门"做了什么",属于过程性指标。一是它未解决投入(预算投入、人员投入)与工作、工作目标的完成与部门责任、效果关系等问题,因而存在考评与预算投入脱节、指标与结果(绩效)脱节、指标与部门职能脱节等缺陷,与中央"改变政府行政管理方式"要求有差距;二是从效果看,虽然它有效地推动了党委和政府重点工作的落实,确保了市委、市政府决策落到实处,但是也忽视了部门的经常性管理,尤其是为居民和企业提供有效服务的问题缺乏相应的长期绩效评价机制,因而尚不能满足德州市责任型政府的建设要求。

2. 目标/节点法考评脱离行政规律,实用性相对较差

行政规律指政府是提供有效服务的组织,行政部门应按职能和专业管理的原则来建立,负有管理公共事务、提供有效服务的责任。现代政府的本质是责任型政府。责任是公共部门存在的依据,既不可撤销也无法转让,而权力、预算是为其履责而赋予的。因此,部门的权责必须匹配。然而,官僚主义的核心是权责脱节。

应当说,该市开展目标/节点法考评的本意是回归行政规律、消除官僚主义。在考评中,虽然设计了满意率指标,但多数指标并未紧扣部门责任,而是来自他们申报的"工作目标"或"任务"。然而,由于"工作目标"或"任务"未必体现部门责任,因此虽然部门完成了任务并获得高分,但不等于兑现了责任,也不见得获得绩效。可见,目标/节点法考评并未消除权责脱节问题,还传达了"只要你完成节点任务,就是高绩效"的误导信息。因此,目标/节点法考评不符合行政规律,也未起到促使部门正视问题、兑现责任的作用。

（二）考评指标的针对性、连续性、稳定性较差

由于政府改革有渐进性，因此部门考评指标应具有针对性、稳定性和连续性，能够促进政府各部门不断地深化改革。针对性指评价指标应结合部门职能，反映管理问题。稳定性和连续性指考评指标体系应相对稳定，通过持续考评，反映其管理的历史变化和绩效进步。

目标/节点法考评指标是针对当年任务设置的。由于部门的任务、工作重点是变化的（例如，交通局的工作重点今年是治理公路超载，明年是城乡交通便利化），因此目标/节点法的考评指标很难保持稳定性和连续性。更由于工作目标是部门自己设定的、不一定针对问题，为了追求高分，他们往往不愿揭示问题，在目标申报、总结评价的材料中往往避重就轻，讲成绩而模糊问题。因此，往往一方面是高分，另一方面是问题长期得不到解决。总之，随着人们对目标/节点法的熟悉，其缺陷逐渐暴露，产生了"效用递减"问题。

（三）考评方法不够科学、实用

这主要指：(1) 由于目标/节点法是过程管理，只是考评"做了没有"，而无法说明"做得怎样"；同时，目标和节点是围绕党委、政府中心工作设定的，对部门的基础职能，特别是应承担的社会责任考虑不足。因此，从单个部门看，它无法全面反映绩效，也无法全面反映部门的履职和职能情况；从政府看，不同部门的职能有差异，很难通过考评成绩，对部门领导的管理水平和能力做出科学评价，形成的排名往往缺少广泛的认同度。(2) 工作节点是部门提出的，虽然包含合理因素，但也含有领导的个人因素，将它作为指标会将某些个人因素固化而不利于部门创新。(3) 从博弈论看，以部门自报工作目标来考评部门绩效，极易激发某些人的投机心理。

总之，以上三个问题是全国性的，也是目标/节点法的通病。正是这些问题的存在，损害了考评制度，导致其权威性下降。通过以上分析，结合中共十八大"改变政府行政管理方式"的要求，他们开始摆脱过去传统的"考评"方式，走上以部门为对象的政府绩效管理探索之路。这一想法得到市委领导的肯定和支持。

第二节 绩效管理"德州模式"的特点

德州市绩效管理模式简称"德州模式"，是在德州市委、市政府领导下，在市考评办主持下，各部门在实践探索中形成的。该模式吸收了西方的有益经验，试图将各行政部门（含下属事业单位）的工作绩效化、指标化，借以改变传统的政府管理模式。绩效管理"德州模式"的特点可概括为"一、二、三、四、五"，即"一个部门、一套绩效指标"建立两个制度模式，以部门绩效管理为主形成"三驾马车"，建设四维度的绩效指标框架，形成绩效指标设计的五项规则等。

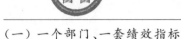

（一）一个部门、一套绩效指标

在探索中国绩效管理上，我们遇到的首个难题是指标体系。前文也指出，目标/节点法考评失败的重要原因是指标体系无法起到评价和导向作用，因此建立科学、实用的指标体系是关键。绩效指标起到消除人民与政府、政府与部门间的信息不对称作用，承担着多重责任——既要紧扣部门职能或责任，又要指向部门业绩或绩效，并能通过评价（历史对比、横向对比、与标杆对比等）来肯定部门成绩并发现管理问题。绩效指标的责任既说明了它是绩效管理的核心，也说明了它存在设计难度。从这点讲，本课题就是围绕如何建设科学、合理的绩效指标体系而展开的，"德州模式"的特点之一就是通过"一个部门、一套绩效指标"来破解指标短缺难题。

目前，德州市对市直部门的考评是基于目标/节点法的综合考评体系，而预算绩效评价体系尚未建立。但是，若按国务院开展绩效管理和评价的要求，势必要再建立一个预算绩效管理和评价体系，从而形成考绩办和财政"两个部门，两套指标"，并相互"打架"。为此我们意识到，要将政府绩效管理、预算绩效管理、部门绩效管理等糅合在一起，变成真正意义上的可执行、有价值的绩效管理模式，就非解决好绩效指标体系不可。因为，若国家有多套绩效指标体系存在，迫于行政压力，基层政府就会设置多个管理部门，界时"打架"将不可避免。

那么，在绩效指标体系建设上，我们是按"一个部门、一套指标"，还是搞一个适用于所有政府部门的"大一统指标体系"呢？

"一个部门、一套绩效指标"是相对于"大一统指标体系"而言的，指按绩效管理的理论和方法论，给每个政府部门量身定制一套绩效指标。也就是说，某市若有40个政府部门，就设计40套绩效指标，相关部门按自己的指标体系开展绩效评价和绩效管理。这看似很笨，但我们选择这一"很笨"的做法。

我们认为，"大一统指标体系"固然省事，却是不可行的，原因为：（1）若建设"大一统指标体系"，就必须抽去各部门的业务性指标；然而，专业是行政管理的基本特点。现代公共管理之父韦伯就指出，政府必须按职能（专业）建立部门，才能提供有效的而非紊乱不堪的公共服务。可见，专业（职能）是部门立足之本。绩效指标若抽去专业，就谈不上部门绩效，更遑论科学性、实用性了。（2）从投入产出看，人民花钱的目的是"购买"政府的专业服务，他们在"埋单"之后理应有权知道服务和效果、花钱是否值得。这些正是绩效指标应回答的，而且只有结合各部门特点设计的绩效指标才能回答。（3）政府也希望通过绩效指标来了解各部门的公共服务状态，评价它们的履职能力，发现优秀干部。因此，无论是从部门、政府还是从居民来看，抽去部门业务的"大一统指标体系"是不可行的。绩效管理唯一可行的就是"一个部门、一套绩效指标"。

当我们洗尽铅华、用平常心态看待"一个部门、一套绩效指标"时,就会发现:(1)虽然它工作量大,但是市级政府部门不过40个左右,总工作量毕竟有限,下定决心就可以用2—3年时间完成。(2)"一个部门、一套指标"接地气、易推广。首先,它结合部门特点,易获得部门支持;其次,指标指明了部门的公共责任,能为深化改革提供依据。例如,在农村交通建设上,我们将新建农村公路及对现有农村公路养护置于同一指标体系,采用好路率、通畅率等评价指标后,扭转了交通局的只考评新建道路、不考评养护的政绩观。交通局抓住这一时机,建立了农村道路的养护标准和监察机制,并将它推广到全市,这就一举解决了德州市农村交通上"年年修路不见路""道路差、断头路"的难题,群众满意度提高,交通局也从中体会到自身的价值。(3)由于中国市县政府的职能大同小异,若绩效指标体系在某市获得突破,就具有可复制性、可推广性,因此从成本/效益角度看也是值得的。

(二)形成绩效管理两个制度模式

两个制度模式指部门绩效管理制度和项目化管理制度模式。德州市为什么选择这两项制度模式呢?我们的回答是,无论是从国家的行政管理改革要求,还是从德州的实际来看,地方政府改革都应以两项制度为核心进行。

部门绩效管理和项目化管理是中共十八大的"政府绩效管理"及国务院〔2014〕45号文的"预算绩效管理"的共同指向。尽管政府绩效管理是复杂的系统工程,但我们仍可将其概括为对下级政府的绩效评价、对本级政府部门的绩效评价、推进部门的"三个再造,一个标准"(机构再造、流程再造和规制再造,公共服务标准化)建设等三项内容。同理,我们也可将预算绩效管理归结为对部门的绩效评价和绩效管理、推进部门的"三个再造,一个标准"、对项目和政策的绩效管理等三项内容。将两者综合起来,我们发现,它们既有重合又有差异。为此,我们存在"保留个性,联合开发共性"的可能性:将两种绩效管理重合的部分合并,组织联合开发并交给一个部门去做,而将差异部分归考评办、财政部门,从而使复杂问题简单化(见图5-1)。

图5-1 政府绩效管理与预算绩效管理

在图5-1中,我们可将对本级各部门评价和"三个再造,一个标准"整合为部门绩效管理;"政策和项目评价"可分为政策评价和一般项目评价,核心是项目化管

理;而对下级政府评价属于党委常规工作,且指标比较成熟,其指标建设可存而不论。这样,我们就可以将中央的两个绩效管理归结为部门绩效管理和项目化管理两项制度模式。对德州市而言,绩效管理主要指做好两件事:搞好部门绩效管理和开展政策(公共工程)项目化管理。

总之,尽管按文件要求,各地应开展政府绩效管理和预算绩效管理改革,但从地方政府说,并不须搞这两项改革,而只需建设好部门绩效管理、项目化管理制度就够了。这是符合实事求是要求的。该市的绩效管理改革就是以"两个制度模式"(即部门绩效管理和项目化管理)为中心展开的。

那么,德州市开展部门绩效管理和项目化管理是否必要呢?

1. 从政府改革来看,亟须开展部门绩效管理和项目化管理

从现实看,虽然德州市考评办、财政部门承担了推进改革的责任,开展了绩效考评,但由于缺乏科学的指标体系,考评无法深入。因此,尽管考评办工作努力,但成效有限,对传统的过程管理模式和部门工作触动不大。从财政看,由于政府在公共政策上缺乏科学的决策机制,加上财力有限、资金安排上缺乏自主权,习惯于事事"听上面的",这就造成了公共资金浪费。从这点说,德州市有必要建设两个制度模式,开展全面的绩效管理。

2. 从摆脱财政困难看,也应推进部门绩效管理和项目化管理

进入21世纪以来,德州市的经济和社会事业获得了大发展,财政收入有较大增长。由于德州是山东省主要的农业区,虽然有交通优势,但出于历史原因,该市第二、第三产业相对落后、自给能力差,主要依赖中央和省政府的专项资金,财政压力大。(1)财政忙于日常管理,对绩效管理和评价的重视不够。除省级财政指定的项目外,市财政局尚未主动开展市级预算项目的绩效评价。(2)由于财政尚未摆脱"吃饭财政"格局,预算控制力较弱;加上认识、绩效管理没有开展等原因,市财政在资金安排上的矛盾和压力很大。为此,从缓解财政压力看,亟须推进预算绩效管理,尤其是项目化管理,以调整预算方式,做到"有保有压"。

总之,通过以上分析,我们形成了以部门绩效管理和项目化管理为主的绩效制度建设思路。在处理两个制度模式上,由于部门绩效指标体系事关部门绩效评价,也是项目化管理的指标依据,因此我们决定将开发部门指标体系作为整个改革的"突破口"。

(三) 以部门为主形成绩效管理"三驾马车"

随着两个制度模式、以部门指标体系为主的制度建设思路的形成,下一个问题是如何处理"三驾马车"(考评办、财政、部门)的关系。我们认为,"三驾马车"的核心是三匹马拉一辆车而非三辆车,即建立一套唯一的、适用于三部门管理的绩效指标体系,并在此基础上形成各方分工合作、信息共享的机制。为此,我们须厘

清以下问题：

1. 该由谁负责推进绩效管理

既然绩效管理是建设责任型政府的手段，那么该由谁负责推进呢？为此，我们提出以下两种设想：

方案1：政府领导绩效管理，财政推进，绩效办退出。

该方案的好处是符合新《预算法》。绩效办退出后，"两个部门，两套指标"也就自然消失。但问题是，中国财政是否有全面推进预算绩效管理的能力？因为，按公共委托代理原理，受托人必须具有行为能力和权力能力，否则就会"将好事情办糟"。在这方面，由财政单独地推进预算绩效管理至少会遇到三个难题。

（1）绩效管理是政府再造，基础是"三个再造，一个标准"，即对部门的机构、流程、规制的再造和建立公共服务标准。例如，现行的办事流程设计不合理，一个文件需要多部门会签，居民到政府办事要经过许多部门，准备许多相关或不相关的甚至有证明"你妈是你妈"或者"你没有死掉"的文件，叫人哭笑不得，也使办事效率低下、官僚化和难以追责。那么，财政部门有能力推进各部门"三个再造，一个标准"建设吗？答案是否定的。

在西方，国家是通过指定强权机构来推进的。在美国克林顿时代，他指定以副总统戈尔为首的政府绩效评价委员会来推进改革，戈尔的第一件事是下令废止政府的繁文缛节规制，将它"作为垃圾，成吨地送往造纸厂"。而在加拿大，领导这项改革的是总理领导的国库委员会秘书处，而不是财政部。虽然在英国和法国，领导绩效改革的是财政部，但财政部长是内阁成员，且财政部不仅管预算还负有管理政府内务、监察各部门效率的责任。在中国，财政部长既非国务委员，财政部也无监察各部门效率和人事处分的行政责任，因而它既无法要求各部门进行"三个再造"，也不具备领导绩效改革的权力能力。然而，部门若不进行"三个再造，一个标准"改革，绩效管理改革将会"煮夹生饭"。这是我们所忧虑的。

（2）部门是政府的功能单元和绩效管理单元。新《预算法》指出，各级政府、各部门、各单位应当对预算支出情况开展绩效评价。这说明，部门负有法定的绩效责任，这点应体现于制度设计中。然而，方案1只是强调了财政对部门的绩效评价，并未确立其绩效管理主体的地位。在中国财政缺乏行政权的情形下，若在推进中遇到部门抵制或在需要追责时将会无能为力，还会形成被评价者与财政之间"我是部长，你也是部长，凭什么你评价我"式对立。现在看来，尽管中国的预算绩效评价已开展十多年，但收效不大，就是与此有关。

（3）最后，既然财政是国家的基础和支柱，就理应参与绩效管理，但并非应当领导绩效管理。目前，中国财政承担着理财、监督和重大改革等繁重责任，再将绩效管理责任加之于财政是否可行？是否会冲淡其他管理？这也应当考虑。

总之从这三点看,方案 1 并不是好的绩效管理推进方案。

方案 2:"三驾马车"共推绩效管理。

"三驾马车"指绩效办(目前的考评办)、财政、部门通过分工合作,共同推进绩效管理。该方案的好处如下:

(1) 各地绩效办已开展部门评价和下级政府评价,因而有一定的基础。而绩效办、财政共推一套绩效指标,既有利于强化改革,也有利于财政及时地将评价信息应用于绩效预算编制。

(2) 由于各级绩效办隶属于党委或政府直属办,因而它们的参与将有利于跳出行政上"哥哥管弟弟"之争,全面推进部门绩效管理。何况,只有当部门承担起绩效责任并落实到下属单位之时,部门管理才是真正的绩效管理。至于绩效管理的指标、方法短缺是可以完善的。

(3) 考绩制始于秦汉,据史料,秦朝对地方官就实行以人口、治安、土地、赋税为指标的考绩,并被历代沿用,因而考评办的存在具有历史合法性。为此,即使考评办退出部门绩效管理,该机构仍将存在。

(4) 2013 年以来,经中央批准,多数地方的绩效办归组织部领导,它们参与并承担起推进责任,有利于结合绩效评价结果推进"以事评人"的人事改革创新。就这点来说,它们也有参与的积极性。

总之,若考评办与财政之间能建立起绩效信息共享机制,则部门绩效评价归考评办、财政重点抓好项目化管理是一种比较合理的分工。从这点来说,方案 2 可能是较优的。

2. 怎样理顺考评办、财政和部门绩效管理的关系

我们该怎样理顺考评办、财政和部门绩效管理的关系呢?"德州模式"作为实例回答了这一问题,其要点如图 5-2 所示。

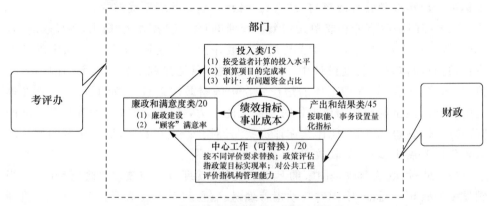

图 5-2 部门绩效管理上"三驾马车"的分工

考评办：在党委领导下，承担推进全面绩效管理之责任。一是搞好绩效指标建设，包括部门绩效指标和下级政府绩效指标建设；二是开展部门绩效评价；三是开展对下级政府绩效评价；四是监督各部门落实"三个再造，一个标准"建设；五是主动向财政和各部门提供绩效信息，并在此基础上形成以绩效考察、评价为中心的干部选拔新机制；六是建立对低绩效部门领导的追责机制。

财政：在党委和政府领导下，配合考评办全面推进绩效管理。一是联合审计、发改委等，审查各部门战略目标或绩效目标；二是根据考评办的绩效评价信息，依法审查各部门的绩效预算初案，并编制本级政府的绩效预算草案；三是实施对政策和公共工程项目的项目化管理，包括对部门提出的预算项目开展前期评价、中期评价和后评价，并向党委、政府和人民代表大会反馈结果。

部门：在政府领导下，搞好本部门绩效管理。一是以"三个再造，一个标准"为内容，搞好本部门机构改革，以公共事务为核心落实各下属单位的绩效责任；二是接受考评办（部门整体）、财政（纳入项目化管理的政策和工程）的绩效评价，同时开展部门内部的绩效管理，主动开展对下属单位、本地区全行业的绩效评价和一般项目的绩效评价；三是制定本部门长期和年度的绩效目标，编制绩效预算初稿；四是建立对低绩效单位、项目的追责制度。

总之，"德州模式"是以部门绩效管理为主的"三驾马车"模式。它的关键是，在党委的领导下，以考评办为主形成了一个分工和责任明确、相互协作的有机体系，从而使考评办、财政、部门各得其所。

（四）建设四维度的绩效指标框架

我们认为，绩效管理"德州模式"能否确立取决于以下因素：一是能否建立与"一个部门、一套指标"相适应的、既有共性又有部门个性且评价结果有一定可比性的绩效指标体系；二是能否建立一个既反映投入也反映产出和效果的绩效指标框架。从这两点出发，经过反复探索，我们形成了投入、产出和结果、中心工作、廉政和满意率为维度（大类）的部门（事业）绩效指标框架。

必须指出，由于在"省管县"体制下，"行政局"的概念有不确定性。例如，我们既可理解为管理覆盖全区的局（大局），又可理解为仅仅管理市区事务的局（小局）。由于在绩效管理中，绩效结果指政府应向全市人民承担的绩效责任，而不止指向城市建成区居民承担的绩效责任。可见，考评覆盖范围不同是绩效评价与政府考评的重要差异。为了避免绩效指标在统计评价上的争议，我们采用以"事业"替代"行政局"概念的做法。"事业"，按通常的理解就应当覆盖大市。这就是说，无论是投入类还是产出和结果类等绩效指标，均包括德州市三个区和11个县区的统计数据。

1. 事业投入类指标

在这四维度框架中，投入类指标不可或缺。然而，绩效指标要求：一是它既应反映部门预算,又应具有概括性;二是它应反映部门管理状态,指标尽量精简。此外,作为市级政府部门指标,它还应当满足行业绩效管理的要求并具有通用性。本着这一设想,经过反复比较,我们确定人均事业投入水平、预算项目完成率、审计有问题资金占比三项指标。

(1) 按受益者计算的事业投入水平。该指标指通过人均水平或与之相关的获益人口计算的人均数据,反映事业投入状态。例如,每万常住人口的医疗卫生事业投入水平、生均教育事业拨款、每万城市居民的绿化和环卫投入水平等。在计算口径上,它要求将上级专项,以及本级财政的基本支出、项目支出均纳入投入的范围。

应指出,虽然中国多数地区在这项指标上存在资金不足的问题,但是在评价时,我们有必要设置最高投入标准。这是说,当财政的投入超过该标准,绩效分值将"封顶"。

(2) 预算项目的完成率。该指标指在部门预算中,纳入项目预算的项目(含上级政府下达的专项)的完成率。项目的及时完成是产生绩效的条件,也是衡量部门管理水平的标志。为此,我们选择了最简单但也是最重要的指标——预算项目完成率。它指完成的预算项目数与本年度财政下达的预算项目数之比。由于现阶段中国预算项目存在多而杂的问题,为此设置该指标也含有不鼓励部门"争项目、争预算",而是以完成项目"论英雄"的导向作用。

(3) 审计有问题资金占比。审计是部门预算的法定环节,本指标的标杆是审计100%合格。对于审计中发现有问题的资金,应当扣减分值。本指标的公式为:分值＝该指标的权值×(1－有问题资金/全部预算资金)。

2. 事业产出和结果类指标

这是最重要的,也是占绩效分值最高的指标群。它要求绩效指标应按部门职能、事业特点和产出或结果的内容来设计,采用层次性结构。在本类绩效指标上,我们提出应处理好以下两个问题:

(1) 紧扣"事务"设定指标。这是绩效指标科学性的要求。我们说,政府是公共事务管理组织,各事务加总起来就称为职能。例如,义务教育、职业教育、高等教育、扫盲管理都是政府事务,而将其加起来成立的行政部门被称为教育部——以教育为基本职能的行政部门。在教育部中,管理这些事务就成了司局的任务。可见,无论是大部制还是小部制,事务始终是政府管理的基础。只有按事务设计绩效指标,才能全面地而非举例式地描述部门的绩效责任。再如,按该市"三定方案",水利局的事务有"水资源开发与管理""防汛抗旱""水利""农村饮水"等,我们就应按这些事务设计结果指标。

何况,在我们看来,部门事务是政府承诺,无论是否已经开展,除对本地区价值不大的事务外,都应设置相应的绩效指标。对本市一时无力开展的事务,可适当降低分值并逐年提高到正常水平,但不能取消指标(即免责)。

(2)处理好产出和结果指标的关系。产出、结果是两个相关但内容有差异的概念。产出指公共工程产出,如完工的博物馆、体育馆工程;结果指各部门应用公共工程而获得的社会效果,如博物馆的参观人数、体育馆的使用效率等。因此,绩效指标既要关注公共工程产出,更要关注其结果。

3. 政府中心工作类指标(可替换)

这主要是为了与德州市的现行考核对接而设计的。市委、市政府每年制定年度工作要点,并按照职能分配到相关部门。本部分用于考评各部门中心工作的完成情况,在本质上属于过程性指标。

本模块为可替换模块。例如,在应用于公共政策评估时,我们可将列举的政策直接目标放在本维度,并设置相应的绩效目标实现率指标。在应用于部门的二级单位评价时,本模块主要指绩效目标完成率和实验室、设备的使用率。总之,可替换性也是本类指标的重要特性。

4. 廉政和满意度类指标

这部分指标也是与德州市目前的考核体系相衔接的部分。廉政建设指标来自纪检委的数据,包括政风、政纪、行风和廉政的考评结果。满意度指标的数据来自考评办。在此之前,德州市的考核体系中也有满意度指标,其数据取自"12345"市民热线及其他满意度调查。由于部门工作最终会对居民产生影响,因此满意度是评价部门绩效的指标。

但是,满意度指标有一定局限性:

(1)由于满意度数据来自社会调查,因此满意率的高低与对居民的调查问项内容有关。凡是具体的问项,居民容易回答;而抽象的问项,往往因难以回答而无法反映民意。

(2)满意率的高低与被调查的对象有关。例如,若对城市居民调查"三农"问题,则其回答无法反映农民的要求。

(3)问卷调查也与采用的方法有关。例如,访谈式调查比较深入,但受访的对象有限;而问卷式调查的面相对较宽,但深度较差。

总之,受以上限制,满意度在绩效评价中虽然是绩效指标的重要维度,但处于辅助地位。我们应当将调查结果与相关的产出和结果指标结合分析,才能获得真实结论。

(五)产出和结果类指标设计的五项规则

在本框架中,"产出和结果类"指标不仅分值高,而且紧密联系部门职能,因而承担着反映部门职能与责任、测量绩效责任的实现程度等任务。通过设计部门绩效指标,我们深感这类绩效指标的确立既是绩效理论的应用过程,也是与部门互

动博弈的过程。通过总结和反复调整,我们在该类绩效指标的建设上逐渐形成以下五项规则:

1. 结合事务和"三定方案"设计绩效指标

事务指部门承担的公共事务,既是部门职能的具体化,也是部门所承担的社会责任。为此,绩效指标不应按部门职能,而应按"三定方案"中的事务来设计。我们提出这一观点是基于以下考虑:

(1) 它比较适合行政管理的要求。政府是公共事务管理机关,而职能是政府公共事务的总体表述,是笼统的;而基于事务的绩效指标是实在的、体现政府责任的。管理学认为,只有那些内涵清晰、价值指向明确、数据确实的指标才有管理价值。由于基于事务的绩效指标是切实的、也是接地气的、反映政府绩效的,因此具有管理价值,符合绩效管理的需要。

(2) 它比较适合行政机构改革的要求。中国的行政机构会频繁地拆并、变动,但是凡涉及政府公共事务的机构,其合并、分拆等只是"办公桌搬家"。因为,公共事务是政府对居民的承诺,除非修改法律,否则是不可能轻易撤销的。所以,按公共事务设置的绩效指标,当机构变动时可以将它随同事务带到新的部门,而不必另行设计指标。

在结合公共事务和"三定方案"设计绩效指标中,对有些一时做不到的指标,可予以保留,降低当年分值直至零分值,从而引导其逐渐进入绩效状态。

2. 注重结果指标

结果指标反映公共服务结果,是相对于过程指标而言的。有时,它需要多个指标、从多个方面描述部门事务的状态。而过程指标指"任务完成率""资金分配的合理性""资金管理制度健全性"等反映管理过程的指标。

注重结果是绩效指标的基本要求,通过结果反映的部门绩效状态远比过程指标更具体、更准确且具有可比性。因此,只要条件允许,产出和结果类指标应采用结果指标,尽量避免采用诸如"任务完成率"等指标。此外,我们还认为,"资金分配的合理性""资金管理制度健全性"及经济性、效率性、效益性(简称"三性")等,并不适宜作为评价指标。其理由为:前两项是产生绩效的条件而非绩效指标本身。在编写绩效报告时,我们可通过它发现部门的管理问题,但它是结论性词汇、内涵含糊,甚至连经济学家也说不清"三性"是什么。为此,从可操作性看,"三性"可作为大类指标,而不宜作为评价指标。

3. 优先选用体现社会责任的指标

当我们接触各项事务时就会发现,事实上,与公共事务相关的有用于描述部门社会责任的指标和用于描述部门工作过程的指标等两类。而部门总是希望将后者作为绩效指标,借以高估绩效、回避公共责任。但是,从绩效责任看,能体现部门绩效,符合科学性、实用性要求的绩效指标是前者,而非后者。为此,我们应当选用那些与部门的社会责任相关的指标。例如,对环卫部门来说,选择"达到 A 类标准的街道占比"①要比"定岗定位,专人负责"等指标更有价值,因为前者反映的是环卫部门的社会责任,而后者反映的是部门的内部管理。为此,我们应尽量选择反映社会责任的指标。

此外,部门的社会责任指标有利于保持指标体系的稳定性,反映部门绩效的改善动态,从而起到"体温计"的作用。例如,若环卫部门"达到 A 类标准的街道占比"由上年的 40% 提高到 45%,则说明本市街道更清洁了,环卫资金绩效提高了;反之,若该指标下降,则须引起关注,分析原因,必要时启动追责机制。

4. 尽量采用定量指标

绩效指标应尽量采用定量指标。与定性指标相比,由于定量指标是通过实际测量而获得的数据来反映绩效值的,因此它更加客观、更加精细,能起到"体温计"作用。此外,定量指标更容易确定评价标准,积累的数据更有分析价值。这些优点是定性指标做不到的。

在各指标的权值分配上,重要指标应赋予较高权值,从而起到引导部门关注重点指标绩效的作用。

5. 各指标的数据应来自"绩效评价基础表"

防止绩效指标上的"信息作假"是一大难题。我们认为,它既与一些人急功近利、不尊重公共管理规律有关,也与部门绩效管理初期无法获得相关信息、绩效指标只能靠"拍脑袋"有关。也就是说,若我们设计了"绩效评价基础表",指明指标的信息源、统计口径,形成相关勾稽关系,则至少会增加"作假成本",提高发现率。当然,随着绩效管理的全面展开和信息系统的应用,它也将成为绩效管理的核心。

总之,通过以上描述,我们对"德州模式"已有基本了解。它说明,绩效管理"德州模式"是根据中央的改革要求和绩效管理原理,课题组与市考评办、财政局、各部门紧密合作、共同创造的,是具有中国特色的绩效管理模式。相信,随着推广应用,它将为越来越多的政府部门所接受。

第三节 "德州模式"的效果

绩效管理"德州模式"的产生过程是艰难而曲折的。在 2014 年课题组成员进场后,遇到了以下问题:(1)部分部门领导习惯于权力型政府,也习惯于权力型政府下的目标/节点法考评,因而他们不愿意转入绩效管理;(2)多数领导虽然意识

---

① 达到 A 类标准的街道占比,指街道清洁度达到 A 类的面积占街道总面积之比。它要求环卫部门将街道清洁度分为 A、B、C 三类,并根据每天的检测结果,计算出清洁街道所占的平均比重。

到绩效改革是必要的、非改不可的,但因不了解其内容,故对绩效评价能否产生效果有怀疑,对改革持观望态度;(3)还有的领导认为,绩效管理将揭示问题,而目标/节点法考评仅考核当年工作而非绩效,因而不会揭示单位问题并易获得高分,为此,他们从既得利益出发,对改革持反对态度;(4)还有的人错误地认为,绩效管理是"揭问题,找麻烦",否定过去成果,因而他们对此不积极、不配合,甚至以"保密"为由要求我们撤出。

从我方来看,虽有多年绩效评价的经验,但对部门绩效管理和绩效评价毕竟是第一次。此外,课题组成员对绩效指标和绩效评价该怎么进行、能否成功等信心不足、心中无数。

面对这些问题,课题组做出以下决定:

(1)先从学习绩效原理开始,通过理论学习,厘清其原理。参加培训的不仅有课题组人员,还有被评价单位的领导和人事科长。

(2)按试点与考评分离原则处理好改革关系,对部门以现行考评结果为主,试评价结果仅供参考。

(3)广泛发动群众,坚持开门搞改革,召开各种座谈会,让部门、科室的公务员参与指标设计。我们提出,若一个科室没有相关的绩效指标,则可能被边缘化而失去存在价值。许多好的指标都是首先由他们提出的。部门绩效指标体系在确定后,我们还反复征求各方意见,各部门还召开了党组会,讨论指标体系。

(4)设计好指标框架,严格地按五项规则选择指标;回避矛盾,并欢迎开展争论。我们坚信,真理本身就是征服人的力量,灯越点越亮,真理越辩越明。例如,在应当选择体现政府公共责任,还是本单位努力的指标,以及在指标的绩效范围是"小市"(德城区等三个市区)还是大市(包括11个县区)等问题上发生过激烈争论。争论使大家明白绩效管理是以责任为核心的,与传统管理的以权力为核心是有重大差异的;也使大家明白德州市政府是对全市570万人民负责的政府,而不是仅仅对城区负责的政府。这一责任是《宪法》赋予的,不能因管理体制变动而改变。辩论还使大家明白了从绩效观点看,部门"事责"的履职方式应当有"权力式"和"监督式"两种。在"省管县"体制下,"权力式"管理范围缩小为城区;相应地,对县区对口部门的管理应适时转变为"监督式",部门不应以体制改革为免责理由放弃全行业管理。为此,对全行业或事业开展绩效管理,是部门履职的重要方式。

总之,绩效管理"德州模式"是一次制度创新尝试。经过以上努力,我们将第一期试点的12个部门指标体系于2014年10月交付德州市考评办,由其组织试点。在试点中,科技局因指标数据无法收集而无结果,最终形成了11份绩效分析报告。

就这些部门来看,本次试点的反应是好的。德州市考评办于2015年4月在第二期绩效指标建设的邀请函中指出:通过第一期绩效指标的试点,"各试点单位普遍反映,绩效指标设计科学合理,评价报告客观详述,提出的问题针对性强,意见建议具有较强的指导性。对此项工作,市委领导给予了较高评价,决定将推行市直部门绩效管理纳入 2015 年度全市重点工作"。此函还向我们发出了主持德州市第二期 22 个部门绩效指标设计的邀请。但在我方看来,绩效管理第一期试点存在思路尚不成熟、指标比较粗糙等问题。它能获得如此高的评价,或许仅仅说明了绩效管理触及传统管理"禁区",改变了人们的理念,开启了责任型政府建设之门,仅此而已。

绩效管理"德州模式"试点有何效果? 这是各方关心的。在这里,我们并未正式总结,而是引用德州市考评办的评价作为总结,这就是:一是促进了少花钱,多办事,办好事;二是更新了观念,不但看过程,更看结果;三是压实了责任,解决了干部的"不作为"难题;四是发现了问题,帮助部门进一步完善和优化职能。

一、促进了少花钱,多办事,办好事

"少花钱,多办事,办好事"是中国的一贯方针,它是 20 世纪 50 年代国务院(当时称政务院)提出的并延续至今。然而"少花钱,多办事,办好事"也是套话,因为人们很容易将其理解为节俭。当国家经济困难时,人们会想起它;而当政府有钱时,花钱就任性,决策就漫不经心。例如,部门领导有成绩时就归自己,有困难时就归财政"不给力"。"只要把事办好,花钱多少并不重要"成为常态。再如,德州市考评办只考核部门工作目标,而无财政投入指标。政府领导在评价部门时,往往是"我布置的任务是否完成",而不管花钱,只有当审计发现问题时才轻描淡写说几句。

那么,为什么这些问题"止而不住"? 我们认为,除认识原因外,还与中国长期缺乏花钱与办事效果相结合的评价制度、缺乏"少花钱,多办事,办好事"标准的软预算约束有关。而绩效就是将预算与有效服务联系起来,以指标形式将投入与绩效的关系固化,这就引起了部门的震动,也提出了管理创新的问题。

例如,德州市城管执法局在街道清扫上遇到了"管不了,管不好"难题,为此局领导曾做过暗夜私访、亲自扫街,也曾要求增拨款增人,但受财力限制,始终找不到好的路径。为此,在列入全市首批绩效管理试点单位后,局领导压力很大。在调查中我们发现,该局的问题在过程管理中缺乏制度创新上。

再如,谁都知道,清洁是清扫街道的目的。与其他城市一样,在环卫管理上,他们也采用"每人管一片街,早上扫一次"的作业方式。然而,各街道的情况不同,有的行人少、污染源少,每天扫一次是浪费;有的街道因行人、商店多而污染源多,需要每天清扫多次,否则居民就会觉得城市脏乱。为此,我们建议该局按清洁度为核心重建绩效机制。按绩效管理要求,市容环卫绿化局进行了以下改革:

(1)以清洁度为标准,对街道进行分类。通过调查,他们将街道分为三类;第一类是清洁街道,可每 5 天清扫一次;第二类是一般街道,每天清扫一次;第三类是脏乱街道,每天清扫三次。他们还按此调整了环卫工人的岗位。

（2）建立街道清洁度标准：A类为清洁街道；B类为一般街道；C类为脏乱街道。以该标准考评城区各街道的清扫质量。他们的测量结果为：A类街道约占50％,C类街道约占15％,B类街道约占35％。

（3）建立评价科,配备车辆和人员,开展每天巡视并按A、B、C标准对各街道进行打分,将每天的评价结果公布于市局网站上,并附照片。

（4）建立应急机制,对节假日等消费集中时段启动应急办法。与之相适应,我们将"A类清洁度的街道占比""C类清洁度的街道占比"作为绩效指标,开展了以清洁度为中心的环卫绩效评价(见表5-1)。对街道实行分类清扫后,该市环卫部门的总清扫工作量下降了,成本相应减少了,因而环卫预算不再紧张,而城市清洁度和居民满意度提高了。根据绩效指标要求,他们还将A、B、C分类管理推广到绿化和公园管理、路灯管理和市容管理上,使市容环卫资金实现了"少花钱,多办事,办好事"。

表5-1　德州市城管市容事业绩效评价

指标名称	行次	权值	评价值	指标名称	行次	权值	评价值
A 城管市容事业投入类	1	15		B4 排水设施管护效果	22	8	
A1 预算资金投入	2	3		B41 排水管道的通畅率(%)	23		
A11 人均园林绿化和城管支出(万元/人)	3			B42 雨井盖缺损率(%)	24		
A12（略）	4			B43 排水设施维修及时率(%)	25		
A2 预算项目完成率	5	7		B5 应急管理	26	6	
A21 行政性预算专项完成率(%)	6			B51 突发灾害和事故有效处置率(%)	27		
A22 道路建设专项完成率(%)	7			B52 重点任务的有效处置率(%)	28		
A23 园林绿化专项完成率(%)	8			B6 行政执法	29	6	
A24 城市管理专项完成率(%)	9			B61 一般执法办案及时率(%)	30		
A3 审计结果不合格资金占比(%)	10	5		B62 复杂执法办案及时率(%)	31		
B 产出和果类	11	45		B63 执法有效率(%)	32		
B1 绿化管理	12	8		C 中心工作类	33	20	
B11 城区内广场、公园、绿地面积	13			C1（略）	34		
B2 街道和公园管理效果	14	8		D 廉政和满意度类	35	20	
B21 达到A级标准的绿化面积占比(%)	15			D1 廉政建设	36		
B22 达到C级标准的绿化面积占比(%)	16			D2 居民满意度	37		
B3 市政街道养护和市容管理效果	17	9		D3 企业满意度	38		
B31 达到A级街道和道路面积占比(%)	18			D4 "12345"投诉案件处置的结案率(%)	39		
B32 达到C级街道和道路面积占比(%)	19			D41 投诉案件处置的结案率(%)	40		
B33 路灯的亮灯率(%)	20			D42 投诉案件处置结果的满意率(%)	41		
B34 公厕管理的优良率(%)	21			E 加分/减分项	42		
				E1 应急事件的成功处理率(%)	43	2	
				E2 获得省级以上政府奖励	44	2	

总之,绩效管理将"少花钱,多办事,办好事"由口号变成管理行为,有利于激发部门管理创新。这点也是它受人欢迎的原因。

二、更新了行政观念,不但看过程,更看结果

绩效管理是一种"不但看过程,更看结果"的管理。"不但看过程"指政府机构的公务员应当模范地遵守法律、行政法规和党规党纪,按市委、市政府要求做好工作,保质、保量地完成中心工作和各项发展、改革任务。"更看结果"指各部门应当以绩效指标为导向,制定年度的工作目标和工作计划,深化内部改革,向社会提供更多的有效服务。在两者的关系上,若说"不但看过程"是政治要求,是政府各部门理应做到的,因而是基本要求;则"更看结果"指向各部门职能,属于各部门的社会责任,即事责。法学告诉我们,权利是权利人可以放弃或撤销的,而责任是一种社会承诺,是既不可放弃也不可撤销的。因此,"更看结果"是对党政机关的更高要求。总之,"不但看过程、更看结果"体现了中国共产党实事求是的传统,也是人民对政府的期望。而绩效管理是具有"不但看过程,更看结果"特点的新颖管理模式。那么,在指标体系设计上,我们是怎样体现的呢?

1. 在指标框架上体现"不但看过程,更看结果"

如果说,在目标/节点法下,考评注重"看过程",出于各种原因,它无法将部门的职能——事务及实施结果——列入考评,而只能是列举部分结果指标,因而是一个缺陷;那么,通过部门绩效指标体系我们可以看到,它既考虑过程——中心工作类指标,更是通过投入类、产出和结果类及满意度类指标,将部门的各项业务(事务)转化为绩效指标,通过评价来考察各部门做得怎样,从而体现"更看结果"的要求。再从分值上说,在这一体系中,由于"看过程"指标的权值有所下降,而"看结果"指标权值的分量加大,这就既弥补了目标/节点法上的缺陷,还突出了部门应当承担责任,鼓励他们讲实话、做实事、做老实人,引导他们以绩效指标为导向做好各项工作,创造优良业绩。

总之,绩效管理较好地体现了"不但看过程,更看结果"的要求,也起到了引导部门将工作重点由那些中看不中用的"花架子"转到实实在在地为民办事、提供有效服务上来。这是它的重要特点。

例如,在目标/节点法下,文化局将送多少场次戏剧、电影下乡作为考评指标。至于送什么戏和电影、农民是否爱看,则既考不到,也考不了。近年来,农村电视普及,文化局虽然安排了戏剧、电影下乡,但内容等原因使得农民并不领情,观众不多。因此,虽然花了钱,"买"到的有效服务却不多。这个问题引起了文化局和考评办的注意,但拿不出好的解决办法。

这次,我们在文化局的绩效指标设计上,充分听取了他们的意见,在送戏下乡上同时安排了有关场次、观众数方面的指标,得到了文化局的支持。又如,我们对

展览馆设置了日均参观人次指标;对文化遗产既设置了"四防"保护指标,也考评利用率指标,而且文化遗产的适度利用也解决了维护成本上的难题。这些指标得到了文化局的支持和欢迎,他们还设想以此为契机,将绩效管理推进到全市文化系统。相信,随着绩效管理的开展,该市的文化将会得到较大改观。

2. 设计"更看结果"的绩效评分方法

为了使评价过程透明、直观、易于接受,"不但看过程,更看结果"要求我们舍去了数学模型,而采用了标杆法、历史法、同行水平法和混合法等四种评价方法:(1)标杆法指以该指标的目标值比对实际值计算的分值。(2)历史法指对比本指标上年值或前三年平均值计算的分值,达到上年(或三年平均值)的获60%分值超过的按公式计算增加;反之则扣分。(3)同行水平法指按全省同业的平均水平计算的分值,达到的获60%的分值,超过的按公式计算增加;反之则扣分。(4)混合法指对绩效指标同时采用历史法和同行水平法计算,各占50%形成的指标分值。

总之,这四种方法追求的不是"高大上",而是体现尊重历史、尊重实效的要求,因而为被评价方所接受。

3. 建立基于标杆的绩效评价报告制度

在绩效评价报告环节上,严格按指标获得的绩效分值分析主客观原因,并提出可行的政策建议。为此,无论是获得绩效高分还是低分,部门都能接受。

例如,在对教育局试评价中,由于该市义务教育的多数指标均低于山东平均水平,因此绩效分值不高。在评价报告中我们分析指出,财政对教育的投入不足是主要原因;此外,市教育局、学校方存在管理原因,并提出了相应建议。这个评价结果和报告得到了教育局的认可与支持,也体现了绩效管理尊重事实、注重结果的要求。

总之,由于绩效管理摆脱了烦琐的传统过程管理,而指向政府责任和实效。因此,它既是放权式管理,也是"不但看过程,更看结果"的管理。这就为部门摆脱形式主义束缚、依法行政和创新管理提供了坚实舞台,也得到了部门的支持。

三、压实责任,解决少数人"不作为"问题

随着中国在反腐上采取的高压态势,一些党政干部开始感到无所适从,于是"为政不为"和"不作为"开始蔓延。这是当前中国政府治理的难题,它在德州市也存在。如何应用绩效管理手段解决党政官员的"为政不为"? 这是我们必须考虑的现实问题。

1. 对党政干部"不作为"的分析

在我们看来,党政干部"滥作为"与"不作为"是两种表象,其根源是官僚主义;或者说,这是它的"两极表现"——当政府追求GDP时,他们就表现为"滥作为";当政府强调廉政建设时,他们就表现为"不作为"。为此,我们必须找到根源,并从

制度上治理之。

我们认为,造成党政干部"为政不为"的具体原因有两点:一是权力型政府和过程管理模式。在权力型政府下,政府行政是以权力为中心,权力与责任是脱节的,既然没有了责任或责任界限不清,那么我既可以选择做,也可以选择不做——这一切取决于对我是否有利。因而,党政干部的尸位素餐、为政不为,会将责任推给政策"不给力"、其他部门扯皮等,或者将做过的一点小事说成是"大事"以掩盖之。二是对部门和个人缺乏基于绩效与责任的评价机制,因而虽然是不学无术的南郭先生,但他们仍能滥竽充数,混迹于吹竽者之中。我们认为,前者(即责任不明确)是基本原因,而后者(即缺乏对绩效责任的评价机制)是管理原因。可见,治理"不作为"难题的关键是明确并量化绩效责任。

应当说,目标/节点法已看到少数干部的"不作为"问题,也想解决它。但是,由于它将责任理解为个人方面的"执行命令,完成当年任务",而不是"事责"(公共责任)的履行,因此制度路径不合理,使"考评"未起到治理"为政不为"的作用。而绩效管理能起到压实绩效责任,解决"不作为"问题的作用。

2. 以绩效指标量化部门绩效,压实责任

由于绩效指标是根据部门管理的事务而设计的,说白了"结果"指体现于部门事务上的公共责任落实,"结果导向"就是公共责任导向,这就抓住了问题的本质。随着绩效管理的实施,各项绩效指标将以量的形式反映部门的履职程度,从而压实了部门责任;绩效评价则使"清者则清,浊者则浊"。这时的南郭先生或许只能"连夜遁"了。

在对农业局的绩效指标上,我们是按"三定方案",紧扣农业生产能力,农产品供给,农业生产资料和物质装备,农业产业化和市场化,农产品质量安全监管,农业科技、信息、教育,农业生态环保,农业防灾减灾,农业扶贫等九个方面事务来设计绩效指标的。例如,对"农业生产资料和物质装备事务"设置了土壤有机质含量变化率、农机总动力目标完成率、农作物耕种收综合机械化指数指标,对"农业科技推广事务"设置了农业技术推广覆盖率、主要农作物主推良种覆盖率、科技人员下乡达标率、农业网络信息服务平台信息利用率、农民培训覆盖率等指标,对"农业防灾减灾事务"设置了大田防治面积覆盖率、病虫害成灾面积占比、主要农作物农业保险覆盖率等指标。它们从不同侧面反映政府"买"到的农业服务。这些指标不但紧扣结果和政府农业职能,而且具有可操作性,因而为农业局所接受。由于它还落实了政府承诺的农业事务责任,通过绩效评价来量化地描述履职结果,起到了落实绩效责任的作用。

3. 以"事业"代替"部门"概念,破解施政范围上的"为政不为"难题

绩效管理的核心是落实绩效责任,但在绩效责任上,我们有三个问题:(1)以

量化指标落实绩效责任；(2)政府应全面落实绩效责任，而不是"选择性"落实，若如此，它必是利己主义的，而不是好政府；(3)绩效责任有个范围问题，是"阳光普照"式的，还是"自扫门前雪"式的落实责任？具体地说，是落实在本级政府行政力所能及范围内的事责，还是落实在行政管辖范围内的事责。

在我们看来，事责是指德州市各行政部门应当承担的全市（包括11个县区在内）的事责。但在山东"省管县"的体制下，该市的目标/节点法将评价范围限于行政能力所及，说白了就是城区的范围内（即"小局"），这与责任型政府要求的"大局"是冲突的。

以交通为例，若按"大局"观点，则对市交通运输局的绩效指标应当从覆盖全市（德城区、开发区和11个县区）的范围来建设，而不能只评价"小局"（德城区、开发区）范围的交通绩效。理由为：就公共责任而言，市交通局理应承担全市交通之责。这是由《宪法》和市人民代表大会以授权形式确立的，也是神圣和不可推卸的责任。反之，若将交通运输局的绩效评价范围定义为"小局"，则市交通局局长只能是"片长"，名与实不符；或者说，这是"选择性"落实事责。这说明，绩效指标与目标/节点指标的"责任"有本质的差异。

我们在调查中发现，该市各部门在绩效责任的范围上有两种意见：一种是"大局派"。他们认为，市级政府职能是《宪法》赋予的，尽管在行政体制上实行"省管县"，但这不能成为各部门免责的理由；但是，市局应根据体制变化改变管理方式。例如，对城区采用常规的行政方式管理，而对区县实行以监督为主的管理方式。调查中发现，持有这一观点的是多数。另一种是"小局派"。他们认为，由于"省管县"后，市直部门的直接管理范围缩小了，就应当相应地缩小绩效责任的范围；否则，即使上面要求，市局也缺乏管理手段。我们通过分析，认为"小局派"观点是从权力型管理出发，没有将监督视为管理方式，因而是不合理的。事实上，监督有许多方式。例如，环保局可调整监督方式，将散布在区县的重点污染户列入市级环保监督对象。再如，对区县开展绩效管理等，都是有效的管理方式，而没有从事责考虑问题，其本质是"不作为"。这才是要害。通过这次调查，我们更坚定了信心。

为此，为了避免"大局"与"小局"之争，我们采取了按"事业"而非按"局"作为绩效指标对象。例如，交通事业人均预算投入指标，指在德州全市范围内（含11个区县）的人均交通建设和养护费用的预算投入。

总之，绩效管理应当按"事业"（即法定的政府责任）设置绩效指标，体现了责任型政府的建设要求，也是人民的期望。它是符合政府职能的完整性要求的，也是解决一些人不作为问题的必要做法。

4. 破解少数人的"不作为"难题

由于我们在绩效指标设置上坚持了量化标准，坚持了客观公正的绩效评价，这就将那些勇于担责、努力带领人民克服困难者，以及那些尸位素餐、靠"上头有人"或"混年头"而无绩效者区分开。它也为组织部门区分优秀干部和不作为干部提供了依据。历史证明，"以事评人"是选拔优秀干部的最好做法，绩效管理为这一人事改革提供了可能性。我们相信，随着绩效管理和追责机制的实施，干部的"为政不为"问题能够得到有效治理。

四、发现问题，促进部门完善和优化职能

绩效管理的最大好处是，它能通过量化指标及同业对比、历史对比、标杆等，既肯定成绩，又发现问题。事实上，我们通过绩效评价和绩效分析，在肯定德州市政府成绩的同时，也发现了一些问题，提出的改革建议有些已经被采用。

例如，政府采购是重要的财政制度，好的政府采购制度是有利于提高效率、防治腐败的；但是，不好的政府采购制度将导致政府的无效率和浪费。为此，地方政府在执行政府采购法上有一个"有利选择"问题。我们在设定市交通局、城建局的绩效指标时，发现两个部门有一个共同问题——该市的道路破损较严重，甚至"断头"的道路也较多，却不能及时得到修补。通过调查，他们反映其原因是财政部门没有给业务维修费，因此一旦道路破损，他们就必须按规定申请预算；而一旦有了预算，还必须经过勘验、招标等政府采购程序，时间上往往要1—2年。这样，本来只用半天时间、不到1000元就能够补好的破损处，随着雨水渗漏和车辆碾压，已经变成了全路破损，不得不花上百万元进行大修。针对这点，我们建议财政部门给他们安排适量的业务费项目预算，对于这类项目可以采用简易的政府采购，这些建议被财政部门接受。

此外，通过绩效评价，我们还发现了部门在管理上的问题。由于这些问题不解决会导致低绩效，引起了部门的重视。例如，在对环保局绩效指标设定的分析中，我们发现该市没有开展农田的重金属污染监测；水利局的水文站隶属省水利厅，这就违背了责任能力原则，也存在管水者不能及时获得水文信息等问题。

再如，在对科技局的评价中，我们发现绩效指标均无数据。经调查，除指标设计原因外，更主要的是市级政府没有安排科技专项，因此它们的科技引领作用无法发挥，工作被动，在资金项目上仅仅起了省科技厅的"传声器、二传手"作用。为此，该市的科技投入亟待加强。

需要说明的是，2015年上半年，该市组织部曾通过座谈会方式，约请部分试点单位对绩效管理试点的情况进行了评估。评估结果为：与会部门总体肯定指标体系和绩效报告的反映，认为绩效管理对改革部门工作有重要价值，80%以上的指标是实用的。而在我们看来，虽然我们严格地按绩效管理的要求做了些工作，但

财力等原因使得总体指标尚比较粗糙,调查也不够深入。因此,如果说有一点成绩,也应当归功于绩效管理本身的魅力。

本 章 小 结

本章较完整地描述了绩效管理"德州模式"的故事。我们认为,"德州模式"是市委、市政府领导下的政府改革模式,是绩效管理理论与中国实际相结合的产物,也是具有中国特色的绩效管理模式。"德州模式"也证明,只要严格地按绩效原理,结合中国实际开展绩效管理,它在中国是能够搞好的。借助绩效管理,中国共产党人长期追求并为之奋斗、流血牺牲的"好政府之梦"是可以实现的。

虽然我们介绍了"德州模式"的效果,但这些只是初步的。出于种种原因,绩效管理应起的作用(形成新的公共管理机制,治理官僚主义、腐败和浪费,控制预算,落实责任型政府等)还未完全起到,其制度优势尚未充分显示。

就绩效指标建设而言,当前我们存在以下不足:(1)因经费,虽然完成了第二期的部门绩效指标建设,但还有部分行政部门的绩效指标没有开发;(2)在财政方面,该市的财政绩效管理机构刚建立,设想由财政承担的绩效管理责任(应用绩效评价成果,建立绩效目标和绩效预算,对政策性项目的项目化管理)尚未开始;(3)就绩效指标体系来说,虽然我们总结了 5 项规则,但总体上尚处于摸索阶段,一些事业尚未找到合适的指标,离科学、实用指标建设的要求尚有差距;(4)支撑政府绩效管理的信息化体系建设尚未开始。这些说明,绩效管理的效果将随着时间而释放,它除了需要领导重视外,还需要时间。

在试点中我们还发现,虽然德州市夹在北京、天津和济南三大都市之间,地理位置和交通条件优越,但经济发展不快。同时,在干部、居民中有着强烈的求变、求新要求。这些,对政府来说既是沉重压力,也是机遇。而在我们看来,"后开之花未必不香",创新才是德州市经济发展的出路,而科技创新的前提是管理创新,绩效管理就是促进政府管理创新的有力手段。在中国经济发展的重要阶段,我们坚信,只要种好了绩效管理这片"梧桐树",何愁引不到"凤凰"来!对此,我们是有制度信心的。为此,希望德州市委、市政府在绩效改革上胆子再大一点,步子再快一些。

第六章 项目化管理流程与绩效指标
——以财政农业支出项目为例

第一节 中国"三农"的现状、问题及成因分析

（一）中国"三农"的现状

涉农事务是政府的基本公共事务。改革开放以来，围绕"三农"问题，各级政府出台了许多政策，投入不谓不多。据有关数据[①]，2015年国家农、林、水事务支出达1.72万亿元，但若加上天然林保护、退耕还林等，涉农支出约为1.8万亿元，约占一般公共支出的10%。从历史看，2015年涉农支出是2010年的2倍，足见政府的重视。但资金效果并不理想。

（1）虽然中国粮食12年连增，但同时，进口粮比重逐年增加。据统计，2014年进口量达1亿吨，约占全国产量16.7%，远高于1996年国家确定的粮食自给率"红线"，同时却有大量玉米积压在农户手中。

（2）从农民增收看，按统计看中国农户增收显著，据湖南省华容县资料，该县2015年农户收入为15 000元/人，高于全国水平，但从结构上，外出务工收入占70%—80%、政府补贴占3%。这就是说，农户增收主要来自外出务工，而来自农业的净收入部分减至27%，增收缓慢。关于这点，我们在对山东德州等地调查中也获印证。

可见，中国存在农户净收入增长缓慢和农业投入"效益递减"的问题。

（二）对农户净收入增长缓慢和农业投入"效益递减"的分析

围绕财政支农上的"效益递减"，在财政部支持下，我们通过对山东德州、浙江湖州和湖南南县、华容县等地的调查，其原因可归纳为：

1. 农业基本公共服务体系缺失，导致农本高企、农户增收缓慢

农业基本公共服务指政府向农户提供的服务（如农技推广、动植物保护、水利等）过去称"七站八所"。其特点为：(1) 它通过乡镇站所，直接向农户提供服务；(2) 成本固定，农户普遍受益。其受益方式是降低农业成本、分担"两个风险"和缩

[①] 财政部国库司："2015年财政收支情况"，财政部网站（www.mof.gov.cn），2016年1月29日。

小贫富差异。正是由于这些,它是各国政府的主要支农形式。

但是,由于在2003年"乡财县管"改革中,各地撤销了乡镇站所,该服务停止。于是,农户因缺乏科学种田指导而凭经验耕作,导致耕作粗放、滥用农药化肥除草剂等。

(1)各地出现耕地、水体污染和"富营养化"。

(2)农本普遍高企,进而引发了"成本推动型"通胀。此外,它还绑架了农业政策,造成了粮棉油"逆进口"。最终是农民增产减收。①

可见,农业基本服务是"大义"。一个县的乡镇涉农站所经费不过1千万元,全国也不过200亿元,而撤销后的全国损失达上千亿元/年。

(3)对是否应保留涉农站所的问题,我们在湖南的调查中发现,2014年华容县水稻达1400斤/亩,属全国高产区;而秘诀是2012年来,他们利用省支农专项,每乡设立了15—20人的农技综合推广站和水管站。站所在培训农民、提供实用技术、指导耕作、防治农作物和牲畜疾病上起到关键作用。南县的情况也类似。这一经验值得重视。

2. 三项涉农政策交叉重叠,三级政府的权责不清

经梳理,我国目前的农业政策可归结为粮食安全、新农村建设和农民增收三项政策。调查发现:因缺乏顶层设计,在三项政策上,三级政府的事权、事责不明确,导致了公共资源浪费和低绩效。

粮食安全缺乏好的战略路径。"粮食安全"是国家战略,按说它应包括:① 有足够的高稳产田来保证粮食生产;② 有配套的补贴政策,在尊重农民种植自主权的同时保证当年粮食自给率;③ 政府备有足够的种子,在荒年时农民能及时转种粮食作物。从调查看,当前的问题:

一是高稳产田建设无序化,多部门参与,"九龙治水"。参与高稳产田建设的有发改委、水利、国土、农业、林业、财政农发办、烟草等部门,由于项目都来自"上面",县级既无法协调,也无法统筹,加上开发标准不一,各自为追求绩效,重复开发高稳产田,因而虽投入不少,但高稳产田的总量增加不多,有的还破坏了原有水系,县政府不得不另斥资修渠补救。

二是涉农补贴过多过滥,效率不高。从2004年起,中央为了保障粮食安全,陆续出台了粮食直补、农资综合补贴、农作物良种补贴等政策,收到了一定效果,但也存在缺乏规划、过于随机和补贴过多过滥、效率不高等问题。

涉农补贴过多、过滥。几乎所有农事环节——覆膜、种子、耕地、施肥、打药、

---

① 增产减收指虽然中国粮食生产实现了十二年连增,农户的人均收入每年增长,但增长主要来自务工收入,而来自净农业收入的比重逐年下降,据我们调查,它已低于总收入的30%。

收割、贮藏等都补贴,凡政府倡导的粮食、棉花、蔬菜、水果、养殖等都补贴,其复杂、烦琐前所未有。

重复补贴和无效补贴并存。由于制度缺陷,受补贴者是土地承包人而非种粮者,因此"隔靴搔痒"。有的人外出务工多年,每年却仍获上千元补贴,这种浪费使人痛心;而县级为安抚种粮大户不得不另搞补贴。

总体绩效不高。2014年浙江省财政厅对全省与水稻相关的17项补贴进行了总体绩效评价,结论为:虽从单项看补贴有效果,但总体看绩效差。按稻谷产量计算,政府补贴达2.4元/公斤,而收购价为2.7元/公斤,似乎回到了"政府补贴,农民种田"的时代。涉农补贴过多、过滥的后果为:县级财政无力承担,农业县尤其突出。以华容县为例,2014年该县财政一般预算收入为7.3亿元,而涉农支出为5.6亿元,占76.71%。其中,涉农补贴额2亿元,占财政收入27.39%。农户人均补贴额为450元。过度补贴造成该县支出失衡,对教育、卫生、城建等事业带来"拖累效应"。损害了农户经营自主权,它产生的"农民围绕政府补贴而非市场转"的后果,已成为农村经济发展中的难题。

三是粮食安全上三级政府事权不清。2014年,中央"一号文件"提出"米袋子"省长负责制。这是说:① 省级是当年粮食生产责任者,但高稳产田建设责任归谁并不清楚。② 就粮食生产说,虽然省级政府是责任者,但实施者是县乡,而补贴又主要来自中央和省;此外,中央的水利、农发等重点项目又要求市县配套。

可见,在这些政策上,三级政府各应承担何责任、怎么承担都是糊涂账。责任是三级分工的基础,责任不清就会遇事相互推诿、零和博弈,更谈不上"合力"。

3. 新农村建设的责任不落实,进展缓慢

新农村建设是中共十六大提出的农村政策,它要求采用"以县为责任主体,三级共同帮建"。实施十多年来,中央、省级投入了大量资金,住建、卫生、教育、交通、农业、水利等部门也积极参与,因而该政策在总体上是有成效的;但从事权看,仍有如下问题:

(1) 虽然县级是新农村建设的责任人,但农业县因不具备财力能力而只能"等靠要";省级有财力却不承担此项责任,即使拨款也是"友情赞助",责权脱节。

(2) 省级要求县级配套部分,但到农业县往往落空。以华容县为例,按规定农村安全饮水工程、农村清洁工程等项目县级应配套30%—70%,但若全部配套到位,则约为该县一般预算收入的1.9倍,根本无力做到。

4. 农民增收的责任不明确,影响政策效果

"农业增产,农民增收"是中国农业政策的基点。在农民增收上,中国三级政府均有投入,在发展种植业、养殖业和农村旅游业上,县乡是努力的。但问题是,由于多级政府事权不明确,不知谁该对农民增收负责,因而遇事相互推诿。

从我们对华容县、南县和德州的调查来看,虽按统计农户收入逐年提高,但增收主要来自外出务工和政府补贴,而净农业收入"增产不增收"已多年。

综合以上分析,我们的结论为:中国在政府支农上不是"差钱",而是差责任;农业基本公共服务体系缺失、在三项政策上三级政府的责任不清是主要原因。

第二节　项目化管理:财政农业项目绩效管理的基本方式

(一)开展项目化管理的必要性

1. 它有利于建立科学的政策和公共工程项目决策体系,治理腐败

项目化管理是规范政府行为、建设科学决策体系的核心内容,也是各国政府正在做的。

(1)美国的预算绩效管理是从项目开始的。早在1993年,美国国会通过的《政府绩效与结果法案》(GPRA)中,将各部委预算归结为1—2个项目预算,在此基础上开展项目绩效管理。在小布什政府期间,联邦政府推行以项目为对象的PART框架;到了奥巴马政府期间,又恢复了《政府绩效与结果法案》,并在此基础上对绩效管理模式做了重大修改,形成了《政府绩效与结果现代法案》法案,该法案的内容包括战略规划、绩效管理和项目评估三个方面。总之,尽管联邦政府实行对部门绩效评价和对项目绩效评价的"双评价"模式,但项目评价尤其是对政策性项目的绩效评价,以及基于评价的绩效管理,仍然是《政府绩效与结果现代法案》的核心内容。

(2)加拿大的绩效管理分为政府、部门、政策、项目等层次,重点是对部门和政策性项目的评价。图6-1是加拿大现行的政府绩效管理框架。

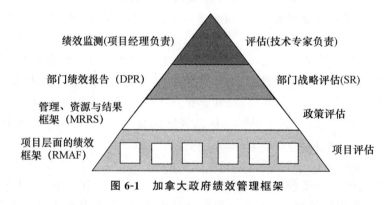

图6-1　加拿大政府绩效管理框架

(3)法国的绩效管理。2001年8月1日,议会通过了以绩效导向为特点的新

《财政组织法》(简称"新 LOLF");经过五年准备,于 2006 年正式实施新 LOLF 预算。该法将中央预算分为"任务—项目—行动"三层次(见图 6-2)。任务指公共政策,2006 年中央预算共设 34 个任务。项目指战略性项目,按需要,每个任务下设置若干项目,每个项目必须具备战略计划、预算执行的预期目标及绩效指标三个要素。2006 年,共设 133 个预算项目,对项目开展绩效评价。行动指战略性、政策性项目的子项目,即行动计划。2006 年共有 620 个公共预算行动。新 LOLF 还规定,项目必须指定管理员,对于项目以下的行动,项目管理员经一定程序可调整预算。显然,法国政府绩效管理实质指项目化管理。

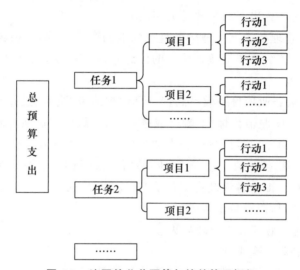

图 6-2　法国的公共预算与绩效管理框架

这三国经验表明,政府绩效管理指部门绩效管理和项目化管理。对农业政策性、工程性项目实施项目化管理是世界趋势,也是中国政府科学管理的重要内容,更是建立科学的决策体系、防治腐败的有力措施。

2. 有利于提高政府支农资金绩效

对支农资金进行项目化管理,是解决中国在农业支出上"拍脑袋"低效率难题的重要路径。

(1) 项目化管理厘清了政府支农的出发点。由于中国的涉农项目是从 20 世纪 80 年代的"农民穷,农村差,农业真危险"的"三农问题"开始的,为此通常认为,只要政府多给钱,农民就会富裕。这是善良的愿望。为此,以项目方式,各级政府向农业投入的钱越来越多,但效果递减。

由于农业属于"混合产品",政府应当解决的是公共部分——向农民提供技术、植保、灌区内水利设施、良种等,至于农民种什么、按什么价格出售等属于市场行为,政府起的只是引导作用。但由于中国支农资金管理未遵循此规律,因此虽然补贴越来越多,但效果越来越差,产生了边际效用递减问题。对支农财政资金的项目化管理,就是要按"农业混合产品"规律改变各级政府的"恩赐论"决策方式,使政府资金投入最有效的农业项目上。

(2) 它是从总体上评价支农项目的绩效,有利于解决"单项评价绩效高,总体绩效差"的难题。中国涉农政府项目上的"单项评价绩效高,总体绩效差"与信息不对称有关:农业增产、农民增收是综合的,是许多项目的综合结果,且其绩效难以分开。而我们在对单个项目评价时,往往是以单项投入来计算的,因而投入与业绩不匹配,由此计算出来的绩效是失实的。

由于项目化管理要求严格地按项目三标准的要求立项,将措施级项目纳入政策级项目总体绩效,解决了绩效评价上的信息不对称难题,也有利于客观、真实地评价支农资金绩效。

(3) 中国财政农业项目绩效不高,与政府"拍脑袋"决策、目标不清有关。项目化管理的作用为:① 厘清目标"要咖啡或茶"。回归财政农业项目的目标——农业增产、农民增收。由于它将以政府支农项目资金的总体投入(政策项目)评价农业绩效,因此目标与路径一致。② 落实绩效责任,及时调整农业政策。通过总体评价农业政策的绩效,促使各级政府不是从"观念"而是从农业实际来制定各农业投入的分项目、子项目,以获取最大效果。

(二) 财政农业项目的项目化管理的内容

1. 科学地定义预算项目

项目指有特定目标的预算事项,通常指战略性项目。项目应符合以下条件:

(1) 有独立的目标或战略目标。

(2) 独立于其他项目的管理制度和预算,能够实行专款专用。

(3) 能单独测量绩效。

这三条也是财政部门受理项目的基本标准,不符合这三条中任何一条的都不属于项目,而是某一政策性项目的子项目。项目与子项目的关系如图 6-3 所示。

2. 对预算项目采用三阶段绩效评价模式

三阶段绩效评价制指对预算项目实施的前期评价、中期评价和后评价制,这是国外最成熟的项目绩效管理制度。

由于财政农业支出项目的绩效管理属于政策绩效管理,是按一次性假定而非持续经营假定来设计管理制度的,因此三阶段绩效评价是适用于这一特点的项目化管理模式(见图 6-4)

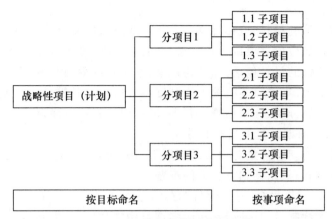

图 6-3　预算项目的层次和分类

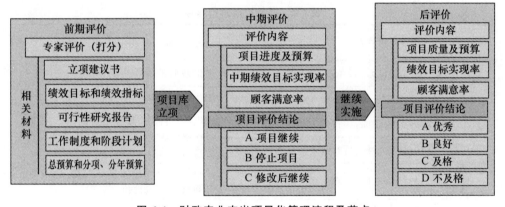

图 6-4　财政农业支出项目化管理流程及节点

(三) 农业支出项目的前期评价

1. 基本内容

前期评价也称对项目的前期评估,指在财政部门主持下,对所有申报的财政支出项目,在立项前进行的绩效评价,按评估结果决定是否立项的制度。

农业项目前期评价的范围,可以是政策性项目,也可以是工程性项目,如水利项目等。对上级政府的财政专项,凡需本级政府资金配套的也应纳入前期评价,但对于不涉及本级资金配套且目标、路径明确,或者上级政府、财政进行过前期评价的项目,本级可以不进行前期评价;但是,实施部门应将该专项的有关材料报本级财政绩效评审、备案,并纳入中期评价。

农业项目的前期评价在编制新的年度预算前进行,由财政部门主持;但更多的按"成熟一个、评审一个"原则,常年进行评审。凡通过评审的项目均纳入财政部门的项目库。

项目前期评价的材料,应由相关部门(农业、水利、林业等)和项目单位准备。它们在准备材料前应成立项目筹备小组,必要时,财政可适当安排前期费用。

项目前期评价的材料包括:立项建议书;本项目绩效目标和绩效指标;本项目的可行性研究报告;本项目实施的工作制度(或办法,如补贴性项目)和阶段计划;本项目的总预算和分项、分年预算。其中,后三项加起来也称为项目方案。

2. 预算项目前期评价的指标和方法

预算项目的前期评价是对项目的预期效果评价,也是遴选好项目的过程。在实施中,它会遇到绩效指标和方法上的难题。

(1)采用"财政搭平台,专家评价"方式,建立基于绩效的评估指标体系。由于前期评价实行淘汰制,财政部门是在诸多项目中选择"可能有效"的作为预算项目立项,为此应采用"财政搭平台,专家评价"的方式,评价指标如表6-1所示。

表 6-1 项目前期评价指标

项目评价指标		权值	专家评价	评价依据或提供的资料
战略和政策依据(25)	项目的战略(政策)依据	15		提供政府的战略规划、决议或政策依据
	项目的规划依据	10		提供需求调研和部门的规划依据
项目规划的合理性(50)	项目的绩效目标:先进性	12		提供本项目的主要绩效目标指标,并通过以往评价或同行评价结果,说明本项目绩效目标指标的先进性、可行性(可评价性)
	项目的绩效目标:可行性	12		
	项目的绩效目标:管理价值	6		从指标的投入与效果匹配度、管理价值方面进行专家评价
	可行性方案:合理性	10		提供本项目的可行性报告,评价其合理性、路径和技术的可行性
	可行性方案:路径和技术可行性	10		
财务合理性(25)	项目预算的合理性	10		提供本项目的总预算与分项预算、价格依据,由专家评价其合理性
	项目的单位成本	10		提供与同类项目或以往的单位成本比较的依据
	政府采购资金预期比重的合理性	5		提供项目预算中政府采购资金比重的资料
总分值		100		

由于项目前期评价的目的是厘清预算项目的目标,重点是项目的可行性、预期有效性,通过专家对表6-1中的逐项打分,其结果代表了专家对该项目的观点。专家打分后,财政部门按项统计出平均分,决定项目是"通过"或"不通过",是否立项。对"不通过"的项目,财政部门应告知相关部门并要求重新补充材料,待下次

再评价。

（2）前期评审项目适用的绩效指标。在表 6-1 中，"项目规划的合理性"从项目的可行性和预期绩效两方面，提出五个问项，其中预期绩效占了 30 分。为此，项目绩效指标是事关项目能否立项的重要因素，也是部门最困难的。那么，我们该怎么做呢？

回答是：对不同性质的项目，应采用以下两种方式建立绩效指标：

其一，对补贴类项目，以部门绩效为指标。

其二，对非补贴类（含公共工程类，或以公共工程为主、含某些补贴支出的项目），其绩效指标应当由部门绩效和项目直接绩效（或称能力）相关指标构成。

例如，农业综合开发项目的绩效指标框架，应按工程质量、项目的支出/预算率、设计效果的达到率、长效措施的到位率等指标。有关绩效指标框架，可参见图 6-5。

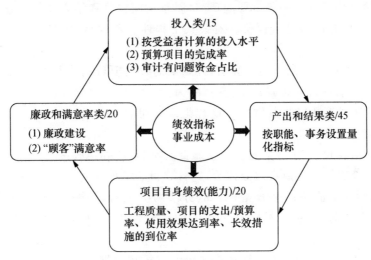

图 6-5　农业综合开发项目的绩效指标框架

（四）农业预算项目的中期和后评价

虽然前期评价解决了哪些项目该上，但毕竟是设想，至于该项目是否该上、真有绩效则是另一码事。为此，政府和财政部门还须进行中期评价与后评价。

1. 中期评价

第一，中期评价的目的如下：(1) 检验该项目的实施情况，包括是否按规划和立项目标进行；(2) 考察项目的中期绩效；(3) 结合前两点，决定该项目的继续实施、修改方案或停止实施。

第二，中期评价的实施主体为：凡已立项的财政农业支出项目，项目单位都应接受中期评价；中期评价的主体是财政部门，必要时可委托中介机构实施。

第三,中期评价的内容有:(1)项目进度及预算;(2)各项中期绩效目标的实现率(按部门提供的项目方案);(3)顾客满意率。

第四,中期评价的结论及其应用如下。

按评价结果分值,分为优、良、中、及格、不及格五类。

• 对"优"和"良"的(80分以上)项目,按原计划继续执行。对属于"良"的项目,允许实施者在不超总预算下修改部分子项目并报财政备案。

• 对属于"中"和"及格"(60—79分)的项目,说明它有缺陷或有较大缺陷,应报政府领导,责成部门修改方案。修改后的方案应经专家投票,通过后方可继续实施。

• 对评价结果为"不及格"或接近"不及格"的项目,应建议政府终止实施,收回预算,清理债权债务、变卖资产。对有失职行为的,报请有关部门追责。

2. 后评价

后评价是项目评价中最重要的环节,属于全面评价和结果评价。它应在财政主持下,委托中介机构进行评价。对公共工程性农业项目,应当在完工使用一年后进行。

第一,后评价的目的。按预算法,凡到期的政策项目和公共工程项目,都应接受绩效评价。后评价是正式评价,其目的为:

(1)落实预算法,向人民报告"政府花钱买到了什么,是否值得"并公开结果,它也是评价个人业绩的依据。

(2)总结经验,决定今后是否再实施此类项目,应如何改进?

(3)结合项目的完成和绩效评价,完善项目的结项制度。

第二,后评价适用的绩效指标。应分清两类项目:补贴类项目,公共工程类项目(含以工程为主,包括补贴支出在内的综合性项目,如贫困山区农民迁移项目等)。

对补贴类项目,产出与结果类绩效指标应按政府涉农补贴的总效益来设置。这是说,我们应评价的是政府的涉农补贴是有效还是无效。绩效指标指农业增产和农民增收,尤其是纯农业增收。其方法可采用对比法,即补贴政策实施前后对比,实施区和非实施区对比等。

此外,还应当调查对各单项补贴的效果,通过对受益者的调查来厘清:(1)补贴是否公平?(2)手续是否简化?(3)农民最欢迎哪些补贴?(4)最不欢迎哪些补贴?

对非补贴类项目,绩效指标应采用"产出与结果+工程项目的直接绩效(或称绩效能力)"公式设置。

第三节　涉农部门整体评价的参考绩效指标

为了使大家能够投入应用,我们提供涉农部门的整体绩效指标,在项目评价时,大家可选择必要的适用指标。

由于涉农财政支出项目的绩效管理依附于部门绩效管理,这种依附性表现在以下方面:

(1) 在前期评价中,对涉农政策性项目的评估,不但应满足可行性报告、项目预算等对项目管理的一般要求,而且应当回答:若政府满足了该项目的预算投入就会在哪些方面增进部门绩效,增进多少部门绩效。

(2) 在对政策项目的中期和后评价中,应当考察上面所说的绩效,是否真正得到体现。

为了回答这两个问题,我们就先要弄清,究竟涉农部门有哪些绩效指标?与农业财政项目相关的水利、农业和林业部门的绩效指标分别如表 6-2、6-3、6-4 所示。

表 6-2　××市水利事业绩效评价

指标名称	行次	权重	评价值	绩效数据		
				2013年	2012年	2011年
A 水利事业投入	**1**	**15**				
A1 水利事业的资金筹措	2	6				
A11 按常住人口计算的人均水利支出(万元/人)	3	2				
A12 水利工程项目资金筹措计划的完成率(%)	4	2				
A15 水利管护资金/建设资金比(%)	5	2				
A2 预算项目完成率(%)	6	4				
(略)	7	⋮				
A3 审计结果:违规资金占比(%)	15	5				
B 水利事业的产出与效果	**16**	**45**				
B1 水资源保障	17	10				
B11 建设项目水资源论证通过率(%)	18	1				
B12 水资源开发利用率(%)	19	1				

(续表)

指标名称	行次	权重	评价值	绩效数据 2013年	绩效数据 2012年	绩效数据 2011年
B13 全市农业计划用水实施率(%)	20	1				
B14 二、三项产业计划用水实施率(%)	21	1				
B15 单位生产总值边际耗水量	22	1				
B16 万元工业增加值用水量	23	1				
B17 单位粮食产量灌溉用水量	24	1				
B18 农田水利工程完好率(%)	25	2				
B19 "旱能浇、涝能排"高标准农田占比(%)	26	1				
B2 防汛抗旱	27	6				
B21 堤防完整率(%)	28	1				
B22 防洪排涝设施完好率(%)	29	1				
B23 抗旱设施完好率(%)	30	1				
B24 同等降雨条件下农田洪灾成灾面积减少率(%)	31	1				
B25 同等降雨条件下农田旱灾成灾面积减少率(%)	32	1				
B26 洪涝人员伤亡率(%)	33	1				
B3 水利生态	34	7				
B31 水功能区达标率(%)	35	1				
B32 水土保持监测率(%)	36	1				
B33 水土流失率(%)	37	1				
B34 平原区地下水漏斗面积率(%)	38	1				
B35 水土流失治理率(%)	39	1				
B36 水利移民项目完成率(%)	40	1				
B4 农村饮水	41	10				
B41 农村饮水安全达标人口率(%)	42	2				
B42 农村自来水农户覆盖率(%)	43	2				
B43 村内管网完好率(%)	44	2				
B44 农村饮水供水保证率(%)	45	2				
B45 农村饮水水质达标率(%)	46	2				
B5 水利服务与执法	47	12				
B51 水资源论证率(%)	48	2				

(续表)

指标名称	行次	权重	评价值	绩效数据		
				2013年	2012年	2011年
B52 水资源费征收到位率(%)	49	2				
B53 重点取用水户远程实时监控率(%)	50	2				
B54 涉河项目审批完整率(%)	51	2				
B55 工程调度事故发生率(%)	52	2				
B56 水事违法案件查处率(%)	53	2				
C 中心工作	54	20				
C1(略)	55					
C2(略)	56					
D 社会评价	57	20				
D1 满意率	58					
D11 社会满意率(%)	59					
D2 水利投诉案件	60					
D21 "12345"投诉案件的结案率(%)	61					
D3 廉政建设	62					
E 加分/减分项	63					
E1 水利安全生产责任事故	64					
E2 防汛安全责任事故	65					
E2 应急事件的成功处理率(%)	66					

表6-3　××市农业事业绩效综合评价

指标名称	行次	权重	评价值	绩效数据		
				2015年	2014年	2013年
A 农业事业投入类	1	15				
A1 按本地农业人口计算的农业投入水平(万元/人)	2	5				
A11 按本地农业人口计算的农业事业费	3					
A12 按本地农业人口计算的各类农业补贴	4					
A2 农业部门的预算项目完成率(%)	5	5				
A3 审计有问题资金占比(%)	6	5				
B 产出与效果类	7	45				
B1 农业生产能力和农产品供给	8	12				

(续表)

指标名称	行次	权重	评价值	绩效数据 2015年	2014年	2013年
B11 农业总产值增长率(%)	9	2				
B12 农民人均纯收入增长率(%)	10	2				
B13 粮食播种面积稳定目标完成率(%)	11	2				
B14 粮食总产量目标完成率(%)	12	3				
B15 农业平均单产	13					
其中:棉花平均亩产(吨/亩)	14	1				
蔬菜平均亩产(吨/亩)	15	1				
渔业单位水面产量(吨/亩)	16	1				
B2 农业生产资料和物质装备	17	8				
B21 区域人均耕地面积(亩/人)	18	2				
B22 设施蔬菜面积占比(%)	19	1				
B23 高标准蔬菜园区面积占比(%)	20	1				
B24 土壤有机质含量变化率(%)	21	1				
B25 农机总动力目标完成率(%)	22	1				
B26 农作物耕种收综合机械化指数	23	2				
B3 农业产业化和市场化	24	5				
B31 规模以上农业龙头企业增长率(%)	25	2				
B32 企业基地采购原材料占比增长率(%)	26	1				
B33 培育农民合作社目标完成率(%)	27	1				
B34 培育家庭农场和专业大户目标完成率(%)	28	1				
B4 农产品质量安全监管	29	6				
B41 "三品一标"产品产地认定目标完成率(%)	30	2				
B42 市、县、乡、村四级农产品质量安全监管体系完备率(%)	31	1				
B43 农产品质量安全监督例行抽检次数和样品数量增长率(%)	32	1				
B44 农产品抽检合格率(%)	33	1				
B45 农业综合执法人次目标完成率(%)	34	1				
B5 农业科技、信息、教育	35	6				
B51 农业技术推广覆盖率(%)	36	2				
B52 主要农作物主推良种覆盖率(%)	37	1				
B53 科技人员下乡达标率(%)	38	1				

(续表)

指标名称	行次	权重	评价值	绩效数据 2015年	绩效数据 2014年	绩效数据 2013年
B54 农业网络信息服务平台信息利用率(%)	39	1				
B55 农民培训覆盖率(%)	40	1				
B6 农业生态环保	41	3				
B61 化肥和农药施用量变化率(%)	42	2				
B62 农业废弃物资源化综合利用率(%)	43	1				
B7 农业防灾减灾	44	3				
B71 防治面积占种植面积比(%)	45	1				
B72 病虫害成灾面积占比(%)	46	2				
B73 主要农作物农业保险覆盖率(%)	47	0				
B8 农业扶贫	48	2				
B81 脱贫目标完成率(%)	49	2				
C 中心工作类	50	20				
C1（略）	51	49				
C2（略）	52	50				
D 社会评价类	53	20				
D1 社会满意率(%)	54					
D2 "12345"热线涉农投诉案件的处结率(%)	55					
D3 廉政建设	56					
E 加分/减分项	57					
E1 农业生产安全事故发生数	58					
E2 获得省级及以上政府奖励	59					
F 总分	60	100				

表6-4　××市林业事业绩效综合评价

指标名称	行次	权重	评价值	绩效数据 2015年	绩效数据 2014年	绩效数据 2013年
A 林业事业投入类	1	15				
A1 按每万人口计算的林业事业水平(万元/人)	2	5				
A2 预算项目的完成率(%)	3	5				
A3 审计有问题资金占比(%)	4	5				
B 产出与效果类	5	45				
B1 绿化造林	6	12				

(续表)

指标名称	行次	权重	评价值	绩效数据 2015年	2014年	2013年
B11 林木覆盖率(%)	7	3				
B12 合格造林面积目标完成率(%)	8	4				
B13 合格农田林网化覆盖率(%)	9	2				
B14 大型防护林工程建设任务完成率(%)	10	3				
B2 林业经济	11	6				
B21 林业总产值增长率(%)	12	3				
B22 经济林木面积占比(%)	13	3				
B3 林业资源监测和管理	14	9				
B31 林业基础性调查完成情况(%)	15	2				
B32 森林碳汇量增长	16	0				
B33 省级及以上湿地公园、森林公园保持率(%)	17	2				
B34 湿地保护面积比率(%)	18	2				
B35 果品抽检合格率(%)	19	3				
B4 林业防灾减灾	20	9				
B41 林业病虫害(有害生物)监测覆盖完成率(%)	21	3				
B42 林业病虫害成灾面积占比(%)	22	2				
B43 森林起火成灾面积占比(%)	23	4				
B5 林业执法监督	24	6				
B51 森林公安刑事案件受理率(%)	25	1				
B52 森林公安刑事案件结案率(%)	26	2				
B53 涉林综合执法行政案件受理率(%)	27	1				
B54 涉林综合执法行政案件结案率(%)	28	2				
B6 林业科技、教育	29	3				
B61 科技下乡服务达标率(%)	30	2				
B62 科技培训覆盖率(%)	31	1				
C 中心工作类	32	20				
C1(略)	33	33				
C2(略)	34	34				
D 社会评价类	35	20				
D1 社会满意率(%)	36					
D2 "12345"热线涉林投诉案件的处结率(%)	37					

(续表)

指标名称	行次	权重	评价值	绩效数据		
				2015年	2014年	2013年
D3 廉政建设	38					
E 加分/减分项	39					
E1 林业生产安全事故发生数	40					
E2 获得省级及以上政府奖励	41					
F 总分	42		100			

第四节 项目绩效指标：以农业综合开发土地治理项目为例

在财政农业支出的项目化管理中，国家农业综合开发项目是针对土地治理的。经过多年努力，无论是从立项还是各项农业措施的综合应用，到最后的结项验收及将结项项目交付使用单位等方面，由于制度规范、完整，因此它属于财政农业投入绩效较高的支出。本报告以它为范例，探讨财政农业项目的绩效指标设置和项目化管理问题。

一、农业综合开发土地治理项目的背景

农业综合开发（土地治理）属于政策性项目，它由国家农业综合开发办（简称"国家农发办"）实施，内容包括土地治理工程措施、水利措施、农业措施、林业措施、科技措施等。土地治理项目具体可分为：(1) 中低产田改造项目，建设稳产、高产基本农田和大宗农产品基地。(2) 生态综合治理项目，改良草场、开展小流域治理和土地沙化治理等。(3) 中型灌区节水配套改造项目，结合中低产田改造，为不低于5万亩、不超过30万亩的灌溉面积提供水利灌排保障，直接改善项目区的水利灌溉条件。

土地治理项目的资金来源为中央财政资金、地方财政配套、农村集体和农民筹资（含以物折资）投劳。用于土地治理项目的中央财政资金全部无偿投入，各省按确定的比例配套。农村集体和农民筹资（含以物折资）投劳，严格按照"农民自愿，量力而行，民主决策，数量控制"和"谁受益，谁负担"的原则进行筹集，并纳入村内"一事一议"范畴，实行专项管理。

按国家农发办的规定，土地治理项目管理分为以下四个阶段：

前期工作阶段主要按照农业综合开发有关政策规定编制开发区的总体规划，进行项目前期准备，编制项目前期建议书，建立项目库，按照规定编报规划设计与实施方案，由相关机构组织评估审定。

申报批复阶段主要包括下达投资指标、编报年度项目实施计划、审批年度项目实施计划三个步骤。国家农发办下达中央财政投资指标和土地治理项目计划编报通知,省级农发机构据以编制年度项目实施计划。国家农发办主要批复土地治理项目年度实施计划的开发范围、任务及投资额等;省级农发机构根据国家农发办的批复向下批复项目年度实施计划,并报国家农发办备案。

项目实施阶段的项目实施管理工作与项目资金管理工作同步进行,具体程序严格按照农业综合开发有关资金和项目管理的规定执行。其中,土地治理项目主要单项工程的勘察设计、施工、监理、主要设备和材料的采购,实行公开招标;主要单项工程的施工,由具备相应资质或能力的单位进行监理。农业综合开发财政资金和农村集体、农民自筹资金的使用情况及项目建设的主要内容,应推行公示制。土地治理项目资金实行"专人管理、专账核算、专款专用",财政资金实行县级财政报账制。

验收管护阶段主要包括项目验收和工程管护。农业综合开发竣工项目验收的主要内容包括执行国家农业综合开发政策的情况、项目建设任务与主要经济技术指标完成情况、主要工程建设的质量情况、资金到位及农民筹资投劳情况、资金使用和回收落实情况、工程运行管理和文档管理情况等。农业综合开发项目一般由省级农发机构进行验收,国家农发办对项目竣工验收每三年进行一次考评。

土地治理项目竣工验收后,应当明确管护主体,及时办理移交手续。管护主体应建立、健全各项运行管护制度,保证项目的正常运转,发挥长期效益。

二、农业综合开发(土地治理项目)的工作流程

为了使各级政府、部门了解国家农业综合开发,国家农发办网站公布的流程如图6-6所示。按此流程,农业综合开发(土地治理项目)的工作分为四个阶段:

1. 前期工作阶段

该阶段包括项目县要对土地治理进行总体规划,并在此基础上编制项目建议书和项目的可行性报告。由国家农发办委托省级农发办评估审定,项目通过后被纳入国家农发办项目库。

2. 申报批复阶段

在预算编制阶段,国家农发办根据财政部下达的预算控制指标,将项目库的项目纳入年度预算草案。

在中央预算经过人民代表大会批准后,国家农发办还要按财政部批复的预算落实到县级相关项目,并通知县级农发办立项。

由于农业综合开发对象是治理中低产田,而治理后,原有的土地承包格局必然发生变化。为此,国家农发办在设计程序时,特别指出各地申报项目前应做好以下两件事:

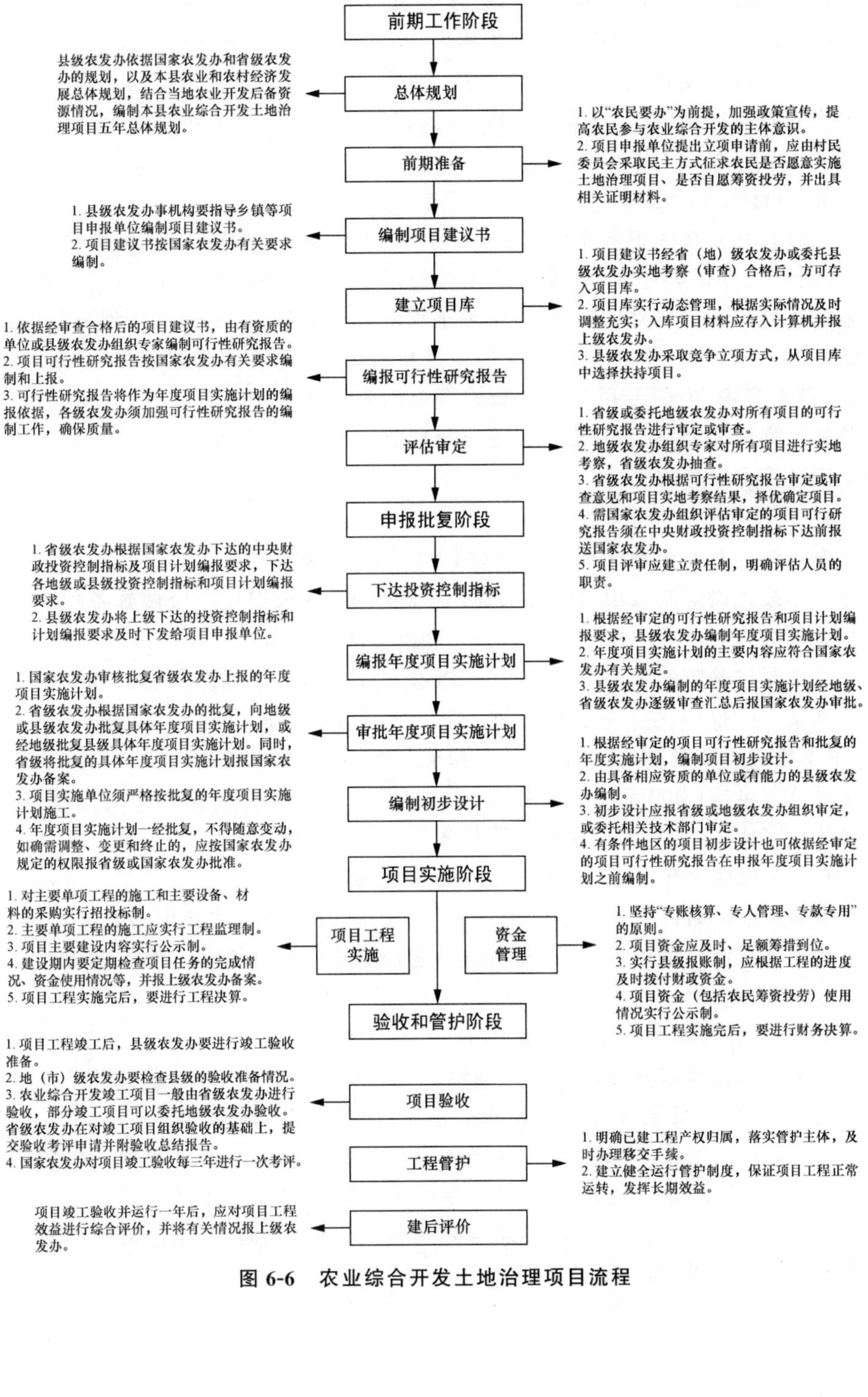

农业综合开发土地治理项目流程

左侧说明	阶段 / 步骤	右侧说明
县级农发办依据国家农发办和省级农发办的规划,以及本县农业和农村经济发展总体规划,结合当地农业开发后备资源情况,编制本县农业综合开发土地治理项目五年总体规划。	**前期工作阶段** → 总体规划	
	前期准备	1. 以"农民要办"为前提,加强政策宣传,提高农民参与农业综合开发的主体意识。 2. 项目申报单位提出立项申请前,应由村民委员会采取民主方式征求农民是否愿意实施土地治理项目、是否自愿筹资投劳,并出具相关证明材料。
1. 县级农发办事机构要指导乡镇等项目申报单位编制项目建议书。 2. 项目建议书按国家农发办有关要求编制。	编制项目建议书	
	建立项目库	1. 项目建议书经省(地)级农发办或委托县级农发办实地考察(审查)合格后,方可存入项目库。 2. 项目库实行动态管理,根据实际情况及时调整充实;入库项目材料应存入计算机并报上级农发办。 3. 县级农发办采取竞争立项方式,从项目库中选择扶持项目。
1. 依据经审查合格后的项目建议书,由有资质的单位或县级农发办组织专家编制可行性研究报告。 2. 可行性研究报告按国家农发办有关要求编制和上报。 3. 可行性研究报告将作为年度项目实施计划的编报依据,各级农发办须加强可行性研究报告的编制工作,确保质量。	编报可行性研究报告	
	评估审定	1. 省级或委托地级农发办对所有项目的可行性研究报告进行审定或审查。 2. 地级农发办组织专家对所有项目进行实地考察,省级农发办抽查。 3. 省级农发办根据可行性研究报告审定或审查意见和项目实地考察结果,择优确定项目。 4. 需国家农发办组织评估审定的项目可行研究报告须在中央财政投资控制指标下达前送国家农发办。 5. 项目评审应建立责任制,明确评估人员的职责。
1. 省级农发办根据国家农发办下达的中央财政投资控制指标及项目计划编报要求,下达各地级或县级投资控制指标和项目计划编报要求。 2. 县级农发办将上级下达的投资控制指标和计划编报要求及时下发给项目申报单位。	**申报批复阶段** → 下达投资控制指标	
	编报年度项目实施计划	1. 根据经审定的可行性研究报告和项目计划编报要求,县级农发办编制年度项目实施计划。 2. 年度项目实施计划的主要内容应符合国家农发办有关规定。 3. 县级农发办编制的年度项目实施计划经地级、省级农发办逐级审查汇总后报国家农发办审批。
1. 国家农发办审核批复省级农发办上报的年度项目实施计划。 2. 省级农发办根据国家农发办的批复,向地级或县级农发办批复具体年度项目实施计划,或经地级批复县级具体年度项目实施计划。同时,省级批复的具体年度项目实施计划报国家农发办备案。 3. 项目实施单位须严格按批复的年度项目实施计划施工。 4. 年度项目实施计划一经批复,不得随意变动,如需调整、变更和终止的,应按国家农发办规定的权限报省级或国家农发办批准。	审批年度项目实施计划	
	编制初步设计	1. 根据经审定的项目可行性研究报告和批复的年度实施计划,编制初步设计。 2. 由具备相应资质的单位或有能力的县级农发办编制。 3. 初步设计应报省级或地级农发办组织审定,或委托相关技术部门审定。 4. 有条件地区的项目初步设计也可依据经审定的项目可行性研究报告在申报年度项目实施计划之前编制。
1. 对主要单项工程的施工和主要设备、材料的采购实行招投标制。 2. 主要单项工程的施工应实行工程监理制。 3. 项目主要建设内容实行公示制。 4. 建设期内要定期检查项目任务的完成情况、资金使用情况等,并报上级农发办备案。 5. 项目工程实施完后,要进行工程决算。	**项目实施阶段** → 项目工程实施 / 资金管理	1. 坚持"专账核算、专人管理、专款专用"的原则。 2. 项目资金应及时、足额筹措到位。 3. 实行县级报账制,应根据工程的进度及时拨付财政资金。 4. 项目资金(包括农民筹资投劳)使用情况实行公示制。 5. 项目工程实施完后,要进行财务决算。
1. 项目工程竣工后,县级农发办要进行竣工验收准备。 2. 地(市)级农发办要检查县级的验收准备情况。 3. 农业综合开发竣工项目一般由省级农发办进行验收,部分竣工项目可以委托地级农发办验收。省级农发办在对竣工项目组织验收的基础上,提交验收考评申请并附验收总结报告。 4. 国家农发办对项目验收每三年进行一次考评。	**验收和管护阶段** → 项目验收	
	工程管护	1. 明确已建工程产权归属,落实管护主体,及时办理移交手续。 2. 建立健全运行管护制度,保证项目工程正常运转,发挥长期效益。
项目竣工验收并运行一年后,应对项目工程效益进行综合评价,并将有关情况报上级农发办。	建后评价	

图 6-6　农业综合开发土地治理项目流程

一是按"谁受益,谁分担"的原则,落实农户出资(含出资、出劳力或其他财产)部分的比例。这一分担部分,必须落实后方能进行项目实施。

二是项目开发必将涉及田地、道路、河道、居民区等的重新规划。为此,项目区应当先做好群众工作,将政策交给农民,将新的方案公布并征求所有农户意见,经各户签字同意后方能正式上报。

3. 项目实施阶段

县级农发办在接到国家农发办的立项通知后就可组织实施。在项目实施阶段,县级农发办是实施主体,要做的工作包括:一是搞好主要单项工程、主要设备设施的采购招标;二是搞好对主要单项工程的施工监理,公示项目进程与结果;三是做好对工程进度、资金使用情况的定期检查,做好向上报告制度;四是按"专账核算、专人管理、专款专用"原则,做好资金的筹措和管理,应当公示农户的投工、投劳和投物情况,对项目资金实行县级报账制;五是在工程结束后,县农发办应搞好工程决算和财务决算。

4. 验收和管护阶段

农业综合开发土地治理项目,原则上应当由省级农发办组织验收,国家农发办每三年按比例对验收项目进行抽查。在验收前,县级农发办应做好各项准备工作。验收的内容包括工程(含各项措施)和财务两个方面。

对于经过验收的土地治理项目,县级农发办应当将工程的所有权和管护责任进行移交。产权移交应按适宜原则(即"谁所有,谁管护")进行。凡是属于主干渠、主干道等重要设施,应当移交县级相关政府部门,如水利局、交通局等;凡是属于灌区公共设施(如土地、支斗渠、农业道路、林带等),应移交乡镇或村级机构。产权移交完成后,土地治理项目的管护责任也相应转移。

三、国家农业综合开发土地治理项目的绩效指标

国家农业综合开发土地治理项目的绩效指标指按项目化管理的要求、适用于土地治理项目的中期评价和后评价指标,它是绩效指标理论在土地治理项目上的应用。

(一) 对国家农业综合开发绩效指标(试行)的讨论

为了全面评价农业综合开发土地治理项目绩效,2011年,国家农发办公布了《国家农业综合开发项目资金绩效评价办法(试行)》(简称《办法》)。与绩效管理的要求相适应,《办法》设计了"国家农业综合开发项目资金省级管理工作绩效评价量化指标""土地治理项目绩效评价参考计分标准""产业化经营项目绩效评价参考计分标准"三个附件,并于2012年起实行。为此,我们对"土地治理项目绩效评价参考计分标准"做一讨论(见表6-5)。

表 6-5 国家农业综合开发办：土地治理项目绩效评价参考计分标准

评价内容	评价指标（分值）	指标说明	评分标准（略）
（一）项目前期工作（9分）	1. 项目可行性研究报告（3分）	按规定编制项目可行性研究报告的情况	
	2. 项目初步设计或实施方案（6分）	项目初步设计或实施方案编制情况	
（二）项目组织（8分）	3. 制度建设（4分）	推行招投标制、工程监理制的情况	
	4. 档案资料管理（2分）	管理项目工程档案资料的情况	
	5. 项目公示（2分）	项目公示制执行的情况	
（三）项目实施（18分）	6. 建设内容完成率（10分）	项目计划建设内容完成情况	
	7. 项目完成质量（4分）	每个完工的单项工程的质量情况	
	8. 项目验收（4分）	组织开展竣工项目验收的情况	
（四）资金使用（30分）	9. 资金落实（10分）	项目计划投资完成情况	
	10. 实际支出（7分）	项目的实际支出与批复计划的相符性以及实际支出的合规性	
	11. 会计信息质量（7分）	会计核算的规范性以及开展审计的情况	
	12. 财务管理制度执行（6分）	财务管理制度的执行情况	
（五）实施效果（35分）	13. 经济效益（15分）	主要包括改善农业基础生产条件、新增粮食等主要农产品生产能力、新增农业总产值等情况	
	14. 生态效益（10分）	主要包括增加农田林网防护面积、对治理水土流失和改善环境等方面的情况	
	15. 社会效益（10分）	主要包括带动农民增收等情况	

显然，表 6-5 是用于土地治理项目的结果评价（即后评价的绩效指标），但是，由于它尚未严格地按后评价的要求建立绩效指标体系，因此尚未形成以投入—产出—结果为核心的绩效指标体系。

（1）从评价目的来看：虽然表 6-5 试图引进绩效管理原理，但未厘清"你要茶，还是咖啡"，只是试图简单地替代《国家农业综合开发资金和项目管理工作质量考评办法（试行）》。

然而，由于工作质量考评是基于过程管理的，目的是考评"各级农发办是否严格执行了各项工作制度"。而绩效管理指向结果——国家农发资金产生了什么绩效？显然，这是两个不同性质的问题。该指标体系试图将"项目可行性研究报告""项目初步设计或实施方案"等纳入评价指标，但是，由于它们并不等于农发资金绩效，因此该指标体系存在答非所问之嫌。

（2）从绩效指标所揭示的信息来看：表 6-5 的前四项（项目前期工作、项目组织、项目实施、资金使用）主要是用来说明"我做得怎样"的，然而绩效管理原理告诉我们，绩效指"你提供了多少有效公共服务"。由于"你怎么做"与"你提供了多少有效公共服务"并非完全相关，因此"你是怎么做的"并不是绩效评价的重点；然而在表 6-5 中,这四项指标的分值达到了 65 分,显然,它过度地渲染了"我是多么努力"而非绩效结果。从这点来说,该指标体系存在导向上的缺陷。

(3) 从农业综合开发的目的来看:各级政府投入巨资,其目的无非是获得更多的高产稳产田,以最终达到农业增产、农民增收;而农民分担资金无非是农民增收、土地增值。这表明,在土地治理上,政府和农民都有明确的目标,且两者有重合性。为此,作为绩效指标,它应当直接指向以上目标的实现程度并揭示政府实施这类项目的优势;然而,可惜的是,在表 6-5 中,即使是处于核心地位的"实施效果"类指标也没有具体指标,而是安排了"经济效益""生态效益""社会效益"三指标。由于指标过于抽象、不具备可操作性,也就无法向人民交代"我们从这一项目中获得了什么"。既然如此,我们不禁要问,对该项目进行绩效评价的目的又是什么呢?

(4) 从效果来看:该指标体系违背了四维度框架,一些通常应当列入的绩效指标(如项目区群众满意率等)也被删除了。在这样的绩效指标下,试问,其评价结果能有多大的公信力?

(二) 国家农业综合开发土地治理项目的绩效指标体系(建议)

根据以上分析,我们建议采用表 6-6 的国家农业综合开发土地治理项目绩效指标体系。

表 6-6 国家农业综合开发土地治理项目绩效指标(建议)

指标名称	行次	权值	业绩值	得分值	备注
A 投入类	1	15			
A1 土地治理资金投入水平	2				
A11 按每亩耕地计算的农发资金投入(万元/亩)	3				
A12 按每公里干渠计算的农发资金投入(万元/公里)	4				
A2 按单项工程和措施计算的预算项目完成率(%)	5				
A3 审计有问题资金占比(%)	6				
B 产出与效果类	7	50			
B1 土地治理项目的直接收益	8				
B11 农田增产(主要农作物平均单产提高率,%)	9				
B12 农户增收(来自农业的人均收入增长率,%)	10				
B2 开发后土地租金平均增加率(%)	11				
B3 开发后项目区引进的种植、养殖项目投资额(万元)	12				
B4 土地治理行政	13				
B41 土地治理行政案件的受理率(%)	14				
B42 土地治理行政案件的结案率(%)	15				

(续表)

指标名称	行次	权值	业绩值	得分值	备注
B5 以县为单位计算的高稳产田比重(%)	15				
C 综合能力类	**16**	**20**			
C1 水利设施的完好率(%)	17				
C2 水利设施设计能力的实际达到率(%)	18				
C3 项目区道路的完好率(%)	19				
C4 按单项工程和措施计算的项目移交率(%)	20				
C5 项目筹资能力(实际筹资/计划筹资)	21				
D 廉政建设与满意率	**22**	**15**			
D1 廉政建设	23				
D2 项目区农户满意率(随机,样本为15%)	24				
D3 (略)	25				
总分	**26**	**100**			

注:本表适用于国家农业综合开发项目的中期评价和后评价。对农业综合开发项目的后评价,应当在农业综合开发项目完成并运行一年后进行,以获得与本表要求相适应的各项结果数据。

综合起来,该体系的特点如下:

(1)它是严格按投入、产出与效果、综合能力、廉政建设与满意率四维度设定指标的,由于它与其他部门绩效管理指标有一致性,因此评价结果与其他预算项目(尤其是支农项目)具有可比性。

(2)它突出了农业增产、农民增收的绩效目标,也是所有政府支农项目的基本目标。通过入户调查等,将指标的操作方式固化,还突出了土地增值、全县的高稳产田比重两个指标,从而将绩效目标变成绩效指标,这就为各级农发办编制绩效预算提供了依据。随着评价结果的公布,政府就可以向人民"在花钱买到了什么"上做出较客观、真实的交代;同时,也为政府改进农业综合开发项目管理提供了依据。

比如,中国目前的九个部门在搞土地治理,被百姓称为"九龙治水"。但出于各种原因,一些项目并未将重点放在中低产田改造上,而是"改造"已有的高稳产田。在本指标体系中,这一情况会通过"以县为单位计算的高稳产田比重""农田增产(主要农作物平均单产提高率)""农户增收(来自农业的人均收入增长率)"等指标反映出来。政府对那些不能在实质上促进农业增产、农民增收、增加高稳产田的项目就应叫停。

(3)该体系吸收以往的经验,将农业综合开发后对各种工程的管理、养护纳入绩效评价,分别设置了绩效指标,这就既有利于督促县级农发办及时做好产权移交,也有助于建立对各种设施的管护制度——尤其是对项目区内的农业道路、水利设施、防护林等建立公益性的专人维护制,是保证它们长期发挥作用的重要措施。

第五节 项目绩效评价报告

《绩效评价报告》是对项目的绩效评价的正式总结,分为主报告和附件。

一、项目绩效评价报告的格式和一般要求

《绩效评价报告》既是工作汇报,也是对以项目为中心的管理绩效分析。为此,编写者应坚持实事求是、价值中立、数据与情况一致原则,实事求是地指出成绩和不足,善意地提出政策建议。

《绩效评价报告》的格式通常分为三部分。为了保持结构紧凑,对需要展开的数据资料可采用附件方式予以补充。主报告的内容为:

(1) 绩效评价的实施过程和总体评价结论,包括为什么开展对该项目评价、由谁实施、实施中采用了什么方法。各项数据来源的核实情况,对项目绩效的评价结论和分值。

(2) 对项目的绩效分析,这是本报告的重点,围绕以下两个问题展开:

第一,得分较高的指标有哪些?这些指标得分较高的原因是什么?其中包括制度原因和管理原因。

第二,失分的指标有哪些?是什么导致这些指标失分?其中包括制度原因、管理原因和财政投入原因。

(3) 相关的政策建议,这指从改善项目管理出发,建议政府和项目实施者应采用哪些措施提高绩效,注意政策建议的可行性,不搞"假、大、空"。

二、编写项目绩效评价报告应注意的几个问题

一般来说,由于项目绩效指标是从部门和政策项目的总体绩效出发的,综合了各种因素,指标稳定,加上采用项目化管理的三阶段评价模式,因此只要严格地按要求操作,就必能获得高绩效。但是,涉农项目的绩效涉及宏观环境,为此,我们在选择项目或出具评价报告时应尽可能注意以下问题:

1. 重视农业公共事务

公共事务指那些经济和社会发展中必不可少,而又是私人或私人组织不能做、不愿做、做不了的那些事,因而具有公共利益性质,只能由政府来做。由于它具有受益上的广泛性,因此绩效较高且利于公平。与公共事务相对应,那些应由市场提供的称为私人事务。为此,私人事务应由个人、企业去做,公共事务应由政府去做,这是市场经济的基本规则。

农业是混合产品,由农业公共事务和农业私人事务组成。农业公共事务包括服务性农业事务和管理性农业事务,两者如表 6-7 所示。政府做好了这些将会降低农产品成本,消除城乡流通障碍,因而有较高的绩效;同时,管好这些事务,也有利于建立基于市场的中国农业体系。

表 6-7　涉农公共事务的分类

服务性农业事务	农业区划、土壤监测、良种推广、农林畜技术推广和农户培训、植保和畜牧防疫、农用水管理、农机服务、平原地区林业服务、农产品产地检测
管理性农业事务	森林管理和防火、水利工程和水资源管理、农业科技研究、良种鉴定、农机具鉴定

2. 综合性农业措施优先,处理好支出的级次关系

相比而言,综合性农业措施的绩效高于单项措施,如农业综合开发的绩效就高于单项补贴。在支出政策的级次关系处理上,建议如下:

(1) 属于全国受益的农业支出项目,采用"中央出资,委托县级实施绩效评价";凡是全省受益的,应采用"省级出钱,委托县级实施绩效评价"。

(2) 在高稳产田建设上,我们建议以"流域"为中心、以县为单位搞好土地规划,将居民点、农村交通纳入规划,连片扶贫县优先开发;土地治理实行"中央出资＋委托县级实施＋绩效评价"政策,不搞"九龙治水";将治理好的高稳产田委托县级管理,纳入基本农田保护"红线",以承包方式交给农民耕种。

(3) 落实省长"米袋子"责任,简并涉农补贴,对涉农补贴,宜疏导而不宜取消。一是实行级差性种植补贴政策,如对种植粮食作物的 200 元/亩,对非粮食作物的 60 元/亩,对抛荒的 0 元/亩;对荒芜 3 年以上的土地,经村民委员会决定收回承包地并转租其他农户。二是改变补贴方式,实行"谁种植,谁受益"政策。三是地方补贴部分纳入本级预算,但不准摊派给下级政府。

(4) "新农村建设"事权归省级政府,支出责任由政府和居民分担。一是省级政府制定建设标准,将农业、交通、教育、文化等纳入居民点建设规划并委托县级实施。二是在资金上,采用"农民出钱,省级政府补助,委托县级实施绩效评价",省级政府补贴指道路、排水、自来水等公共部分。三是居民点管理可参考浙江的经验,每个村点居民出 1/3(20 万元)、政府补贴 2/3(40 万元)的做法。四是搞好功能性农村建设规划,如历史文化村落的保护和利用、农家乐、休闲旅游业发展等。对此,省财政分别采取了补助、政府购买服务、以奖代补、担保补贴等支持方式。

(5) "农民增收"事权归市县政府,采用"政府补贴,市场运行"方式。"农民增收"政策具有地域性,是与市场密切联系的系统工程,因此在适当解决农业县财力下将该政策的事权归县级政府。上级政府应通过"扶持项目的成功率""新增农

户/每万元扶持款""农户收入增长率""覆盖农户的满意率"等指标,评估该项支出的绩效。

3. 重视农业基础设施建设,搞好工程管护

农业是国民经济的基础,农业基础设施是"基础的基础",农业基础设施建设和管护事关中国农业"百年目标"与农业增产、农民致富的现实目标的实现。

在西方土地私有制下,大中型农业基础设施产权归政府、小型归个人,农民必须付费使用,因而业主有管护积极性。

而在中国,土地是公有的,无论是大中型还是小型农业基础设施,建设费用都归政府。由于小型设施的管护费用不落实,农民"只管用,不管修",使一些用人民血汗钱建的、本来能为百姓长期谋利的设施,在短短几年就废弃了。于是,这里的农业又回到低效率、高成本的原始状态。总之,无论从哪方面来说,绩效管理应重视农业基础设施。

怎么解决此难题?我们认为,农业基础设施失修、失管的本质是产权问题,应按理顺产权的思路去解决。

(1) 按农业基础设施管护"大型归省级,中型归县级,小型归乡级"建立管护制度和专业队伍,并建立公产的登记和证照发放制度。

(2) 管护费用按受益原则分担。例如,小型设施的管护费用应由受益农户分担;也可"以工代费",按出工数顶替费用。

(3) 乡级政府应恢复水管站、农业综合服务站,其任务之一是监督农业基础设施管护,并纳入对各乡镇绩效考评指标。

(4) 对因自然灾害等而损毁的基础设施,应及时修复,并列入各级政府预算。

本 章 小 结

财政农业支出的项目绩效管理,由于涉及农业的混合产品原理及政府补贴项目、公共工程性支农项目,因此是中国绩效管理和绩效评价中最复杂与最困难的问题,而对财政农业支出进行项目化管理,是世界各国的通常做法。

在本章中,我们介绍了项目化管理的原理,结合农业财政支出当前存在的问题,对农业支出项目的条件、项目化管理三阶段的评价方法、绩效指标与结果应用等重点和难点问题做了讨论。这些经验,对于搞好农业项目绩效评价和绩效管理具有参考价值。

此外,本报告也希望,各地通过实践,创造出一个符合中国实际的、更为完整的、成熟的绩效管理模式。

第七章 推进中国绩效管理的政策建议

在本报告前三章中,我们从绩效原理开始,逐次研究了绩效管理理论及其在现实运行中的问题,指出绩效管理理应有转变行政观念等三项作用,但在现实中并未显示,因而中国存在"绩效管理无绩效"问题;我们还指出,这一问题在西方推行绩效管理的初期也遇到,而在中国,路径不合理、缺乏顶层设计、绩效指标短缺等是主要原因;最后指出,绩效指标短缺的根源是对绩效指标原理及其规律尚缺乏认识。为此,我们在第四章重点研究了绩效指标原理。总之,通过第一、第二和第四章,我们构建了一个比较完整的绩效管理理论体系,查阅文献后发现,这在国内外是仅有的。

在第五章中,我们结合绩效管理的理论和原理,以德州这一地级市为对象,开展了部门绩效指标建设和绩效管理试点,从而获得了一些有益的结果,形成了绩效管理的"德州模式"。它表明绩效管理在中国具有可行性,也证明绩效指标建设上的"一个部门、一套指标"的思路是正确的。

然而,"德州模式"毕竟有局限性。那么,中国应该怎样开展绩效管理,使之在各级政府中开展并借助于绩效管理实现政府行政管理观念的转变,由"权力型政府"转变为"责任型政府"呢?这正是本章要回答的。

第一节 推进绩效管理的政策建议

本节主要是从推进各级政府绩效管理本身提出五项政策建议,它包括:
一、搞好顶层设计,形成党委领导下的多种管理模式
(一)搞好绩效管理模式的顶层设计
  1. 双轨制是适应中国实际的管理模式
一国的政府绩效管理采用什么模式既属于顶层设计,也是事关制度建设的基本路径问题。路径错了,就会南辕北辙,离目的地越走越远。为此,我们应对此予以充分重视。

在本报告中,我们前面已经分析了政府绩效管理的两种模式(以项目预算为主的单轨制政府绩效管理模式和以部门预算、项目预算为依据的政府绩效管理双轨制模式)的优劣。其结论为:政府绩效管理的以"部门绩效管理+项目化管理"

为特征的双轨制模式,可能更适用于中国。

此外,在本报告第九章到第十七章中,我们通过对美国等九个国家和中国香港的政府绩效管理模式的描述,表明政府绩效管理的双轨制模式,是大多数国家(地区)所采用的。此外,我们还通过"德州模式"实践,证明在双轨制模式下,推进部门绩效管理以带动整个政府绩效管理的这一思路是可行的。

总之,根据以上分析,我们认为,政府绩效管理的双轨制模式可能是适用于中国的绩效管理模式。

2. 正确处理政府绩效管理双轨制模式的部门与政策项目关系

双轨制模式指"部门绩效管理+公共政策项目化管理"的政府绩效管理模式。双轨制模式是以部门绩效管理为主、以公共政策的项目化管理为辅的模式。那么,政府绩效管理为何应以部门为主呢?

首先,部门是管理公共事务的专业组织,又是行政组织。为此,一是只有部门承担了绩效责任,将其提供的各项服务指标化、绩效化,才能实现"效率政府"或"绩效政府"的绩效管理目标;二是在中国,行政部门或多或少地管理着下属组织——二级行政机构、事业单位,有的还有国有企业。只有部门承担了绩效责任,它们才会出于分担责任的需要,主动地将绩效责任分配给下属单位;只有部门有了绩效责任,才能将有效公共服务落实到科室和个人,从而实现全面绩效管理。要做到这点,政府就必须确立部门的绩效主体地位,并通过建立部门绩效目标和绩效指标,对部门开展绩效评价来明确其责任。相比而言,公共政策的项目化管理虽然重要,但它们却难以起到以上作用。

其次,对以上这点存而不论,我们仅就部门与政策的预算关系来看,中国出台的多数政策与部门职能有关,其项目由部门实施。为此,政府绩效管理以部门为主,有利于理顺部门与政策项目的关系,将项目纳入部门绩效管理。当然,随着项目化管理的规范化,中国将出现一些超越于部门的项目——跨部门预算项目。对这个问题的绩效管理,我们随后会讨论;不过,在大多数情境下,部门仍然是项目的主管者。

最后,政府绩效管理双轨制模式与中国部门预算(部门预算=基本支出预算+项目支出预算)是适应的;若否定了这点,我们就势必否定部门预算而另外建立一套制度,但这样做有必要吗?

何况,在部门预算下,有一个点是显而易见的:若部门想增加预算,就必须讲清这样做的必要性:在多大程度上能增进各指标绩效?若它不能说明这点,则项目或许在前期评价中就被否定。

3. 对政策性预算项目的两种管理方式

在政府绩效管理双轨制下,部门与政策项目应是何种关系呢?这是我们首先要理清的问题。

（1）合理地区分两类政策性预算项目。政策性项目是一个广义概念，它既可指政策，也可指公共工程。一项政策可以涵盖几个政府部门，也可以是一个部门有多个政策。为此，我们将前一种称为"跨部门政策"，后一种称为"部门政策"。

根据我们对预算项目的三标准定义：一是有独立的目标或战略目标；二是独立于其他项目的管理制度和预算，能够实行专款专用；三是能单独测量绩效。凡是符合这一标准的政策，就应当纳入项目预算，实行项目化管理。为此，政策性项目并非指政策本身，而指那些需要预算支撑且符合预算项目立项标准的政策。或者说，如果一项政策或政策改动不涉及预算，或者不符合预算项目立项条件的，那么就不应当被列入政策性预算项目。例如，部门内部管理政策、某些社会政策等。

按此标准，我们可以将政策性预算项目分为两类：跨部门政策性预算项目（简称"跨部门项目"），部门政策性预算项目（简称"部门项目"）。

（2）对跨部门政策性项目，应实行优先原则。优先原则指对跨部门政策性预算项目，我们应采用"立项优先、实施优先、评价优先"的原则。

一是财政部门应优先受理这类项目，并严格地按项目自身的绩效指标及可行性、有效性评价项目。

二是对评审通过的项目，应成立"项目办"，确定"项目责任人"。项目责任人将对该项目的预算和绩效指标负责。

三是由于跨部门项目的具体实施分散于各相关部门，因此部门应当建立"分项目办"和"责任人"。

四是一旦项目通过，财政部门应将各分项目预算加到相关部门的预算中。

五是对跨部门项目的绩效评价应按该项目的总体绩效进行单独评价，而不应当将各相关部门的绩效加总后算作该项目的绩效。

（3）对部门政策性项目应实行部门绩效原则。部门绩效原则指：一是在项目前期评价时，应当不仅顾及项目自身的绩效，更要顾及部门绩效，只有那些能改善部门管理、提升部门绩效的项目，才能通过；二是部门项目的实施单位是各部门，部门领导理应为"项目责任人"，他们应当对该项目的预算和绩效负责；三是对部门项目绩效评价的重点应是"以绩效指标说明它增进了多少的部门绩效"，其次才是"项目自身的绩效"。部门政策性项目的评价通常应当由财政部门进行，但对那些全面开展内部绩效管理的部门，也可委托部门评价。

总之，根据不同的原则理顺两类政策性项目与部门的关系，是实现政府绩效管理双轨制模式的重要内容，也是中国政府绩效管理顶层设计中无法回避的问题。

（二）坚持实行"党委领导，政府推进"的改革方针

毛泽东提出，领导者的责任，归结起来，主要是出主意、用干部两件事。邓小平也提出，抓法就是抓头头、抓方针。其实，"出主意"就是抓方针；"用干部"就是抓头头。应当说，抓住了这两条，就抓住了做领导的根本。如果说，中共十八届三中全会《决定》的"推进绩效管理"是"出主意"，那么，要使这项政府改革落地就要解决好"用干部"问题——该由谁来推进绩效管理改革？

绩效管理由谁来推进是很重要的。这是因为，绩效管理是建设责任型政府的"抓手"，但如果无得力的机构、干部去做，那么这场本应轰轰烈烈的改革就可能"变味"或夭折，从而使我们民族错过一次历史性机遇。可见，但凡重要的改革都应由权威机构来推进，在进入正常轨道后，其日常管理就可交给某一部门。这是一条经验。为此，我们提出"党委领导，政府推进"的政策建议。其理由如下：

第一，绩效管理是政府全局性改革，本质是"政府革命"。在中国历史上，若说改革开放是第一次改革，虽然它波及上层建筑的政府管理，但本身属于经济体制改革，而绩效管理则属于政府改革，是一项建立责任型政府、服务型政府的伟大改革，其意义不亚于1989年的改革开放。从这点来说，它是中国的"第二次革命"。总结历史经验，1989年改革开放的成功，除大势所趋外，更重要的是有党中央的坚强领导。可见，凡是重大的改革必须在党中央的领导下进行，这是中国的经验，也是成功的关键。从这点来说，绩效改革也应在中央领导下、由各级党委来推进。

进一步说，既然推进绩效管理已写入中共十八届三中全会《决定》，那么作为中国共产党的决定，从党中央到各级地方党委就应承担贯彻落实的责任。从这点来说，中国的绩效管理应是一种"党委领导，政府推进"的模式。

第二，绩效改革是政府自身的改革，它不可能靠政府"自我觉悟"来完成。其理由为：政府是权力机构，有权者获得了许多利益，受自身利益的限制，政府改革会产生"路径依赖"，从而导致改革失败或"变形"。为此，要使绩效管理改革不变形，就必须由管得住政府的权威机构（党中央和各级党委）领导改革。

从历史看，虽然中共十一届三中全会提出了"简政放权"，但各部委却迟迟不肯放权。为此，党中央经过周密筹划，选择财政体制为改革的"突破口"。根据中央这一要求，1980年2月国务院下达了《关于实行"划分收支、分级包干"财政管理体制的暂行规定》。"划分收支，分级包干"是国家财政管理体制的重大改革，不仅涉及财政收支结构、财权划分和财力分配的调整与改进，还涉及计划、基建、物资、企业、事业等管理体制的调整与改进。由于这次改革是在各级党委的领导下进行的，因此比较彻底。通过经济体制改革，我们终于启动了中国市场经济建设进程。

从这点来说,绩效改革的"党委领导"是必然的,也是执政党的历史责任。

第三,绩效管理是综合改革,不但指绩效管理制度建设,而且指"三个再造、一个标准"建设;而绩效管理制度建设又包括部门绩效管理、政策的项目化管理制度建设。可见,其复杂性和难度超过以往改革,这就更需要在党委领导下,通过精细筹划和科学决策来完成,做到运筹于帷幄之中、决胜于千里之外。反观历史上政府改革的成效不大(例如,国务院下放行政审批权改革已有数年,但遇到"中央放权,地方接盘"式软抵制;"大部制改革"变成了"办公桌搬家";精简机构改革虽然砍掉了近1/3公务员,但为其后的"机构膨胀"所抵消等),都说明政府改革不等于"政府的改革",重大的政府改革只有在党委领导下才有可能不是"走过场"。或者说,绩效管理若脱离了党的领导,凭政府的能力,很可能会变成"雷声大,雨点小"式改革。而德州市绩效改革能产生以上成效,是因为得到了党委的领导和支持。

在这方面,当前有一种观点认为,绩效管理是财政改革,因此应当将推进改革的责任归为财政。但这一做法是行不通的。其理由我们在前文已阐述,在这里可简单地归结为:一是财政部门固然重要,但在中国,由于财政并无行政职能,因此不具备推进绩效改革的权利能力;二是由于中国财政不具备对部门的行政监督权和处罚权,因此也不具备相应的行为能力。将这两点综合起来就是,财政不适合充当政府绩效改革的领导者和推进者。从这点讲,2014年国务院文件中"预算绩效管理"并非指由财政推进绩效管理,而是指"党委领导,政府推进"下由考评办、财政共同参与的绩效管理。

第四,从西方国家看,推进绩效管理有三种模式:在英、法、德等国,是在首相或总理领导下由财政部推进;在美国,是由总统预算办负责推进的,财政部只是根据国会批准的绩效预算组织拨款;加拿大的绩效管理是由总理领导的,高于部级的机构——国库委员会负责推进的。可见,推进预算绩效管理应结合各国的行政治理方式而定,它未必是财政部的事。

综合以上,我们认为"党委领导,政府推进"是符合中国国情的绩效管理的推进模式,从中央到地方各级党委应承担起这一历史责任,领导政府搞好绩效改革。

(三)合理地选择绩效管理推进路径

在确定了绩效管理"党委领导,政府推进"的前提下,我们还要进一步厘清绩效管理的组织、实施交给谁做。这就是选择代理人的问题。对此,我们可归结为"党委领导+财政推进""党委领导+三驾马车"和"一体两翼"等三个方案。

1."党委领导+财政推进"方案

"党委领导+财政推进"方案,就是根据国务院和新《预算法》的要求而设想的预算绩效管理方案，由政府制定、由财政主持推进绩效管理。其中，各级党委的深化改革领导小组办公室（简称"深改办"）将代表党委主持此项工作，而具体改革由财政组织推进，其关系如图 7-1 所示。在该方案下，考评办将被撤销。

图 7-1　模式 1：党委领导下的预算绩效管理

对于该方案的优缺点，第五章已做过评论。归纳起来，其优点为：由于党委重视，绩效管理实施中的难题可获解决，因此有利于推进。但其缺点为：一是它仅适用于本级政府的绩效管理，由于排斥了考评办，因此不能覆盖全面绩效管理，包括对下级政府的绩效评价，这并不符合国情；二是由于绩效管理涉及指挥部门做好"政府再造"（"三个再造，一个标准"），以及按"一个部门、一套指标"开发绩效指标，需要各部门共同配合才能完成；三是绩效管理在实施中还将遇到追责问题，然而这是财政所力不能及的。

总之，从行为能力来看，该方案虽然可行，但并不全面，而是有瑕疵的。

2. "党委领导＋三驾马车"方案

"党委领导＋三驾马车"方案是基于绩效管理"德州模式"而形成的，是由党委领导，由组织部绩效办（即考评办）、财政、部门三方在明确分工的基础上形成的合力推进绩效管理的方案。在该方案中，组织部绩效办既代表党委，也是推进绩效管理的组织者和责任承担者。有关"三驾马车"下的绩效管理分工如图 7-2 所示。

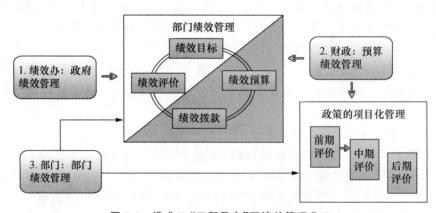

图 7-2　模式 2："三驾马车"下绩效管理分工

该方案的优点为：一是它有利于消除目前两套考评、两个机构下的"制度打架"，在绩效指标体系上做到"两套指标"合一；在财政与考评办关系上，由于采用了一次评价、信息共享，以及部门评价与政策评价叉开，通过两个机构的合理分工和协调、信息共享，有利于消除"重复评价"。二是由于它的立足点是部门绩效管理，因此可以最大限度地调动部门的积极性。三是组织部代表党委参与绩效管理，有利于将绩效评价与人事考核结合起来，提高绩效评价的权威性，并适时启动行政追责机制。四是它统一了对下级政府绩效评价、本级政府绩效评价，有利于推进"两个绩效管理"，从而加快效率型、责任型政府的建设进程。

该方案的缺点为：一是由于有多部门参与，因此必须有一个严密的组织分工来解决好协调问题，组织和协调的工作量较大；二是该方案是在信息共享假定上的，为此必须有一个大信息体系，并解决好信息流通问题；三是它必须严格地按"一个部门、一套绩效指标"的要求，开发部门绩效指标体系，这一工作的工程量大。但是，这三个属于技术性问题，因而只要充分重视，就应当可以解决的。

3. 确立政府绩效管理的"一体两翼"方案

绩效管理的"一体两翼"推进方案，指党中央成立绩效管理委员会（或中央财经委员会）领导全国绩效管理，财政、绩效办参与的方案（见图7-3）。

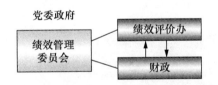

图7-3 模式3：绩效管理的"一体两翼"方案

这个方案，在国外有类似的做法，如美国就采用了由国家绩效评价委员会领导绩效和推进管理的模式。

中国在20世纪50年代，面对当时遇到的经济困难、财政赤字、通货膨胀、工商业凋零、城市大量失业等问题，中央决定成立由陈云主持的财经委员会（简称"中财委"）。中财委领导财政、银行、军队、海关等部门，采取了稳定通货、稳定币值和恢复国民经济等措施，取得了良好效果。60年代，陈云又主持了中财委的工作，在克服三年自然灾害损失、恢复国民经济上发挥了领导作用。这说明，在必要时，采用"一体两翼"方案是可行的。

"一体两翼"方案将由中央成立绩效管理委员会承担起领导和指挥全国绩效管理，制定绩效管理条例、规划和政策，协调绩效评价办和财政两者的关系，督促两部门实施等责任。绩效办作为政府部门，将专门从事对下级政府、行政事业单位的整体绩效评价,推进各部门的"三个再造,一个标准"建设。财政则依法搞好绩效预算编制和实施、实施对政策的项目化管理、推进部门内部的一般项目评价等工作。

该方案的优点为:一是它有利于全面地规划和渐进地推进中国的绩效管理,逐步由中央层次推进到市县;二是由于它实现了绩效管理决策层次和执行层次的分开,因此在操作上比较规范,也有利于形成绩效管理上政治与事务分开的绩效机制,符合责任型政府的建设要求;三是它也较好地体现了党对政府绩效改革的领导。

该方案的缺点为:一是各级考评办将与组织部"脱钩"并转为政府绩效办;二是在开发部门绩效指标、绩效信息库及绩效信息共享等制度建设上,需要绩效管理委员会全面考虑,建立明确的分工和协调关系,否则就极易造成"各搞各的";三是它需要中央先成立机构,然后各省市才会跟进。

总之,以上三种模式虽然都有一定的可行性,但相比较而言,或许最优的应是第三种推进方案,其次是"党委领导＋三驾马车"的方案。

二、设计好中国绩效管理改革的路线图

在推进绩效管理上,参照西方的做法,我们建议做好政府绩效管理的步骤的全面规划,形成改革路线图。根据西方的经验,政府绩效管理改革路线图的内容如图7-4所示。

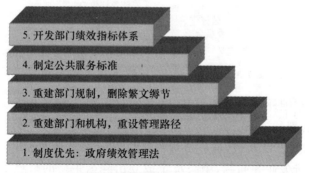

图7-4 政府绩效管理改革"路线图"

(一)制度优先:制定"政府绩效管理法"

"政府绩效管理法"是用于明确政府、部门和单位,以及绩效办、财政、审计等部门的绩效管理责任的法律。在以法治国的前提下,这一法律是必要的,也是政府绩效管理的依据。但在目前条件尚不完全具备时,建议由党中央、国务院颁布"政府绩效管理法",使得中央的决定变成可操作的规则。

（二）重建部门和机构，重设管理路径

这就是要按形成逻辑的要求：一是以大部制为主，对行政部门进行调整，改革中国部门设置上的三维框架，转变为行政部门建设上的两维度框架，而将第三维度的管理（如农、林、水等）纳入第二维度的部门职能内。

二是以部委为主，制定政策，促使各部委按"三个再造，一个标准"的要求，清理重叠机构，设计新的管理流程，实现机构和流程再造。

（三）以部委为主，重建规制，删除繁文缛节

这就是各部门应当结合"三定方案"、简政放权和绩效管理要求，清理、废止繁文缛节规制，建立以公共责任为基础（包括行政审批在内）的新的管理规制。

（四）以部委为主，制定各类公共服务标准

公共服务标准是政府的服务承诺，也是建立绩效目标、绩效预算的依据，因而它是绩效管理的重要内容。目前，由于中国没有建立公共服务标准，在实施中存在既"缺位"（政府不作为）又"越位"（过度作为）、干预企业和个人行为的问题。在医疗卫生上，由于中国缺乏公共服务标准，造成医患纠纷不断，甚至干扰医疗机构的正常工作，说明制定公共服务标准已刻不容缓。

公共服务标准的内容广泛，如农业服务标准、公共医疗和防疫服务标准、公安服务标准、监狱管理和服务标准、各类教育服务标准、环境监督服务标准、环卫和市容服务标准、公路建设和运输管理服务标准、国家住宅建设标准、技术质量监督标准、国家安全监督标准等。由于这些标准涉及中国的政府职能，因此应当在国务院领导下由中央各部委制定。

（五）按"一个部门、一套指标"开发部门绩效指标体系

绩效指标体系上的"一个部委，一套指标"是绩效管理改革的核心，也是解决中国绩效指标短缺的关键，必须尽早指定机构来实施。

在路线图的五项中，除制定公共服务标准属于绩效管理改革的非必要内容外，其余均为必要内容。而且，它们之间存在程序关系：若前三项未完成，部门绩效管理的推进就缺乏基础。为此，我们应将这些工作列入路线图，逐项开展。

在时间上，我们建议，前四项工作需要 2—3 年，后一项工作 1—2 年。经过 3—4 年时间，中国至少在县级以上政府将全面实行绩效管理。如果这样，那么中国的行政管理将进入新阶段。

三、建设科学的部门绩效指标体系

我们认为，绩效管理是科学管理制度，关键是有一个科学的绩效指标体系和相应的评价、管理方法。上文讨论的三种方案，都是以科学的部门绩效指标体系为支撑的，而中国当前的绩效考评和财政评价上的低效率，主要是部门绩效指标体系缺失造成的。总之，细节决定成败。在中国，几乎所有的绩效指标体系（部门

的、政策和公共工程的、一般项目的、上级评价下级政府的、部门评价下属事业单位)的绩效指标体系均短缺,都要开发,但是处于"龙头"地位的是部门指标体系。为此,突破部门绩效指标体系,将是破解中国绩效指标短缺的关键。在建设科学的部门绩效指标体系上,我们的建议如下:

(一)绩效指标体系应符合三维标准

绩效指标体系"三维标准"即科学性、可操作性和管理有用性标准。在按该标准建设绩效指标体系上,我们应重点做好以下备方面:

第一,坚持科学性标准。(1)它应当体现绩效公式和花钱购买公共服务的要求,反映有效服务和公共投入两方面。(2)绩效指标应符合结果导向要求,指向结果而非公共服务过程。由于政府变革是渐进的,绩效指标应有利于激励变革,反映政府服务由量变到质变的过程。(3)指标体系应符合逻辑性要求,按同一律处理指标间的关系;绩效指标体现绩效的层次性要求。

第二,坚持指标体系的可操作性和管理有用性标准。(1)部门指标体系必须按"一个部门、一套指标体系"来开发,这是保证其可操作性和管理有用性的基本要求;(2)绩效指标应当量化,尤其是骨干指标,以灵敏地反映公共服务的变化;(3)各指标的原始数据应当来自管理,多数数据应在管理系统中获取并由计算机自动生成,使绩效评价实施是低成本的且扰民最小的;(4)绩效指标应反映部门管理的特点,联系职能反映部门的管理状态并具有区分度。

第三,它必须以形成相对稳定、具有可替换性的指标体系为建设目标。应当说,一个好的指标框架不仅能使指标稳定,而且应当能满足多种管理的需要。德州市的实践表明,建立"四维度的指标框架"(投入、产出与结果、中心工作、廉政和满意率)符合投入产出规律,可能是最合适的指标框架。

(二)按职能—事务设计指标体系

在指标框架确立后,关键是确定产出与结果指标。对此,我们在德州的做法可归纳为以下四点:

第一,应当按各部门的职能和事务设置指标。事务是职能的具体层次,它既可以由科室,也可以由二级机构(如二级局、中心,事业单位等)实现。事务的本质是公共责任和政府承诺,因此只有按事务尤其是产出与结果设置指标,才符合有效公共服务的要求。

第二,绩效指标应当具有信度和区分度,以反映部门绩效的逐年进步。信度首先指绩效指标的可靠性,即面对同一结果指标,即使不同的评价者也应是同一评价结果;其次指绩效指标应指向部门的基本或关键业绩方面,具有引领作用。区分度指对同一行业的不同个体的绩效测量能反映管理差距,从而分清清浊,而不应将公认好的评价为"差",将公认差的评价为"好",导致资源转移。为了满足信度和区分度要求,我们尽量少用、不用"完成率"等过于功利的、仅仅反映短期效果的指标。

第三,应当按重要性原则,将指标区分为功能性(骨干)的和配属性(辅助)的,赋予权值以反映其地位差异,使部门一眼就能看出各指标的地位。

第四,应当将重要的做法规则化。我们在德州市 31 个市直部门的绩效指标设计中形成的五项规则,就是按此要求形成的。这对培养绩效指标设计、评价人员是有价值的。

总之,需要说明的是,尽管我们围绕绩效指标设计的科学性、管理有用性和可操作性及职能—事务上提出了五条规则,但这属于经验性的,尚不够全面。2015 年 9 月,德州市考评办邀请市农业局、审计局等五部门,针对绩效指标召开座谈会。与会者的评价为:一是各试点单位充分肯定了以部门为中心的绩效管理思路;二是从总体上看,80%的指标是适用的。据我们分析,部门对 20%指标有异议或许与一些部门尚未进入绩效状态、对其价值尚不理解有关,更与我们深入实际不够、对部门的绩效规律认识不足有关。为此,我们主张,不是匆忙修改指标,而是经 1—2 年的运行再来修改指标,这或许更符合科学性、管理有用性要求。

四、推进公共政策的项目化管理

公共政策的项目化管理指以绩效为核心,由财政(或政府指定的其他机构,如政策办等)实施的,以政策、公共工程项目为对象的绩效管理形式。政策的项目化管理分为前期评价、中期评价和后评价三个环节(见图 7-5)。它最早来自 20 世纪 70 年代美国的项目预算——项目评价,80 年代,它为世界银行所采用,并广泛地用于政府贷款项目上。

图 7-5　公共政策的项目化管理流程

实践证明,公共政策的项目化管理是治理官僚主义和"三拍"(决策拍脑袋、实施拍胸脯、结果拍屁股——走人),实现决策科学化的良药。2013 年上海闵行区政策办成立后,对政策性项目开展项目化管理,收到较好的效果。它通过前期和中期评价,取消了 2 项政策,完善了 8 项政策,节省了近 2 亿元预算。而江苏无锡市财政局运用表 7-1,对 2012 年的 31 个政策性(工程性)预算项目开展了前期审查,发现 2/3 的项目存在路径性或预算缺陷。为此,项目被退回部门,并要求进行补充研究。经过修订和再审议,市财政最终砍掉了 3 个项目,减少当年预算支出近 5 亿元。

表 7-1 公共政策(工程)的前期评价指标体系

项目评价指标		权值	专家评价	评价依据或提供的资料
一、战略和政策依据 (23)	项目的战略(政策)依据	13		提供政府的战略规划、决议或政策依据
	项目的规划依据	10		提供需求调研和部门的规划依据
二、项目规划的合理性 (44)	项目的绩效目标:先进性	12		提供本项目主要的绩效目标指标,并通过以往评价或同行评价结果,说明本项目绩效目标指标的先进性、可行性(可评价性)
	项目的绩效目标:可行性	12		
	项目的绩效目标:管理价值	6		从指标的投入与效果匹配度、管理价值方面进行专家评价
	可行性方案:合理性	7		提供本项目的可行性报告,评价其合理性、路径和技术的可行性
	可行性方案:路径和技术可行性	7		
三、财务的合理性 (33)	项目预算的合理性和绩效目标预期	18		提供本项目的总预算与分项预算、价格依据,绩效目标预期等由专家评价。绩效目标预期指按部门绩效指标做出的绩效改善目标
	项目的单位成本	10		提供与同类项目或以往的单位成本比较的依据
	政府采购资金预期比重的合理性	5		提供项目预算中政府采购资金比重的资料
总分值		100		

这些例子都说明,前期评价不仅可以砍掉那些华而不实或属于"政绩工程"的项目,而且可以促使项目单位事前做好项目的精心设计,以避免"花钱任性"或者"面多了加水,水多了加面"等无绩效决策。可见,政策的项目化管理是有价值的,是预算绩效管理的重要内容。

(一)搞好对政策的前期评价

前期评价应当在政府决策前进行。在评价时,提案部门应提供可行性报告和分年度预算。财政部门接到提案部门的报告后,应当组织专家,按表 7-1 的要求,对政策项目的必要性、可行性和财力可及性进行审查。通过评审的预算项目,财政部门应当及时提交政府领导,进入相应的政府决策程序;通不过的,退回原政策设计部门。

在表 7-1 中,"项目预算的合理性和绩效目标预期——项目预算的合理性"指项目设计单位按部门绩效指标做出的绩效改善的预期目标,评价者应当通过相关资料,对它可能达到的绩效目标做出详细描述。从权值看,该指标的分值说明了它的重要性，同时，它也是用于中期评价和后评价的重要依据。

（二）开展对中长期政策项目的中期评价

中长期政策（工程）项目指实施的过程较长、投入较大的公共政策或公共工程项目。对于这类政策或工程，应当开展中期评价。中期评价在中长期政策项目实施一年后进行，主要评审项目是否实施、实施中的问题、是否达到预期效果。评审未通过的，应当责令实施单位修订和完善政策，或者撤销项目、收回预算；对于有重大缺陷的项目，还应当对责任人启动追责程序。

在中期评价中，除跨部门政策应设立专门的指标外，对于部门性政策，我们总的观点为：凡是新的或修订的部门政策都应当有利于增进部门绩效；若非如此，则该政策就无绩效价值，是应当否决的。或者说，对于部门政策，我们不必设置一套新的绩效指标，而应以现行的部门绩效指标体系为基础编制绩效目标，开展绩效评价。

（三）开展对完成的政策项目的后评价

由于公共政策是长期过程，为此根据绩效评价理论，一是对完成的政策项目应进行后评价，二是即使没有规定期限的政策也应当进行定期评价。例如，上海市闵行区政府规定，政策的实施期为 3 年，对到期的政策应当开展绩效评价，通过评价决定是修改还是取消。

对政策的后评价的目的：一是通过比较该政策（或工程）项目的结果和前期评价中设定的目标，说明该政策在实施上的符合度和价值，进而总结经验；二是通过评价，说明政府买到了什么服务，回答公众关注的"政府买到了什么""是否值得"两个问题。应当公开对政策的后评价结果。

以下，我们对政策后评价中的几个具体问题提出如下建议：

一是政策后评价的范围。凡是实施到期的政策（包括年度政策），必须进行后评价；凡是没有规定期限的政策，中央有关部门应以 3—5 年为期限进行定期评价；凡是公共工程项目，应当在交付使用满 1 年后，进行结果评价。

二是在政策评价绩效指标的建设上，凡属于部门政策，应以部门绩效指标为主要依据，结合政策目标指标进行，以考察其在绩效改善上的作用；凡属于跨部门的政策，应当根据前期评价中的绩效目标，另外建立绩效指标体系。

由于后评价属于结果评价，因此其评价结果应当公开；对于严重失实或者无效的政策，应当追究有关人员的责任。

五、构建绩效基础信息体系和本级政府绩效信息库

我们还认为，本方案能否成功，除了绩效指标，还取决于基础信息和政府绩效信息库等信息支撑体系的建设。基础信息指与各项绩效指标相关的，来自部门的管理、会计和统计信息。我们通过建立"基础信息表"，将其纳入计算机管

理,既减少评价工作量,也能较好地解决数据造假问题,因而是绩效指标方案的重要内容。

此外,我们还建议,政府有关部门应当以大数据为背景,开发政府绩效信息库,并形成部门、绩效办、财政信息共享的机制,从而为财政编制绩效目标、绩效预算提供支撑。

第二节　搞好部门预算改革,为绩效管理创造条件

本报告第一章指出,绩效管理是建立在部门预算制度,尤其是项目预算制度之上的。对于这点,中西方的看法一致。在西方,若无20世纪60年代的项目预算改革,也就没有90年代的项目绩效评价和绩效管理。而在中国,各地在2000年前后完成了以项目预算为特征的部门预算改革,从而引起了对项目有效性的评价和部门预算有效性的评价问题——绩效管理。

但是,由于当时的部门预算改革尚未引入绩效元素,为此尚有某些制度性缺陷。随着新《预算法》的实施,中国部门预算必须深化改革。本节将结合绩效管理的要求出发,对部门预算改革提出如下政策建议:

一、部门预算存在的主要问题

有关部门预算的问题,本报告第三章已做详细研究,这里只做以下提示:

(一)部门预算与部门预算公式

部门预算指按部门编制和分配资金的预算,其核心是部门预算公式。部门预算公式指一个部门的预算应当按式(7-1)建立:

$$部门预算 = 基本支出预算 + 项目支出预算 \qquad (7-1)$$

其中,基本支出预算指按部门的人员编制计算的日常经费预算,包括工资和费用、会议费、差旅费等。项目支出预算指部门各类办事项目的预算,包括建设项目、政策项目和业务项目(如事业费项目)等。

在财政上,对基本支出预算实行标准管理,其中对工资部分实行财政实拨制,对日常经费预算采用按人均标准拨款。对项目支出预算由各部门申报,财政审查批准并专款专用。但是,在编制年度预算时,财政部门采用的是以总额控制为特征的预算建议数制度。

(二)部门预算的主要问题

总体上,部门预算体现了"一个部门,一本预算"的要求,按部门业务将预算分成基本支出预算和项目支出预算两类,实现了项目与预算挂钩,因而称为办事预算,比起过去的以预算包干为特征的养人预算是一个进步。但是,出于种种原因,它在实施中有如下问题:

1. 部门预算公式不尽合理，未建立分类管理机制

在构成部门预算的两个方面中，基本支出预算是按各部门的人员和经费标准挂钩的"养人"部分，保证了部门的基本经费。而项目支出预算则比较复杂，虽然财政在预算编制时对各部门下达了总额控制，但由于财政部门对什么是预算项目、预算项目如何受理等未做明确规定，因此在实际运行中问题多多。

首先，预算项目范围过于广泛，"上至天文地理，下至鸡毛蒜皮"都是项目。

其次，从实施看，预算项目既包括本部门实施的项目，还包括部门所属预算单位的项目，甚至事业单位预算本身也是项目，因而内容重叠。

最后，从内容看，预算项目既包括本级事业费项目（如会议费、修缮费、培训费项目），也包括建设性项目（如水利部门的水库、河道项目）、公共政策项目（如农业政策项目、教育卫生政策项目）等。从管理方式上看，预算项目既可以是本部门（含下属单位）的项目，也可以是下达给下级政府相关部门的（即转移支付项目）。

理论上，不同的预算项目因性质、功能不同，管理方式也不同。尤其是本级事业费项目与公共政策项目，前者用于部门自身，后者用于社会或下级政府，两者有天壤之别；而现在却同为"项目"，在同样的管理方法——专款专用之下，抹杀了其差异。没有分类，也就没有了政策，这就造成财政管理上的困难。

2. 对项目缺乏定义和标准，"四世同堂"

什么是预算项目？在部门预算中，必须定义项目预算。通常，项目指做什么事。若按此理解，则一个战略性的政策项目（如国家粮食安全战略项目），就包括许多部分。例如，中低产田改造项目，它应当落实到具体县区，而在中低产田改造中，水利建设、土地平整、农田道路建设等也是项目。

而现在，由于我们对预算项目缺乏科学的界定，造成多个层次的项目使用同一概念，"四世同堂"。项目概念上的混乱，带来了管理混乱。

3. 预算项目过多、过杂，管理目标过于分散

对预算项目多、散、杂问题，我们在前面已做研究。而现在的问题为：一是项目多，一个县级行政部门手头有几十个项目并不少见；二是多个单位的项目是同一件事，只不过叫法不同。例如，在农田建设上，农业、农发办、水利、林业、国土、烟草、发改委等部门都有项目，不过名称不同。再如，农业部称为农业综合示范区建设，农发办称为农业综合开发，水利部称为农田水利建设、国土部称为土地开发，如此等等。这些，县级政府称之为"九龙治水"。同样是土地平整且项目资金都来自上面，但开发标准不一而各搞各的，县长们为了"不得罪上面"，就只能给它们各划一块地，而且只能划给良田，否则"上面不满意"。而对农民来说，本来是好好的地，今年是农发办开发，明年是农业局的项目，后年又是国土局的项目。这种反复平整、反复开发的结果是把表面熟土搞没了，效果只能是"天知道"了。又如，

在农民培训上,农业部、人社部、水利部、团中央、全国妇联等十几个部委都有项目,培训对象、内容相互重叠覆盖,加上对效果没有评价机制,多数培训最终是花钱"走过场"。而在农民看来,这是共产党"太有钱,太任性"。项目管理乱至如此,叫人实在痛心,也实在无语。

在预算项目多、散、杂、重的背后是部门管理多目标。多目标就是无目标,因而它违背了管理学原理,而反映在绩效评价上就是"无法评""评不了"。看来,若非从源头——项目名称开始,则预算项目多、散、杂、重问题就无法治理。

4. 项目预算管理方式过于单一

在项目上,由于有些项目是中央出钱、地方实施的,于是我们就设计了专项转移支付方式。然而,按公共委托代理原理,专项转移支付只适用于中央"友情赞助"地方的项目;而对于那些属于中央责任、委托地方实施的项目,其资金使用权不应划归地方,也就不适宜采用该方式。然而,由于中国部门预算中并未设计相应的管理方式,无法适应委托代理要求,其结果是专项资金一到地方就被截留、挪用。结果是中央的政策虽然配套了资金,但地方因资金被挪用而迟迟无法实施,"只听楼梯响,不见贵人下来",甚至"政令不出北京城"。

二、重建部门预算的建议

部门预算是绩效管理的基础环节,既然部门预算存在以上问题,那么为了保证绩效管理的推进,我们就必须重建部门预算。重建部门预算的建议主要有:

(一)重建部门预算公式

新的部门预算公式的重点是将部门的自身支出与社会性、政策性支出分开,从而形成式(7-2)的模式:

$$部门预算 = 基本支出预算 + 业务费项目预算 + 发展性项目预算 \quad (7-2)$$

(1)基本支出预算用于保障行政部门(含事业单位)基本经费的预算,包括人员工资和公务费预算。其预算编制方式不变。

(2)业务费项目预算是从项目预算中分出的大类,由基本业务费预算(会议、购置、修缮、出国经费等"三公经费")和专业业务费预算(如审计业务费、公安、司法业务费等),包括业务培训费、课题调研费、特别费等。对它采用的是"总额核定,明细支出项由部门编制,预算纳入人民代表大会审查,专款专用"。总额由财政按各部门前三年平均数核定,实施基数管理。对这类项目的绩效,应当由部门评价,目的是改善管理;

(3)发展性项目预算指用于发展性项目的预算,分为事业费类、工程类和政策类项目(含转移支付专项)预算。对这类项目应采用项目化管理,由财政组织项目的前期、中期和后评价。

这样,我们就形成了"三类预算,三种管理"的预算模式(见图7-6):(1)基本支出预算,采用按人员标准来编制,称为基本保障预算;(2)业务费项目预算,采用总额控制、部门编制的做法,称为职能保障预算;(3)发展性项目预算,采用按程序、按项目绩效的方法编制,称为发展保障预算。

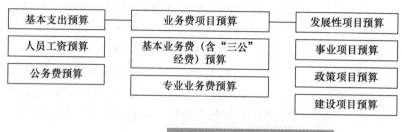

图7-6 新的部门预算模式

(二)规范项目命名,压缩预算项目

1. 科学地界定什么是预算项目

什么是项目?如果说,项目上的"四世同堂"是自然现象,那么,预算项目就属于管理范畴。为了避免混乱,我们有必要对它做如下定义:预算项目指那些具有独立内容、独立支出范围的政府事项。首先,预算项目应是政府事项,包括政府自己的事项(如办公室、实验室等),以及政府为社会提供服务的事项(如建设公共图书馆、街道维护和公共政策等)。其次,预算项目应具有独立的目标和内容、独立支出范围,以区别其他项目。换言之,若某一事项无独立的目标和内容,则不属于预算项目,而是其他预算项目的分项目;同理,若某一事项不具备独立支出范围、无法独立核算、独立地评价绩效,就不应视为预算项目。最后,预算项目具有层次性,可以细分为分项目、子项目等。

总之,该定义表明,预算项目是有条件的,财政只受理那些符合条件的政府事项。

2. 建立以目标命名项目的规则

项目的名称很重要,它是识别此项目与彼项目的标志。通常,项目名称确定的方法有目标命名法、内容(做什么)命名法、决策日期命名法、其他命名法等。在中国,由于没有建立项目命名规则,有的项目干脆起个谁也搞不懂的洋名,因此无论是项目的提出者还是受理者都"一头雾水"。由于目标命名法符合目标管理的要求,且能体现项目的价值,因此为大多数国家的预算所采用。

对此,我们结合西方的经验提出项目的命名规则:对项目(一级项目)应以目标命名,对二级、三级项目按内容命名。这一命名规则既是管理的需要,也使政府可以建立稳定的项目管理办法。中国的预算项目过多、过杂,从技术上说是我们习惯于按做什么(即按内容命名项目)造成的。由于一个战略性项目包括许多分项目和子项目,因此若全部按内容命名,势必就会拆分成许多项目。这就违背了管理学"每次只做好一件事"规则,造成目标分散、管理多头。总之,从改善政府管理、减少预算项目的角度来说,我们应以目标命名预算项目。

以目标命名项目体现于管理上,它要求:(1)部门应将相同目标的预算项目合并,减少预算项目数;(2)部门应按战略观念的要求设计预算项目,统筹规划资源并建立"项目期"制度。财政应当优先受理战略性项目,部门应当将战略性项目一期期地做下去,而不是"打一枪,换一个地方"。

3. 按预算项目的层次性理论,用战略性项目替代行动性项目

预算项目的层次性理论是形式逻辑在预算管理上的应用,指一个重大或战略性项目可分为项目、分项目、子项目等多个层次。相应地,战略性项目应按目标命名,而分项目、子项目则按内容(即做什么)命名。

在预算编制中,我们应压缩政策性项目总数,拓宽每个政策项目的面,以减少重复管理、重复评价,同时对政策性项目,应当建立项目化管理制度。

一是对发展性项目,建议国务院下发一个指示,规定每个中央部委部只设1—2个战略性项目。在第一期完成后,可以用第二期到第 N 期来命名。

二是对于几个部委共做同一件事的项目(诸如土地治理、农民培训等),国务院应指定发改委、财政或某个部委作为牵头单位,建立"联合项目组",共同制定规划和标准,分配任务。

三是对发展性项目应建立基于绩效的项目评价制度,做到"谁实施,谁接受评价;谁花钱,谁就对绩效负责"。尤其是对建设性项目和政策性项目,应当建立项目化管理制度。

(三) 建立项目预算优先制

项目预算优先制指在预算执行上,战略性项目的预算应优先于普通预算。由于战略性项目执行期长,一旦该项目的总预算通过了人民代表大会常委会审查,它在执行中就具有预算优先权。(1)财政部门对该项目的年度预算应在年初就予以保障,而不必等人民代表大会审查通过政府的总预算案后才拨款;(2)预算部门应将其列入"直通车",若该项目已经通过人民代表大会审查而第二年度预算无变化的,就不再列入人民代表大会预算审查,这也叫"一事不再议"原则。

(四) 建立规范的政府间转移支付制度

随着政府绩效管理的开展及公共委托代理的实施,中国政府间财政关系必将处于调整之中。其调整趋势为:中央政府为实现基本公共服务的最低公平,势必

要将一些涉及社会基本利益、具有外溢性的事务宣布为中央事务，并通过委托代理方式来层层委托，由市县实施。这些至少有农业基本服务、卫生和防疫事务，义务教育事务，社会保障的基本养老、基本医疗事务等。

我们已指出，按公共事务（责任）的履职方式，可以分为自营式管理和委托代理式管理两种方式。前者适用于军队、税务、海关、外交等特殊公共部门；后者适用于一般公共部门，尤其是宪法确定中央和地方共同管理的事务（如农业、社保、教育、卫生、交通等），应当通过委托代理方式，将中央责任部分连同其预算，委托给市县政府实施，并建立基于委托关系的绩效评价机制。

在委托代理下，由于现行的专项转移支付是中央预算资金的使用权交给地方而成了地方财力，这一做法既不符合产权原则，也不利于厘清中央和地方的关系。为此，我们应建立一些新的转移支付形式——定向转移支付和授权支付。

（1）定向转移支付指市县政府可以将这笔委托收入纳入预算，但只能用于定向项目。凡是符合委托要求的支出；市县有权支付，否则就无权支付。

（2）授权支付指中央政府根据委托协议，将该笔资金的支付权授予市县，市县发生支付行为，在受托监督机构签字后，将记入中央政府支出账户。

这样，新的财政转移支付将有以下四种形式（见表7-2）。

表7-2　预算转移支付的四种形式

转移支付名称	性质和范围	说明
一般转移支付	补助地方财政一般支出，产权转移	
专项转移支付	专项补助，产权转移	
定向转移支付	委托代理项目的经费，产权有条件转移	专项绩效评价
授权支付	在指定部门监管下的委托代理项目经费，产权不转移，属于中央支出	专项绩效评价

总之，建立与绩效改革相适应的预算制度，这本身就属于绩效改革范围；同时，它也是财政部门的"三项再造"，即规制再造的内容。为此，我们应将其纳入改革规划。

第三节　建立基于绩效的人事制度和问责机制

一、改革人事制度

长期以来，中国对行政机关实行的是"只升不降"的官僚型人事制度。这一人事制度的逻辑基础是，"只要我无错，就不能降职；只要我多年无错，就应升职"。显然，这一人事制度的好处是有利于机关的稳定，但坏处是不利于培养干部和竞争性、进取性,也不利于机关作风建设的,违背中国共产党的德才兼备方针。

如果说,过去我们采用"只升不降"的人事制度是出于某种无奈——由于缺乏绩效指标,因此人事部门无法对干部的德、勤、能、绩做出量化评价,而是凭感觉、凭群众反映来评价官员。那么,随着部门绩效管理的展开,不但对领导干部而且对普通公务员也量化业绩,建立基于绩效的人事制度的条件就日益成熟。为此,改革现行的人事制度势在必行。

二、建立基于绩效的问责机制

在改革人事制度的同时,我们还应建立科学的问责机制。科学的问责机制指基于绩效的问责机制。这就是说,对官员、公务员的问责,不仅指管理差错或违反组织纪律,还包括虽然按条律规定无错、但他所从事的职业或工作无绩效者在内。有了这种问责机制,许多官场作风或许会发生重大变化,那些靠"混日子""靠裙带"的官员只能"连夜遁"了。

总之,建立基于绩效的问责机制并非新事物,它在中国已经有上千年了,且屡试不爽。既然如此,我们何不拿来为当今的政府改革服务呢?

本 章 小 结

本章从推进中国绩效管理的角度,对绩效管理制度建设本身及改善绩效管理条件(即部门预算重建)两个方面提出了若干政策建议。

在绩效管理制度建设方面,本报告提出了搞好顶层设计,建立党委领导下的"一体两翼"式或"三驾马车"式绩效改革推进模式。同时,制定政府绩效管理法(或条例),重建部门和机构,实行"三个再造,一个标准"的部门再造,建设部门绩效指标体系等绩效改革路线图。在指标体系建设上,本报告肯定了"一个部门、一套指标"的思路。此外,本报告还提出推进公共政策项目化管理、构建绩效基础信息体系等措施。应当说,五项措施是一个整体。

在提供绩效管理改革的条件方面,本报告重点研究部门预算问题,提出完善部门预算公式,规范项目的命名和管理,完善中国的政府间转移支付制度等问题。这些,既是中国预算改革的方向,又是推进绩效管理的条件。

应当说,以上政策建议既是基于前面章节的研究,也是针对政府管理上的现实问题而提出的,因而它既有必然性,也有前瞻性。其中,有些成果已形成政策报告的形式,受到中央有关部门重视。然而,尽管我们是努力的,但受种种条件的限制,做得还不够好。不过,我们想将它作为中国绩效管理探索的阶段性标志留下来,让它记录于历史。

我们有一个观点:既然政府绩效管理是新事物,是对传统管理的革命,尽管我们希望它走得快些、好些,但毕竟社会改革有自身规律,是不可能一蹴而就的;而在中国,尽管我们有党中央和各级地方党委的支持,因而比起西方国家来减少了绩效改革上的政治干扰,这是一大优势,但是毕竟绩效管理有自己的规律,认识和实践规律要有一个过程。就这点来说,中国政府绩效改革之路将是漫长和曲折的。

从世界范围内说也是如此。如果说,以17世纪中期英国编制出世界第一张国家预算收支表为标志,世界进入了公共管理时代,那么,传统的公共管理经历了美国19世纪后期到20世纪30年代的进步主义时代、第二次世界大战后的预算改革,从总额预算到项目预算,开创了基于权力的事务型官僚政府。但是,人们追求好政府的步伐并未停止。直到20世纪80年代的英国"雷纳评审",人们才理清了效率政府是指有效公共服务高的政府,并找到了量化和评价标准,从而开创了政府公共管理的新时代。从好政府的提出到绩效改革,这一期间人们在政府改革探索上花去了三百多年的时间。而绩效管理作为新的管理模式,从20世纪80年代初开始,至今不过三十多年,虽然不完善,其原理和方法论尚在探索之中,但已经展示出巨大的能力,受到世界瞩目。

在本报告的研究中,我们还形成了一个观点:如果说,第一次改革是邓小平领导的改革开放,它属于经济体制改革,那么绩效改革必将是继此之后的第二次伟大改革,其目标是针对政府自身(即行政管理)的改革。而比起绩效改革来,国务院当前的改革(减少行政审批、事业单位改革、工作流程再造和大部制等)属于"措施级"改革,它将为"三个再造,一个标准"所囊括。由于"措施级"改革采用单项方式,因此缺乏力度,也未触及过程管理的制度基础,而是零敲碎打式的、不彻底的、效果有限的改革,属于涓涓细流。但是,随着改革正能量的积聚,它必将汇成洪流,以一泻千里之势摧枯拉朽,荡涤污泥浊水,向着最终目标——"好政府"奔去。

第八章 试点课题:15个政府部门绩效的指标

第一节 试点简介

一、本次试点的目的

本试点课题是我们与德州市考评办联合成立的,重点是传达绩效理念,通过长远、稳定并切合政府管理要求的绩效指标的建设,解决我国政府考评上的问题,推进以部门为中心的政府绩效管理。

《部门绩效指标建设方案》是按"一个部门、一套指标"的设想来设计的德州市32个政府部门的绩效指标。本次试点的目的有以下三个:

(1) 落实中共十八大提出的政府绩效管理要求,以绩效指标为突破口,寻找科学的绩效指标建设规律,找到政府绩效指标建设和绩效评价规律。

(2) 验证"一个部门、一套指标"的指标建设思路的可行性,找到替代绩效评价"两个部门,两种评价"的路径,使绩效管理成为政府改革的"抓手"。

(3) 通过德州市的绩效管理实践,探索服务型政府、责任型政府的建设路径。

二、对本试点课题的总体说明

(一) 本试点课题的实施阶段

本试点课题是从2014年3月开始谈起的,具体可分为两个实施阶段。

1. 第一阶段:政府绩效指标建设的探索阶段

选择15个政府部门进行绩效指标的建设试点。其中,获得成功的有12个部门。本阶段的目的为:探索以绩效指标替代部门考评指标,建立基于绩效的部门评价体系的可行性。

时间:从2014年8月开始到2015年3月,部门提供绩效评价的基础数据;2015年5月,课题组各部门返回绩效试评价报告。

2. 第二阶段:政府绩效指标建设的扩大试点阶段

以第一阶段的成功为基础,再确定20个部门进行绩效指标试点。经过课题组成员的共同努力,已完成20个部门的指标设计并投入运行。

本阶段的目的:在第一阶段建设的基础上,试图通过建设符合科学管理要求的绩效指标体系来扩大试点范围,将多数政府部门纳入绩效管理。

时间:从2015年7月下旬开始到2015年10月,课题组向考评办提供全部20

个部门的绩效指标并下达各部门;2016年3月,各部门提供绩效评价的上年基础数据;2016年4月,课题组向各部门返回绩效评价试点报告。

(二)试点过程

1. 绩效指标建设的试点过程

虽然两个阶段在具体做法上略有差异,但试点过程大体相同。绩效指标的产生,采用在党委领导下民主与集中相结合的方案。

(1)选定名单,有组织地推进试点。在确定单位名单后,我们明确部门绩效管理改革应当在各单位党委(党组)领导下,实行部门首长负责制,各部门的人事科长是指定的联系人。

(2)组织动员。这一阶段由市委组织部门、考评办领导做思想动员,由课题组组长马国贤教授介绍绩效管理改革的内容和目标模式。

此外,在第二批试点时,考评办还聘请了第一批试点单位的人事科长作为辅导人员。

(3)课题组人员先做预研究,提出部门指标的设想方案;然后,通过深入调查研究,反复讨论,提出该部门的绩效指标建设初步方案。

(4)试点单位根据初步方案,党组进行正式讨论,对指标体系提出修改意见或建议。

(5)由考评办和课题组召集,邀请部门领导、科长和业务骨干共同听取部门意见,提出绩效指标的修订方案。

(6)修订方案经过整理后形成正式试点方案,并由课题组正式提交考评办,考评办下达试点指令。

2. 绩效评价的试点过程

按指标建设方案进行绩效评价。部门的任务是在年度结束后完成绩效评价基础表的数据填写,而指标转换将由计算机完成。部门的绩效评价工作(包括打分、绩效分析)由课题组人员完成,并提交绩效评价报告。

(1)试点单位于第二年初,按各单位的基础数据表要求填报上年数据,审查无误后提交考评办。

(2)考评办于第二年年初,将对各单位的满意率调查数据汇总后,连同各单位提交的基础数据交给绩效评价人。绩效评价人由课题组指定。

(3)绩效评价人应当进一步核实数据,并根据考评办审定的工作目标、国家标准、历史水平、全省同业平均水平和课题组确定的计分公式,计算出各项指标的分值,并汇总统计出各单位的总绩效分值。

(4)分析各指标的成绩和存在的问题,通过分析,指出被评价单位的经验,分析各项指标不足的原因(如投入原因、管理原因、政策原因等),提出政策建议,形成绩效评价报告初稿。

（5）对于各部门的绩效评价报告（试点）初稿，在征求单位意见后进行必要的修改并正式定稿。定稿的绩效评价报告（试点）在三月份提交市考评办。

(三) 参与本课题的师生名单

（1）参与第一批试点的教师和学生名单如表 8-1 所示。

表 8-1　参与第一批试点的教师和学生名单

（2014.8—2015.3）

试点单位	姓名	职务	电话	辅导人员	分课题负责人
市人社局	赵　亮	人事科长			潘若晨（中南财大）
市经信委	许书新	人事科长			滕赋骋（中南财大）
市发改委	黄贵贤	人事科长			滕赋骋（中南财大）
市卫生局	王　斌	党务工作者			任超然（上海财大）
市人口计生委	张丽娜	发展规划科副科长			任超然（上海财大）
市水利局	赵红霞	办公室副主任			李艳鹤（上海财大）
市教育局	肖建军	人事科长			李艳鹤（上海财大）
市环保局	李朝霞	机关党委副科长			孙文平（上海财大）
市城管执法局	李　莉	人事科长			孙文平（上海财大）
市房管中心	赵广民	人教科长			郝宏杰（上海财大）
市交通局	郑亚菲	人事科长			郝宏杰（上海财大）
市住建局	张双军	人事科长			吉文惠（中南财大）
市科技局	张　勇	办公室主任			张澜（中南财大）

（2）参与第二批试点的教师和学生名单如表 8-2 所示。

表 8-2　参与第二批试点的教师和学生名单

（2015.7—2015.10）

试点单位	姓名	职务	电话/邮箱	辅导人员	分课题负责人
市科技局				通局	张　澜（中南财大）
市民政局	常立磊	人事科科长		郑亚菲	滕赋骋（中南财大）
市监察局				城管局	潘若晨（中南财大）
市司法局	毕玉光	政治部主任		杨　健	吉文惠（中南财大）
市外侨办	李兆臣	办公室主任		房管中心	叶宇青（中南财大）
市人防办	许艳霞	综合科科长		赵广民	付智鹏（中南财大）
市审计局	代日娥	人事科科长		发改委黄贵贤	欧阳华生（南京审计学院）
市财政局	朱昌国	人事科科长			
市统计局	李文刚	办公室主任		经信委许书新	刘志阔（上海财大）
市商务局	姜小环	综合法规科科长			

(续表)

试点单位	姓名	职务	电话/邮箱	辅导人员	分课题负责人
市国土局	夏冬	人事科科长		住建局 张双军	李艳鹤（上海财大）
市规划局	李菲	人事科长			
市农业局	程培峰	人事科科长		水利局 赵红霞	任晓辉（上海财大）
市林业局	邓红	人事科长			
市文广新局				教育局 肖建军	彭锻炼（立信会计）
市体育局	刘健	副科长			
市民宗局	王豆豆	科员		人社局 马秀鸿	任超然（上海财大）
市安监局	韩俊亮	办公室主任		卫计委 翟学军	郝宏杰（上海财大）
市工商局	闫洪卫	人事科科长			
市食药监局	齐长玉	人事科科长		环保局 李朝霞	王春元（浙江财大）
市质监局	梁凤霞	组织人事科科长			

注：课题总负责人为马国贤（上海财大）、王金秀（中南财大）。市监察局出于种种原因退出，最终完成部门绩效指标设计的是20个部门。

第二节 试点方对本课题的评价

政府绩效管理是新事物，无论是理论界还是实践部门，对它都有一个认识的过程。德州市委是通过试点来认识绩效管理的，为此，他们对第一批试点结果进行了评估，结论为：一是通过座谈，各部门认为80%以上的绩效指标能结合本部门的工作，具有针对性；二是由于指标评分是通过全省的同业对比确定的，因此指标不仅能肯定部门的成绩，还能揭示部门工作上的不足，比起目标/节点法考评更有管理意义，也有助于转变执政理念、建设责任型政府。基于评估结果，他们决定开展第二批试点，并于2015年10月20日下发了中共德州市委组织部《关于开展市直部门绩效管理试点工作的实施意见》（简称《实施意见》）。

在中共德州市委组织部的《实施意见》中，他们将第一批绩效管理试点的评价归结为四个"有利于"。

一、有利于强化成本意识，少花钱、多办事

绩效管理以财政效率理论为基础，通过设立投入类指标，把财政预算与有效服务紧密结合，全面评价部门相关职能人均投入水平及预算项目完成情况，尽可能地减少无效或低效开支，逐步改变过去"只算政治账不算经济账"的行政观念，解决"投入与产出不对等""政府花了钱，百姓不买账"等问题，引导部门用足、用好财政资金，集中力量多办事、办好事、办大事，坚决防止搞"政绩工程""形象工程"。

二、有利于突出工作实绩,看过程、更重结果

绩效管理着眼于解决传统的部门考核过多关注"干了什么"而忽视"干得怎么样",过多关注过程和工作量而对实际成效重视不足,缺少量化、实化标准等问题,紧紧围绕部门职能,着眼部门服务中心工作取得了什么成效、提供了多少有效公共服务,建立专门可量化、宽口径的产出与效果指标体系,倒逼部门从实绩出发规范工作流程、加强过程监管、提供更加高效、便捷的服务,避免工作不求实效、大而化之。

三、有利于树立问题导向,正向激励、改进管理

绩效管理不是简单地考核成绩传导压力,而是顺应当前考评工作的发展趋势,建立"绩效评价—问题发现—整改反馈"的工作机制,通过对数据进行纵向和横向的分析比较,看变化、看提升,找问题、促整改,把引导部门发现问题、解决问题、改进绩效作为根本落脚点,进一步激励部门放宽眼界、高点定位、加压奋进,破解制约科学发展的体制和机制障碍。

四、有利于优化部门职能,压实责任、强化作为

在指标体系设计上,绩效管理既坚持围绕中心、服务大局搞好"公转",推动市委、市政府部署的"硬任务"落实到位,又遵循绩效管理自身规律搞好"自转",紧紧围绕部门职能,提炼关键绩效指标,强化对部门核心职能规定"硬要求"的评价。指标力求全面反映部门承担的中心工作和主要职能,并且保持稳定性和连续性,就是为了践行"三严三实"标准,不断增强部门的使命意识和责任担当,力求"一张蓝图抓到底"。

当然,绩效管理的作用尚不止这些,但从中至少可以看到,本课题的方向是正确的,推进绩效管理对政府树立正确的政绩观、改善管理是有价值的。

第三节 参与试点的 15 部门的绩效指标体系

一、参与第一批试点的 5 个部门的绩效指标体系

按照试点方案,为了使绩效管理有实效,必须按"一个部门、一套指标"的要求形成绩效指标方案。绩效指标方案指由各部门的绩效指标(绩效指标综合表)、指标说明、基础数据表等材料组成的完整方案。由于试点部门较多,每个部门都形成了完整的实施方案,受篇幅限制,我们仅选取第一批的 5 个部门、第二批的 10 个部门的指标体系作为代表,并略去指标说明、基础数据表等。若评价者需要,可以向课题组索取。

由于在第一批中,我们还缺乏经验,因此在指标体系的设计上尚处于探索之中。对于这点,读者通过第一批和第二批指标框架的对比就不难发现,我们是处于不断进步之中的。

（1）德州市环保事业绩效评价如表8-3所示。

表8-3 德州市环保事业绩效评价

指标名称	行次	权重	评价值	绩效数据		
				2013年	2012年	2011年
A 投入	1	15				
A1 全市人均环保拨款（万元/人）	2	5				
A2（略）	3					
A3 污染治理预算项目完成率（%）	4	5				
A31 废水治理专项资金完成率（%）	5					
A32 废气治理专项资金完成率（%）	6					
A33 固体废弃物治理专项资金完成率（%）	7					
A4 审计不合格资金占比（%）	8	5				
B 产出与结果	9	45				
B1 污染控制	10	23				
B11 大气污染控制	11	4				
B111 单位工业用地面积工业废气年排放量（$m^3/km^2 \cdot a$）	12					
B112 单位土地面积大气污染物 CO_2、SO_2、NO_2 年排放量（$t/km^2 \cdot a$）	13					
B113 汽车尾气达标率（%）	14					
B114 空气细颗粒物（PM 2.5）浓度现状	15					
B12 水污染控制	16	8				
B121 集中式饮用水源地水质达标率（%）	17					
B122 河流断面COD浓度（mg/L）	18					
B123 河流断面氨氮浓度（mg/L）	19					
B13 废弃物污染控制	20	8				
B131 工业固体废弃物排放量（万吨）	21					
B132 工业固体废弃物综合利用率（%）	22					
B133 工业危险废物排放量（万吨）	23					
B14 噪音污染控制	24	2				
B141 区域环境噪声平均值[dB（A）]	25					
B142 城市化地区噪声达标区覆盖率（%）	26					
B15 主要污染物减排目标完成率（%）	27	1				

（续表）

指标名称	行次	权重	评价值	绩效数据		
				2013年	2012年	2011年
B2 环境质量	28	6				
B21 空气质量	29	2				
B211 空气质量指数（AQI）	30					
B212 空气环境质量二级和优于二级的比率	31					
B22 水质量	32	4				
B221 监测断面水质达标率（%）	33					
B3 环境管理	34	16				
B31 环境执法	35					
B311 上级挂牌督办整治任务完成情况（%）	36					
B312 对严重污染环境的违法行为依法查处率（%）	37					
B313 突发环境事件应急处理有效率（%）	38					
B32 环境监测	39					
B321 省控以上重点污染点监测的覆盖率（%）	40					
C 中心工作类	41	20				
C1（略）	42					
C2（略）	43					
D 廉政建设和满意率类	44	20				
D1 廉政建设	45					
D2 满意率	46					
D21 社会对环保的满意率（%）	47					
D3 "12369"环保投诉案件（起）	48					
D31 投诉案件的结案率（%）	49					
E 加分/减分项	50					
E1 加分项：应急事件的成功处理率（%）	51	2				
E2 获得省级及以上政府奖	52	2				

（2）德州市水利事业绩效评价。水利部门绩效指标请参见第六章的"表6-2 ××市水利事业绩效评价"。

(3) 德州市教育事业绩效评价如表 8-4 所示。

表 8-4　德州市教育事业绩效评价

指标名称	行次	权重	评价值	绩效数据		
				2013年	2012年	2011年
A 教育经费	**1**	**15**				
A1 生均财政拨款	2	5				
A11 义务教育阶段小学的生均拨款（万元/人）	3	1.5				
A12 义务教育阶段初中的生均拨款（万元/人）	4	1				
A13 本部门人均办公面积（平方米/人）	5	1				
A14 职业教育学校的生均拨款（万元/人）	6	1				
A2 预算项目完成率	7	3				
A21 义务教育预算项目的完成率（%）	8	1				
A22 职业教育预算项目的完成率（%）	9	1				
A23 其他预算项目的完成率（%）	10	1				
A3 审计有问题资金占比（%）	11	5				
A4（略）	⋮	⋮				
A5 教育经费社会融资能力	18	2				
A51（略）	19					
A52 高中教育社会融资能力	20	1				
A53 职业教育社会融资能力	21	1				
B 产出与效果	**22**	**45**				
B1 学前教育	23	4				
B11 幼儿入园率（%）	24	2				
B12 幼儿园生师比	25	2				
B2 义务教育	26	18				
B21 义务教育毛入学率（%）	27	3				
B22 义务教育大班额比例（%）	28	2				
B23 义务教育国家课程开设率（%）	29	2				
B24 义务教育生均财政投入区县差异系数	30	1				
B25 义务教育生师比区县差异系数	31	1				
B26 小学生均财政投入城乡差异	32	1				
B27 初中教育生均财政投入城乡差异	33	1				
B28 高中入学率城乡差异	34	1				

（续表）

指标名称	行次	权重	评价值	绩效数据 2013年	2012年	2011年
B29 初中生巩固率(%)	35	2				
B210 小学、初中体育锻炼达标率(%)	36	2				
B211 初中学生学业测试合格率(%)	37	2				
B3 普通高中教育	38	6				
B31 普通高中入学率(%)	39	2				
B32 高中阶段学业水平考试全科合格率(%)	40	2				
B33 普通高中体育锻炼达标率(%)	41	2				
B4 职业教育	42	7				
B41 职普比	43	2				
B42 职业教育巩固率(%)	44	2				
B43 职业学校就业率(%)	45	2				
B44 职业学校毕业生从业资格证书获得率(%)	46	1				
B5 办学条件	47	5				
B51 义务教育标准化校舍达标率(%)	48	2				
B52 基础教育示范性学校比例(%)	49	1				
B53 职业教育生均实训设备原值	50	2				
B6 教师发展	51	5				
B61 教师人均培训时数(小时/人)	52	1				
B62 校长人均培训时数(小时/人)	53	1				
B63 年度职称晋升教师比例(%)	54	1				
B64 中级职称以上教师比例(%)	55	1				
B65 职校双师型教师占专任教师比例(%)	56	1				
C 中心工作	57	20				
C1（略）	58					
D 社会评价	59	20				
D1 满意率	60					
D11 幼儿园、小学家长满意度(%)	61					
D12 中学学生满意度(%)	62					
D13 教师满意度(%)	63					
D14 雇主满意率(%)	64					

(续表)

指标名称	行次	权重	评价值	绩效数据		
				2013年	2012年	2011年
D2 12345 投诉案件处结率(%)	65					
D3 廉政建设	66					
E 加分/减分项	**67**					
E1 加分项	68					
E11 在学生获奖数	69	2				
E12 重大应急事件的成功处理率(%)	70	2				
E2 减分项	71					
E21 校车安全责任事故损失	72	2				
E22 校园安全责任事故损失	73	2				
E23 食堂安全责任事故损失	74	2				
E24 考风考纪责任事故影响程度	75	2				
总　计						

(4) 德州市园林城管事业绩效评价如表 8-5 所示。

表 8-5　德州市园林城管事业绩效评价

指标名称	行次	权重	评价值	绩效数据		
				2013年	2012年	2011年
A 投入	**1**	**15**				
A1 预算资金投入	2	3				
A11 财政拨款总额(万元)	3					
A12 人均园林绿化和城管支出(万元/人)	4					
A2 预算项目完成率	5	7				
A21 行政性预算项目完成率(%)	6					
A22 道路建设预算项目完成率(%)	7					
A23 园林绿化预算项目完成率(%)	8					
A24 城市管理预算项目完成率(%)	9					
A3 审计不合格资金占比(%)	10	5				
B 产出与效果	**11**	**45**				
B1 绿化管理	12	8				
B11 城区内广场、公园、绿地面积	13					

（续表）

指标名称	行次	权重	评价值	绩效数据 2013年	2012年	2011年
B2 街道和公园管理效果	14	8				
B21 达到 A 级标准的绿化面积比（%）	15					
B22 达到 C 级标准的绿化面积比（%）	16					
B3 市政街道养护和市容的管理效果	17	9				
B31 达到 A 级街道和道路面积占比（%）	18					
B32 达到 C 级街道和道路面积占比（%）	19					
B33 路灯的亮灯率	20					
B4 排水设施管护效果	21	8				
B41 排水管道的通畅率（%）	22					
B42 雨井盖缺损率（%）	23					
B43 排水设施维修及时率（%）	24					
B5 应急管理	25	6				
B51 突发灾害和事故的有效处置率（%）	26					
B52 重点任务的有效处置率（%）	27					
B6 行政执法	28	6				
B61 一般执法办案及时率（%）	29					
B62 复杂执法办案及时率（%）	30					
B63 执法有效率（%）	31					
C 中心工作	**32**	**20**				
C1（略）	33					
C2（略）	34					
D 廉政建设与满意率	**35**	**20**				
D1 廉政建设	36					
D2 居民满意度	37					
D3 企业满意度	38					
D4 "12345"投诉案件处置的结案率	39					
D41 投诉案件处置的结案率（%）	40					
D42 投诉案件处置结果的满意率（%）	41					
E 加分/减分项	**42**					
E1 应急事件的成功处理率（%）	43	2				
E2 获得省级以上政府奖励	44	2				

（5）德州市交通运输事业绩效评价如表 8-6 所示。

表 8-6　德州市交通运输事业绩效评价

指标名称	行次	权重	评价值	绩效数据		
				2013年	2012年	2011年
A 投入	1	15				
A1 本部门人财物等投入	2					
A11 本部门人均拨款数(万元/人)	3	1				
A12 本部门预算项目资金完成率(%)	4	1				
A13 本部门人均办公面积	5	1				
A2 项目资金管理	6					
A21 公共投资项目资金到位率(%)	7	1				
A22 公共投资重点项目资金完成率(%)	8	3				
A23 监管的公共与社会项目资金到位率(%)	9	1				
A24 监管的公共与社会重点项目资金完成率(%)	10	2				
A3 审计有问题公共支出占比(%)	11	5				
B 产出与效果	12	45				
B1 农村公路建设	13					
B11 农村公路计划完成率(%)	14	3				
B2 农村公路养护	15					
B21 完成大中修里程(公里)	16	3				
B22 农村公路文明示范路达标率(%)	17	2				
B23 年末农村公路好路率或优良路率(%)	18	6				
B24 农村公路的通达率(%)	19	7				
B25 农村公路平均使用年限(年)	20	1				
B3 交通运输管理	21					
B31 全市道路里程旅客周转量	22	2				
B32 全市道路里程货物周转量	23	2				
B33 道路运输服务电子政务化率(%)	24	1				
B4 城乡的交通便利化	25					
B41 年度新开公交路线数(条)	26	2				
B42 延长、调整公交线路数(条)	27	1				
B43 公交车正点发车率(%)	28	2				
B44 (乡)镇交通通达率(%)	29	2				

（续表）

指标名称	行次	权重	评价值	绩效数据		
				2013年	2012年	2011年
B45 建制村交通通达率(%)	30	2				
B5 交通安全	31					
B51 运输企业安全事故发生次数(次)	32	2				
B52 货车非法超限超载率(%)	33	2				
B6 交通节能减排(暂不评价)	34					
B61 农村公路扩建工程老路面积利用率(%)	35	0				
B62 养护大修工程旧路面积利用率(%)	36	0				
B63 营运汽车单位运输周转量能耗下降率(%)	37	0				
B64 清洁燃料或节能环保车占新购公交车比(%)	38	0				
B7 路政执法	39					
B71 农村公路政案查处率(%)	40	2				
B72 农村公路政案结案率(%)	41	2				
B8 交通备战	42					
B81 交通战备保障率(%)	43	1				
C 发展能力	**44**	**20**				
C1（略）	⋮					
C2（略）						
D 社会评价	**50**	**20**				
D1 居民满意度(%)	51	4				
D2 文明单位建设	52	4				
D3 廉政建设	53	4				
D4 "12345"热线投诉案件的处结率(%)	54	4				
D5 "12345"热线投诉案件处理满意率(%)	55	4				
E 加分/减分项	**56**	**4**				
E1 应急事件的成功处理率(%)	57	2				
E2 获得省级及以上的政府奖励	58	2				

二、参与第二批试点的10个部门的绩效指标体系

（1）德州市农业事业绩效综合评价。农业部门绩效指标请参见第六章"表6-3 ××市农业事业绩效综合评价"。

(2) 德州市文广新事业绩效综合评价如表 8-7 所示。

表 8-7 德州市文广新事业绩效综合评价

指标名称	行次	权重	评价值	绩效数据		
				2014年	2013年	2012年
A 文广新事业投入类	1	15				
A1 按每万人口计算的文广新事业投入额（万元）	2	5				
A2 预算项目的完成率(%)	3	5				
其中：文物保护预算项目完成率(%)						
A3 审计有问题资金占比(%)	4	5				
B 产出与结果	5	45				
B1 公共文化服务体系建设	6	16				
B11 城市人均公共文化服务设施面积（平方米/万人）	7	2				
B12 全市文艺骨干培训工作完成率(%)	8	2				
B13 全市文艺骨干培训合格率(%)	9	2				
B14 村级综合文化服务中心达标率(%)	10	2				
B15 每万人公共图书册数（册）	11	2				
B16 博物馆纪念馆参观人数增长率(%)	12	2				
B17 每万人公共图书馆图书外借册次（册次）	13	2				
B18 群众文化机构组织文艺活动次数（次）	14	2				
B2 文化惠民工程	15	6				
B21 德州大剧院高水平演出观众上座率(%)	16	2				
B22 市级演出下基层完成率(%)	17	2				
B23 市级演出下基层平均每场观众人数	18	2				
B3 文化遗产保护工作	19	6				
B31 文物保护基础工作（四有）达标率(%)	20	2				
B32 世界遗产大运河保护利用工作完成率(%)	21	2				

（续表）

指标名称	行次	权重	评价值	绩效数据		
				2014年	2013年	2012年
B33 乡村记忆工程和第一次全国可移动文物普查完成率(%)	22	2				
B4 文化产业发展	23	2				
B41 文化产业项目资料库工作完成率(%)	24	2				
B5 广播影视管理	25	6				
B51 农村公益电影标准化放映工作完成率(%)	26	2				
B52 农村公益电影每场平均观看人数（人/场）	27	2				
B53 广播影视安全播出责任事故率(%)	28	2				
B6 新闻出版及版权工作发展	29	4				
B61 农家书屋人均图书借阅量（册/人）	30	2				
B62 版权保护工作完成率(%)	31	2				
B7 文化市场行政审批	32	3				
B71 公众和企业对文化市场审批投诉率(%)	33	3				
B8 专业艺术	34	2				
B81 大型文艺演出和重大文化活动完成率(%)	35	2				
C 中心工作	**36**	**20**				
C1（略）	37					
D 廉政建设与满意程度	**38**	**20**				
D1 社会满意率(%)	39					
D2 "12345"投诉案件处结率(%)	40					
D3 廉政建设	41					
E 加分/减分项	**42**					
E1 文艺作品省级及以上获奖情况	43	2				
E2 文广新事业安全责任事故发生数	44	-2				
合　计	45	100				

(3) 德州市科技事业绩效综合评价如表 8-8 所示。

表 8-8　德州市科技事业绩效综合评价

指标名称	行次	权重	评价值	绩效数据		
				2014年	2013年	2012年
A 科技事业投入类	1	15				
A1 按每万人口计算的科技事业投入额(万元)	2	5				
A2 预算项目的完成率(%)	3	5				
A3 审计有问题资金占比(%)	4	5				
B 产出与效果类	5	45				
B1 产出	6	5				
B11 全市研发经费占 GDP 比重(%)	7	4				
B12 当年预算内科研项目的完成率(%)	8	1				
B2 科技项目的应用效果	9	5				
B21 前三年内完成科研项目的成功实施率(%)	10	3				
其中:本市范围内的成功实施率(%)	11	2				
B22 高新技术产业产值占总产值比重(%)	12	2				
B3 科技成果管理	13	5				
B31 专利纠纷调处率(%)	14	1				
B32 发明专利授权增长率(%)	15	2				
B33 技术合同交易额增长率(%)	16	2				
B4 科研机构引进	17	10				
B41 招研引学	18	5				
B411 科研项目增长率(%)	19	3				
B412 科技论文发表增长率(%)	20	2				
B42 科技成果转化项目本地转化率(%)	21	5				
其中:招研引学成果的本地转化率(%)	22	3				
B5 科技转换	23	17				
B51 本地培育良种的推广率(%)	24	6				
B52 省级以上企业创新平台增长率(%)	25	1				
B53 孵化器孵化企业增长率(%)	26	2				
B54 经孵化器孵化出站企业的成功率(%)	27	7				
B55 公共技术服务平台增长率(%)	28	1				
B6 科技培训	29	2				
B61 科技型企业培训普及率(%)	30	2				
B7 科技行政	31	1				

(续表)

指标名称	行次	权重	评价值	绩效数据		
				2014年	2013年	2012年
B71 高新技术企业申报成功率(%)	32	1				
C 中心工作	33	20				
C1（略）	⋮	34				
C2（略）		35				
D 社会评价	37	20				
D1 满意度评价	38	5				
D2 廉政建设	39	5				
D3 "12345"热线投诉案件处理率(%)	40	5				
D4 "12345"热线投诉者满意率(%)	41	5				
E 加分/减分项	42					
E1 获得省级以上科技奖励项目数	43	1				
E2 获得国家级科技进步奖	44	2				
E3 获得省级以上特色产业基地	45	2				

（4）德州市安监事业绩效综合评价如表8-9所示。

表8-9 德州市安监事业绩效综合评价

绩效指标	行次	权重	评价值	绩效数据		
				2014年	2013年	2012年
A 投入	1	15	1	15		
A1 按每万人口计算的安监事业投入额(万元)	2	5				
A2 预算项目完成率(%)	3	5				
A3 审计有问题资金占比(%)	4	5				
B 产出与效果	5	45				
B1 安全生产管理与警示教育	6	10				
B11 安全生产警示教育宣传中手机短信平台覆盖率	7	2				
B12 安全生产许可证按时办结率(%)	8	2				
B13 建设项目安全审查按时办结率(%)	9	2				
B14 安全生产举报投诉办结率(%)	10	4				
B2 基层安全生产工作	11	3				
B21 企业安全生产标准化达标占比(%)	12	3				

(续表)

指标名称	行次	权重	评价值	绩效数据		
				2014年	2013年	2012年
B3 安全生产行政执法	13	12				
B31 安全生产执法检查计划完成率(%)	14	2				
B32 安全隐患主动发现率(%)	15	2				
B33 安全生产隐患整改率(%)	16	2				
B34 行政处罚决定正确率(%)	17	2				
B35 安全生产事故第一时间上报率(%)	18	2				
B36 安全生产事故调查处理率(%)	19	2				
B4 作业场所职业病防控	20	4				
B41 作业场所职业病危害项目申报率(%)	21	2				
B42 职业病危害因素检测率(%)	22	2				
B5 安全生产状况	23	12				
B51 企业全年发生生产安全事故率(%)	24	4				
B52 企业全年发生生产安全事故的死亡率(%)	25	4				
B53 十万人口发生的重大事故起数	26	4				
B6 安全生产应急救援	27	4				
B61 安全生产应急预案备案率(%)	28	4				
C 中心工作	**29**	**20**				
C1（略）	30	⋮				
C2（略）	31					
D 社会评价	**32**	**20**				
D1 居民满意度(%)	33	5				
D2 廉政建设	34	5				
D3 "12345"热线投诉案件的处结率(%)	35	5				
D4 "12345"热线投诉案件处理满意率(%)	36	5				
E 加分/减分项	**37**					
E1 获得国家和省级政府奖励	38	2				
总　计						

（5）德州市国土资源事业绩效综合评价如表 8-10 所示。

表 8-10 德州市国土资源事业绩效综合评价

指标名称	行次	权重	评价值	绩效数据		
				2014年	2013年	2012年
A 国土资源事业投入类	1	15				
A1 每万人口国土资源事业经费(万元)	2	5				
A2 预算项目完成率(%)	3	5				
A3 审计有问题的资金占审计资金总量之比(%)	4	5				
B 产出与效果类指标	5	45				
B1 耕地资源保护	6	8				
B11 耕地保有量	7	2				
B12 基本农田保护面积	8	2				
B13 全市耕地平均质量等级	9	4				
B2 发展用地规划与保障	10	5				
B21 万元GDP占用建设用地(万元/公顷)	11	3				
B22 新增建设用地计划指标使用率(%)	12	2				
B3 用地秩序的维护	13	3				
B31 招拍挂供地率(%)	14	3				
B4 土地挖潜	15	6				
B41 土地闲置率(%)	16	3				
B42 土地复垦开发整理新增耕地面积(公顷)	17	3				
B5 土地调查与确权登记	18	4				
B51 土地调查任务完成率(%)	19	2				
B52 土地确权登记申请受理率(%)	20	1				
B53 土地确权登记受理事件的办结率(%)	21	1				
B54 不动产登记率(%)	22	0				
B6 矿产资源管理	23	10				
B61 地热持证开采率(%)	24	3				
B62 除地热外其他矿山企业持证开采率(%)	25	1				

(续表)

指标名称	行次	权重	评价值	绩效数据 2014年	2013年	2012年
B63 已签合同的国家投资地质勘查项目完成率(%)	26	1				
B64 矿业权招拍挂出让率(%)	27	2				
B65 地热回灌率(%)	28	1				
B66 采矿权、探矿权年检合格率(%)	29	2				
B7 地质环境	30	4				
B71 矿山地质环境恢复治理保证金收缴率(%)	31	2				
B72 地质监测任务书完成率(%)	32	2				
B8 群众工作与行政执法	33	5				
B81 违法用地率(%)	34	1				
B82 年度征地、矿产开发引发的群访数量占比(%)	35	2				
B83 国土资源违法案件的查处率(%)	36	1				
B84 国土资源违法案件的处结率(%)	37	1				
C 中心工作	38	20				
C1（略）		⋮				
C2（略）						
D 社会评价类	40	20				
D1 社会满意度(%)	41					
D2 "12345"热线涉及国土资源投诉案件的处结率(%)	42					
D3 廉政建设	43					
E 加分/减分项	44					
E1 省级以上土地节约、集约模范县个数	45					
E2 获得省级以上国土资源系统表彰奖励	46					
E3 国土资源安全责任事故发生及处理情况	47					
合计	48					

（6）德州市体育事业绩效综合评价如表 8-11 所示。

表 8-11　德州市体育事业绩效综合评价

指标名称	行次	权重	评价值	绩效数据		
				2014年	2013年	2012年
A 体育事业投入类	1	15				
A1 按每万人口计算的体育事业投入额(万元)	2	5				
A2 预算项目的完成率(%)	3	5				
A3 审计有问题资金占比(%)	4	5				
B 产出与结果	5	45				
B1 全民体育运动及体育设施建设	6	15				
B11 国民体质测试合格率(%)	7	0				
B12 市县级群众体育活动参与人数增长率(%)	8	3				
B13 获得技术等级证书的社会指导员人数占比(%)	9	3				
B14 人均公共体育场所面积增长率(%)	10	3				
B15 公共体育场馆利用率(%)	11	3				
B16 学校体育设施开放时间增长率(%)	12	3				
B2 竞技体育建设与发展	13	9				
B21 举办体育赛事完成率(%)	14	3				
B22 等级运动员和等级裁判员培训完成率(%)	15	3				
B23 青少年体育俱乐部覆盖率(%)	16	3				
B3 体育科教宣传	17	4				
B31 经常参加体育锻炼人数增长率(%)	18	2				
B32 科学健身讲座完成率(%)	19	2				
B4 体育产业发展与体育彩票管理	20	6				
B41 体育彩票销售收入增长率(%)	21	3				
B42 体育彩票使用有问题资金占比(%)	22	3				
B5 体育组织、指导、交流与合作	23	6				
B51 体育社团/俱乐部等体育组织数量增长率(%)	24	2				
B52 社会体育指导员平均服务时间增长率(%)	25	2				
B53 体育指导员培训完成率(%)	26	2				
B6 老年体协	27	5				
B61 老年体育比赛活动完成率(%)	28	1				

（续表）

指标名称	行次	权重	评价值	绩效数据		
				2014年	2013年	2012年
B62 老年体育培训完成率（%）	29	2				
B63 老年体育比赛参与率（%）	30	2				
C 中心工作	**31**	**20**				
C1（略）	32					
D 廉政建设与满意率	**33**	**20**				
D1 社会满意率（%）	34					
D2 "12345"投诉案件处结率（%）	35					
D3 廉政建设	36					
E 加分/减分项	**37**					
E1 国家级体育后备人才基地、青少年体育俱乐部和体育传统项目学校数量	38	2				
E2 省运会获奖牌数超出全省平均水平部分	39	2				
E3 体育事业发展安全事故数	40	−4				
合　计	41	100				

（7）德州市林业事业绩效综合评价。林业部门绩效指标请参见第六章"表6-3　××市农业事业绩效综合评价"。

（8）德州市财政事业绩效综合评价如表8-12所示。

表8-12　德州市财政事业绩效综合评价

指标名称	行次	权重	评价值	绩效数据		
				2014年	2013年	2012年
A 财政事业投入	**1**	**15**				
A1 每万人口的财政事业资金投入（万元/万人）	2	5				
（略）	⋮					
A2 财政事业政府投入的预算项目完成率（%）	6	5				
A3 审计有问题资金占比（%）	7	5				
B 产出与效果	**8**	**45**				
B1 本级总预算执行	9	15				

(续表)

指标名称	行次	权重	评价值	绩效数据		
				2014年	2013年	2012年
B11 本级人大通过的预算支出实现率(%)	10	5				
B12 本级预算项目的完成率(%)	11	5				
B13 本级财政审计中违规预算的占比(%)	12	5				
B2 资金分配与组织预算执行	13	9				
B21 本级政府的支出保障度(%)	14	4				
B22 预算信息的公开度(%)	15	2				
B23 专项转移支付项目的资金拨付到位率(%)	16	1				
B24 市级三公经费压减率(%)	17	2				
B3 政府行政事业单位资产管理	18					
B31 市级行政事业单位固定资产安全处置率(%)	19					
(略)	⋮					
B4 政府投资项目监管	21	0				
B41 政府投资项目按期完成率(%)	22					
B42 政府投资项目超预算比例(%)	23					
B43 政府投资项目质量合格率(%)	24					
B5 政府采购监管	25	10				
B51 政府采购资金占公共支出比例(%)	26	4				
B52 政府采购的投诉率(%)	27	4				
B53 政府采购投诉案件的处结率(%)	28	2				
B6 地方政府债务管理	29	8				
B61 地方政府债务总规模的下降率(%)	30	5				
B62 地方政府到期债务化解率(%)	31	3				
B7 农业综合开发管理	32	3				
B71 农业综合开发资金拨付到位率(%)	33	3				
C 中心工作	34	20				
C1 (略)	⋮					
C2 (略)						
D 社会评价	38	20				
D1 社会满意度(%)	39	10				

(续表)

指标名称	行次	权重	评价值	绩效数据 2014年	2013年	2012年
D2 廉政建设	40	5				
D3 "12345"热线投诉案件处理率(%)	41	4				
D4 "12345"热线投诉者满意率(%)	42	1				
E 加分/减分项	43	9				
E11 政策建议、调研报告市级以上领导批示件数	44	2				
E12 预算绩效管理的覆盖率(%)	45	5				
E13 获省级以上表彰数	46	2				
总　计						

（9）德州市民政事业绩效综合评价如表 8-13 所示。

表 8-13　德州市民政事业绩效综合评价

指标名称	行次	权重	评价值	绩效数据 2014年	2013年	2012年
A 民政事业投入类	1	15				
A1 按每万常住人口计算的民政事业投入水平(万元/万人)	2	5				
A2 预算项目完成率(%)	3	5				
A3 审计有问题资金占比(%)	4	5				
B 民政事业产出与效果类	5	45				
B1 社会事务	6	5				
B11 婚姻、收养登记合格率(%)	7	2				
B12 登记数/3A级以上婚姻登记处覆盖率(%)	8	1				
B13 殡葬火化率(%)	9	2				
B2 基层政权	10	8				
B21 换届选举成功率(%)	11	0				
B22 社区服务设施覆盖率(%)	12	2				
B23 社会工作服务机构数(家)	13	2				

（续表）

指标名称	行次	权重	评价值	绩效数据		
				2014年	2013年	2012年
B24 每万人社会工作师人数（人/万人）	14	2				
B25 社会工作人才和从业人员培训人次	15	2				
B3 区划地名	16	4				
B31 地名数据库更新及时率（%）	17	1				
B32 路牌、标牌覆盖率（%）	18	1				
B33 界桩检查覆盖率（%）	19	1				
B34 路名标牌准确率（%）	20	1				
B4 救灾救助	21	11				
B41 城乡低保对象准确率（%）	22	1				
B42 城乡低保对象（合理）投诉办结率（%）	23	1				
B43 农村"五保"集中供养率（%）	24	1				
B44 孤儿、困境儿童救助人次数	25	2				
B45 医疗救助人次数	26	2				
B46 救助贫困大学生人次数	27	1				
B47 全年累计救助流浪乞讨人员人次数	28	2				
B48 自然灾害应急救助及时反应率（%）	29	1				
B5 优抚安置	30	8				
B51 符合条件退役士兵（含转业士官）安置率（%）	31	2				
B52 军休人员、无军籍职工、伤残退役士兵安置率（%）	32	2				
B53 自主就业退役士兵职业技能培训合格率（%）	33	2				
B54 全市抚恤、补助各类优抚对象覆盖率（%）	34	2				
B6 慈善福利	35	8				
B61 全市慈善机构募集善款使用的规范率（%）	36	1				
B62 全市每万常住人口的福利彩票销售水平	37	1				

(续表)

指标名称	行次	权重	评价值	绩效数据		
				2014年	2013年	2012年
B63 全市常住人口的福利彩票公益金万人支出水平	38	1				
B64 社会服务领域志愿服务统计人数	39	0.5				
B65 社会服务领域志愿服务人均小时	40	0.5				
B66 福利企业中残疾人比率(%)	41	1.0				
B67 公益性养老机构(家)	42	3				
B671 公益性养老机构入住率(含农村敬老院)(%)	43	1				
B672 公益性养老机构满意率(%)	44	1				
B673 城市社区老年人日间照料中心建设完成率(%)	45	0.5				
B674 农村幸福院建设任务完成率(%)	46	0.5				
B7 社会组织管理	47	1				
B71 社会组织年检率(%)	48	1				
C 中心工作类	**49**	**20**				
C1(略)	50					
C2(略)	51					
D 社会评价类	**52**	**20**				
D1 廉政建设	53	4				
D2 "12343"热线受理办结率(%)	54	4				
D3 "12343"热线处理满意率(%)	55	4				
D4 "12345"热线投诉案件处结率(%)	56	4				
D5 "12345"热线投诉案件处理满意率(%)	57	4				
E 加分/减分项	**58**					
E1 获得国家和省级政府奖励	59	1				
E2 4A级婚姻登记处数量	60	1				
E3 "双拥"模范城建设	61	1				
合 计	62	100				

(10) 德州市司法事业绩效综合评价如表 8-14 所示。

表 8-14　德州市司法事业绩效综合评价

指标名称	行次	权重	评价值	绩效数据		
				2014年	2013年	2012年
A 司法事业投入类指标	1	15				
A1 按常住人口计算的每万人司法事业投入额（万元/万人）	2	5				
A2 预算项目的完成率（%）	3	5				
A3 审计有问题的公共资金占比（%）	4	5				
B 司法事业产出与效果类指标	5	45				
B1 法律普及及法制宣传	6	7				
B11 年度普法考试覆盖率（%）	7	2				
B12 年度普法考试合格率（%）	8	2				
B13 市级以上新闻媒体采用稿件数（件）	9	3				
B2 社区矫正与安置帮教	10	10				
B21 社区服刑人员定位成功率（%）	11	2				
B22 社区服刑人员再犯罪率（%）	12	3				
B23 社区服刑人员档案管理	13	2				
B231 社区服刑人员档案覆盖率（%）	14	1				
B232 社区服刑人员档案抽查合格率（%）	15	1				
B24 刑满释放人员安置率（%）	16	3				
B3 人民调解	17	7				
B31 矛盾纠纷受理率（%）	18	2				
B32 矛盾纠纷调解成功率（%）	19	3				
B33 调解员培训占比（%）	20	2				
B4 律师及公证管理	21	7				
B41 律师事务所执业合格率（%）	22	2				
B42 律师培训普及率（%）	23	2				
B43 公证质量合格率（%）	24	3				
B5 法律援助及司法鉴定	25	9				
B51 法律援助服务便民网络覆盖率（%）	26	3				
B52 法律援助案件合格率（%）	27	3				
B53 司法鉴定机构执业合格率（%）	28	3				
B6 司法行政	29	5				

（续表）

指标名称	行次	权重	评价值	绩效数据		
				2014年	2013年	2012年
B61 对不良行为律师（基层法律工作者）投诉受理率（%）	30	2				
B62 受理案件的处结率（%）	31	3				
C 中心工作	**32**	**20**				
C1（略）	⋮					
C2（略）						
D 司法事业社会评价类指标	**36**	**20**				
D1 社会满意度（%）	37	10				
D2 廉政建设	38	5				
D3 "12345"热线投诉案件处理率（%）	39	2				
D4 "12345"热线投诉者满意率（%）	40	3				
E 加分/减分项	**41**	**4**				
E1 省级示范窗口个数	42	2				
E2 获得国家、部门、省级等表彰	43	2				
总　　分	**44**					

三、其他要求——建立各部门绩效管理数据库

除绩效指标外，在开展绩效评价前，我们还要求：

（1）各部门应建立绩效评价方案

绩效评价方案的内容包括：一是每个部门建立绩效评价机构，作为部门专职机构将长期发挥作用；二是建立标准，包括各项指标的统计口径和解释、各部门应上报的基础数据等。

（2）建立各部门绩效管理数据库

这就是说，各部门应根据绩效指标和综合评价表模式，建立部门绩效管理数据库。绩效管理数据库的作用，不仅为"上对下"评价提供依据，还为本部门开展内部绩效管理，甚至对个人的绩效评价提供依据。为此，对每个部门的指标要求建立一个数据库，而且这些数据应是可公开、可核查的。对此，我们不再展开。

第二篇
部分西方国家、香港特区政府的绩效管理

第九章 美国政府的绩效管理

在美国的政府管理体系中,国会和总统对于行政机构的监控能力都比较强,为了提高联邦各个机构使用公共资金的绩效,国会和总统都采取了相应的措施。在立法机关的层面上,国会一般会通过内部委员会听证会,评估政府项目并审查绩效,或者建立一些制度对行政系统进行监督和评价;另外,国会的支持机构(如国家审计署(GAO)、国会预算办公室(CBO)和美国国会图书馆)的国会研究服务也参与对行政机构的监督与评估。在美国总统领导下的行政系统内的绩效管理体系,主要发生在总统预算管理办公室、各个职能部委及机构之间。国会层面的绩效监控和评估强调的是外部对行政机构的监督与问责;而行政系统的绩效管理更强调优化管理制度,从内部提高整个行政系统的管理能力。在这个背景下,本章主要分析行政系统内部的绩效管理,不涉及审计署和国会预算办公室的绩效审计及绩效预算行为。

美国行政体系主要指由民选总统领导在各个政策领域制定政策,向国会申请预算,并在接受拨款后执行政策实施管理的行政集团。行政体系由总统、总统智囊团、总统任命的部长及职业公务员组成的官僚集团所组成。行政机构包括总统办公室、内阁级部、独立机构或政府公司。其中,政府绩效管理的主导部门是总统办公室下设的预算管理办公室(OMB);根据《1990 财务责任人法案》(The Chief Financial Officers Act of 1990,CFO Act)确立的 24 个机构(通常被称为"CFO 法案机构")是行政机构中负责特定领域的最高部门,包括 15 个内阁部委(Cabinet Department)和 9 个联邦直属的独立机构(Independent Agency),是预算管理和绩效管理的主要对象。另外,美国联邦政府中决策与预算的基本单位及公民接受服务的基本方式都是项目,联邦政府的政策、资金及服务是按照"内阁部(24 个)—机构(100 多个)—项目(1 000 多个)—公民"链条传递的。美国政府绩效管理体系的建设过程,就是在总统预算管理办公室到内阁部再到机构和项目的整个过程的绩效管理制度的建设。

第一节 美国政府绩效管理的起因

美国政府绩效管理的改革进展伴随着预算改革的发展。从 20 世纪初开始,历任总统都试图在预算管理制度的建设中留下自己的贡献。美国联邦政府的预算管理改革从20世纪20年代的行政预算改革开始,经历了Schick(1966)所说的"控制—管理—规划"三个阶段。控制阶段主要发生在20世纪早期,联邦预算制度的重点在于加强国会及总统对行政预算的控制。管理阶段发生在20世纪30—50年代末,以布朗罗委员会和胡佛委员会为代表的预算改革者倡导从提高管理效率的角度改革预算管理制度,提出要衡量预算项目的产出,这是美国绩效预算的最初时期。规划阶段发生在20世纪60年代之后。60年代,美国联邦政府推进项目预算,建立规划项目预算体系;70年代,尼克松总统推出了目标管理;80年代,卡特总统倡导零基预算。

从现在的观点来看,可以从四个方面评价这些改革:第一,每次改革都触动了当时的既得利益者,导致改革的推进非常困难;第二,这些改革并没有形成政府绩效管理的共识,政府部门也没有发展起使用数据进行决策的能力;第三,这些提升绩效的活动几乎都是行政部门的改革,立法机构并没有参与;第四,对数据本身的关注超过了对数据可用性的关注。尽管如此,就政府绩效管理而言,这些改革依然增加了政府对数据需求,也增加了绩效数据的供给。

20世纪80年代是美国政府绩效管理的一个低谷。当时,里根政府的一个政策目标是削减政府规模。里根政府的格雷斯委员会倡导比照私人部门的管理方式来削减政府活动,这成为80年代政府管理改革中的一个政治共识。为了促进这种共识在削减政府规模中发挥作用,里根政府刻意淡化数据在决策及管理中的使用。

20世纪90年代,绩效管理重新得到美国联邦政府的关注,这主要体现在《政府绩效与结果法案》的通过。《政府绩效和结果法案》的通过跨越了两任总统。在老布什政府晚期,当时的参议院政府事务委员会提出立法建议,美国国会和总统预算管理办公室起草法案,最终由克林顿总统于1993年通过并签署成为法律。《政府绩效和结果法案》要求联邦部门制定战略规划、绩效计划和绩效报告。虽然《政府绩效和结果法案》的最初目的是促进绩效数据在预算过程中的使用,但就之后来看,其主要效果是促进了联邦部门绩效数据的供应。此外,克林顿还建立了一个单独机构——国家绩效评价(重塑政府)委员会,这个机构从事绩效管理,由副总统戈尔负责。

在文献中,通常将1993年克林顿总统颁布《政府绩效与结果法案》开始的预算改革称为新绩效预算改革。接下来就对美国进入新绩效预算以来的改革进行梳理。

第二节 美国政府绩效管理的发展阶段

美国进入新绩效预算改革以来,经历了三位不同的总统,每位总统在绩效管理的举措上都不一样。因此,美国目前的绩效管理现状是历经三个阶段形成的。

第一阶段:克林顿总统时代(1992—1999 年)

克林顿总统时期绩效管理的主要举措有两项:一是国会在老布什政府时期起草并在克林顿政府时期生效的《政府绩效和结果法案》。《政府绩效和结果法案》是跨越两任政府,由国会从外部提出的政府绩效管理要求,要求联邦行政部门编制战略规划、年度绩效计划和年度绩效报告。二是克林顿总统指派副总统戈尔实施的国家绩效评价(重塑政府运动),是发生在行政系统内部、由总统主导的一项行政策略,是《政府绩效和结果法案》在行政体系内部的进一步落实。

就《政府绩效和结果法案》来说,其立法主导者是国会,主要目的与历史上的预算改革相似,致力于提高决策和预算的科学性与合理性。国会及审计署发现,当时的政府管理呈现以下状况:(1)行政和立法部门在决策中主要关注项目投入与活动,较少关注项目成果及绩效;(2)虽然有 2/3 的机构有长期战略规划和绩效指标,但很少有机构测量并报告绩效进展情况;(3)绩效数据最经常的用途是机构内部管理,用于战略决策的较少;(4)很少有机构绩效信息报告给总统预算管理办公室、国会或公众;(5)能够整合绩效测量与战略规划进行决策的机构很少。

在这样的背景下,面对公众要求强化对政府进行监督和提高政府工作绩效的压力,国会在 1992 年制定了《政府绩效和结果法案》,这是世界上第一部专门为政府绩效而制定的法律。根据这项法律,每个联邦机构制定五年期的战略计划和目标、年度绩效计划与年度绩效报告。年度绩效计划在财政年度初期制订,并确定与长期战略目标相一致的近期目标,并体现在机构的预算中,设置具体到项目的绩效指标。每个财政年度结束后六个月,机构提交年度绩效报告,汇报绩效指标的最新值,并与上年度数据进行对比。对于没有完成的预定目标,要解释并提出解决措施。该法案还要求至少每三年对机构的五年期战略计划进行一次评估。《政府绩效和结果法案》要求年度绩效报告中应包括机构上一财政年度项目评估的结果摘要,但没有明确要求部门进行深入的项目评估。

根据《政府绩效和结果法案》的要求,1995 年机构进行绩效试评估,27 个机构向总统预算管理办公室呈交了近 70 个项目评价报告。1999 财政年度,行政部门开始按照《政府绩效和结果法案》的基本框架提供绩效报告。总统预算管理办公室在每年发布的预算申请备忘录中,对机构的绩效计划和报告标准进行规定;并对机构呈交的计划与报告进行审查,确保与总统的预算和政策一致;总统预算管理办公室项目审查官按此要求审查并批准机构的年度预算请求。

克林顿总统建设政府绩效管理的第二项举措是国家绩效评价。以副总统戈尔为首的国家绩效评价委员会(National Performance Review,NPR)是这一举措的主要执行机构。国家绩效评价委员会的工作贯穿克林顿总统的整个任期,通过若干阶段的对联邦行政管理机构的审查、评估与建议,一步一步地重塑政府,为《政府绩效和结果法案》法案在各机构的落实与实施做了大量的制度和技术工作。

国家绩效评价委员会的第一次行动始于1993年3月,评估时间为6个月,最终报告在当年9月提交总统。国家绩效评价委员会的第一次报告为"创建一个更好、更低成本的政府",也被称为"戈尔报告"。该报告指出,在迅速变化的世界面前,美国庞大、自上而下的官僚体制已不能适应信息技术、全球性竞争和需求式的顾客,政府应该按照以下四项原则进行重塑:(1)消除繁文缛节,将注重过程的行政管理系统转变为注重结果的行政管理系统;(2)把顾客放在首位;(3)增加对职业公务员的授权,以提高政府服务的成果;(4)一削到底,创造出一个少花钱、多办事的政府。1993年12月,总统签署了16项指令实施具体建议,削减252 000个劳动力,削减近半数的内部规定,要求机构设置客户服务标准。戈尔报告发布后,国家绩效评价委员会继续就部门改革提供建议,包括培训联邦雇员,进行"重塑政府"的试点创新,精简部委职能,为国家合作理事会、总统管理理事会、政府资讯科技服务工作组提供建议。国家绩效评价委员会创建了一个跟踪改革进展情况的咨询系统,涵盖政策建议1 250多条。另外,国家绩效评价委员会还与总统预算管理办公室及白宫工作人员开发了主要机构负责人与内阁部长和总统之间的绩效协议;开发网站,建立联邦雇员和普通大众之间的信息沟通方式。1994年,国家绩效评价委员会帮助机构建立首套客户服务标准——《政府服务标准手册》,并汇编出版。

1995年,国家绩效评价委员会重新启动,进入政府再造的"第二阶段",要求机构审查各自的任务,决定哪些政府应该做、哪些不应该做;改革政府管制制度,淘汰过时的法规,在监管机构和被管者之间建立伙伴关系。截至1995年9月,国家绩效评价委员会二期审查提出了200多条改革建议。

1996年,国家绩效评价委员会提出要"在平衡预算的世界里治理",这个建议得到克林顿总统的认可。克林顿总统于1997财政年度提出预算平衡,要在6年时间内将预算削减22%。在这样的预算约束下,国家绩效评价委员会指出机构要根据其状况制订预算削减计划,关注政府工作目的,将更多的权力下放给一线管理者,按照绩效管理的方式削减预算。国家绩效评价委员会提出以下几点建议:(1)转变为以绩效为基础的组织;(2)大幅提升顾客服务;(3)关系监管;(4)创建基于绩效的合作补助;(5)建立点对点联系的社区;(6)改革联邦公务员制度。

在克林顿总统的第二个任期内,国家绩效评价委员会没有推出新的举措,而是在第一个任期的经验上,从鼓励分权到改革整个机构,包括与联邦雇员就部门层面目标沟通、延伸到部门内部机构目标的沟通;帮助机构将重塑战略纳入其整体战略规划,将《政府绩效和结果法案》的要求融入部门的日常运营。

第二阶段:小布什总统时代(2001—2009年)

小布什总统上台后,法律层面上的《政府绩效和结果法案》依然有效,但小布什政府认为《政府绩效和结果法案》经过克林顿政府的两届任期,即便加上国家绩效评价委员会的努力,也没有对联邦预算产生实质性的影响。国家绩效评价委员会作为克林顿政府的专用手段,在小布什政府中当然不再为继。小布什政府为了推进自己任期的绩效管理,也采用了两项政策:一项是通过总统管理议程(PMA)明确政府管理改革在五个核心领域中的期望标准,并按此标准对26个直属部门在这些领域中的表现进行考核,促进部门形成与总统期望相符的管理制度、能力及绩效。这五个核心领域分别为"人力资本投资""人事管理""电子政府""财政绩效""预算与绩效管理的整合"。总统管理议程从整体上体现了小布什政府的管理特点:总统管理议程的关注重点、总统管理议程所呈现的理想制度及总统在促进部门实现总统管理议程时所采用的手段都体现了小布什政府建设政府绩效管理制度的基本理念——通过管理促进绩效。小布什政府期望各机构能够生产出合格、有用的绩效信息,并将这些信息用于决策、预算及管理,建立能够使绩效信息发挥作用的更灵活、结果导向、委托代理式的管理方式。

在总统管理议程的整体框架下,小布什政府在2004年特意推出专门针对项目绩效管理的举措——项目评价评级工具(PART)。项目评价评级工具是一张对项目管理机构的管理过程进行打分的问卷式打分表;总统预算管理办公室作为核心预算机构,与部门一起对项目的管理按项目评价评级工具表格的内容及标准进行评估。评估内容涵盖项目管理的全过程,既包括项目规划、项目管理、项目自评估等管理性过程,也包括项目绩效这一结果信息。小布什政府试图通过项目评价评级工具这一全程评估,将绩效信息融入预算分配的过程与结果,增加绩效信息的有效使用。

从克林顿政府开始实施的《政府绩效和结果法案》关注的是联邦部门的结构,联邦的24个部门需要以部门为单位报告部门战略、部门绩效计划和绩效报告;国家绩效评价委员会关注的是政府的管理方式及顾客标准。小布什政府认为《政府绩效和结果法案》和国家绩效评价委员会都没有抓住"项目"这个政府运行的核

心,绩效管理难以对预算产生实质性的影响。因此,通过项目评价评级工具工具推进项目绩效管理,把联邦目标设定和测量的重点从机构层面转向项目层面,是小布什政府政府绩效管理制度的重点。

项目评价评级工具本质上是由总统预算管理办公室工作人员设计的一种诊断工具,用于评估项目绩效并监督其绩效的改进。项目评价评级工具评估过程是由总统预算管理办公室与部门一起,对项目管理的整个过程进行诊断性评估,涵盖项目从设计到实施到结果整个流程的总体有效性。每一份项目评价评级工具包括25个基本问题及其他按照项目类型设置的问题。这些问题被分成四个部分:第一部分评价项目目标与设计,考察项目的设计和目的是否明确且有力,占比20%;第二部分评估项目战略规划,衡量机构是否为项目建立了有效的年度目标和长期目标,占比10%;第三部分评价机构对项目的管理,包括是否拥有有效的财务监督和项目改进,占比20%;第四部分评价项目的结果及问责情况,占比50%。部门在这些问题上的分数被转换为五个等级:"有效的""适度有效的""充分的""无效的""无法评级"。评估结果有两方面的用途,一是为预算决策提供参考意见,提高总统预算管理办公室预算审查的质量和一致性,为分析并比较机构项目预算请求提供标准、全面、客观的依据;二是帮助机构明确改革措施,帮助项目管理者发现并解决项目实施中的不足,提高绩效。

项目评价评级工具试图在整个联邦政府层面上为项目评估和评级提供一种一致的方法。在后来的五年中,几乎所有的联邦项目都接受了项目评价评级工具评估,共有1000多个,占联邦支出的98%。项目评价评级工具评估开始于每年秋季新的预算季之前,由机构与对口总统预算管理办公室项目审查官共同完成。由于总统预算管理办公室与机构在评估中的合作,使得项目评价评级工具评估并不是简单地通过项目评估结果发生作用。项目评价评级工具评估希望在合作评估的过程中,通过激励各项目的实际管理人员来促进管理者进行绩效化管理、优化管理流程,进而提高项目绩效。如此,项目评价评级工具评估的目的也就实现了。

从这个意义上来讲,小布什政府的绩效管理改革策略主要是运用制度性手段来推进改革,部门层面的绩效信息结构与克林顿政府时期是一致的,并没有影响克林顿时期《政府绩效和结果法案》所确定的部门绩效监测与报告的基本框架。机构和总统预算管理办公室对项目的目的、设计、规划、管理、绩效和责任进行评估,确定其整体效益,然后找出能提高项目结果的改进措施。

第三阶段:奥巴马总统时代(2009年至今)

奥巴马上台之后,除法律层面的《政府绩效和结果法案》继续有效之外,项目评价评级评估工具随着小布什总统的卸任而随即停止。奥巴马政府在《政府绩效和结果法案》的法律框架下,吸收了前两任总统的经验,提出了自己的政府绩效管理建设方案,包括战略规划、绩效管理和项目评估三个方面。

奥巴马政府强调政府战略规划的地位与重要性,更加强调政府规划的一致性。每个责任部门要确立3—8个高优先项目;在跨部门的政策领域内,要由总统预算管理办公室负责确定优先项目;在政府明确了优先项目之后,部门再确定绩效计划和绩效目标;在年度内定期汇报绩效进度;部门的规划与政府规划必须具有衔接关系。

奥巴马政府绩效管理的主要思路是重新回到机构层面,加强1993年《政府绩效和结果法案》所确定的政府绩效管理框架的基础地位。但奥巴马做了更多,他认为《政府绩效和结果法案》只对部门提出战略规划、绩效计划和绩效报告三项要求,这对于建设完善的绩效管理框架太简单了。在《政府绩效和结果法案》的基础上,奥巴马政府增加对部门设置战略优先目标的要求,也增加部门季度审查绩效进展的要求,更是将战略规划、绩效计划、季度审查与报告的要求扩展到整个联邦政府的层面上,涵盖那些单一部门无法承担的跨部门政策领域。这些新的要求使得国会在奥马巴政府时期对《政府绩效和结果法案》进行了修订,形成《政府绩效和结果现代法案》,并于2011年通过国会决议。《政府绩效和结果现代法案》是奥巴马政府绩效管理的基本框架。总体来说,《政府绩效和结果现代法案》在《政府绩效和结果法案》的基本框架下,增加了战略目标导向和实时的绩效监控,将绩效制度在政策领域上全覆盖,使得绩效管理成为美国联邦政府治理的真正有效的框架。为了促进该框架的落实,奥巴马政府设置了相应的机构和职位,以责任到人的方式推进。

《政府绩效和结果现代法案》推进绩效管理的主要原理是以战略规划保证部门项目活动与部门战略目标的一致性,通过绩效计划、测量与报告来促进部门提高项目的管理效率。但绩效指标只能报告项目的进度和实现预期目标的情况,并不能揭示项目对于实现政府目标是否有用。因此,仅仅依靠绩效指标进行决策的科学性是非常不够的,要想揭示项目干预的真实后果,还要采用较严谨的社会科学研究方法进行项目评估。虽然美国学术界的项目评估能力处于世界领先地位,但美国联邦政府一直没有将项目评估正式纳入决策及预算体系。奥马巴政府已经开始认识到这个问题,倡导部门在绩效管理之外建设部门的项目评估能力,推进项目评估活动。

第三节 美国政府绩效管理的现状

如前文所述,奥巴马政府以来的各项举措构成了美国政府绩效管理的现状。就政策内容来讲,奥巴马政府着重强调三个方面:一是明确政府的战略优先目标(HPPG);二是建立基于《政府绩效和结果现代法案》的政府信息报告及绩效管理体系;三是实施项目评估。其中,战略优先目标作为奥巴马政府的政策创新,包含在《政府绩效和结果现代法案》之中,是联邦信息报告和绩效管理体系的重要组成部分,也是绩效管理的主要内容。因此,本节首先介绍《政府绩效和结果现代法案》对联邦各部门的报告及管理要求,并在此基础上介绍美国政府为了落实《政府绩效和结果现代法案》要求,在机构设置上所付出的努力。同时,由于奥巴马政府开始强调政府决策要基于证据,要大力发展将项目评估纳入制度化的决策过程,本节也介绍奥巴马政府在项目评估上的努力。

一、绩效管理基本框架

2011年1月,美国国会通过了《政府绩效和结果现代法案》。《政府绩效和结果现代法案》继承了《政府绩效和结果法案》的一些主要制度,同时吸收了小布什政府时期的有益做法及奥巴马政府早期的尝试,并参考立法者、国会、审计署等部门的意见,最终得以形成并生效落实,是目前美国政府绩效管理的基本框架。《政府绩效和结果现代法案》明确了政府绩效管理的核心要素,以及在绩效管理流程中各部门应准备的相关文件。

(一) 政府绩效管理的核心要素

美国联邦政府绩效管理的核心要素包括两部分:一是建立统一的战略框架,指导部门明确各自责任政策领域内的长期目标、中期目标和近期目标;二是在部门建立的各级目标中,选择部分目标作为优先发展的重点。在这两个方面上,联邦的核心预算及管理机构总统预算管理办公室既要关注战略框架作为一种方法论在部门中的落实,又要具体地参与部门优先目标及跨部门优先目标的选择和管理中。

1. 部门战略框架

部门战略框架是一个金字塔形的层级制框架,自上向下分别为"部门战略—战略目标—绩效目标—绩效指标"。在这个框架中,部门首先明确部门战略方向,并在此基础上将部门战略逐步细化到可操作的层次上,使部门战略最终落到实处。

(1) 部门战略。部门战略(Strategy Goal)是部门基于其主要职能建立的成果导向的长期战略方向,体现部门履行使命后预期达到的长期的广泛影响。部门战略是部门法定使命的反映,有效期为四年,涵盖一个完整的总统任期。在有效期间内,部门战略对部门的日常政策和运作起着基础性的指导作用。

根据部门使命,每个部门可以制定多个部门战略。目前美国22大CFO法案机构的战略数分别如表9-1所示。

表 9-1　美国联邦主要部门的战略数

CFO 法案机构	战略数	CFO 法案机构	战略数	CFO 法案机构	战略数
农业部	5 个	环保署	9 个	国土安全部	6 个
商业部	5 个	财政部	5 个	国家科学基金会	3 个
国防部	5 个	司法部	3 个	人事管理办公室	9 个
能源部	3 个	交通部	7 个	小企业管理局	3 个
卫生部	4 个	总务管理局	3 个	退伍军人事务部	3 个
劳工部	5 个	社会安全局	5 个	住房与城市发展部	5 个
内政部	21 个	航空航天局	3 个	国务院和美国国际开发署	5 个
教育部	6 个				

资料来源：https://www.performance.gov/agencies。

在总统预算管理办公室发布的预算编制指导文件①中规定，部门战略应简单明确，不能太长，也不能太复杂。部门战略的表述应符合以下三个原则：(1) 易懂，避免使用太过具体的专业术语；(2) 有指向性，尽量使用加强、支持、维持、提高、降低等定向动词；(3) 明确，能清晰地表达出该战略在支持部门使命和履行部门责任中的作用。

根据战略的内容，可以将战略分为三类：(1) 使命型战略，这类战略直接体现部门的某一责任或使命；(2) 跨部门战略，这类战略可能服务于跨部门的战略；(3) 管理型战略，基于部门管理功能优化的制度改进目标，如人力资源管理、信息技术、财务管理工作等。例如，卫生部的四个部门战略分别为：战略 1——强化国家卫生保健体系；战略 2——促进科学知识和创新；战略 3——促进美国公民的健康、安全和福利；战略 4——确保卫生部项目的效果、效率、透明度和问责。其中，前三个战略为使命型战略，第四个战略为管理型战略。

(2) 战略目标。每一个部门战略通过 2—10 个战略目标（Strategy Objectives）进行细化，更具体地反映机构期望达到的多个政策效果或管理效果。战略目标的有效期为 1 年，每年都要对上一年的绩效目标进行评估，并根据实际情况确定下一年的目标值。不同于部门战略的指导性特点，战略目标已经开始将部门工作实务化，是部门分析和决策的基本单位。

总统预算管理办公室指导文件指出，战略目标的制定要注意五个方面，即目标明确、可评估、范围适当、表达清晰、独特。

---

① OMB，"Preparation，Submission and Execution of the Budget"，*Circular* No，A-11，2016。

其一,目标明确:战略目标应能保证部门行动与理想结果一致,有助于决策。因此,战略目标应按照能帮助机构和相关者决策的方式来定义。每一个战略目标都应确定主管部门和其他参与部门,并确定实现目标的项目、活动和策略。某些情境下,战略目标可以涵盖多个组织或多个项目。

其二,可评估:战略目标制定之后,机构每年都会评估目标预期结果的实现情况。因此,从战略目标的表述中就能够找出可行的评估办法。在确定战略目标是否具有有效的评估方法时,须考虑以下事项:战略目标是否明确未来方向或愿景?是否包括如加强、支持、维持、提高、降低等主动或定向动词?战略目标是否包括可以与评估结果进行对比的一个标准?战略目标的结果陈述越模糊,有效的评估就越困难。

其三,范围适当:战略目标是对部门战略的进一步细化,要根据战略目标是否已能通过项目实现的效果和影响来确定细化程度。一般情况下,每个部门战略有2—10个战略目标。当然,战略目标的数量可能受到机构及使命地区而有所差异。

其四,表达清晰:战略目标要容易理解。部门应采用公众易于理解的语言,简明清楚地传达期望的结果或影响,避免行话。表述不应过长或复杂,因为还会有更详细的策略或叙述来详细地阐明目标。

其五,独特:战略目标应明确表述机构的作用和使命,使本机构的作用与其他机构相区分。例如,许多机构会将经济发展作为战略目标,但每个组织在经济发展中可能负责不同方面,采用的项目、措施和策略均不相同。在这种情形下,战略目标的表述中应体现机构如何实现战略目标的具体策略或其他能识别机构作用的语言。

例如,美国卫生部战略3为"促进美国公民的健康、安全和福利"。在这个战略之下,卫生部设了6个战略目标,分别为:

- 3.1 为儿童与青少年提供更具回应性的健康保证,促进安全和福利;
- 3.2 保证个人、家庭和社区的福祉,促进经济发展;
- 3.3 为残疾人和老年人提供更多的高质量服务;
- 3.4 推进各个年龄段的疾病预防措施;
- 3.5 减少传染性疾病的发生;
- 3.6 在紧急情况下保护美国人的健康和安全,提升卫生系统对突发事件的应对性和弹性承受能力。

(3)绩效目标。虽然战略目标相对于部门战略更具体,但其主要是采用文字对预期效果的状态进行表述,在一般情况下也不是定量的。具体操作时,战略目标还将进一步具体化为多个包含时间节点、绩效指标、绩效目标值的绩效目标

(performance goals)。绩效目标是对战略目标预期达到结果的明确阐述,而战略目标主要在部门战略和绩效指标之间起桥梁作用。

以美国卫生部"3.4 推进各个年龄段的疾病预防措施"这一战略目标为例。卫生部明确了 10 个绩效目标,分别为:

其一,在 2016 年 7 月 31 日之前将美国成人的年人均烟草消费量减少到 1 145 美元。(领导机构为 OASH)

其二,在 2016 年 11 月 30 日之前将 18 岁以上成年烟民的比例降至 17%。(领导机构为疾病预防控制中心)

其三,截至 2016 年 12 月 31 日,合规的烟草零售专营机构数达到 110 000 家。(领导机构为食品药物管理局)

其四,在 2016 年 6 月 30 日之前,将青少年烟民(9—12 年级)的比例降至 15%。(领导机构为美国疾病控制与预防中心)

其五,在 2016 年 12 月 31 日之前,将自杀热线电话的回答数增加到 1 308 825 个。(领导机构为药物滥用与精神健康服务管理局)

其六,在 2016 年 12 月 31 日之前,将对患有接受无家可归支持服务的严重精神疾病患者进行 6 个月随访报告的比例升至 66.1%。(领导机构为药物滥用与精神健康服务管理局)

其七,在 2016 年 12 月 31 日之前,接受心理健康或相关服务的人数增加到 8 850 人。(领导机构为药物滥用与精神健康服务管理局)

其八,在 2017 年 1 月 31 日之前,完成所有医疗检查的学前儿童比例升至 93%,测量 ID。(领导机构为儿童与家庭管理局)

其九,在 2016 年 9 月 30 日之前,为 53.3% 的 22 岁以上美国印第安人和阿拉斯加原住民的冠心病患者提供 4 个心血管疾病风险评估。(领导机构为印第安人卫生服务局)

其十,在 2017 年 9 月 30 日之前,采用他汀类药物,为美国印第安人和阿拉斯加原住民提供心血管疾病的预防与治疗。(领导机构为印第安人卫生服务局)

从卫生部绩效目标的表述中可以看出,绩效目标明确规定了部门在特定时间节点、在多个绩效指标上应达到的目标值,这是部门后绩效评价的基础。为了实现 3.4 这一个战略目标,卫生部制定了 10 个关键的绩效指标,并确定了每个指标的目标值。在卫生部的战略体系中共有 4 个战略、21 个战略目标、147 个绩效目标(见表 9-2)。

表 9-2 美国卫生部绩效指标数

	战略目标数	绩效目标/绩效指标
战略 1	6	8+15+2+3+14+6=48
战略 2	5	9+2+3+3+4=21
战略 3	6	11+10+7+10+10+4=52
战略 4	4	14+6+4+2=26
合计	21	147

资料来源：https://www.performance.gov/agency/department-health-and-human-services?view=public。

绩效目标中的关键绩效指标均为结果性指标，部门也可以根据管理的需要，设置投入、产出、效率及其他指标，帮助部门就这一方面收集更多的证据，对绩效目标的进度实施监控和评估。

因此，美国联邦政府绩效管理的基本框架（见图 9-1）是层层展开的战略框架。

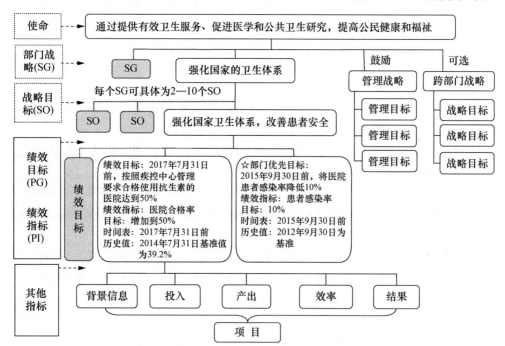

图 9-1 美国联邦政府的部门战略框架（以卫生部为例）

资料来源：OMB Circular No. A-11 (2016), Section 200-19。

2. 优先目标设定

部门战略框架是指导部门日常运作的基本工具，其内容是部门根据自身使命和职责自行设置的，体现的也是各个政策领域的常规工作，单单以部门战略是无法体现美国联邦政府的政策重点的。而奥巴马政府在绩效管理领域的一大政策创新,就是要求部门在所有的绩效目标中,识别出个别优先发展的目标——机构优先目标。部分联邦政府认为重要的、需要多个部门合作完成的目标,由总统预算管理办公室确定为跨机构优先目标。

(1)跨机构优先目标。跨机构优先目标(Cross-Agency Priority Goal,CAP)也称联邦政府优先目标(Federal Government Priority Goals,FGPG),由总统预算管理办公室牵头负责,支出部门合作配合制定。在两种情况下,总统预算管理办公室应制定跨机构优先目标:一是总统在任期内想将某政策置于优先发展地位,但该政策无法被指派到某单一部门而需要多个部门合作共同完成,在这种情形下,总统预算管理办公室要牵头制定该政策的优先目标,并向相关部门分配在该政策目标中的责任;二是联邦政府的行政管理制度与方式(如财务管理、人力资源管理、信息技术管理、政府采购、固定资产等)需要改革优化,由于这些管理制度涉及所有联邦部门,总统预算管理办公室就必须在这些方面明确改进重点与目标。

跨机构优先目标的时间跨度为四年,总统预算管理办公室必须在每一个总统任期首次提交总统预算时,明确并公布跨机构优先目标,总统预算管理办公室还必须在四年当中为跨机构优先目标设定年度目标和季度目标。目前,美国联邦政府还未经历一个完整的四年以使跨机构优先目标的设置常规化,目前有效的是在2015财政年度公布的临时的跨机构优先目标,共有15个。其中,9个为政策型优先目标,分别为网络安全、提高在役及退役士兵及其家人的精神健康、应对气候变化、国家安全调查改革、创造就业的投资、基础设施现代化、教育改革、顾客导向的服务、信息化改革;6个为管理型优先目标,分别为分类管理、合作服务、标杆管理和目标管理、数据公开、科技成果转化、公务人员队伍建设。

这一轮的跨机构优先目标的有效期到2018年,2019年的总统预算提交时会公布新的跨机构优先目标。

在跨机构优先目标的制定过程中,总统预算管理办公室起主导作用,但参议院和众议院拨款委员会、参议院和众议院的预算委员会、国土安全部和参议院政府事务委员会、众议院和政府改革监管委员会、参议院财政委员会等也会发挥重要的作用。总统预算管理办公室也会根据具体情况与总统管理委员会(PMC)、绩效促进委员会(PIC)等其他委员会和部门商讨目标的确定。

虽然跨机构优先目标是在总统预算管理办公室的主导下制定的,但是这些目标的实现却依然要依赖各个具体部门和机构。因此,总统预算管理办公室在制定每一个跨机构优先目标时,必须指明都有哪些机构及哪些项目需要参与这些目标中;参与机构和支撑项目要制订实现目标的总体行动方案,并在该行动方案中明确各自的责任、角色与贡献。同时,机构在制定本机构的战略时,必须首先考虑本部门所承担的跨机构优先目标,将这些目标纳入战略框架并逐层分解落实。所以,跨机构优先目标的时间跨度与部门战略的时间跨度一致,均为四年,在一个总统任期内不能随意改变,但其内容和形式却与部门的绩效目标类同。例如,卫生部所承担的跨机构优先目标有顾客导向的管理、标杆管理和目标管理、数据公开、科技成果转化、公务人员队伍建设。

(2) 机构优先目标。机构优先目标(Agency Priority Goals,APG)是部门按照《政府绩效和结果现代法案》的要求,在部门绩效目标中选择部分需要重点关注和优先发展的目标提交给总统预算管理办公室,与国家的重大发展方向保持一致。须制定机构优先目标的机构主要是 CFO 法案所涵盖的 24 个大型联邦部门和机构,一些小型机构无须制定机构优先目标,总统预算管理办公室也可以酌情确定哪些部门或机构须制定优先目标。机构优先目标的个数至少 2 个,最多 8 个。机构优先目标的有效期短于跨机构优先目标,代表部门领导和政府的关注重点,不受新的立法或新的预算资金的影响,必须在 24 个月内完成。机构每年都可以制定优先目标。

在部门战略框架内部,机构优先目标是部门绩效目标的一个子集。在大多数情况下,机构优先目标直接隶属于至少一个战略目标。为了跟踪机构优先目标在两年期内的进展,部门应设定合适的年度目标、季度目标及关键里程碑。如果部门或机构愿意的话,还可以选择月度目标和月度里程碑。2012 年,联邦部门有 103 个机构优先目标;2013 年,有 102 个机构优先目标;2014 年,有 76 个机构优先目标。

卫生部在 2014—2015 财政年度制定了五个机构优先目标:(1) 通过使用卫生信息技术,改善医疗体系;(2) 减少食源性疾病;(3) 减少可燃烟草的使用;(4) 促进患者安全;(5) 提高幼儿教育质量。其中,优先目标(1)的具体内容为:2015 财政年度年底,使通过 CMS 医疗保险和电子健康记录(EHR)项目获得激励性补助的供应商数增加到 450 000 家。该绩效目标的绩效结果为:截至 2015 年 9 月,获得补助的供应商数已经达到 478 379 家,目标完成。

(二) 政府绩效管理文件

部门战略框架中体现的各级战略和目标以及总统预算管理办公室和部门选择的优先目标,是美国联邦政府绩效管理的核心元素。政府绩效管理的过程,就是通过一系列的文件和报告,将这些元素的目标值、进度值、结果值进行监督、分析与报告的过程。

1. 总统预算管理办公室准备的文件

如前文所述,总统预算管理办公室的主要工作是制定跨机构优先目标并对目标进度进行管理。总统预算管理办公室需要准备的文件有两个:一是制订跨机构优先目标的跨年度绩效计划,二是对跨机构优先目标进行季度审查的审查报告。

(1) 联邦绩效计划。跨机构优先目标是总统预算管理办公室在联邦绩效计划

(Federal Performance Plan，FPP)中制定的。联邦绩效计划的主要内容是识别跨机构优先目标，并制定相应的绩效目标。绩效目标包括相关绩效指标的目标值、行动计划、目标领导和支撑项目。联邦绩效计划每四年编制一次，但其绩效目标值至少每年审查一次，审查后的计划与总统预算建议一起提交国会。联邦绩效计划及其定期更新应在联邦绩效管理网站(Performance.gov)上公布。

(2) 跨机构优先目标的季度审查。每个季度，每个跨机构优先目标都要接受进度审查。季度审查由总统预算管理办公室主任、绩效促进委员会与每个目标的责任领导实施。若需要，也应将部门纳入审查小组。根据审查结果，总统预算管理办公室将对目标的落实提出下一步的行动建议。审查结果与下一步行动方案都联邦绩效管理网站上公布。首轮季度审查开始于2012年6月30日(2012财政年度的第三季度)。虽然《政府绩效和结果现代法案》并没有明确要求季度审查结果须提交国会，但仍要在联邦绩效管理网站上公布。

2. 部门准备的文件

部门准备的文件涵盖战略框架的所有层次，也包括机构优先目标的制定与定期审查。

(1) 战略规划。部门应提交的首份文件是战略规划(Agency Strategy Plan，ASP)。机构战略规划的主要内容是识别战略重点。战略重点的有效期为四年，战略规划也就每四年提交一次，与总统任期一致。在新一任总统任期开始之前，战略规划提出部门在未来四年中期望达到的长期目标、拟采取的行动方案，以及把握机遇和应对风险的措施。部门战略规划主要包括三个方面的内容：一是部门工作的总体战略；二是评估总体战略的方法；三是本部门在实现部门战略过程中与其他机构的合作方案。承担跨机构优先目标任务的部门，必须将相关责任分解到部门的战略规划中，而且最好在战略规划中为该目标设置一个独立的绩效目标。战略规划每次提交的最后期限为总统任期的第一年的二月的第一个星期一之前，这个时间也是总统提交年度预算的最后期限。战略规划通过以下两种方式提交：通过总统预算管理办公室的管理系统 MAXhttps://max.omb.gov/community/x/C5VxIQ 提交规划草案全文；大型机构可以通过 Performance.gov 的快速通道提交。

(2) 年度绩效计划。2013财政年度之后，部门应每年提交绩效计划(Annual Performance Plan，APP)。年度绩效计划的主要内容是编制部门每年的战略目标和绩效目标。年度绩效计划是部门年度预算申请材料中的一项，与部门预算提案一起由部长提交总统预算管理办公室审查，并作为总统预算提案的附录提交国会。年度绩效计划要在部门官方网站上公开发布。

年度绩效计划的重点内容包括：一是明确部门绩效目标。绩效目标是机构未来一年预算申请的主要理由,根据部门职能,可以有一个或多个绩效目标,也可以设置关键里程碑式的绩效目标。二是设置绩效指标。绩效指标评估绩效目标的进展情况,有效率、产出、成果等多种类型。三是对部门管理的项目进行优先级别的划分,明确哪些项目为"高优先级"、哪些项目为"低优先级",并提供证据佐证。四是本部门所承担的跨机构优先目标的实施安排。五是识别管理过程中的难点,并提出应对策略。六是为每一个绩效目标指定责任人。

年度绩效计划涵盖未来两年,当年的绩效目标在上年的绩效计划文件已经有所表述,在当年的文件中,还要对上年的绩效目标进行更新。年度绩效计划的编制及更新周期与部门预算周期一致。

(3)机构绩效进展报告。每个季度,机构都要对每个机构优先目标实施进度审查。季度审查主要由部门首席运营官及其他主要人员展开。审查的方法主要是数据驱动的定量评估。通过季度审查,部门能及时对目标进度进行评估,并识别新的影响因素,根据实际情况对目标进行修正,或制定下一步的行动方案。审查结果在联邦绩效管理网站上公开。

(4)年度绩效报告。在每一个财政年度结束的150天之内,部门应根据年度绩效计划中明确的绩效指标,将绩效指标的实际绩效与目标绩效进行对比,编制年度绩效报告,衡量目标绩效的实现情况。支出部门一般按照两个时间点提交报告:一是财政年度结束后的几周之内,一般在十一月;二是下一年二月,与部门的预算申请和年度绩效计划一起提交。

《政府绩效和结果现代法案》要求,若绩效目标没有实现,部门要在报告中解释原因,并制订下一步改进计划,以实现预定目标;若因目标本身存在问题而导致目标没有实现,也要在报告中进行说明并给出原因。虽然机构绩效进展报告是每年提交的,但《政府绩效和结果现代法案》希望部门能在合理的行政负担水平下,尽量增加年度中间提供数据和报告的频率。

表9-3列出绩效管理核心元素在绩效管理文件中的体现。

表9-3 绩效管理文件中各类信息的体现

信息内容	文件			
	战略规划	年度绩效计划	季度绩效更新	年度绩效报告
机构信息与使命	√	√		√
跨机构优先目标	√	√	√	
部门战略	√	√		√
战略目标	√	√		√
绩效目标	√	√		√

（续表）

信息内容	文件			
	战略规划	年度绩效计划	季度绩效更新	年度绩效报告
机构优先目标	√	√	√	√
绩效指标		√		√
其他信息（评估、超链接、数据质量等）	√	√		√

（三）绩效信息公开方式

联邦政府绩效管理的所有信息，都可以通过 https://www.performance.gov/ 网站查询。网站主要提供前文所述的四类信息：(1) 跨机构优先目标和机构优先目标及其定期评估；(2) 跨机构绩效计划及跟踪评估；(3) 机构的战略规划、年度绩效计划和报告；(4) 按管理部门归类联邦项目库。该网站由总统预算管理办公室在 2012 年根据《政府绩效和结果现代法案》建立，至少每季度更新一次。

机构发布的计划和报告也会公开在机构主页上。www.performance.gov 有链接到机构首页的超链接；机构主页也有链接到 www.performance.gov 的超链接。为了方便公众了解与绩效相关的其他信息，机构主页上还有与劳动力规划、信息资源管理计划、机构财务报告、绩效和问责报告、国会预算申请、政府采购及其他资本资产管理等与战略目标绩效相关的公开文件的超链接。图 9-2 展示了美国联邦政府绩效管理的流程。

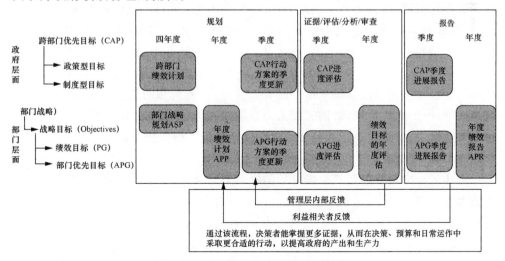

图 9-2　美国联邦政府绩效管理流程

资料来源：OMB, *Circular* No. A-11, 2016。

二、绩效管理制度下的行政机构

除对绩效管理活动和流程做出规定外，《政府绩效和结果现代法案》还对绩效管理的机构及人事制度进行了改革，规定了官员和组织在绩效管理中的特定职责。

（一）部门行政职位的设置与职责补充

（1）部门设置首席运营官（Chief Operation Officers，COO），主要负责提高机构的管理和绩效，包括协助部长落实《政府绩效和结果现代法案》的各项要求，执行机构优先目标的季度审查工作，监督部门各项职能的发挥（如政府采购）。首席运营官通常由支出部门的常务副部长或相应职级的负责人兼任。

（2）各部门任命一名绩效促进官（PIO）①，负责部门的目标设置、战略规划、绩效测量等方面的工作，协助首席运营官开展部门的优先目标季度审查，并负责开发部门的人员绩效考核制度。绩效促进官可以是职业公务员，也可以由政府任命，绩效促进官须直接向机构首席运营官汇报工作。为了帮助绩效促进官完成工作，部门也可以根据情况任命一名绩效促进副官或成立绩效促进小组。绩效促进小组在绩效促进官的带领下，协助首席运营官致力于建设机构的绩效文化，提升机构的结果及成本收益。

（3）变更人事官员角色。《政府绩效和结果现代法案》强化了机构人事官员在年度绩效计划中的作用。为了支持机构负责人、首席运营官和绩效促进官的工作，人事官员应在人力资源规划、战略和投资中推进机构战略与年度计划的制定，具体职责包括：根据人力资本框架（HCF）和机构战略规划调整机构的人力资本管理；在财政预算的约束下对人力资源的规划和分析进行监督；使用有效的招聘和人才培养战略，识别并缩小岗位关键需求与行政管理职务技能之间的差距；推荐可以降低现有风险的人力资本解决方案；与绩效促进官和其他高层官员一起，制订计划促进员工在绩效管理工作中的有效参与；根据机构的战略和绩效计划制订人事计划；使用人事数据，帮助完成人力资源管理方面的关键指标的定量评估；利用人事数据，与绩效促进官共同完成组织文化和员工敬业度方面的评估。

（二）推进目标责任管理

上述三个岗位是部门从组织管理的视角对管理岗位的改革，除此之外，《政府绩效和结果现代法案》还要求以目标为单位设置目标责任人（Goal Leader）。在跨机构优先目标、机构优先目标、机构绩效目标、机构管理改进目标这四个类型中，

---

① 绩效促进官是2007年小布什政府时期通过行政命令（Executive Order No. 13,450；Improving Government Program Performance, Nov. 13, 2007）成立的，《政府绩效和结果现代法案》进一步明确了这一角色在法律上的地位。

每一个目标都有特定的责任官员,他们为目标的实现负责。跨机构优先目标至少有两位目标责任官员,一位来自总统管理办公室,另一位来自参与跨机构优先目标的主要机构。来自机构的目标责任官员主要负责目标实现过程中的管理,并与总统管理办公室的领导共同负责目标实现的进度。

目标责任官员由机构负责人或首席运营官任命。若目标责任官员是政府任命,则机构需要设置一名目标副长,目标副长应该为职业公务员。目标责任官员主要负责制定战略和战略落实,以及对绩效进行定期审查。目标责任官员通过个人授权,在机构或项目之间协调工作。

跨机构优先目标和机构优先目标的目标责任官员要在总统预算管理办公室绩效网站与机构网站上公开,机构绩效目标责任人和机构管理改进目标的责任人要在年度绩效计划中明确。

(三) 绩效促进委员会

绩效促进委员会(PIC)是由来自 24 个 CFO 机构的绩效促进官,以及其他由委员会主席指定的绩效促进委员会的绩效促进官和个人组成的专业协会,由总统预算管理办公室主任担任主席。绩效促进委员会成立于小布什政府晚期,奥巴马上台后,《政府绩效和结果现代法案》从法律角度明确了绩效促进委员会的地位与职责。各个机构的绩效促进官通过绩效促进委员会,可以就绩效管理的经验和教训交流看法,也可以接受总统预算管理办公室的统一指导。除此之外,绩效促进委员会还可以从机构的角度,协助总统预算管理办公室处理与《政府绩效和结果现代法案》相关的主题,为总统预算管理办公室主任或总统就绩效管理相关议题提供建议,解决跨部门绩效问题。绩效促进委员会的工作方式是成立各种类型的工作小组。例如,曾成立目标设置工作小组帮助机构明确 2012—2013 年的机构绩效目标,成立商业智能工作小组提高部门的数据分析能力。绩效促进委员会接受总统预算管理办公室常务副主任的领导,总统预算管理办公室副主任决定委员会议程并确定委员会的工作方向。

为了配合绩效促进委员会的工作,部门应设立绩效专员。24 个 CFO 法案机构及任何其他的绩效促进官是绩效促进委员会的成员机构,必须设立一个或两个的绩效专员。该绩效专员主要与总统预算管理办公室联系,负责在总统预算管理办公室和机构之间准备文件与传达信息。支出部门的绩效相关信息由绩效专员准备,绩效专员还可以协助总统预算管理办公室推动绩效促进委员会的工作,也可以协助准备总统的相关绩效议程。

(四) 人事管理办公室

人事管理办公室(OPM)是负责联邦人事政策的重要行政机构。在联邦绩效管理改革中,人事管理办公室主要负责联邦机构绩效管理能力的培养。《政府绩效和结果现代法案》对人事管理办公室的职责做了规定,包括:与绩效促进委员会协商,确定联邦公务员在绩效管理活动中所需的关键技能;将公务员必备的绩效管理技能纳入相关的岗位分类;针对这些技能与各机构合作开展培训工作。

三、绩效管理制度下的项目管理

（一）绩效、项目与预算申请

美国审计署在《预算过程中的术语和名词》(Glossary of Terms Used in the Budget Process)中对项目有明确的定义,即项目是机构在履行其职责过程中所采取的一系列具有共同目标的活动。项目有 12 个主要类型,即联邦直接项目、联邦直接福利项目、国营福利项目、竞争性赠款项目、公共拨款项目、管制项目、公共投资项目、信息项目、政府购买服务、信贷项目、保险项目、研发项目。

目前,联邦政府 24 个 CFO 大型机构管理着 1 500 多个项目,维持着美国行政的运转。项目作为联邦预算的基本单位,其资金来自国会的历次预算决议。如何让绩效信息通过项目对预算产生影响？这是自克林顿政府实施新绩效预算以来,美国政府一直努力要解决的问题,而其中的关键在于协调绩效结构、部门结构与项目结构,并解决两个问题:一是将绩效信息落实到每一个项目上,促进项目管理;二是让每一个项目在申请预算时都能体现对应的绩效信息,帮助决策。目前美国政府所采取的措施是,通过机构作为中间环节,将绩效信息与项目进行配比联接(见表 9-4)。

表 9-4　美国联邦政府主要部门的绩效结果与项目信息

部门/机构	战略*	战略目标	项目数	部门/机构	战略*	战略目标	项目数
农业部	5/1	16	59	环保署	9	18	121
商业部	5/1	18	71	交通部	7/1	20	60
国防部	5/1	16	91	总务管理局	3	9	22
卫生部	4/1	21	115	国土安全部	6	22	53
内政部	21/5	34	173	住房和城市发展部	5	22	65
司法部	3	18	119	航空航天局	3	15	53
劳工部	5	10	45	人事管理办公室	9	36	10
国务院	5	14	22	小企业管理局	3/1	16	32
财政部	5/1	19	94	退伍军人事务部	3	12	93
社会安全局	5/2	18	4	国际开发署	/	/	37
教育部	6	22	116	陆军工程兵部队	/	/	8
能源部	3	12	53	国家科学基金会	3	9	13
合计	战略总数 123			战略目标总数 398			项目总数 1 529

注:*农业部战略"5/1"意指农业部共制定了 5 个战略,其中 1 个为管理型战略,下同。

以美国卫生部为例。第一步,通过战略框架明确 4 个战略、21 个战略目标和 147 个绩效目标;第二步,将 147 个绩效目标逐条分配到 11 个责任机构上;第三步,每一个责任机构将所负责的绩效目标分配到本机构管理的项目上,如疾病控制与预防中心就管理着卫生部 115 个项目中的 15 个。预算时,部门依然分项目进行预算,但必须报告本项目所负担的绩效目标及绩效结果。

通过责任机构一手抓绩效、一手抓预算,美国联邦政府的绩效结构和项目建立了联系,因此对于责任机构及相关目标负责人的考核就非常重要。这些管理人员能动地将绩效信息、项目信息和预算信息进行了统一,这也为美国预算绩效管理带来了巨大的工作量。

在这种制度安排下,年度绩效计划开始成为重要的预算文件,其结构在尽量地与预算申请的结构保持一致,至少部分一致;其范围也涵盖部门预算的每一个基本单位(项目)上;其变化也要对应预算申请项目的变化而变化。

(二) 联邦项目库建立

项目作为联邦绩效管理和预算管理的最终落实地与主要对象,其规范管理受到联邦管理人员的极大重视。2013 年 5 月,总统预算管理办公室要求各部门共同汇总建立联邦项目库并公布在 www.performance.gov 上。项目库中的每个项目包括标题、陈述、与机构战略及战略目标的关系。总统预算管理办公室要求机构在 2017 年对项目库进行更新,其后每年会定期更新,并随时增加其他相关信息的链接。

(三) 项目的削减与整合

联邦项目库发布于 2013 年,但实际上只是联邦项目信息统计的一种方式。在联邦项目发布之前,已经有总统预算案、国会预算申请、USA spending.gov、联邦国内援助目录等文件同时记录着联邦在运行的各种项目。联邦项目到底有哪些?通过这几个不同的来源渠道得到的项目信息并不完全一样。正是由于联邦政府这种孤立分散的项目管理方式,使得项目在机构之间存在分散、过时、重叠、重复等问题。

2010 年 2 月,法律授权审计署对项目、机构、政策进行审计,重点审查部门内部或者部门之间是否存在重复的项目或活动。审计结束后,审计署要向国会报告审查结果,同时向相关部门提出整改意见,消除项目重复带来的负面影响。这项审计从 2011 年开始持续到现在,审计署每年就项目结构问题形成系列报告。

2011 年,审计署发现可能存在项目重复、重叠、零散的问题有 162 项;2012 年提出削减 250 亿美元的项目,国会通过了 230 亿美元的项目削减;2013 年,财政预算案提出 210 项项目的削减与合并,当年的预算资金节约 240 亿美元;2014 年,财政预算案提出 215 项项目的削减与合并,当年的预算资金节约 220 亿美元。

联邦项目库就是在审计署的项目结果审计过程中形成的。项目结果审计工作使得联邦的项目管理越来越规范完整,促进各部门职能角色的划分与合作。

四、推行基于绩效信息的决策方式

除绩效管理之外,奥巴马政府还致力于推进基于证据的决策方式改革。[①] 2016 年 3 月,奥巴马签署法案成立证据决策委员会(Commission on Evidence-Based Policy Making),希望能将绩效管理过程中获得的绩效信息及其他信息用于战略决策和预算分配。但绩效信息仅仅是决策证据的一部分,目前联邦政府开始整合各项信息来源以促进决策,重点强调项目评估。

总统预算管理办公室认为,虽然绩效管理是提高绩效的关键,但是它往往不能回答"如果没有项目或若项目以不同的方式实施,结果将会有何不同"。政府应当致力于建设一个政策评估基本框架,补充和整合绩效测量与管理。部门绩效管理与项目评估应相辅相成。部门绩效管理通过持续地追踪部门管理绩效来保证效率;项目评估应定期采用严格的设计和方法,估计影响,并确定因果关系。

奥巴马政府在 2011 财政年度预算中推出 1 亿美元拨款以实施严格的评估,在 2012 财政年度提出增强机构评估能力的管理办法。2011 年和 2012 年的预算体现了奥巴马总统基于证据的决策方式。这些证据提供了项目是否发挥应有的作用,以及能多大程度地识别需求和挑战等信息。预算案提出,资金首先拨付给能够提供结果性证据的项目和活动。若项目能够提供部分支持性证据,并承诺接受严格的评估,将获得资金;若最终证明项目不成功,其资金将被分配到其他地方。

但目前项目评估活动的进展依然较慢,虽然总统预算管理办公室成立了联邦评估办公室,但联邦评估办公室还没有建立规范的协调机制,部门自行选择是否建立评估机构,评估职能发展比较慢。2014 年 11 月,美国审计署发布了一项报告,对部门评估机构的设置情况进行了分析与报告。24 个 CFO 机构中,只有 50% 建立了评估机构,其中又仅有一半有专项评估资金的支持。

总统预算管理办公室要求各机构在 2018 财政年度的预算申请文件中使用证据,除了绩效目标和指标,其他证据(如评估、调查研究、数据分析、对规章制度的回顾性研究等)也可用于决策证据。

本 章 小 结

美国是世界上的超级大国,它的政府改革对各国政府的改革会产生重要影响。那么,美国政府的绩效管理能够为我们提供哪些有用的信息呢?

[①] OMB, "Overview of Federal Evidence-Building Efforts", July 15, 2016.

第一,绩效管理是由浅入深的过程。回顾美国绩效管理的历程,大体可分为三个阶段。在克林顿时代通过了《政府绩效和结果法案》,开始了以预算项目为对象的绩效评价。在小布什政府期间,创立了对预算项目综合评价的项目评价评级工具体系,项目评价评级工具评估指标包括项目规划、项目管理、项目自评等管理型过程,也包括项目绩效信息。可以说,它是集预算项目的过程评估之大成。不过,由于项目评价评级工具的方向错了:绩效评价并非评估"我做了哪些事,我是多么努力",而是结果"你向人民提供了哪些有效服务"。因此,小布什政府的改革失败了。奥巴马政府又回到《政府绩效和结果法案》,提出了政府绩效管理的目标,通过了《政府绩效和结果现代法案》,形成对部门绩效目标、绩效管理和项目评价为特点的绩效管理体系。这一历程表明,从单个的项目评估到对部门的总体绩效评价,是人们不断深化对绩效管理的认识的过程。

第二,绩效管理应针对预算的两种形式——部门预算和政策性项目预算,采用部门绩效管理和项目化管理两种方式。在美国,自20世纪60年代实施项目预算以来,围绕着完善项目预算,联邦政府一直搞预算改革——从零基预算到项目管理。但是,这些改革只是修补性的,因而它始终难以摆脱预算失控和财政赤字。直到20世纪90年代引进对项目的绩效评价,情况才有了改观。但是,单纯的项目评价仍然存在很多缺点,由于部门并不承担绩效责任,而是由部门以下的预算项目承担绩效责任,因此它并不能促进部门的绩效意识和绩效管理。直到奥巴马政府提出部门绩效管理后,情况才有了改变。归纳《政府绩效和结果现代法案》,其变化可归结如下:

(1) 在预算编制上,对部门改单纯的项目预算为"部门常规预算+项目预算"。

(2) 以部门绩效管理为主,推进部门绩效管理和项目化管理两种模式,实行"部门+项目绩效管理",即双轨制。

(3) 对部门进行流程再造,包括建立绩效责任制、部门建立考评绩效机构、改变业务流程、将部门的绩效责任落实到处室和公务员,使绩效考评成为人事改革的主要内容。

显然,奥巴马政府将绩效管理变成政府改革的主基调,改革改变了长期形成的"政府无所作为"的官僚氛围,也稳定了社会。而美国对绩效管理的认识、做法上的转变、经验和教训,是值得我们总结的。

第十章　加拿大政府的绩效管理

加拿大是一个联邦制国家,由10个省和3个地区组成。省级负责医疗卫生和教育事务,联邦政府负责国防和移民等事务。在联邦层面上,加拿大内阁负责制定政府工作重点,分配资源,预算的核心机构是内阁的国库委员会,而财政部是行政机构。国库委员会的决策是由国库委员会秘书处支持开展,加拿大的政府绩效管理工作是在国库委员会及国库委员会秘书处的领导和推动下进行的。

加拿大现任总理 Trudeau 就职于 2015 年 11 月,有内阁部长 30 名,每名部长负责一个政策领域,对该政策领域内的一个主导职能部门及相关机构的运作负领导责任。职能部门负责制定备选政策并设计政策项目,评估各政策项目的绩效和实施,其他机构则负责落实和执行。目前,联邦政府大约有 90 个部门和机构,40 多个国营企业。部分国营企业运行也靠预算拨款。这些部门、机构和国营企业是加拿大政府绩效管理的对象。

第一节　加拿大政府绩效管理的起因

加拿大政府绩效管理起源于政府组织及人事制度的变革。1962 年,加拿大联邦机构已经非常庞大,公职人员近 50 多万。内阁任命了皇家委员会[①]对政府组织的运行状况进行审查和评估,领导人为 J. Grant Glassco。Glassco 是商人出身,他详细调查联邦政府,发现各联邦机构要管的事太多,公务员的专业过杂,包括养蜂人、精算师、人类学家、药剂师、兽医、昆虫采集员、饲养助手,甚至脱衣舞娘和制图师等。于是,他在《格拉斯科报告》中指出,要管理所有这些活动,政府应该学习企业方法。尽管他承认政府和企业运作的"最终绩效"不同,但在许多情形下,"政府的运作是可以通过采用已证明有效的私营部门方法来改善的"。《格拉斯科报

[①] 皇家委员会又称调查委员会,是内阁按照调查法案(Inquiry Act)任命的临时委员会,针对国家的某一具体问题展开全面公正的调查。委员会的调查结果在调查结束后呈给内阁和总理,以供内阁采取适当行动。委员会通常以主席姓名命名。例如,1962 年专门成立的政府组织皇家委员会(Royal Commission on Government Organization),由 J. Grant Glassco 领导,因此俗称 Glassco 委员会。自加拿大联邦成立以来,已有 200 多个这样的临时委员会在政府决策中发挥作用。http://www.bac-lac.gc.ca/eng/discover/royal-commissions-index/Pages/index-federal-royal-commissions.aspx。

告》开启了加拿大的公共管理改革,报告所倡导的管理方法,在随后的几十年反复出现,并在20世纪90年代发展到顶端。该委员会的五卷报告对政府的组织和管理产生了巨大影响。该报告还建议政府应当"让管理人员自行管理",公共服务委员会和财政委员会应去除对部门的限制,公共服务委员会应将部分管理职能移交国库委员会。

《格拉斯科报告》还强调,中央政府应增加对部门的管理授权,从关注投入转到关注项目成果,从关注直接成果转到关注中期、长期成果。追求效率和绩效、从关注投入和过程转到关注结果,正是绩效管理的基本动因。

第二节 加拿大政府绩效管理的发展阶段

加拿大的政府改革从1962年开始到现在,按照绩效信息对政府管理的影响形式可分为以下三阶段:

第一阶段:1962—1977年

1962年,加拿大政府组织皇家委员会(Glassco委员会)对政府管理进行了全面审查,建议联邦政府应对部门增加管理授权,从关注投入转到关注项目成果,从关注直接成果转到关注中期、长期成果。此次审查开启了加拿大的绩效化管理,其特点是"放权管理",将项目管理的部分权力下放。这既表现为内阁对职能部长的权力下放,也表现为政治选举官员将部分权力下放给由职业文官组成的行政执行机构。

格拉斯科报告指出,公务员参与公共权力的行使,而并不仅仅是政治部长的工具。在某种程度上,在内阁和部长的决策过程中,高级公务员以提供建议的方式所发挥的作用正是其行使权力的表现。

1968年之前,参与内阁决策的委员会是临时的,为了使政府决策体系正规化,总理皮尔逊建立了内阁常设委员会,以使内阁委员会能充分考虑政策、协调政府行为、及时做出决定……他特别成立了政府规划委员会,确定政府优先事项,构建政府支出决策的正式框架。总理皮埃尔·特鲁多上台后,对决策体系做了修改,赋予内阁委员某些事项的自主决策权,从而加强了枢密院办公室(由公务员组成)向内阁及其委员会提供政策咨询上的支持作用。随后,特鲁多通过多种方法,重新设计了内阁委员会制度,以提高制定政策和预算的决策能力,加强对公务机构的控制。

1969年之后,国库委员会秘书处作为加拿大联邦的一个核心机构,开始发挥重要作用。1969年引进了项目预算——规划项目预算系统(PPBS)。规划项目预算系统是20世纪60年代由美国推行的,是一种以项目分配预算、衡量开支对实现计划目标影响的预算编制方式。由于一个项目的成本可能在第一年较低,但会随时间推移而增加,因此需要对项目的完全成本进行预测。尽管规划项目预算系统对后来的绩效预算产生了长远的影响,但并不是实现改革承诺、提高预算资金效率(绩效)的预算方式。

第二阶段:1977—1994 年

1977—1994 年,加拿大政府发布了多项改革措施,目的是推进政府绩效管理。在长达 17 年的时间内,这些日渐增多的措施对政府职能的不同方面进行了修补式改革,且在时间上无规律性。这些措施可归纳为:一是加强了政府各部门绩效信息的生产活动,以绩效信息改变国库委员会、职能部门的预算关系;二是推进各部门的政策评估。

在第一个方面。从 1976 年开始,加拿大政府要求各职能部门测量和报告绩效[1];1979 年,推出政策和支出管理体系(Policy and Expenditure Management System,PEMS),要求内阁委员会在预算决策前设定政策重点和预算限额,实行打包预算(Envelop Budgeting)。这种方法在控制预算总额的同时,赋予部长在预算资金分配上的自主权。1979—1980 年,加拿大政府采用了规划项目预算系统;1980 年,要求部门建立运营规划框架(Operational Plan Framework),各部门开始在组织管理逻辑上达成共识,并进行初步的绩效信息收集工作;1986 年,加拿大政府通过了增加部委的权力和责任(Increased Ministerial Authority and Accountability,IMAA)的决定[2],要求国库委员会与各职能部门签订预算合同。这些活动增加了预算过程中绩效信息的提供,同时也改变了国库委员会和职能部门的预算关系。

在第二个方面。1977 年,加拿大政府颁布了《评估政策》(Policy of Evaluation),要求各部门开展项目评估。1981 年,总审计长办公室(OCG)发布项目评价职能指南(Guide on the Program Evaluation Function),为部门和机构项目评价职能的建立与维护提供帮助;还颁布了联邦机构实施项目评估的原则(Principles for the Evaluation of Programs by the Federal Departments and Agencies),指导部门的评估实践。1989 年,国库委员会秘书处出版了几份联邦部门机构项目评估的工作标准。在这些经验的基础上,国库委员会在 1991 年修订了《评估政策》,进一步完善和强化部门的政策项目评估要求。通过这些政策和实践,联邦部门对预算项目的合理性与科学性日渐重视,绩效信息的质量也得到加强。

---

[1] "Treasury Board Secretariat, Measurement of the Performance of Government Operations", Circular No. 1976-25(Ottawa: 22 July, 1976).

[2] Schick A., "Budgeting for Results: Recent Developments in Five Industrialized Countries", *Public Administration Review*, 1990,50(1).

但是,加拿大这一时期政府层面上的绩效管理尚未形成统一整体,对绩效管理和政策评估实施双轨强调,两种管理工具之间的配合比较松散。但这些制度和措施逐步改变着国库委员会和职能部门的关系,"委托代理""放权管理"的管理文化逐渐在部门之间达成共识;进而,绩效信息在这种管理模式中的重要性日益体现,部门提供绩效信息的能力逐步提高,为下一阶段加拿大基于绩效结果的管理模式的形成奠定了基础;同时,两次《评估政策》的颁布,提高了职能部门内部评估的能力,为下一阶段加拿大形成基于证据的决策模式奠定了文化和制度基础。但这一阶段政府绩效指标的建设重点还比较落后,无论是绩效管理还是政策评估,都在强调衡量投入产出比以评价项目的效率性,而且产出指标和结果指标与预算的联系存在困难。

第三阶段:1994 年至今

1994 年之后,加拿大迎来新一届政府,将加拿大已有的绩效管理做法进行整合,系统、统一的加拿大联邦政府绩效管理体系开始形成,主要包括以下几个方面:

第一,树立结果导向在政府绩效管理中的指导地位。1994 年,新的联邦政府首先实施了一次涵盖联邦政府的项目评估,并增加对项目有效性的评估。评估发现,在之前的绩效管理框架下,联邦项目中很多支出的效益是不高的。于是,他们于 1995 年改革了支出管理制度,强调在稳定债务和削减赤字的前提下进行项目预算;建立更加开放、更注重协商的规范化的预算过程。2000 年,加拿大联邦政府正式确定结果导向的战略指导地位,一份正式的战略规划文件——为了加拿大人(Results for Canadians)得以通过,成为指导加拿大政策制定和制度建设的指导性文件。

第二,建立基于结果的问责机制。在 1994 年的支出管理制度改革中,加拿大首次建立了部门向议会和公民报告项目结果的问责制度。基于结果的规划文件(计划及优先事项报告)和基于结果的报告文件(部门绩效报告)成为贯穿部门预算过程的两个重要文件。部门在预算年度开始时要编制"计划及优先事项报告",在预算年度结束时要编制"部门绩效报告"。这两份文件使得部门主要负责人开始就项目绩效结果向议会和公民负责;同时,政府及议会决策及管理的重点开始围绕项目目标和目标实现情况展开,这为后来项目逻辑在各个层面上的形成提供了条件。

第三,建立结果导向的部门管理实践标准。2003 年,加拿大通过《管理责任框架》(MAF),从十个方面明确了什么是好的绩效管理制度,并基于这十个方面对部门的管理现状进行评价、分析和反馈,促进部门优化管理制度。这十个方面包括项目评估、《基于结果的管理责任框架》、绩效信息的监测与报告等。

第四,建立结果导向的多层次信息体系。加拿大联邦政府最早在 2000 年对项目层面的信息体系做出规定,规定转移支付项目应该按《基于结果的管理责任框架》框架管理,建立了部门项目管理层面上的绩效管理模式。2005年,加拿大对部门绩效测量的框架进行了统一,要求部门按照"管理—资源—结果"框架设计绩效指标、预算并报告绩效结果。

第五,加强政策评估在结果导向管理及预算中的作用与地位。2001年,加拿大第二次修订《评估政策》,扩展评估范围到涵盖项目、政策及新提案上,评估开始贯彻结果导向的管理思路,并开始努力将评估与管理实践相结合。2006年,联邦政府出台《联邦责任法案》(Federal Accountability Act)[①],要求所有的转移支付项目每五年必须评价一次。2009年,联邦政府对《评估政策》进行第三次修订,要求将五年一评估的覆盖范围从转移支付项目扩展到所有的直接项目上。

第六,建立战略审查制度,从战略角度将绩效管理、项目评估与预算相结合。2006年大选之后,保守党政府对联邦支出管理体系提出了批评。首先,政府无法获得充分、及时的相关信息以影响预算分配,增量预算难以改变预算分配结构,特别是当考虑新政策时,政府无法对所有相关支出进行全方位的系统考虑,容易造成重复预算;其次,无法保证支出和联邦的核心角色、责任与政府重点保持一致;最后,缺乏对相关性和绩效的周期性战略审查。鉴于此,新政府在2007年改革了支出管理体系,在支出资源分配与再分配中加大对绩效信息的使用。提交给内阁的新支出提议需要明确目标和预期成果,并说明它们与现有项目和政府优先事项的关系。除现有的对转移支付项目的绩效评价之外,还要求从2007年秋季开始进行战略性项目评估。

通过以上措施,1994年至今,加拿大绩效管理政策几乎涉及预算绩效管理的所有方面,核心部门、职能部门、项目机构形成了基于绩效信息的规划、预算、和管理的关系;绩效信息在三个部门之间有序生产;还有《评估政策》和《管理责任框架》为整个体系的运转不断提供着动力。因此,在2011年联合国对世界各国政府管理能力的排名中,加拿大是第一。目前,加拿大绩效管理体系的各个方面已基本完善,绩效信息开始在各项管理工作中发挥作用。

第三节 加拿大政府绩效管理的现状

经过半个多世纪的发展,加拿大联邦政府的绩效管理体系已经基本完善,表现在以下三个方面:一是政府各部门在绩效管理体系中已经形成明确的责任划分和问责体系;二是绩效管理制度与预算制度充分结合,绩效信息在预算的分配和

---

① http://laws-lois.justice.gc.ca/eng/acts/F-5.5/page-1.html.

管理中发挥重要作用;三是绩效信息的逻辑结构已经是比较一致且科学、合理的,满足规划、预算、管理各个层次的信息需要。

一、加拿大政府的绩效管理体系

加拿大政府在各个部门之间建立了比较完善的绩效管理体系。在政府整体的层面上,内阁领导下的行政体系要向议会报告绩效并问责,绩效信息要接受加拿大审计署的审计监督。在行政体系内部,则建立了典型的中央领导—部门执行的绩效管理模式。国库委员会是行政体系内部绩效管理政策的领导机构,其日常工作由国库委员会秘书处及其内设的卓越评估中心负责;在国库委员会领导下,各支出部门各自建立完善的部门绩效管理体系,这一体系如图10-1所示。

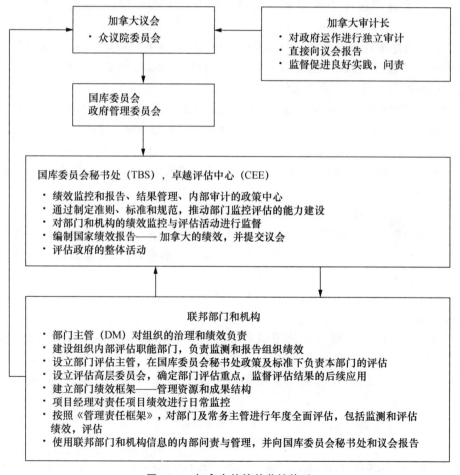

图 10-1 加拿大的绩效监控体系

资料来源:Lahey, R. The Canadian M&E System: Lessons Learned from 30 Years of Development. ECD Working Paper Series, 2010 (23)。

(一) 国库委员会秘书处

国库委员会(Treasure Board)是加拿大联邦政府的核心机构,负责制定政府的管理制度,包括人力资源管理、采购、人员培训、经费和成果管理等各个方面。但国库委员会是由内阁部长及各部门负责人组成的领导机构,具体的工作在国库委员会秘书处(Treasure Board Secretariat,TBS)的支持下展开。为了促进绩效管理的开展,国库委员会秘书处在 2009 年成立了卓越评估中心(Centre of Excellence for Evaluation,CEE),专门负责绩效管理及评估的政策落实与监督。

1. 国库委员会秘书处的主要职责

国库委员会秘书处和卓越评估中心的工作人员都是职业公务员,他们在加拿大政府绩效管理制度的建设及落实中发挥着重要的作用,主要包括以下三个方面:

(1) 制定绩效管理政策。国库委员会秘书处出台有关绩效监测、绩效报告、绩效管理与政策评估的制度文件,建立并落实这些政策,指导基于结果的管理的绩效测量和报告。目前有效的文件主要有:

• 2009 年,修订《评估政策》[1],制定《评估政策实施办法》(*Directive on the Evaluation Function*)、制定《加拿大政府评价工作标准》(*Standard on Evaluation for the Government of Canada*)。

• 2010 年 2 月,修订《管理、资源与结果框架政策》(*Policy on Management, Resources and Results Structures*)[2]。

• 2016 年 7 月,出台《结果政策》(*Policy on Results*)[3]。

(2) 指导绩效管理政策的实施。国库委员会秘书处出台大量的指导性文件,帮助部门在部门层面和项目层面上建立绩效评价框架,开发日常绩效监测体系。比较重要的几个指导文件[4]如下:

• 2004 年发布《小型机构评估指导手册》(*The Evaluation Guidebook for Small Agencies*)。

• 2005 年发布《建立并使用结果导向的管理和责任框架》(*Preparing and Using Results-based Management and Accountability Frameworks*)。

• 2010 年发布《绩效测量战略的开发指导》(*A Guide to Developing Per-*

---

[1] http://www.tbs-sct.gc.ca/pol/doc-eng.aspx?id=15024.
[2] http://www.tbs-sct.gc.ca/pol/doc-eng.aspx?id=18218.
[3] http://www.tbs-sct.gc.ca/pol/doc-eng.aspx?id=31300,该政策出台后,《评估政策(2009)》和《管理、资源与框架政策(2010)》同时废止。由于该政策刚刚颁布,本章依然按照旧政策对加拿大绩效管理的现状进行综述。
[4] http://www.tbs-sct.gc.ca/hgw-cgf/oversight-surveillance/ae-ve/cee/dpms-esmr/dpms-esmrpr-eng.asp.

formance Measurement Strategies）。

• 2010 年发布《转移支付的绩效测量方法》（Guidance on Performance Measurement Strategies under the Policy on Transfer Payments）。

（3）监督绩效管理政策实施。国库委员会及其秘书处在绩效监控体系的监督机制中扮演"挑刺者"角色，监测所有部门的评估规划和实施活动，包括评估范围及评估质量。

2. 管理责任框架

国库委员会不仅在政策上要求部门建立内部的绩效管理体系，还设置了《管理责任框架》，对部门的管理能力进行考核。《管理责任框架》是国库委员会秘书处在 2003 年制定的一套评估体系，其评估内容是部门的管理能力，包括十个方面（见图 10-2）。这十个方面涉及部门管理的各项制度与能力：部门应该营造公共服务价值和持续学习与创新的组织文化；在治理与战略管理、人事管理、财务与资产管理、信息管理四个模块建立良好的管理制度；做好政策与项目管理、日常管理与服务提供这两项重要工作；所有的这些制度都需要事前的领导与战略定位及事后的结果与问责的推动与引导。《管理责任框架》建立的这个框架，既是加拿大政府关于良好管理的愿景，也是对各个部门机构管理能力及绩效进行评估的标准。

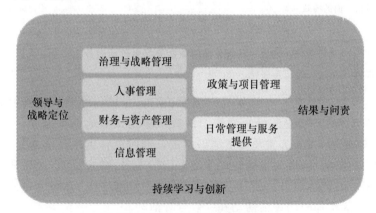

图 10-2 加拿大的《管理责任框架》

资料来源：http://www.tbs-sct.gc.ca/hgw-cgf/oversight-surveillance/maf-crg/index-eng.asp。

每年，国库委员会秘书处都会设置一系列的问题，对部门在这十个方面进行评估；部门主管对评估结果负责，评估结果是公众及人事管理部门对机构负责人个人绩效评价的重要组成部分。其中，绩效管理的元素是贯穿于整个评估过程及评估内容。例如，对"管理、资源与结果框架"的质量测量、实施和使用项目评估的能力、提交议会报告的整体质量等。在《管理责任框架》的评估过程中，高级官员通过讨论确定管理重点,通过结构化方式发现问题并提出改进方法。所有的《管理责任框架》评估将被公布在国库委员会的网站上。

(二)各支出部门

加拿大政府绩效管理的主要责任由各支出部门自行承担。联邦所有的大、中型部门都设有内部绩效管理机构和政策项目评估机构。根据《评估政策2009》的规定,部门内部须明确划分绩效管理及项目评估的职责:从日常管理角度实施实时绩效信息收集和监测的岗位,与从决策角度实施项目评估和政策评估的岗位相分离,分别作为部门技术人员的评估者和非技术性的项目高级管理人员(见图10-3)。

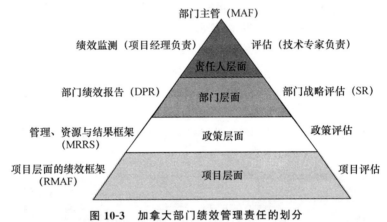

图10-3　加拿大部门绩效管理责任的划分

资料来源: *Policy of Evaluation 2009*。

部门主管位于组织管理架构"金字塔"的顶端,是部门绩效管理政策及制度落实贯彻的首要责任人,必须就提高组织绩效和达到预期结果承担首要责任,还必须就《管理责任框架》的落实及评估结果负责。部门主管虽然是职业公务员,但具有一定的管理灵活性,要为绩效管理分配专门的人力、财力资源,根据部门规模和需求建立相应的评估能力。部门主管之下有两个管理序列,分别由评估主管和项目经理负责,落实部门的评估活动和绩效管理活动。

在评估方面,评估主管作为部门评估的首席专家,在评估技术问题上拥有最终决策权,直接向部门主管汇报工作;部门主管应能够直接且不受阻碍地掌握评估职能和评估主管的相关情况,确保评估行为及结果使用的独立性、中立性和公正性;建立由评估主管负责的部门评估小组,专门负责部门内部的政策评估和项目评估。另外,部门还设有部门主管或同等级别的负责人担任主席的部门高层评估委员会,其负责确定政府评估政策,审查并批准评估计划,监督评估部门内部的评估行为,交流评估事项,通报评估结果,建立结果运用的后期机制。

项目经理负责基于结果的监测系统,包括在项目层面按照《基于结果的管理责任框架》收集项目的绩效信息;建立某一政策的管理、资源与结果框架,收集政策实施过程中的绩效信息;编制部门的绩效报告,由部门主管向国库委员会秘书处进行汇报。

部门内部的评估和绩效监测虽然各有分工,但是相互之间也有合作。部门评估专家利用自己的技术专长,与项目经理紧密合作,共同建立部门绩效测量和监控系统;同时,绩效日常监测为周期性的评估提供必需的基础数据。

(三)审计机构

加拿大审计办公室作为直接向议会报告的独立机构,定期对评估政策的落实和执行、绩效报告的质量进行审计监督。信息公开是审计报告的基本特点,审计信息公开能强化部门评估功能的独立性和透明度。审计部门和联邦机构一样,持续监督部门绩效管理及评估体系的运行。

二、政府绩效管理下的预算制度

加拿大政府目前已经形成较为完善的绩效预算体系,绩效信息在预算和决算文件中得到全方位、全过程的体现,既帮助部门和机构合理地规划部门目标,根据绩效信息提高管理效率;也帮助内阁进行预算分配和决策;更为国会提供了监督和问责的工具。

(一)预决算与绩效信息

加拿大正式的预决算文件主要有三个,分别为在预算年度初①提交议会的预算(Budget)、概算(Main Estimate),以及在预算年度末提交的"加拿大公共账务报告"(Public Accounts of Canada)。各个部门按预算时间表准备这些文件,按时提交给相应的核心部门(财政部或国库委员会)及议会。虽然预算和概算在预算年度初提供,但预算和概算是两个不同的文件。预算是政府下一财政年度关于经济的规划,可以被看作政府施政纲领。该文件协调政府的支出责任和收入预测,列明政府在财政、社会、经济方面的政策和工作重点,通常与"经济与财政更新报告"联系,由财政部提交国会。概算是各个部门详细的支出计划,是支持决议支出的待投票文档,包含所有须投票决议的详细条款,由国库委员会代表各个部门提交议会。"加拿大公共账务报告"是经审计的政府财政收支报告,简要陈述加拿大政府当年的财政状况,并附有审计长关于部门支出和收入的详细意见,由财政部提交国会。这三个文件的主纲信息为财务信息。

非财务的绩效信息作为部门预算申请的主要理由以及议会拨款与问责的主要依据,嵌套在这个文件体系中,主要包含在概算文件第三部分的两个文件中。

---

① 加拿大财政年度开始于每年的4月1日,结束于次年的3月31日。

概算文件的三个部分分别为:第一部分的政府支出计划(Government Expenditure Plan),预测联邦支出的总体情况;第二部分为主概算(Main Estimate),通常被称为"蓝皮书",是各个部门、机构和国有企业在下一财政年度所需的财政资源;第三部分为各个部门自行准备的部门支出计划(Departmental Expenditure Plans),包括财政年度开始时制定的"计划和优先事项报告"和财政年度结束时提交的"部门绩效报告"。这两个文件是包含部门非财务绩效信息的两个主要文档。

1. 部门的计划和优先事项报告

部门的"计划和优先事项报告"(Reports on Plans and Priorities,RPP)的基本用意是部门的支出计划。但加拿大规定部门必须按照部门战略结果、工作重点和项目为单位分配预算,并列明预算申请所支持项目的预期成果,即加拿大是按照非财务信息的结构安排财务信息的。因此,"计划和优先事项报告"成了部门提供非财务绩效信息的主要文档,而且与财务信息完美结合。"计划和优先事项报告"的格式及结构由国库委员会统一设计,部门通过"计划和优先事项报告"提出正式预算要求,并保证"计划和优先事项报告"信息的质量和完整性。

2. 部门绩效报告

"部门绩效报告"(Departmental Performance Reports,DPP)是各政府部门对上年计划、工作重点和绩效期望实现情况的正式报告。各部门应当按照在"计划和优先事项报告"中做出的承诺,详细地报告各项绩效目标的实现情况;各部门还必须通过对承诺的绩效指标进行测量,说明各指标的达到程度。议员通过绩效报告,了解政府做了哪些事、还没有做哪些事,以此判定部门的责任承担。

这两个文档由支出部门自行准备,在每年的二月和十月左右分别提交国会。

(二)对部门政策的评估和审查

除通过预算文件提供绩效信息之外,加拿大还非常看重对部门政策的评估和审查。如前文所述,加拿大通过2006年《联邦责任法案》和《评估政策2009》,逐渐将评估活动建设为联邦支出管理中的常规制度。目前,政府所有直接项目支出都要接受五年一轮的评估。评估主要关注项目的相关性、有效性、效率性及经济性。截至2013年,联邦部门所有项目累计评估覆盖率已经达到51.6%,其中对转移支付项目的评估覆盖率达到82.4%(见表10-1)。这个指标虽然离评估政策规定的五年评估全覆盖的要求有一定的距离,但是完成情况也是不错的。

表 10-1　加拿大联邦项目评估统计(2007 年 8 月至 2011 年 12 月)

财政年度	评估数	被评项目预算金额（百万加元）		项目总预算（百万加元）		评估覆盖率(%)	
		所有项目	转移支付项目	所有项目	转移支付项目	所有项目	转移支付项目
2007 年 8 月	121	5 041	1 579	77 617	25 469	6.5	6.2
2008 年 9 月	134	5 879	4 662	79 327	27 311	7.4	17.1
2009 年 10 月	164	11 999	10 167	84 665	30 605	14.2	33.2
2010 年 11 月	136	6 607	2 903	99 325	39 145	6.7	7.4
2011 年 12 月	146	15 202	6 190	90 710	33 505	16.8	18.5
累计覆盖率						51.6	82.4

资料来源：http://www.tbs-sct.gc.ca/hgw-cgf/oversight-surveillance/ae-ve/cee/orp/2013/arhef-raefe-eng.asp。

通过项目评估,部门加深了对所管项目的了解,项目管理得到改善;同时,评估产生的项目有效性信息也逐渐被纳入支出管理决策,促进了部门及核心机构高层次决策问题的解决。可以说,自 2009 年起,加拿大联邦政府正式实施了"部门绩效管理＋政策的项目化管理"的双轨制绩效管理模式。应当说,双轨制绩效管理模式是重大的管理创新,它解决了过去长期无法解决的、以政策项目绩效管理替代部门绩效管理而存在的种种难题。

(三)战略支出审查

战略支出审查是加拿大联邦政府在 2007 年修订的《支出管理制度》(Expenditure Management System,EMS)中提出的,要求联邦政府所有的支出(包括大型机构的运营成本)要接受每四年一轮的战略审查。战略审查的标准主要有三个：(1)该项目支出是否满足效率标准和效益标准;(2)该项目支出是否符合联邦的优先战略;(3)该项目支出是否与联邦责任保持一致。战略审查是为了从整体上控制预算,保证联邦整体支出的效率与效益。自 2007 年起,战略审查成为预算周期的一部分。在战略审查的过程中,绩效管理和项目评估所产生的绩效信息得到应用,审查过程还从战略角度产生新的绩效信息,影响了联邦的政策制定和预算分配。《评估政策 2009》的修订进一步促进了《支出管理制度》中对战略审查的强调,确保评估工作能够提供足够多的项目有效性信息。

加拿大政府将战略审查的工作交由部门自行完成。部门必须在每年的预算过程中对所有支出进行综合评估,评估后要选出优先度最低、绩效最差的 5% 或以上的支出,这些支出将分配给具有高优先级的项目。部门选出的支出金额越多,自由分配资金的权力就越大。所有可以获得的项目信息,不论是来自审计、评估、管理、资源和结果框架,还是来自年度部门绩效报告,都可用于支持这些审查。在第一个四年结束①时,98%的直接项目支出要接受评估。

所有接受国会拨款的联邦组织(包括部门、机构和国有企业)都必须对其直接项目支出及大型法定支出项目的运营成本进行四年一轮的评估。战略支出审查的结果将包含在下一年的联邦预算案中,部分信息也会包含在呈交给国会的"计划和优先事项报告"和"部门绩效报告"中。在2007—2008年到2010—2011年,通过战略支出审查所节省的费用超过28亿加元。表10-2列示了2012年预算中各大部通过战略支出审查削减的预算金额。

表10-2 战略审查的预算削减额　　　　单位:百万加元

大部	2012—2013年	2013—2014年	2014—2015年	大部	2012—2013年	2013—2014年	2014—2015年
国会	8.3	8.8	16.4	枢密院	3.7	6.5	12.2
农业部	17.1	168.5	309.7	土著事务部	26.9	60.1	165.6
移民部	29.8	65.2	84.3	渔业海洋部	3.8	13.4	79.3
环境部	19.5	56.4	88.2	人力资源部	10.6	64.7	286.7
财政部	20.6	32.6	34.6	国际援助部	180.7	242.1	377.6
外交部	72.4	116.6	169.8	自然资源部	68.3	86.0	108.3
卫生部	111.7	218.5	309.9	政府服务部	1.5	28.1	85.3
文化部	52.2	130.7	191.1	地区发展部	26.7	73.8	86.9
工业部	89.2	182.7	217.3	服务共享局	74.7	104.5	150.0
司法部	21.2	69.0	76.9	国库委员会	10.4	18.6	30.2
国防部	326.8	706.1	1 119.8	退伍军人部	36.1	49.3	66.7
交通部	63.4	97.2	152.6	公共服务委员会	2.2	4.5	9.0
公安部	179.4	370.7	687.9				
总计:	1 457.2	2 974.2	4 916.3				

资料来源:http://www.budget.gc.ca/2012/plan/anx1-eng.html。

三、绩效信息结构

(一)项目层面的绩效信息

2000年出台的《转移支付政策》中,首次从逻辑层面上对绩效信息做出规定,要求部门为转移支付项目建立基于结果的管理责任框架并提交给国库委员会,根据《基于结果的管理责任框架》对转移支付项目进行评估和定期审查。2001年修订的《评估政策》建议项目经理将《基于结果的管理责任框架》应用到其他领域,以提高决策的有效性并对结果问责。2001年,国库委员会秘书处出台《基于结果的管理责任框架》的指导手册。《基于结果的管理责任框架》是对项目、政策或

---

① 加拿大的项目一般是以四年为一个周期。

管理办法的基本框架,主要包括:(1)明确界定主要参与者在项目、政策或管理办法实施中的明确角色和职责;(2)联系资源、活动与预期结果的清晰的逻辑关系;(3)列举绩效测量战略,包括成本及须跟踪记录的关键指标信息;(4)预期实施的主要评估工作的时间表;(5)列举资金接受单位、部门需提供的报告。《基于结果的管理责任框架》为项目管理提供了规划、监控和报告的基础(见图10-4)。

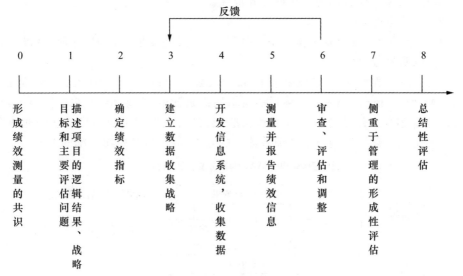

图 10-4 基于结果的管理责任框架

资料来源:Treasury Board Secretariat, *Guide for the development of Results-based Management and Accountability Frameworks*, 2001.

(二)组织层面的绩效信息

在组织层面上,2005 年之前,各个部门通过《规划、报告和问责框架》(PRAS)确定管理逻辑。2005 年,国库委员会将项目理论或逻辑的理念推广到组织层面,要求组织建立统一的绩效框架——管理、资源和结果框架(Management Resources and Results Structure, MRRS)①,作为联邦政府结果管理的核心,将组织项目与结果联系起来,根据这个框架确定部门机构最终的绩效监测和报告的关键指标。这个框架也是部门两个重要的绩效计划及报告文件(计划和优先事项报告和部门绩效报告)的核心框架。该框架包括以下三个元素:

1. 战略成果

战略成果(Strategic Outcomes)是部门根据组织使命和愿景,有明确的可衡量战略目标,并与政府优先事项和预期结果一致。每个部门的战略成果为 2—3 个。

---

① 这项政策在 2008、2010、2012、2016 年分别进行了四次修订。

例如,加拿大文化部的使命为:为所有加拿大人提供能够充分地体验文化、享受历史文化遗产的环境,促进加拿大人参与构建创新型社会。在这个使命下,加拿大文化部制定了三个战略目标,分别为:

战略一:促进加拿大的艺术表达和文化内容创建并向国内外传播。
战略二:公民能共享、表达和欣赏他们的国民认同感。
战略三:参与体育比赛并获得优异成绩。

2. 项目逻辑架构

在加拿大政府绩效管理体系中,部门是按照战略成果来计划、管理、报告所有的资源、项目和绩效的。

如图 10-5 所示,在战略成果之下,部门要建立项目逻辑架构(Program Alignment Architecture, PAA)①。项目的逻辑架构是管理、资源和结果框架的核心,在项目、资源和预计结果之间建立了逻辑联接,是所有部门组织项目活动的通用框架,是确定绩效信息结构及生产绩效信息的基本框架,更是资源分配的框架。

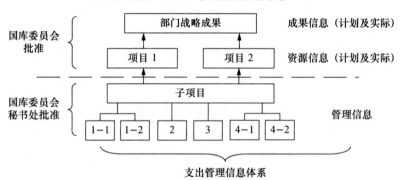

图 10-5 管理、资源和结果框架

资料来源:McCormack, L. Performance budgeting in Canada. *OECD Journal on Budgeting*, 2007, 7(4): 49。

(1)项目逻辑架构首先是一个由战略结果领导的自上而下的框架,战略结果、项目和活动存在从高到低的层次结构。战略成果位于部门项目逻辑架构的顶部,是项目逻辑架构最高层级的目标。战略成果下方由多个项目支撑,每个项目进一步细分为多个子项目,用于明确部门的绩效目标。

表 10-3 为文化部 2014—2015 财政年度的项目逻辑架构。在该财政年度,文化部共有 3 个战略目标;战略目标下辖 7 个项目,还有一个独立的项目为"内部服务";

---

① 2012 年的《管理、资源与结果框架政策》修订,将原来的"项目活动架构"(Program Activity Architecture)的表述变为"项目逻辑架构"(Program Alignment Architecture),简称均为 PAA;将"项目活动"变为"项目",将"子活动"变为"子项目"。

表 10-3 加拿大文化部项目逻辑架构（2014—2015 年）

战略目标 1 促进加拿大的艺术表达和文化内容创建并向国内外传播			战略目标 2 公民能共享、表达和欣赏他们的国民认同感			战略目标 3 参与体育比赛并表现优异
项目 1.1 艺术	项目 1.2 文化产业	项目 1.3 文物	项目 2.1 认同	项目 2.2 社区参与	项目 2.3 语言	项目 3.1 体育
1.1.1 艺术展览基金	1.2.1 广播数字通信	1.3.1 博物馆补助项目	2.1.1 庆典	2.2.1 人权项目	2.3.1 官方语言社区发展项目	3.1.1 主办赛事
1.1.2 文化空间基金	1.2.2 媒体基金	1.3.2 旅游展览补偿项目	2.1.2 资本经验	2.2.2 社区文化建设	2.3.2 促进官方语言使用	3.1.2 支持体育
1.1.3 联邦建筑建托政策	1.2.3 电影和视频政策	1.3.3 文物信息网络	2.1.3 州庆典	2.2.3 原住民项目	2.3.3 官方语言协调项目	3.1.3 运动员支持
1.1.4 艺术培训基金	1.2.4 电影视频生产税收优惠	1.3.4 环境保护协会	2.1.4 历史项目			
1.1.5 文化投资基金	1.2.5 音乐基金	1.3.5 可移动文化遗产项目	2.1.5 交流项目			
	1.2.6 图书基金		2.1.6 青年项目			
	1.2.7 期刊基金					
	1.2.8 版权及国际贸易政策					
	1.2.9 文化部门投资评审					
	1.2.10 TV5					

项目 4 内部服务：

资料来源：Canadian Heritage 2014—2015 Report on Plans and Priorities。

在7个项目下还有35个子项目;在子项目之下,管理人员还须确定具体的行动方案。

例如,在文化部的"子项目1.2.7期刊基金"下有3个行动方案,分别为:援助出版商,为加拿大的杂志和报纸印刷出版活动提供资金支持;支持业务创新,为印刷和在线杂志的业务与创新项目提供资金支持;支持行业发展,支持杂志和报纸出版组织为行业的整体可持续发展所采取的行动。

(2)项目逻辑架构的第二个作用是按照层次性的项目架构分配相应的绩效信息。项目逻辑架构为每一层级的项目确定了绩效指标和绩效目标,将项目与绩效信息进行了协调统一,使得每一层次目标都具有可测量性。例如,文化部为7个项目确定了20个绩效指标,为35个子项目确定了87个绩效指标。同时,在这个架构中,越靠近上层的目标越注重结果导向,越往下层目标越倾向于产出导向;相应的绩效指标也反映出同样的特点。

例如,文化部的二级项目"1.2:文化产业"有3个绩效指标,即加拿大文化的生产创造程度、加拿大文化在国内外的可得程度、加拿大文化产业GDP。三级子项目"1.2.7期刊基金"有两个绩效指标,即当年接受资助的出版物总数和公民得到的受资助出版物总数。

(3)项目逻辑架构的第三个作用是按照项目架构分配预算,包括资金预算和人力预算。这种项目与预算的结合从项目层次开始,并往下延伸到子项目层次。

例如,文化部2014—2015财政年度制定的未来三年总预算如表10-4所示。

表10-4 文化部未来三年总预算

文化部	2014—2015 财政年度	2015—2016 财政年度	2016—2017 财政年度
资金预算(加元)	1 390 049 987	1 134 667 073	1 094 960 624
人力预算(全职人力工时)	1 724.4	1 608.1	1 605.6

资料来源:Canadian Heritage 2014—2015 Report on Plans and Priorities。

其中,"战略目标1"的3个项目的预算如表10-5所示。

表10-5 战略目标1的预算

项目	预算	2014—2015 财政年度	2015—2016 财政年度	2016—2017 财政年度
项目1.1 艺术	资金预算(加元)	116 604 709	43 282 257	43 282 258
	人力预算(全职人力工时)	137.2	50.1	50.1
项目1.2 文化产业	资金预算(加元)	302 346 433	285 102 350	285 101 554
	人力预算(全职人力工时)	233.1	223.0	223.0
项目1.3 文物	资金预算(加元)	39 577 341	35 573 581	35 573 582
	人力预算(全职人力工时)	178.3	166.9	166.9

资料来源:Canadian Heritage 2014—2015 Report on Plans and Priorities。

其中,"子项目1.2.7 期刊基金"的预算如表10-6所示。

表10-6 期刊基金的预算

1.2.7 期刊基金	2014—2015 财政年度	2015—2016 财政年度	2016—2017 财政年度
资金预算(加元)	78 534 035	78 538 583	78 538 583
人力预算(全职人力工时)	36.7	36.7	36.7

资料来源:Canadian Heritage 2014—2015 Report on Plans and Priorities。

总之,通过这一安排,项目逻辑架构跟踪了资源在部门不同项目的不同层级上的分配。资源分配从最上端的顶级项目开始,逐渐向下分配到一系列较低层次的活动中,同一层级内的活动在资源分配方面是完全互斥的。同时,不同的项目由不同管理人员负责。由此,绩效信息、项目信息、预算信息和管理问责通过这个框架建立了直接的联系。

3. 治理结构

《管理、资源和结果框架》还详细描述了部门内外在决策、管理中的相关职责及问责办法。部门的常务负责人负责建立部门管理、资源和结果框架,评估专家辅助项目管理人员建立基本的项目逻辑架构和恰当的绩效指标。国库委员会秘书处对其进行监督,保证部门管理、资源与结果与政府整体管理、资源与结果政策一致。框架建立之后,项目管理人员按照该框架对项目进行日常绩效监测。国库委员会秘书处建立统一的数据库——中央支出管理信息系统,管理各个部门的管理、资源与结果信息,整合财务和非财务绩效信息为支出管理的所有要素。

(三)联邦政府的整体绩效信息结构

2005年之后,加拿大政府将部门层面的"战略成果"组成一个统一的框架,形成统一的"加拿大的绩效"框架。所有部门的战略成果形成了4个政策方面的13个成果领域,包含联邦政府部门200多个战略成果和400多个项目活动,形成了"加拿大的绩效"。这个框架首先将联邦活动分为经济事务、社会事务、国际事务和政府事务四大领域,每个领域包括各个联邦部门正在努力实现的"战略成果"。有关联邦政府的整体绩效信息结构,以及部门计划和优先事项报告与部门绩效报告的关系如图10-6所示。

这些"战略成果"应与部门在管理、资源与结果中制定的"战略成果"对应,也体现于部门的计划和优先事项报告和部门绩效报告中。加拿大政府将该框架作为向议会提交的报告的基础,以方便议员、公众了解政府整体绩效。

每个部门在确定自己的项目时,必须明确每一个项目属于哪一个政策领域及

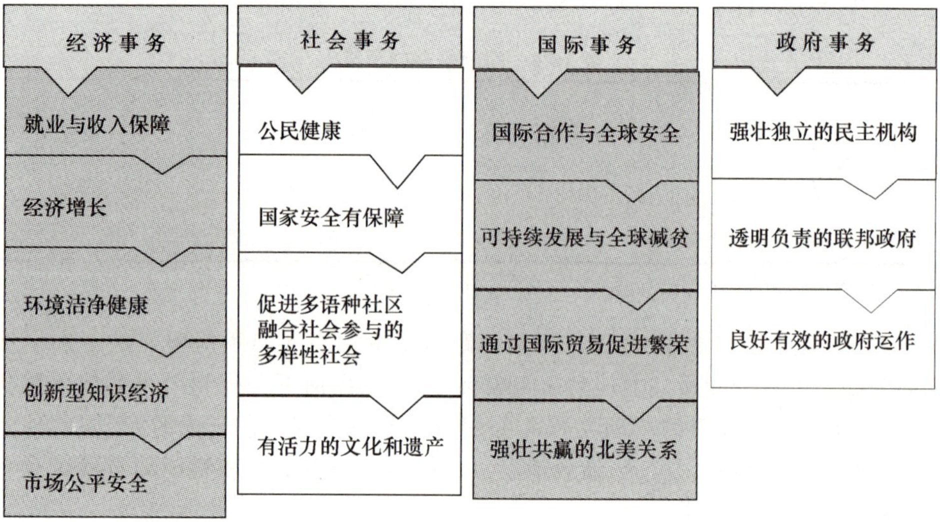

经济事务	社会事务	国际事务	政府事务
就业与收入保障	公民健康	国际合作与全球安全	强壮独立的民主机构
经济增长	国家安全有保障	可持续发展与全球减贫	透明负责的联邦政府
环境洁净健康	促进多语种社区融合社会参与的多样性社会	通过国际贸易促进繁荣	良好有效的政府运作
创新型知识经济	有活力的文化和遗产	强壮共赢的北美关系	
市场公平安全			

图 10-6　加拿大的绩效框架

资料来源：Whole-of-government framework, https://www.tbs-sct.gc.ca/ppg-cpr/frame-cadre-eng.aspx。

哪一个结果领域。目前,加拿大联邦政府有 83 个机构[①]、335 个项目。一般来说,一个机构的项目服务于某一个支出领域,可能会涉及多个成果领域,但会有个别机构的项目涉及多个支出领域的不同成果。

例如,文化部的 7 个项目都隶属于"社会事务"这一政策领域,但"项目 2.1""项目 2.2""项目 2.3"服务于"促进多语种社区融合社会参与的多样性社会"这一成果领域,"项目 1.1""项目 1.2""项目 1.3""项目 3.1"服务于"有活力的文化和遗产"这一成果领域。

当然,还有其他机构的其他项目也会服务于这两个成果领域。以"有活力的文化和遗产"为例(见表 10-7),它共有来自 8 个机构共 17 个项目。

表 10-7　"有活力的文化和遗产"项目分布

部门/机构	项目数
文化部	4
加拿大广播电视和电信委员会	1
加拿大图书档案馆	3
国家竞技委员会	2

---

① 大部内的每个机构都要单独制定项目逻辑架构及项目。

(续表)

部门/机构	项目数
加拿大电影局	2
国家公园管理局	3
加拿大皇家骑警	1
退伍军人事务部	1
合计	17

资料来源：Canadian Heritage 2014—2015 Report on Plans and Priorities。

在这个分类的指导下，部门的每一个项目的每一笔支出都服务于国家的一项宏观政策领域。管理、资源和结果框架与加拿大政府的整体绩效框架一起，使得不同组织在相似的战略成果间建立起联系。加拿大将这个框架作为政府向议会提交的报告的基础，方便议会和公众对加拿大的整体绩效有一个全面的了解。

但要承认的是，将这种理论上逻辑极其清晰的划分应用于国家管理的实践是有些困难的，因为实践中很难在项目和战略成果间建立一个唯一的链接。在实践中，项目逻辑架构的"逻辑纯度"在某种程度上被稀释，整个政府层面上的"加拿大的绩效"的逻辑联系也有类似问题。尽管如此，部门项目逻辑架构和政府整体层面上的逻辑框架依然为项目提供了丰富的信息来源。

政府项目各层次的绩效信息被生产出来后，可以帮助部门通过委托代理的方式来激励或者监督下属机构；可以帮助部长识别部门目标，提出新政策；可以帮助内阁认识政府整体目标，进行战略规划；可以帮助核心预算机构根据绩效和结果分配预算资金；可以帮助审计监察机构监控部门行为；可以帮助代议机构对部门进行问责。加拿大的政府绩效管理对政府的规划、预算和管理都产生了深刻的影响。

第四节 加拿大政府绩效管理的特点

我们可对加拿大政府绩效管理的特点做出如下概括：
一、以促进管理、辅助决策、监督问责为目的，全面推进绩效管理

在加拿大，联邦政府推进绩效管理的目的是明确的，这就是促进管理、辅助决策、监督问责。为了实现这三个目的，加拿大政府全方位地开展了绩效管理，既推进部门的绩效管理，又推进政策项目的绩效管理；既对部门进行绩效监督，又对部门的下属单位（事业单位和国有企业）进行绩效监督。在实施中，政府既关注了行政机构的管理效率，也关注了内阁及各部门负责人的决策和预算分配，同时也满足了民众和国会对内阁及部长们的问责要求。

二、注重对绩效指标监测、项目评估与战略审查

在实施层面,加拿大政府注重进行绩效指标监测、项目评估与战略审查,将绩效指标监测、项目评估与战略审查称为绩效管理的三环节。例如,加拿大政府不仅关注绩效管理对政府职能的全方位影响,还建立了多渠道的绩效信息体系。

本质上,政府的所有绩效只有一个载体,那就是执行机构所提供的面向公民的公共服务——项目。政府绩效信息指项目从投入到产出到结果的信息。但在这个过程中,不同的部门围绕项目开展着不同层次的管理活动。项目执行单位最了解项目的执行,能够很方便地按照事先确定的绩效指标监控项目的进展,但这个信息会影响执行单位的直接利益,它们会有扭曲绩效监控信息的动机;职能部门负责政策提议与设计,它比较关心项目实施的宏观效果,但可能偏好于部门利益;核心机构能够站在政府整体战略的角度上关注项目方向并控制政府支出总额,但它们距离项目的信息源最远,对项目的了解度可能不够。如何选择合适的部门生产绩效信息,以保证绩效信息的专业性和公正性?对此,各个国家在实践中有过不同的尝试。

加拿大采取的方式是同时并重。加拿大在项目执行单位、职能部门和核心机构三个层面上建立了三种信息生产方式,同时注重绩效监督、项目评估和战略规划。OECD其他成员(如澳大利亚)在收集项目绩效信息时,往往会在绩效监测和项目评估两种生产方之间不断转移。与这些国家不一样,加拿大认为评估与绩效监督是两个不能相互替代的工具,它们之间是相互补充的作用,可以同时归入绩效管理的工具箱中。部门同时使用项目日常监测、评估和内部审计方式获取绩效信息。绩效监测能够持续评估项目的运行状况,评估则能够更深入地了解绩效,并采取必要的调整方案。加拿大通过这两种工具收集部门项目的绩效信息,促进部门主管对部门及项目运作情况的了解,并向国会议员报告。同时,加拿大还建立了战略规划与审查体系,保证项目评估和绩效检测是在政府整体目标的指引下进行的。

三、建立逻辑统一的绩效信息体系

为了保证不同部门之间的绩效信息在结构上的统一,加拿大建立了贯穿所有部门的绩效信息结构框架。加拿大先在联邦层面上将政府的战略成果分为4大领域16个子领域,管辖者来自所有部门的400多个战略目标。每个部门按照各自所负责的战略目标形成了项目、子项目直到资源的分配关系。在部门内部建立了统一的逻辑框架——管理、资源和结果框架。这样,整个部门的战略成果框架与绩效监控信息和战略规划信息都整合在了一起。在这个良好的基础之上,加拿大将项目评估的责任和权力赋予职能部门,核心机构对部门的项目评估能力和活动进行培训与监督。

四、建设"核心部门—职能部门—执行机构"的全方位绩效制度

由前文可知,加拿大的政府绩效管理影响了战略规划、预算和管理三个层面;收集了绩效监控、评估和战略规划三个层面的绩效信息;进而,这些活动都根植于组织结构建设。加拿大建立了"中央主导—机构落实"的管理制度,国库委员会秘书处制定绩效管理相关政策,支出部门内部建立全方位的绩效管理制度。

加拿大的政府绩效管理政策有两个方面的重点。第一个重点是协调国库委员会和职能机构之间的关系,建立基于项目绩效结果的委托代理关系。部门只要能够提高项目的绩效,不仅可以获得在部门内部重新分配预算的权力,还可以自主安排人事。第二个重点是职能机构必须将国库委员会所倡导的绩效管理方式在部门内部贯彻下去,采取同样的方案协调与下属的项目执行机构的关系。因此,职能部门必须按照国库委员会秘书处制定的绩效管理政策,在部门内部建立绩效管理组织。正是这个做法,使得加拿大政府绩效管理扎根基层,真正地提高了管理效率和预算执行效率。

五、注重对部门的绩效管理能力的培养

要在部门内部落实绩效管理体系,部门必须在部门内部按照项目结构进行分级,设计绩效指标,收集绩效信息;同时,还必须进行政策评估。这些制度是由国库委员会进行统一设置的,各个部门自行落实。

为了促进各部门真正地落实这个既包含绩效管理又包含政策评估的制度,国库委员会秘书处主要采取两种手段:一是政策指导,二是考核评估。加拿大在2005年的"管理责任框架"中,将部门能力划分为十个大的方面,这十个方面贯穿着培养部门绩效管理的理念。每一年,国库委员会都按照这个框架对部门进行打分,打分结果影响部门责任人的任职和升迁。

本 章 小 结

本章对加拿大半个多世纪的政府绩效管理经验进行了梳理,发现加拿大联邦政府已经建立了全方面、多层次、制度完善、逻辑一致的政府绩效管理体系。在联合国对各个国家的政府管理能力的评估中,加拿大多次获得第一名。这是加拿大半个多世纪来政府改革逐步完善的结果。在我们目前进行的政府治理与预算管理的改革过程中,应该借鉴加拿大的经验,对政府绩效管理制度进行完善的顶层设计,采用多重手段推进改革。

第十一章　英国政府的绩效管理

英国是当代西方行政改革的先驱和政府改革的发动者,也是政府绩效管理应用最早、最持久、最广泛、技术较为成熟的国家之一。自20世纪70年代末起,为了化解严重的财政危机、管理危机和信任危机,英国政府将绩效理念引入公共管理领域,掀起了一场声势浩大的行政改革运动。通过对传统行政体制和预算管理的一系列创新改革,英国政府在转变政府职能、提高政府管理效率、改进预算流程、提升公共服务交付质量等方面取得了显著成效。

第一节　英国政府绩效管理的起因

20世纪70年代末至80年代初,一场声势浩大的行政改革浪潮在世界范围内掀起。在西方,这场行政改革运动被视作一场"重塑政府""再造政府"的新公共管理运动。英国政府的绩效管理正是迫于自身压力、在西方国家开展大规模行政改革运动的背景下得以推行的。

一、内在动因:政府管理面临"三大危机"的挑战

20世纪70年代以前,英国的行政体制保留着传统官僚制的主要特征——权力集中、层级分明。随着社会经济的发展,传统官僚制的弊端开始显现。20世纪70年代的世界石油危机后,英国经济增长步履缓慢,全球性经济衰退使其处境更加困难,政府陷入严重的财政危机、管理危机和信任危机。

(1) 20世纪60年代以来,随着福利主义泛滥,各种福利项目盲目增加,长期的政府功能扩张和机构膨胀导致政府人员冗余、政府支出不断增长,这种无计划、缺乏监督的支出膨胀使财政负担加大,而经济乏力使得财政收入有限、难以开辟新的财源,政府财政预算捉襟见肘,陷入了严重的财政危机。

(2) 面对日益复杂的社会问题,传统的规模庞大、层级复杂、程序烦琐、非人格化的官僚制行政管理模式显得力不从心,官僚主义、反应迟钝、服务意识不足和行政效率低下的弊端日益显现,传统政府管理模式面临严重挑战,政府出现了管理危机。

(3) 财政危机和管理危机的出现,使政府形象严重受损,公众对政府的不信任与日俱增。据统计,在1965年,英国中央政府和地方政府的开支占GDP的37%,

到 1970 年已经升到 41%,1975 年又升到 50%。① 这使得民众迫切要求关注政府的运作情况,增加了政府对其自身绩效评价的压力。1979 年,英国公民对政府的满意率仅为 35%,不满意率高达 54%。② 公民信任危机和参政压力使传统的政府管理进一步受到挑战,改革政府的呼声日盛。

三大危机的考验使传统政府管理面临巨大压力,已经到了非改不可的地步。怎样进行改革才能做到"工作更好、成本更少、效益更好、质量更高"呢？首先需要对传统政府管理进行全面评估,才能发现问题,总结问题,并在此基础上有针对性、目的性地推进改革,政府绩效评价和基于评估的绩效改进应运而生。因此,三大危机构成英国政府实施绩效管理改革的直接动因。

二、外部影响:新公共管理的兴起

同一时期,现代公共管理理论的研究和发展为政府绩效管理提供了理论支撑,西方新公共管理运动的兴起,也为英国政府绩效管理改革实践指明了方向。自泰勒提出科学管理,绩效技术开始在私人部门的内部管理中蓬勃开展；到后来德鲁克的目标管理,均显示出绩效管理的强大生命力。这些管理技术在私人部门中广泛、成熟的应用和成功,客观上为各国在政府管理中引入绩效管理、全面质量管理和目标管理提供了示范与借鉴效应。新公共管理强调追求卓越和质量至上等私人部门的管理思维,强调职业化管理、明确的绩效标准和绩效评价,以结果而不是程序评估政府管理水平的基本理念,渗透于公共部门的管理,为英国政府绩效管理改革的兴起奠定了坚实的理论基础。

三、政治支持:右翼保守党执政

英国特殊的政治体制环境使其政府管理改革较具灵活性。出于历史原因,英国并未形成成文的宪法,只是最低限度地构筑国家机构间关系的法律框架。这也导致其行政改革大部分无法可依,由执政党、大臣或部长在各自的权限内自行进行,为管理变革提供了极大的灵活性。

在此背景下,英国政府绩效管理的开展与保守党的上台和撒切尔主义公共管理新思维有着密切联系。1979 年,保守党在大选中获胜,在一片危机和混乱中,撒切尔夫人上台执政。为了扭转局面,撒切尔政府针对当时出现的问题进行大刀阔斧的改革。撒切尔主义源于右翼思想库,推崇市场的作用,以市场作为改革的取向,积极将私人部门的管理技术与方法引入公共管理领域,主张对行政管理进行革命性的改革,将绩效技术运用到政府管理并获得强大的政治支持。

英国政府管理改革最直接的动因是经济和财政的压力,因此控制财政支出、

---

① 卓越:《公共部门绩效评估》,中国人民大学出版社,2004 年。
② 宁有才:"英国政府绩效评价及其启示",《行政与法》,2004 年第 3 期。

提高行政效率、削减公共部门、减少预算赤字、提高政府信用成为英国政府改革和绩效管理的原始推动力。1979年,撒切尔夫人任命以雷纳爵士为首的效率评审小组,对政府各部门的运作情况进行全面的调查和评价。通过评审,该小组发现政府部门存在许多问题,如官僚主义、浪费、低效率、拒绝革新等。针对这些问题,"雷纳评审"提出了一些具体的改革措施和建议,对提高政府公共部门效率发挥了明显的促进作用。

基于上述政治背景,英国政府自1979年起对传统行政体制进行了一系列改革,开始了基于绩效的政府改革。继撒切尔夫人之后,英国各届政府领导人和执政党均高度重视政府绩效管理,改革从未停止,并不断推进。

四、技术保障:现代信息技术的发展和应用

政府绩效管理是基于海量绩效信息的管理。相对于私营企业的管理,政府绩效管理的内容、客体、方式等都具有多元性、复杂性。如果缺少技术支持,就不能有效地进行信息收集、整理、分析和评估。

随着20世纪四五十年代以来第三次科技革命浪潮的兴起,计算机处理技术、网络技术及多样化数学模型的出现和运用,为政府在绩效管理中的信息收集、储存、整理、分析和共享等提供了强大的技术支持与物质基础。

第二节 英国政府绩效管理的发展阶段

英国的绩效管理活动最早可以追溯到20世纪60年代末,英国王室土地监督局、国内税务局和就业局开始发布各部门的整体生产率,确定绩效指标以衡量下属部门的工作。此时的评估工作比较简单,功能有限。英国现代的政府绩效管理始于撒切尔夫人执政期间的"雷纳评审"。自撒切尔政府后,英国政府的领导人和执政党虽然发生变更,但政府绩效管理的改革始终在原有的轨道上不断推进,具有较强的延续性。英国政府绩效管理的发展可以大致分为三个阶段,即以追求经济和效率为侧重点的效率优位阶段、以质量与满意度为重点的质量优位阶段和全面绩效管理阶段。

一、效率优位阶段(20世纪70年代末至80年代中后期)

在这一阶段,英国政府绩效管理的侧重点是经济和效率,追求投入产出比的最大化,即政府部门的最低成本开支。

(一)雷纳评审

1979年,在撒切尔夫人的带领下,英国政府推出"雷纳评审"计划,这是撒切尔夫人上台后的第一个政府改革举措,是一次对英国政府机构运转情况的大规模的、深入的调查研究。评审的重点是政府机构的经济和效率水平,其目的是通过提高效率来降低政府公共部门的开支和运营成本。1979—1985年,评审小组共支出500万英镑评审费,进行了266项调查,发现了6亿英镑的年度节支领域和6700万英镑的一次性节支领域,带来直接经济效益达到9.5亿英镑。①

(二) 部长管理信息系统

1980年,英国环境大臣赫塞尔廷在环境事务部率先建立了部长管理信息系统(Management Information System for Ministers)。这是一个整合了目标管理、绩效评价等现代管理方法的信息收集和处理系统,它将绩效评价、目标管理、信息技术结合起来,使政府部门的绩效评价更具战略性、系统性。通过对现代信息技术的应用,部长管理信息系统避免了传统层级上报中存在的隐瞒现象,有助于按照目标的需要进行合理的资源配置,从而减少资源浪费、提高政府效率。据调查,在建立这一系统后的4年内,环境事务部在工作任务不减、工作质量有所提高的前提下实现人员精简29%,远高于各部的平均水平(1979—1987年,英国公务员总人数减少幅度为18%)。②

(三) 财务管理新方案

1982年5月,英国财政部颁布财务管理新方案,其中的重要内容是绩效评价,以绩效目标和测量手段为核心,要求政府各部门树立浓厚的绩效意识。财务管理新方案被称为英国80年代政府部门管理改革的"总蓝图"。

由于英国政府改革的主要动因是政府面临严重的财政危机,因此提高效率、降低公共开支成为政府初始改革最直接、最主要的目标。这一阶段的系列改革,对于节约政府开支、提高行政效率确实起到很大作用。但是,改革在强调经济与效率的同时,忽视了公共服务的质量,因而民众并未切实体会到公共服务质量的提高。

二、质量优位阶段(20世纪80年代末至90年代末)

从20世纪80年代末开始,英国政府绩效管理的侧重点转向效益和满意度,进入了质量优位阶段。同前一阶段相比,此时期的政府更加看重公共服务的质量和效益,绩效管理的过程也更加规范化和系统化。

(一) 下一步行动方案

1983年,伊布斯接替雷纳出任首相的效率顾问,负责内阁效率小组的工作。1986年11月,在伊布斯的领导下,效率小组7名成员就进一步改进政府管理进行了一次大规模的评审活动。在广泛、深入调查研究的基础上,评审小组于1988年

---

① Greewood, J and Wlson, D. *Public Administration in Britain Today* (2 edition), London: Unwin Hyman, 1989.
② 赵晖:"借鉴与创新:英美等国政府绩效管理的启示",《云南社会科学》,2008年第1期。

向英国政府提交了改进政府管理《下一步行动方案》(The Next Steps)的报告,这就是著名的《伊布斯报告》。报告对政府的下一步改革提出了具体的建议,主要包括:设立大量执行机构,并给予执行机构更大的灵活性、自主性。主管部长通过框架文件、业务计划、目标设定、适度控制、基准比较等对执行机构及执行经理进行绩效控制。从1990年开始,内阁办公厅几乎每年都对执行机构的绩效状况进行定期评审并将结果公布于众,以便形成有效监督,也为下一年度下达绩效指标提供参考。对于未完成绩效目标的主管部门,惩罚手段主要是降低负责人和高层管理者的绩效工资。

《下一步行动方案》的实施,产生了大量的执行机构,这些执行机构不论规模大小,均在中央各部制定的政策和资源框架文件下履行其职责。这与传统的政府部门有很大的不同,在运行机制上也具备了更大的灵活性,具体表现在:第一,政府部门设定目标,交由执行机构去实现,重结果而非过程;第二,执行机构的首席执行官只对主管大臣负责,与内部其他机构间没有领导与指导关系;第三,在执行机构的内部管理上,由首席执行官统一负责,自行决定内部机构的设置、人员的任用及工资福利等;第四,执行机构的首席执行官面向社会公开招聘,实行合同聘任制;第五,在执行机构内部,尽量采用企业的管理方式和方法,提高资金的使用效益。

《下一步行动方案》是英国政府行政改革的重要转折点,其特色是执行机构的建立和以效果为本,使政府管理模式开始发生某些根本性的变化,为绩效管理在政府部门的运用扫除了组织和制度障碍,创造了政府部门绩效管理的新局面,也推进了政府部门人力资源管理向更具战略性的方向发展。

(二)公民宪章运动

1991年梅杰担任英国首相后,针对公共服务质量有所下降、民众不满的现状,相继发起了"公民宪章""竞争求质量""政府现代化"等运动,逐步将英国政府绩效管理引向以质量为本和以顾客满意为标准的阶段,成为英国推进行政改革的重要标志之一。与之前的改革不同,这次改革把市场和竞争机制引入政府管理中,用宪章的形式把政府公共部门服务的内容、标准、责任等公布于众,接受公众的监督,实现提高服务水平和质量的目的。各公共部门的宪章内容包括五个方面:(1)明确的服务标准及承诺;(2)透明度与监督机制;(3)顾客选择;(4)礼貌服务;(5)资金的价值。以此满足公民对公共服务的合法需求。

在梅杰政府强有力的推动下,"公民宪章"在英国公共部门得到广泛应用。到布莱尔政府上台的1997年,英国已经建立了42条国家宪章和1万多条地方宪章,每一条宪章均依据6个关键原则,即标准、信息公开、选择与征询、礼貌与有益、使事情井然有序及物有所值。"公民宪章"运动适用于所有的公共服务,如中小学、大学、医院、铁路服务、道路、社团服务、警察、消防、邮政、救济局办公室、就业中心、关税和国内税,以及已经民营化的公用事业领域(水、电、气供给)。

为了保证这些制度的落实,英国政府在首相办公室设立宪章运动领导小组,专门负责推动"公民宪章"运动的开展。该小组还得到授权,否决那些不符合"公民宪章"白皮书要求的部门、机构,以及与公共服务相关的企业制订的服务宪章草案。政府对"公民宪章"运动进行协调和技术支持,除明确运动的意义及主旨、制定指导原则和基本要求外,还及时了解各部门的进展情况,定期发布信息,总结和交流经验。此外,政府还建立了方便、有效的公民投诉受理机制,设立电话专线——宪章热线,帮助公民了解各类服务宪章内容和维护公民的权益,并接受公民投诉;成立中心任务小组,对各类服务宪章进行检查,以确保各个公共服务部门建立起相应的投诉制度。通过"公民宪章"运动,英国政府部门的公共服务质量有了显著改进,促使政府行政朝着更公开、更负责任的方向迈进,民众对政府的满意度也得到了很大提升。

三、全面绩效管理阶段(1997年至今)

除上述两个阶段之外还有第三个阶段,即以服务供给水平和合作伙伴关系为中心的全面绩效管理阶段。在这一阶段,政府绩效管理不仅是停留在中央政府层面,而是扩大到中央政府对地方政府的综合绩效评价。

(一)中央政府层面

1997年,工党上台执政,布莱尔沿袭保守党的改革方向,在继续强调公共服务的效率、资金的价值和顾客导向的基础上,围绕"协同政府"及"公共服务协议"进行了一系列改革,旨在推动英国成为一个更好的居住地。同年6月,英国财政大臣开展了对公共预算的综合审查,旨在确保公共预算得到有效分配。

1998年,财政部推出首份"综合开支审查"(Comprehensive Spending Review,CSR)白皮书,这是英国政府有史以来推出的第一个全面、系统地针对政府各个部门所制定目标体系的预算方案。而后,各部门根据"综合开支审查"确定的政府整体战略目标制订绩效计划,开展各项工作。根据"综合开支审查"的政府整体战略,中央政府各部门对战略进行分解,制订部门绩效计划,大致可以分为以下两个阶段:

1. 自上而下的"公共服务协议"(1997—2010年)

1997年,英国政府围绕"协同政府"(Joined up Government)及"公共服务协议"进行了一系列改革,以确保中央政府在策略和执行中具有控制力。同年6月,英国财政大臣下令开展对公共预算的综合审查,旨在从新政府建立之初就有的放矢地控制预算。1998年,财政部推出首个"综合开支审查"白皮书。这是一个全面、系统地针对政府各个部门所制定目标体系的财政预算方案,从宏观上阐述了政府整体目标——可持续性地发展和增加就业、提升公正公平和保证机会平等，通过各个部门的协同努力，保证公共服务提供的效率性和现代性。白皮书所阐述的政府整体目标成为财政资源有效配置的起点，并基于此通过"公共服务协议"设立绩效目标。

1960—1997年，由于英国的财政支出强调年度预算，造成了以资金投入为主而进行讨价还价的局面，形成严重的部门主义。"综合开支审查"试图克服这种缺陷，以多个财年为基础，对政府部门设立未来三年的总体财政支出方案和预算上限，并且区分经常开支和资本支出，强调部门间的协调和服务的整合。

CSR加强了财政部在英国政策制定过程中的作用。财政部决定各政府部门的开支上限，并与各个部门沟通协调，以制定"公共服务协议"和相应的绩效目标。此外，财政部还负责监督各个部门绩效目标的实施并提供指导。公共开支和公共服务委员会也由财政部部长兼任。白皮书公布后，要求每个政府部门提交计划书，清晰地阐述如何达成各自的绩效目标，以及如何运用拨付的财政资金。2000年后，中央政府又进一步细化和补充了"公共服务协议"，其中包括服务提供协议（Service Delivery Agreements）和技术说明细则（Detailed Technical Notes）。2004年的"综合开支审查"进一步要求各政府部门发表公开、透明的技术细则，以说明达到政策目标的具体途径。

如前所述，1997—2010年，英国全面绩效管理体系是在CSR的整体战略目标下，围绕"公共服务协议"展开的。中央政府各部门签订"公共服务协议"，决定部门预算的开支上限与分配优先，承诺清晰的、可以量化的、以效率和效益为标准的绩效目标、绩效产出与绩效标准。①

"公共服务协议"的目的是提升公共服务质量，以绩效目标和财政投入挂钩的方式，监管公共服务机构，使财政资源与公共服务质量的提升成正比；但在具体执行中，仍面临很多问题和治理困境。

（1）随着财政部管理权力的扩张，财政部、首相办公室、内阁办公室产生了分歧。从表象看，中央政府内部是在协调性地执行"公共服务协议"，实际上是在中央政府中，财政部拥有设定议程和监控绩效目标的职责，且能通过控制财政开支影响中央各部门的决策。财政部运用"综合开支审查"和"公共服务协议"两个工具，在中央政府政策制定的过程中，有着比以往更大的操作空间和权力。实际上，财政部已超越了传统的经济管理范围，其权力延伸到除经济政策之外的其他广泛领域，逐渐引起它与中央其他部门的对立。

---

① "Comprehensive Spending Review: New Public Spending Plans 1999—2002", *HM Treasury*, July 1998.

(2)中央政府内部(首相办公室与财政部)之间对于绩效目标存在不同的理解和分歧:一种是把绩效目标看作具有灵活、可延伸性的,根据不同部门、不同环境调整的管理手段;另一种将它视为各部门必须达到和完成的最低要求。政府文件解读中的不同声音,使得制裁和激励措施变得模糊不清,减弱了中央政府增强对各部门控制力的意图。

(3)中央政府通过"公共服务协议"设定了过多的绩效目标,给地方服务提供者增加了繁冗的官僚程序,集权与放权的冲突凸显。虽然2004年财政部颁布了下放决策权的文件,以详细的方式指明如何让第一线的执行者拥有更多的自由裁量权。这里英国政府提出"赢得的自治权"(Earned Autonomy)新概念——如果地方执行机构能够按照"公共服务协议"的要求展示能力,高质量地完成绩效目标,中央政府则会在下一轮的绩效目标体系下,给予地方执行机构更多的执行自主权,以此作为一种奖励。但事与愿违,中央政府在实际操作中并不愿意降低地方政府所要达到的绩效目标数量,而地方政府对于更多自主权的要求也经常被中央政府以没有充足理由而拒绝。中央政府在对于绩效目标的理解上,通常与一线人员存在差异,这种差异导致目标不能实现时难以确认责任。

(4)"公共服务协议"使某些政策目标成为关注重点,间接地导致执行部门忽视对其他政策领域的关注,且注重短期目标,牺牲长期政策目标。

(5)"公共服务协议"的绩效目标体系倾向于选择容易测量而非重要的,使政府优先考虑的政策目标大打折扣。

(6)"公共服务协议"下的政府部门间协同面临许多困难。"公共服务协议"设定的分享性绩效目标着力于解决复杂问题,寻求把相关政府部门纳入一套共同的绩效目标体系之下协同合作。但它在操作上的困难在于,它取决于领导是否有清晰的政治意愿、相关部门能否给予协作、是否有明晰的绩效责任机制等。然而,事实证明,围绕"公共服务协议"所产生的部门间的协同合作仍是低效率和不紧密的。[①]

2. 民主问责的"业务计划"(2010—2015年)

针对以上问题,2010年5月10日,英国保守党和自由民主党联合政府成立,提出了"重建经济,开启社会流动性,修补政治系统和给予人民影响决策的权力"的执政口号。秉持自由和责任的价值观,"综合开支审查"废除"公共服务协议",引入新的绩效管理体系,改为要求各部门依据政府整体战略目标确立部门愿景,制定"业务计划"(Business Plan,BP)。如表11-1所示,"业务计划"是部门规划未来3—4年的绩效计划,由愿景、联合优先项、结构性改革计划、部门支出预算、透

---

① 宋雄伟:"英国'公共服务协议'治理方式解析",《中国青年政治学院学报》,2012年第4期。

明度等五部分构成。①

表 11-1　英国中央政府部门"业务计划"

序号	部分	内容
1	愿景 （Vision）	各部门基于联合政府的整体战略目标进行目标分解，是对本部门未来战略目标的描述，包括详细阐述工作重点和优先事项
2	联合优先项 （Coalition Priorities）	阐述各部门资金分配的优先级，并列明下属各部门的责任分工
3	结构性改革计划 （Structural Reform Plan）	制定关键行动和里程碑事件，以实现部门的优先事项，并规定事件开始和结束的期限
4	部门支出预算 （Departmental Expenditure）	编制行政支出、项目支出和资本支出的支出预算
5	透明度 （Transparency）	详细阐述部门绩效考核的关键指标，包括投入指标和公共服务影响力指标，且承诺相关信息将在网站公开

资料来源：*HM Treasury*，October 2010。

总体来说，部门的"业务计划"描述了部门愿景和资金有效分配的优先级，解释了政府为实现这一目标而将采取哪些行动、如何采取行动、行动的时限，并给出相应的绩效考核指标。

3. 绩效新框架："单一部门计划"（2015年至今）

2016年2月19日，内阁办公室和财政部发起了"单一部门计划"（Single Departmental Plans，SDP），要求各中央部门制定2015—2020年单一部门计划。各部门第一次尝试将开支审查和行动计划合并为单一、清晰的路线图，这一计划将提供一种监控部门绩效目标和改善部门财务管理的新方法。

"单一部门计划"是内阁办公室一个有价值的工具，为每一部门使用和提供挑战、支持和专业技术，确保提供一个卓有成效和有效运行的政府。英国在加强政府财务管理方面已经取得重大进展的同时，引入"单一部门计划"是确保部门提供政府优先级的下一个步骤。"单一部门计划"使公众看到政府是如何兑现其承诺的，这些承诺中的许多对全英国民众的日常生活有着重要影响。部门责任将被追究，以确保政府兑现向公众做出的承诺，提供更好的服务。②

每一中央部门都要撰写自己的计划，并必须经内阁办公室和英国财政部同意，这将确保该部门计划反映整个政府的优先级，并且能够与2015年支出审查的预算达成一致。每年4月，每个部门根据新数据更新修订自身的计划。每一部门

---

① *HM Treasury*. October 2010.
② https://www.gov.uk/government/collections/single-departmental-plans-for-2015-to-2020.

的计划在英国政府官网(Gov. UK)上都可以阅览,这将改善政府监控部门绩效的途径,并允许公众跟踪政府部门的主要成果进度,从而形成监督和问责部门的新框架。

(二)地方政府层面

1. 最佳价值体系(1997—2001年)

为了延续"公民宪章"运动的成效,1997年工党布莱尔政府上台后,开始针对公众对公共服务质量不满的问题进行新的行政改革,以"最佳价值"作为其推行政府绩效改善运动的核心理念,要求地方政府以经济、效率、效益的方式提供持续改进的服务,并实现明确的成本和质量标准,即达到最佳服务效果,取代保守党执政时期的"强制性竞标"(Compulsory Compitive Tendering, CCT)体系。

1998年,工党政府在题为《现代化地方政府》(绿皮书)的政府文件中提出,要通过推行"最佳价值"运动的方式,提升地方政府服务的质量与绩效。1999年7月通过《地方政府法——最佳价值》,积极推行对地方政府进行监督以及地方政府自我监督的"最佳"机制,目的是打造能使人民过上更好生活的更好政府。该法具体化"最佳价值"的基本原则:

(1)从根本上对绩效进行评估。此项服务是否有根本性的必要?如果有必要,那么它是否需要公共支出?

(2)地方政府应与公共服务使用者共同设立地方政府绩效评价标准。

(3)地方政府绩效计划为每一地方政府就其应完成的事项确定清晰的目标,这些目标的确定应与地方的利益相关者磋商。

(4)经由市场测试证明所有的服务具有竞争性。

(5)赋予当地居民尽可能多方面的服务选择。

地方政府实施"最佳价值"的主要环节包括:(1)重新审视自己所有的公共服务,提出今后五年的改进计划;(2)制定年度绩效计划和绩效目标;(3)接受审计委员会的独立检查和审计;(4)形成年度报告。

在绩效计划方面,要求地方政府每年必须公告年度绩效计划,绩效计划不仅要有全国性指标,也要有反映地方特点的指标。这些指标除明确说明提供给民众的服务外,也将是后续绩效测量的主要依据。

绩效计划的主要内容包括:报告目前的绩效,依照中央设定的指标与其他机构的绩效进行比较;以年度和更长期为基础确定未来的目标;对达成目标的方式做出评述,包括主要资本方案和投资计划,并设计用以改善绩效的程序等。

为了确保对各地实行均衡的绩效测量,中央政府制定了五项指标:(1)战略目标,表明服务为什么存在,以及试图要达到的目标;(2)成本/效率,反映某项服务的承诺资源及其输出的效率;(3)服务输出成果,说明为达到战略性目标,服务是

如何提供的;(4)品质,反映服务使用者对所提供服务质量的感受;(5)服务取得的便利性和公平性。

地方政府在4C(挑战、协商、比较与竞争)原则下,自由决定评价什么,何时评价及如何评价。同时,为了提升地方政府实施"最佳价值"的能力,中央政府实施了一系列协助地方政府提升能力的措施。例如,协助地方政府协会设立改善及发展局,以协助地方政府学习领导和提供高质量服务所需的技巧,并共同合作完善"地方政府改善方案"。中央政府也实施了"标杆局方案",给予被评定为提供"优质服务"的地方政府新的自主权和弹性,作为对其分享技术给其他地方政府的回报。

实施"最佳价值"强调以公民为中心以及跨部门的整合性。这是一种以问题和顾客为重点、以公民为中心的服务模式,促使服务使用者和公民形成了深入对话的机制。服务使用者、地方社区及公共服务人员紧密配合,共同识别服务项目的轻重缓急,设计、管理、监控这些服务的实施。它促使地方政府关注公民的需求、街区的议论、公共会议及使用者或评判小组的意见,由服务使用者对价值进行界定,强调地方公众最大限度地直接影响服务的设计和实施,实施的程序极为复杂和细化。例如,曼彻斯特市建立了"最佳价值行动队",与地方公众协同工作以发展和实施服务,他们有权决定采取什么样的服务行动。

但是,随着实践的深入,"最佳价值"实践也受到某些质疑:(1)评价指标数量太多,且主要是硬性指标,中央政府的过度干预给地方造成了很重的负担;(2)由于各地方政府的条件不同,许多指标的评价结果只能进行纵向比较,难以进行横向比较;(3)评价指标只能反映地方政府或公共组织的绩效现状,未能涵盖地方政府或公共组织的行政能力、内外形象与发展潜力等内容。

2. 全面绩效评价(2002—2008年)

为了解决这些问题,英国提出了全面绩效评价(Comprehensive Performance Assessment,CPA),全面绩效评价是英国审计委员会于2001年开发的,是用于评价英国地方政府绩效和持续改进能力的工具,是英国绩效评价发展历程中历时最长的评价形式。① 全面绩效评价体系是在总结"最佳价值"实践经验的基础上提出来的,并不断自我改进。它清晰地界定了地方优先事项和绩效标准、定期对所有政府进行全面评价、发布综合评价结果,根据判断与绩效标准相比,评估地方政府

---

① 英国国家审计委员会是地方政府绩效评价的发起者,负责制定绩效评价体系,在评价实施中扮演着组织和协调角色。审计委员会成立于1983年,于2010年8月解散。审计委员会与审计署无隶属关系,它们各自独立,互不干涉。审计委员会的经费除政府提供少量外,主要向被审计单位收取,但不以盈利为目的,是一家自筹资金的独立机构,主要致力于地方政府审计、推进和开展价值研究、提高政府审计人员的专业知识和外部审计的影响。

做得怎样、有没有进步能力,进而达到促进地方政府改善管理目标。整个框架体系在实施中进行了多次修订,其中2005年的修订最大,以此为界可以分为以下两个阶段①:

(1) 2002—2004年的全面绩效评价体系。为了弥补"最佳价值"体系的缺陷并回应各方质疑,英国国家审计办公室经过研究咨询,在保留和改进"最佳价值"指标的基础上,引入战略使命(Strategic Ambitions)、改进能力(Ability of Improvement)等绩效评价的软指标,创造了一个新的绩效评价体系——全面绩效评价,并于2002年正式推行。②

2002年4月,英国审计委员会对英格兰150个一级制政府(Single-tier Councils)和郡政府(County Councils)开展首轮全面绩效评价,并对外征询完善全面绩效评价体系的意见。2002年的全面绩效评价框架由服务评价(Service Assessments)、资源使用评价(Use of Resources Assessments)和联合评价(Corporate Assessments)共同组成。其中,服务评价是根据相关的国家服务标准,评价地方政府核心服务供给水平与质量;资源使用评价用于判断地方政府如何管理和使用财务资源;联合评价把政府作为一个整体测量,评价其作为社区领导者的有效性,以及作为组织者的运行状态。

2002年12月,审计委员会公布了首次使用全面绩效评价框架的评价结果,包括每一政府的整体全面绩效评价等级、单个核心服务得分、资源使用得分、政府能力得分、联合评价报告和全国性报告。根据反馈的意见,审计委员会制定了区别对待的管制措施,向被评为"差"和"弱"或政府能力只得1分的地方政府派出专家进行诊断,并与地方政府协商制订改善计划,要求在下一年实现改进;对评为"优"的地方政府,给予更大的灵活性和自主权,如享受审计委员会服务检查的三年"假期"、举办创新论坛、分享经验等。

应用该框架,审计委员会分别于2002年、2003年和2004年组织实施了对一级制政府和郡政府的绩效评价,并公布了评价报告。2002—2004年,通过全面绩效评价,绝大部分一级制政府和郡政府的绩效得到了提高,但也有少量地方政府的绩效下滑。

2004年,审计委员会再次征询意见,被咨询者压倒性地支持对全面绩效评价体系进行战略性调整。调整内容包括:在改进与持续性之间寻找平衡;更关注使用者;反映地方优先事项、合作伙伴关系、政府的社区领导角色;足够灵活地适应

---

① 包国宪、周云飞:"英国全面绩效评价体系:实践及启示",《北京行政学院学报》,2010年第5期。
② Audit Commission, CPA—The Harder Test: Scores and Analysis of Performance in Single Tier and County Councils 2007, Local Government National Report, February 2008.

地方政府的重塑;基于特定的规则打分等。在总结前几轮评价的经验和两次征询意见的基础上,审计委员会决定对方案进行修订。

(2) 2005—2008年的全面绩效评价体系。2005年,审计委员会公布了新的全面绩效评价框架,即"全面绩效评价——更严格的检验"。该体系由四部分组成:由审计委员会开展的资源使用年度评价;委员会(环境、住房、文化和消防)、教育标准局(儿童与青少年)、社会关怀调查委员会(成年人社会关怀)和福利欺诈调查团进行的服务评价;委员会进行的周期性(每三年一次)的联合评价;委员会开展的发展方向评价。其中,发展方向评价是全新内容,具有相对独立性,反映政府上年如何实现改进及改进了什么,单独形成与全面绩效评价等级并列的发展方向评价等级。根据服务评价得分与联合评价得分的综合规则,得出政府所属的全面绩效评价等级,4星(最高等级)、3星、2星、1星和0星。同年,审计委员会对大伦敦当局(the Grater London Authority,GLA)和部分单独的职能实体进行了首轮评价。

2006年,审计委员会在2005年评价的基础上进一步完善方案。应用2006年完善的新框架,审计委员会开展了2006年、2007年与2008年的绩效评价,并公布了评价报告。

从2005—2008年一级制政府和郡政府的星级变化来看,提高星级的政府数量增加了,说明开展全面绩效评价评价,提高了英国地方政府的整体绩效。但是,这一评价体系也存在以下问题:(1)它未能识别跨组织、跨领域服务绩效的改进;(2)虽然政府的许多公共服务绩效提高了,但公众的满意度却有所下降,全面绩效评价对此无法做出合理解释。因此,许多人对全面绩效评价提出批评:一是技术上的质疑,某些指标的信度和效度的存疑;二是政治上的指责,全面绩效评价是中央控制地方政府的复杂工具,它给地方政府带来沉重的工作与财务负担。

2009年2月,随着英国公布绩效评价的最新发展形式——全面地区评价(Comprehensive Area Assessment,CAA)——的投入应用,标志着全面绩效评价已完成历史使命,退出了历史舞台。

3. 地方政府自主评价(2010年至今)

全面地区评价推行的时间很短。2010年6月25日,英国政府要求审计委员会停止全面地区评价。2010年8月13日,政府宣布解散审计委员会。这些决策使权力由中央政府转移至议会和社区,颠覆了过去几十年中央政府控制权不断增强的趋势。按要求,审计委员会只是对地方最薄弱的政策领域(如帮助保持高标准的儿童服务和成人社会关怀等),而其余的绩效评价将由地方政府自主实施。这一变化表明中央政府正在致力于减少对地方政府的进一步控制和监督,减轻地方政府的负担。① 政府认为,由一个组织(审计委员会)实施地方绩效审计,势必使审计委员会变为监管者、特派员和地方审计服务提供者,从而降低了效率,造成不必要的中央集权。为此,英国政府推行地方自主评价,试图推进地方政府、议会的自主管理,建立一套新的、具有更多地方特色的绩效审计和评价制度。

第三节　英国政府绩效管理的现状

从1979年开展"雷纳评审"至今,英国政府开展绩效管理改革已接近四十年,先后出现了十几种政府绩效评价形式,分别在中央政府和地方政府层面探索了不同的政府绩效管理实践。2010年8月,随着审计委员会的解散,中央政府对地方政府实行的内部大规模绩效评价活动停止,但是,中央各部门的绩效管理仍在不断加强。梳理英国中央政府绩效管理的现状,大致由以下内容构成:

一、确立部门整体战略目标

战略规划是一幅蓝图,它阐明一个组织在追求其目标实现的过程中将如何配置已有资源。政府整体战略目标将通过"综合开支审查"来确定,以保证各部门的行动围绕政府整体战略开展。1998—2015年,"综合开支审查"所公布的政府整体战略目标,虽然每阶段都有侧重,但整体目标主要是促进经济长期增长、增进社会公平、推进公共服务改革等。服务于政府整体战略目标,各个部门要编制部门绩效计划,明确部门战略目标、基于目标的绩效指标、有效公共服务、改进绩效的举措和绩效标准。

二、制订部门绩效计划

自2015年开始,部门应编制具体年度业务计划,内阁办公室则要求中央各部提交并公开"2015—2020年单一部门计划"。各部撰写的计划,经内阁办公室和英国财政部同意,列入中央政府的优先级,并与2015年支出审查中的预算支出限额达成一致。"单一部门计划"还须在各部门之间就优先目标和工作计划达成一致。

按此要求,英国各中央部门都开发了自己的计划,详尽描述本届议会的政府目标,部门如何履行其对公众的承诺,部门及其分支结构日常活动的关键业务。按照内阁办公室和财政部的要求,各部门的"单一部门计划"包括四部分内容:(1)部门在其宣言中做出的关键承诺;(2)部门提供的公共服务和其他核心部门责任;(3)部门提升效率和转变工作方式的行动;(4)通过协同工作才能取得进步

---

① Policy Paper: The Audit and Inspection of Local Authorities Memorandum from the Department for Communities and Local Government, Department for Communities and Local Government, 21 February 2011.

的跨部门(领域)议题。① 此外,计划还包括显示每一目标完成进度的指标,以及更为详细的相关数据和信息链接。每个部门将根据新数据更新其计划,计划于每年四月进行修订。

计划反映了政府的优先级,并概述了部门如何变得更加高效,包括如何使用办公空间和数字化服务的有效性,以巩固政府作为数字领袖的地位。部门计划还提出关键绩效目标,包括显示每一目标实现程度的指标,并表明如何使用开支审查分配给部门相应的资源以实现这些目标。通过单一部门计划,部门将行动计划和效率开支审查合并成单一的、清晰的路线图,形成监督和问责部门的框架,提供了政府和公众监控部门绩效目标、改善财务管理的新途径。这些计划是英国承诺作为透明政府的重要步骤,不仅会增强政府透明度和实施问责制,而且通过计划将资源集中在最需要的地方,保证纳税人的钱发挥最大的价值。

按议会的新绩效框架,英国所有17个中央部门都应在政府官网(Gov. UK)发布"单一部门计划"。部门计划与内阁办公室、财政部之间达成一致,推动政府项目和政策实施更加有效,并能够追踪其实际影响,为英国民众获得最好的结果。17个中央部门具体包括外交部(Foreign and Commonwealth Office)、国防部(Ministry of Defence)、国际发展部(Department for International Development)、社区与地方政府部(Department for Communities and Local Government)、内政部(Home Office)、内阁办公室(Cabinet Office)、环境、食品与农村事务部(Department for Environment,Food and Rural Affairs)、就业与退休保障部(Department for Work and Pensions)、文化、媒体与体育部(Department for Culture,Media and Sport)、商业、创新与技能部(Department for Business,Innovation and Skills)、卫生部(Department of Health)、教育部(Department for Education)、财政部(HM Treasury)、交通部(Department for Transport)、能源与气候变化部(Department of Energy and Climate Change)、税务与海关总署(HM Revenue and Customs)、司法部(Ministry of Justice)。此外,英国皇家领土办公室(Territorial Offices)也应提供简短报告,概述其对本届议会的优先级。

下面,我们以英国交通部为例,说明"单一部门计划"的主要内容框架。②

在总述中,交通部对该计划做出的概括为:业务计划是部门为支持政府目标计划而在未来三年内实施的工作计划,包含部门结构、预算的信息和衡量自身绩效的途径。通过这一计划,民众可以看到部门在实现其目标上的进展情况,了解有助于实现目标的项目和政策。

---

① https://www.gov.uk/government/collections/single-departmental-plans-for-2015-to-2020.
② https://www.gov.uk/government/publications/dft-single-departmental-plan-2015-to-2020.

英国交通部"2015—2020年单一部门计划"发布于2016年2月19日，主要包括五部分。其中，第三部分是整个部门计划的重点，对此进行了详细描述，并分解为具体、量化的指标，以显示每一目标的完成进度；同时，对每一指标还相应公布了更为详细的数据来源链接。

第一部分：部门的预算限制（Departmental Expenditure Limit，DEL）

2015—2016财政年度的部门开支总限额为8.7亿英镑，包括2.6亿英镑的资源支出限制和6.1亿英镑的资本支出限制。①

第二部分：部门愿景（Vision）

政府通过投资来实现更好的旅程——更简便、更快、更可靠；部门计划将支持就业、实现业务增长，并且将各地更紧密地联系在一起。

第三部分：部门目标（Objectives）

英国交通部的绩效目标有四项：(1) 促进经济增长和机会；(2) 建设一个更棒体验的英国；(3) 改进旅行；(4) 安全、保险和可持续的交通运输。

每一目标的具体表述又分为两部分内容：一是部门做什么；二是部门如何做。具体绩效指标如表11-2所示。

表11-2　英国交通部绩效目标分解（2015—2020年）

绩效目标	绩效指标	绩效标准
促进经济增长和机会	货币价值	89.6%的2014年交通部评价项目支出评估达到高的或非常高的货币价值
	发展基础设施（建设、完工的交通基础工程和项目）	59项国家基础管线方案于2015年7月建成；本届议会内国家基础管线的8项英格兰道路和地方主要交通计划于2015年12月完成
	提高技能	2016年1月28日发布"交通基础设施能力策略"，本届议会将交付30 000公里的公路和铁路
	放松管制带来业务节省	从本届议会开始到2015年11月18日，节省500万英镑
建设一个更棒体验的英国	推进伦敦和东南地区以外的基础设施建设	截至2015年7月，国家基础管线在伦敦和东南地区以外的36项交通计划投入建设；截至2015年12月，本届议会在伦敦和东南地区以外的7项国家基础管线、英格兰高速公路和地方主要交通计划实现完工
	关键服务的平均最短旅行时间	2014年公共交通/步行17分钟、自行车14分钟、汽车10分钟

---

① Spending Review and Autumn Statement 2015. https://www.gov.uk/government/topical-events/autumn-statement-and-spending-review-2015.

（续表）

绩效目标	绩效指标	绩效标准
改进旅行	英国乘客满意率	在2015年秋季英国全国铁路旅客调查中,83%的乘客对他们的旅程满意
	英格兰国家道路用户满意率	在2014—2015财政年度英格兰国家道路用户满意度调查中,用户对高速公路和干线公路的安全、维修养护、信息提供、旅行时间、道路施工管理的满意度综合得分为89/100
	英国列车运行准点率	英国2015—2016财政年度第四季度的全国列车运行准点率为89.1%
	英格兰非常规公车服务运行准点率	英格兰2014—2015财政年度的非常规公车服务的运行准点率为82.9%
	英格兰常规公车服务的平均等待时间	每一地方的数据是可提供的,但全国数据难以获得
	英格兰战略道路和地方"A"道路的平均延迟	英格兰2015年9月战略道路网每辆汽车每英里延迟8.9秒,地方"A"道路的延迟信息将在2016年提供
	英国航班准点率(15分钟以内)	英国23个机场的数据将于2016年春季提供
安全、保险和可持续的交通运输	英国交通事故报道的道路使用者死亡和重伤人数	2014年报道的道路交通事故伤亡人数为汽车乘客8 832人、摩托车手5 628人、行人5 509人、自行车手3 514人、其他1 099人
	来自交通的英国国内温室气体排放总量	2013年的二氧化碳当量为117百万公吨
	英国新注册的超低排放车辆数和比例	2015年全国新注册的超低排放车辆为30 000辆; 2015年全国新注册的超低排放车辆占所有新车注册的比例为0.91%
	英格兰每年人均自行车旅行阶段数	2013年,英格兰人均自行车旅行15阶段

注：① 关键服务的最短旅行时间指从人们居住地到人们使用的重要服务（包括食品店、教育、医疗、街镇中心和就业中心）的最短旅程。② 列车准点被界定为伦敦和东南地区列车在预定到站时间5分钟以内抵达,长途运营商在10分钟以内抵达。

资料来源：DFT：*Single Departmental Plan 2015 to 2020*, Department for Transport, February 2016.

第四部分：领导的部长和官员(Lead Ministers and Officials)

领导的部长和官员负责以下事务：(1) 道路和地方交通；(2) 铁路；(3) 高速列车(HS2)；(4) 航空和海运；(5) 公司事务。

第五部分：高效交付服务(Delivering Efficiently)

在交通部组织内部,利用技术创新以更低的成本提供更多的以客户为中心、更加灵活的服务。作为一个部门,交通部致力于在议会降低运营成本的同时,继续提高服务的效率及有效性。

第六部分:交通部在政府之间的协同工作(Working Collaboratively across Government)

交通部将与内阁办公室、财政部和其他政府部门协同工作,提供关键领域的变革,包括:(1)作为部门数字服务的一部分,发展由政府数字服务设定的符合通用标准的数字解决方案,利用诸如 Gov.UK 验证、Gov.UK 支付或者 Gov.UK 通告等政府间平台,显示政府资金解决方案的最佳价值;(2)整体合理布局部门的不动产,在可能的情况下释放房屋用地,寻求与其他政府部门一起发展"政府中心",参与新的商业地产模式的发展;(3)通过普通商品和服务支出以及与皇冠商业服务(CCS)的合作实现节省,继续建设部门的商业能力并与皇冠商业服务一起致力于在 2020 年之前交付政府承诺的(部门支出的 33%)用于中小型企业;(4)与内阁办公室合作实施"身体的手臂长度改造计划",与基础设施和项目管理局在重大项目、计划和优先级、减少欺诈和错误的损失、发展债务管理战略等领域合作。

三、架构部门绩效指标体系

各部门在具体业务计划中设计了不同评价指标,大致分为以下三类[①]:

(1)部门效率(Department Efficiency)指标,主要从人力资源、办公成本、采购、重大项目、信息技术、企业服务、债务、中小企业和志愿组织采购等八个方面进行评价。这是所有中央部门运营成本的共同指标,这些指标将帮助公众判断部门是否高效运行,并且进行跨部门比较。

(2)部门关键举措指标(Key Actions),具体根据部门的优先事项确定关键行动和里程碑事件,每个事件被划分为 4 档,分为按时完成、未完成<1 个月、未完成<2 个月、未完成<3 个月。对于未按时完成的事件,必须给出延迟的原因。

(3)部门绩效指标(Performance Indicator),分为投入指标(Input Indicator)和影响力指标(Impact Indicator),由各部门根据优先事项分解所得,旨在帮助公众判断部门政策和改革是否产生了预期的影响。

四、实施多元评估

英国政府部门的绩效评价主要包括以下两个层面:

(一)内部评估——部门自我评估

各部门每年都要开展自我评估,编制年度报告,并在网上公布。政府部门每年两次向议会提交绩效报告[②]:

一是春季提交的部门年度报告(Annual Departmental Report,ADP),该报告是一个财政年度结束后提交的报告,要求说明部门绩效任务的最终完成情况。

---

① Department for Business Innovation and Skills,"Business Plan 2011—2015",May 2012.
② 英国的财政年度为当年 4 月 1 日起至次年 3 月 31 日止。

二是秋季提交的秋季绩效报告(Autumn Performance Report,APR),一般在每年12月提交,属于预算绩效进程报告。报告要求说明截至目前各部门执行公共服务协议规定的任务的进展情况及已经取得的业绩。两份报告均对外公布,公众和其他组织可从财政部或各政府部门的网站上获取相关绩效信息。

各部门的年度报告重点回顾在业务计划下的部门绩效和成就。由于每个部门的具体绩效指标各不相同,因此每一部门须提供近三年的绩效数据,由公众依据公开的信息判断其工作绩效。

(二)外部评估——国家审计署(NAO)绩效审计评估

英国最高国家审计机关是国家审计署(National Audit Office,NAO),隶属于议会,负责对中央政府各部门、行政性机构、非政府性公共机构和位于英格兰的中央政府管辖的其他组织进行财务审计与绩效审计。国家审计署由审计长和审计长任命的工作人员组成,目前有900多名员工。国家审计署每年向议会下院的公共账目委员会(Public Accounts Commission,PAC)提交审计报告,并接受监督。1983年,英国《国家审计法》规定,审计长可以对任何组织(政府部门或其相关组织)为履行其职能而掌握公共资源的经济性、效率性和效果性进行检查。国家审计署不受政府限制,因此政府各部门都高度重视审计。

苏格兰、威尔士、北爱尔兰各自设立地方审计署,对除国家审计署审计之外的地方政府部门、非政府公共机构进行审计。地方审计署的审计长和审计工作人员对各自的议会负责。国家审计署与其他审计机构保持定期的、积极的联系,以确保彼此的工作相互补充且不重复,并通过广泛合作来扩大审计成果。

2010年之前,英国中央政府设审计委员会,负责对英格兰、威尔士地方政府、警察、消防、保健等公共部门和机构进行审计监督,主要监督财政资金的使用情况和绩效,检查和测评地方政府、公共机构职责的履行情况和业绩。2010年8月,为了强调地方高度自治,加大地方权力,节约中央政府成本,审计委员会被解散,其对地方政府的审计权力下放,由地方审计部门或独立的外部审计机构实施。

国家审计署评估的目的是帮助国家高效地使用财政资金,受议会委托对公共开支进行审计,从而提升公共服务质量。国家审计署有50%左右的审计业务属于绩效审计,每年完成涉及国防、交通、教育、环境、卫生、养老、文化、法律、议会、财政、农业等60多个审计项目。国家审计署绩效审计的特点为:对部门绩效的分析与预算相挂钩,但不同于财政审计,报告主要阐述被审计部门的主要责任、组织架构和资金去向,通过对部门官员的调查,了解他们对部门工作的认同度、效率提升、改善部门管理等表现,并以效益和"物有所值"为标准,对该部门过去一年的工作进行绩效审计分析。国家审计署审计内容主要有以下六类:(1)对政府工程建设项目,特别是重大工程的绩效审计;(2)对政府部门重大支出的绩效审计;

(3) 对公共部门管理情况的绩效审计;(4) 对社会关注的热点问题的绩效审计;(5) 对政府自身履行职责情况的绩效审计;(6) 对环境问题的绩效审计。

国家审计署不对政策本身进行绩效审计,英国《审计法》规定,在绩效审计过程中不能评价政策本身的优劣,这一规定对维护审计人员的独立性具有重要意义,可以确保审计人员不受政治影响。

国家审计署没有硬性规定绩效审计的程序、步骤,而是提倡灵活、创新,要求审计人员根据审计项目的具体情况,选择适当的方法、程序和报告方式。2003 年版《绩效审计手册》虽然提出了"绩效审计循环"概念及其实施要求,规定了构成绩效审计循环的九个环节,即确定审计项目、制订审计计划、实施审计、起草报告、交换意见、发布审计报告、提交议会账目委员会、政府答复、跟踪调查,同时指出在进行每一项绩效审计项目时,审计人员不能拘泥于这些规定,而应从实际出发。

五、绩效信息运用

英国政府绩效管理信息主要通过信息公开的途径来加以应用。信息透明既是英国政府的承诺,也是推动公共服务质量提高的动力。英国《信息自由法》规定,公众有权访问除敏感或保密级别外的任何由公共部门记录的信息。

一方面,各部门应全面公开其预算及业务计划,包括绩效目标、指标和业绩数据,并及时更新相关信息。此外,部门应根据英国国家审计署的绩效审计报告,进一步推出并公开其绩效改进计划,接受各方的监督。另一方面,英国绩效审计结果也通过多种途径被有效利用,主要包括:(1) 主计审计长向议会公共账目委员会提交绩效审计报告。在多数情况下,议会公共账目委员会应就报告所反映的问题举行听证会,审计署出席听证会。(2) 绩效审计主要涉及政府部门和公共机构,有时会延伸到下属单位。在现场审计结束后,审计署会向被审计单位管理层提供一份建设性报告,陈述延伸审计中发现的问题并提出建议。(3) 对一些保密或特急的项目,直接以备忘录的形式向议会公共账目委员会报告审计结果。(4) 绩效审计报告除提交议会公共账目委员会并将纸质或电子出版物提供给与审计项目有关的机构外,国家审计署还通过报刊、网络、议会听证会等多种形式,向社会公布绩效审计报告。国家审计署的每个审计报告,都在审计署网站上向公众公开,任何人都可随时查阅,也可以在线发表自己的意见和建议。

英国审计机关还与新闻媒体保持着良好的关系,每份审计报告发布前几天由审计署发布新闻通告,以引起媒体和公众的关注。若审计发现的内容比较重要或审计项目比较重大,则审计署还要举行专题新闻发布会,要求相关部门负责人甚至首相来回答议会质询。英国主要媒体会同步直播,因此审计影响非同一般。除此以外,国家审计署还公开对绩效审计的问责信息,公开被问责的地方政府、部门责任人、事由和结果,从而在全社会形成舆论监督。

第四节 英国政府绩效管理的特点

综上所述,自1979年"雷纳评审"以来,英国各届政府均持续推进政府绩效管理,积极探索新的评价和管理模式,从而使英国的政府绩效管理不断前进。在西方政府的改革浪潮中,英国政府绩效管理独树一帜,具有以下特点:

一、在政府主导下,绩效管理改革渐进、持续地推进

英国的绩效管理改革虽然声势浩大,但是有别于美国等的做法。在美国,绩效管理改革是在法律框架下推进的;而在英国,由于大部分政府改革尚无法可依,因此它是在政府主导下、由执政党和大臣或部长们在各自的权限内推进的。这种模式的好处有:一是为绩效改革提供了灵活性和创新空间,二是使绩效改革有鲜明的阶段性。

从英国政府绩效管理实践的发展和演变来看,连续性是其最明显的特点。即使面临执政党轮替,绩效管理也不会因主政者改变而被搁置或改变方向,而是基本遵循了管理逻辑和公共管理规律,保证了政府绩效评价的连续性,使绩效理念越来越渗透到行政管理活动中。

二、"以公众为中心"是英国政府绩效管理的核心理念

英国政府绩效评价整体呈现出由机关内部评估到社会评估;评估内容由效率转向为"顾客"服务的质量;评估主体由政府机构转向外部市场和公众评价;评估内容突出公民和服务导向;评估结果由内部转向公开,对官员建立基于绩效的问责制;等等。在这一转变中,关键是英国政府一贯坚持公开、透明的原则。绩效信息的公开、透明,犹如一杆鞭子,驱使着政府不断地改进绩效管理,也驱使着官员不断地为绩效而努力。应当说,官僚主义是任何一个国家的政府治理上的重大难题,官员的腐败和不作为是其正反两个表现,而"绩效管理+信息公开"就是其治疗之方。

英国政府绩效评价很重视来自公众的反馈,重视参与和沟通,公众导向日渐突出。政府部门和审计评估机构的绩效信息均通过各种渠道及时地对外发布,向社会公开的同时接受公众监督。顾客满意度是衡量英国政府绩效的核心指标,这就使得社会公众由被动的服务接受者,变成绩效评价的核心主体。英国政府各部门积极运用公众意见调查、市场调研、用户意见调查等方法了解公众需要什么、公众衡量公共服务的标准是什么等问题,打破了传统上主要由政府自身作为评估主体的自上而下、完全封闭的评估过程。此外,在绩效评价的过程中,大量具体工作由专门的社会中介机构完成,这种多方参与的评估模式也能够实现相互协作和相互制衡,确保绩效评价结果的公正性和有效性。

三、英国政府绩效管理改革具有多元价值取向

英国政府绩效评价的价值取向有一个演变的过程：起初追求效率，随着改革的深入，日益重视公共服务的质量、公民的满意、公民参与与民主等价值观念，绩效评价的价值取向由单一走向多元化、均衡化。

英国政府绩效评价始于压力型的内生型改革，改革的背景是应对政府日益膨胀的财政赤字、不断增大的政府规模、日益低下的政府效率和选民对政府日益不信任等。因此，政府绩效改革的初始目的是降低政府成本、提高政府效率，此时的绩效管理价值取向是"效率至上"。例如，"雷纳评审""财务新方案""部长信息系统""下一步行动方案"等改革都具有明显的效率取向。随着改革第一阶段目标的实现和新问题的不断显现，"公民宪章"和"竞争求质量"运动应运而生，政府绩效管理逐渐转为重视服务质量、公民满意、公民参与和民主等价值取向；相应地，绩效评价也进入全面绩效管理阶段，政府不但继续强调公共服务的效率、资金的价值和顾客导向，而且围绕"协同政府"及"公共服务提供"进行了一系列改革，在中央政府和地方政府、各中央部门之间不断探索分权与共治、承诺与问责相适应的最优实践。

四、政府绩效评价主体呈多元化特征

英国政府绩效评价主体呈现多元化特征，按评估组织的类型大致可以分为三类：（1）官方评估主体，如中央政府、上级政府、议会、效率小组、审计署、审计委员会等。这类评估组织大都具有法定权力，拥有法定资源，能实施奖惩和重要职务任免，因而在评估主体中占据重要地位。（2）独立的非官方机构。这种第三方绩效评价具有中立、客观、专业性强等特点，除非接受政府或议会委托，否则其评估往往得不到被评估机关的配合，评估效能受影响。（3）以公民为评估主体，如在"公民宪章"运动中，政府公共服务标准和质量由公民决定与评判，由受服务对象评判公共部门的工作绩效。

评估主体多元化在一定程度上促进了政府绩效评价的均衡发展和持续改进，但也带来了某些负面效应。例如，评估标准不一致、评估结果差异悬殊、评估的权威性差、被评估对象被过多评估困扰等。因此，在进入全面绩效管理阶段后，政府绩效评价采用以部门和地方自评为主，外部评估由审计机构发挥核心和协调作用，评估主体逐渐得到精简和协调。

五、绩效管理赋予部门、机构和地方政府较大的灵活性与自主权

绩效预算是一项极为复杂的工作，仅绩效计划的制订、指标的量化、绩效数据的收集等，就是一项繁重和庞杂的工作。制定科学合理的绩效指标体系是实施绩效预算的关键，也是政府绩效管理的难点之一。英国的做法是，绩效目标、绩效指标和绩效标准的制定以部门与地方政府为主，财政部、内阁办公室等中央机构进

行指导，并征求其他绩效管理者、技术专家和民众的意见。部门和地方对自身的情况比较了解，在制定绩效指标和标准等方面拥有信息优势；而其他绩效管理者、技术专家的参与，可使制定的绩效指标、绩效标准更科学和全面；以部门为主制定的绩效指标和绩效标准得到部门的认可，有利于事前化解分歧，提高部门主管及员工的改革积极性和遵从性，降低改革的执行成本；预算管理机构的参与可以对各部门如何制定绩效目标、绩效指标进行理论指导和把关。

在政府绩效管理的执行过程中，英国赋予部门、机构较大的灵活性和自主权，给予地方政府在资金使用、监控方面越来越多的自主权。一定程度的灵活性和自主权，可以使执行部门根据情况的变化及时地将资源配置到最具战略优先需要的项目中，有利于提高政府公共资源的分配效率。

六、确立战略目标，开展对部门、地方的绩效管理

在英国，绩效管理是从预算资金为中心的绩效评价，到基于战略目标的部门绩效管理的由浅入深的过程。在资源有限的条件下，如何有效分配资金并提高公共服务质量是政府绩效管理追求的目标。英国中央政府绩效管理在每个开支审查期内明确政府的整体战略目标，以"多个财政年度"为基础分配部门预算。各部门在有限的预算编制下，根据政府整体战略，编制与预算挂钩的部门绩效计划，制订跨年度的部门绩效计划，设定部门愿景，分解战略目标，明确关键事件，细化绩效指标，形成一套完整的绩效计划。这一模式不仅有助于确保政府优先级，还为中央管理部门、社会公众监督和问责部门绩效提供了明确的参照系。

本章小结

英国政府的绩效管理经历了不同阶段，探索并实践了多种绩效管理模式，为世界其他国家的政府绩效管理改革提供了有益的启示与经验。从总体上看，英国政府的绩效管理整体呈现出由政府内部评价转向市场和公众评价、价值取向由效率转向质量和顾客满意、绩效信息日益公开化并直接向公众和服务对象负责的趋势。

纵观英国政府绩效管理改革的演进历程，五个方面可以在完善中国政府绩效管理改革中予以借鉴。

其一，绩效管理改革要避免"多个中心"治理，各管理部门应确立核心机构、建立协作模式、明确相互间的权责，这样可以有效地回避陷入核心部门的权利冲突而造成政令不统一的局面，确保解读绩效目标时口径一致，提高绩效管理本身的效率和效果。现阶段，中国政府绩效管理中，人民代表大会、审计部门、组织部门、财政部门等多方参与，缺乏协调。

其二，政府绩效管理与战略规划和中期预算相结合，建立"多个财政年度"框架。政府绩效管理和绩效预算改革要跳出年度框架，基于政府战略目标，与中期预算相适应，以确保有限公共资源下的政府优先级。

其三，绩效信息的有效获取和公开透明是确保绩效管理持续、有效开展的基本前提。绩效信息是绩效监督和实现问责的根本依据，信息可及时、完整地被获取和信息的公开、透明是绩效管理改革能够持续推进的重要约束条件，也是改革必须予以突破的障碍。

其四，绩效目标和绩效指标的设置应以部门与地方为主，改变自上而下的评价思路。

其五，在政府绩效管理中要正确处理好中央与地方政府的关系。中央政府在通过绩效目标体系监督地方政府的同时，也要鼓励地方政府发挥自身优势，赋予地方政府相应的自主性和自治权。

第十二章　法国政府的绩效管理

　　法国政府绩效管理的标志是 2001 年 8 月 1 日颁布的新《财政组织法》(Le cadre organique des lois de finance，简称"新 LOLF")，该法案提出建立以结果和绩效为导向的绩效预算。此后，历经 5 年的准备工作，从 2006 年 1 月 1 日起法国开始执行绩效导向的公共预算，标志着法国的政府管理完成了绩效导向的转变。

第一节　法国政府绩效管理的起因

一、议会要求扩大其公共预算监督权力的诉求

　　基于理性议会制精神，1959 年 1 月出台了国家预算法规，该法实际上削减了法国议会在预算协商及批准上的权力。例如，按照 1959 年法国《财政组织法》，若无重大问题，则议会只对国家的 45 项预算进行投票，投票通过的公共预算由政府执行；但若某一项预算的内容没有改变，则可以不通过议会投票而直接执行。在这种情形下，中央政府规划的预算草案，大部分内容就不须与议会协商就可直接执行，这就使议会对法国公共预算的质疑越来越多。政府对于议会在预算批准权上的限制以及议会对公共支出处罚权的缺失，持续影响了法国议会财经委员会的角色、权利及其投票意愿。此外，每年财政预算案的辩论过程相对平淡，而各种晦涩的预算文件也不能对国家公共政策的目标给出任何相关解释。

　　因此，法国议会对中央政府高度集权的财政状况，特别是公共预算的控制权主要集中在法国经济财政工业部的现状表示不满，要求政府将一部分财政预算投票与监督权力归还议会。

　　在这一背景下，议会进行了大量的工作。1999 年 1 月，法国议会主席费比乌斯发布一篇名为《真正的监督：征更少的税并使公共支出更有效》的报告；同年，法国国民议会发布了《公共支出效率》的报告；随后，2000 年 10 月，法国参议院主席兰伯特又发表一篇名为《赋予法国一种新的财政法律是政府改革的先决条件》的文章。在议会高调要求加强对公共预算透明度监督的背景下，新 LOLF 经过 8 个月的辩论，终于在 2001 年通过并颁布。

二、应对财政赤字危机要求限制行政权力

减少财政赤字是20世纪80年代以来法国预算编制最重要的任务。1991—1993年,法国财政出现大量赤字,经济也受到严重影响,政府因此出台了《五年法律指南》,以确保五年内的公共支出得到有效控制。《五年法律指南》规定,财政赤字减少0.5%,1997年时把赤字控制在GDP的2.5%之内,但《五年法律指南》规定的目标并未实现,更糟糕的是,在法国的公共债务中,大部分是被用于日常行政支出。所以,出于限制行政开支、减少财政赤字的目的,法国议会要求扩权。

三、新公共管理思潮推动财政改革

从国际环境与欧盟各国的发展情况来看,三十多年来,新公共管理在西方流行,它要求创立一种新型政策:将公司管理模式引入公共部门,将私人部门通行的一系列管理技术、方法及其绩效评价标准应用于公共部门管理。新公共管理符合政府管理现代化的要求,特别要求给予公共部门更多的管理和监督策略选择,以更有效地提高公共组织的效率。由于在私人部门中,管理者的责任与自主权、管理效率、绩效结果等是核心,因此在公共管理思潮的影响下,各国政府都不同程度地推进政府的有效治理、改善公共财政的管理,但法国相对滞后,这就使法国政府认识到进行公共财政改革的紧迫性。

四、项目评价的失效也推动绩效管理改革

20世纪80年代,随着英国对项目预算的雷纳评审传到法国,法国政府也开展了绩效评价。但是,由于预算项目过多、过杂,加上用钱的人(部门)缺乏绩效责任,未展开对部门的绩效评价和部门绩效管理,因此虽然项目评价宣传了绩效理念,但没有被真正地应用于管理。或者说,预算的编制与绩效评价是互不关联的"两张皮"。为此,虽然从80年代后期到20世纪末,法国财政部开展了项目评价,但并未解决政府的官僚主义、浪费和腐败,绩效只是停留在纸上、嘴上,公共资金浪费、预算赤字等问题依然存在。

总之,项目绩效评价的失效,促使政府反思:究竟是绩效管理的理念错了,还是没有恰当的路径和方法?此外,法国学术界也对此展开了讨论,其结果是,绩效管理作为政府改革的理念是正确的,而绩效评价失效说明了政府在路径和操作上存在缺陷。一是政府没有改革预算编制制度,尤其是预算项目制度,以为改革创造条件;二是预算部门没有将绩效指标固化并纳入预算,导致在开展项目绩效评价时,绩效指标缺失或随意,影响了评价质量和评价结果的权威性。

通过总结经验,学者提出修改预算编制模式,以法律来固化绩效指标的思路。这样,项目评价的失效也推动法国政府的预算绩效管理改革。

第二节 法国政府绩效管理的发展阶段

一、修订预算法律,设立预算改革委员会

在财政部内设立预算改革委员会,专门负责进行预算改革,其人员大多来自财政和会计部门,主要由年轻的公务员组成。另外,2001年8月1日颁布的新LOLF,为政府绩效管理改革提供了法律依据。

二、重构公共预算框架

(一) 改革预算分类模式,将财政支出由经济分类改为按功能分类

法国政府认为,现行的基于经济分类的预算是一种与官僚式的过程管理相适应的预算制度,它与基于结果和绩效的政府管理存在制度性冲突。为此,要推进预算绩效管理,就必须从改革预算编制开始,将财政支出由经济分类改为按功能分类。

2006年之前,法国国家预算是按照公共支出类别划分的,如行政费用、公共投资、国家安全等,共分为850章。由于它将部门支出切割为许多特定的经费用途,因此不仅是议员看不懂,政府部门的官员也看不懂,不知自己为什么要花这些钱。

经过5年准备,法国政府开始实施基于新LOLF的绩效管理预算。新LOLF放弃了按财政资金性质或用途编制预算的做法,而是根据政府事先确定的下一年度的工作计划来编制,将原来按经济用途编制的预算改为按政府目标的"任务—项目—行动"三层级分类结构。他们将这一三层级分类预算称为功能预算。

在三层级分类预算中,任务层面(如国家安全、文化、司法、卫生等),除要体现政府对日常公共事务的管理外,更要体现国家对相关公共政策的实施及其成本。为此,议会在审查预算时,既要审议国家实施各公共政策的必要性,也要审议、评估政府实施公共政策的预期支出总量,即预算。这就使得议会有可能更深入地介入预算审查,使预算审查既包括形式审查,更包括实质性审查,从而扩大了议会的预算监督权。

(二) 建立三级管理链条

新的预算试图通过"任务—项目—行动"三层级来说明各类预算的用途。

首先,它通过任务的公共政策性,使政府官员和议会明白政府的钱是用来做什么事的,这就使得预算具有了更强的可读性。

其次,国家预算以结果为导向,每一个项目都有项目目标及绩效指标,作为评判该预算项目是否达到预定目标的标准,使得预算方案更明确、更全面。

最后,每一欧元的公共预算支出,不管内容是否改变,都须经议会辩论并投票通过,使预算方案更合法、更透明、更具公信力(见图12-1)。

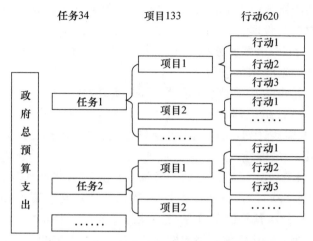

图 12-1 新 LOLF 下的法国三层级预算架构

那么,"任务—项目—行动"三层级预算中,任务、项目和行动的关系是怎样的呢?根据 2006 年法国政府预算,这三个层级的关系如下:

(1) 公共预算的任务指预算任务,有 34 个,分别对应国家重要的公共政策。每个任务都由中央政府创建,其下由各个不同项目组成。任务可以是仅与某一个中央部门相关,也可以是跨部门的(即需要几个中央部门共同协作完成的)。例如,"高等教育与科研"任务共涉及 6 个中央部门。议会通过对任务的投票来确认预算,也可修改同一任务下不同项目之间的公共支出分配比重。

(2) 公共预算中的项目指预算项目,有 133 个,代表着重要公共政策的实施框架。在一个任务中,同一个项目只能与某一个中央部门相关(即项目是不能跨部门的),并且每一个项目的下面都对应一系列紧密联系的行动。一个项目是一个单一的、有上限额度的公共支出拨款单元,并被委托给一个项目责任人,该项目责任人由与项目相关的中央部门任命。并且,对每一个项目都规定了详细的预算结果目标及用来评价绩效的指标。在一个项目中,项目责任人可以修改项目公共支出的各行动分配比例,以便他们选择最合适的公共支出分配结构来达到既定目标。

(3) 公共预算中的行动指预算行动,有 620 个,是各项目的具体化,用以更加详细地描述项目。这些行动更具体地告诉管理者如何使用公共支出,它们是法国国家公共预算资金的支出终点。在此层面上,每一个具体的公共支出计划就好像正在发生,对预算目标的实现起到更直观的指导作用,使得国家公共政策对应的任务及公共服务的目标变得更加详细和精确。在法国新公共预算体系中,对每一个项目都详细规定了战略计划、预算执行的结果目标及绩效指标。项目责任人可以使用其在公共资源分配上的管理灵活性，根据既定目标更有效地确定公共支出分配格局并引导公共管理。

在三者的关系上，预算任务可以由一个行政部门完成，也可以由几个部门合作完成。目前已确定的45个预算任务中，9个是由2个以上的行政部门完成的，如"运动和青年"是由运动部、青年部、教育部、研究部、支持部共同完成的。每一预算任务由若干项目组成，每一个项目由一个政府行政部门完成。在编制预算时，应当附有年度绩效计划，明确说明该项目的成本、公共利益目标和必须实现的结果，这也是预算专门性原则所确定的预算细化单位。预算任务和项目都由政府各部门编制，国会有权在工作任务的预算额度内在项目之间重新分配预算资金，但无权变更工作任务的预算额度。事实上，各预算项目均由若干有着共同目的的分项组成，但这些分项预算的额度是指导性的而非指令性的，行政部门必须严格遵守预算项目的额度，但是在项目的额度内有一定的自主权，可以灵活地在各个分项间划转预算额度（包括减少人事费用），以相应地增加其他分项的额度（但明文禁止扣减其他分项额度用于增加人事费用）。这种增加各部门的自主权与相关的绩效约束相配合，有利于在达到既定预算目标的条件下更合理地使用预算资金。

三、建立绩效指标体系

对每个项目都要求制订年度绩效计划，解释并说明政策及目标，并将目标及所需要的预算资源通过数字细化，然后提交议会。在年度终了时，以预算项目为单位，每个项目都应编制年度绩效报告，并在下一年度预算前进行讨论。

第三节　新公共预算下的法国政府绩效管理

一、各级管理者权责

（一）在同一预算项目下，不同"款"的预算具有可互换性

在新LOLF中，有关对公共预算资金进行整合并制定每个项目支出上限，以及预算资金在同一项目内不同"款"之间可以互换的规定，是公共管理与公共行政正常运转最重要的可变因素。当然，如果要改变预算资金在同一个项目下不同功能间分配的额度，必须对改变预算资金分配的目标及原因进行书面说明。

在新LOLF中，对同一预算项目支出总额的限制，以及不同功能之间预算额的可互换性，使公共预算管理者有了更多的自主权。首先，由于公共预算管理者对预算资金操作的自由幅度相对以前来说非常大，因此他可以更自由地实现其负责的项目的既定目标；其次，他可以根据自己的意愿对预算资金在各个"款"之间进行再次统筹，并决定哪种预算支出分配比例最优。例如，项目责任人有权利将

行政运行类预算资金转换成投资类预算;反之亦然。当然,需要指出的是,这种同一项目下不同功能之间预算金额的可互换性并不包括公务人员类经费。例如,公共预算管理者可以将公务人员经费预算用于其他类别的公共支出,如公共投资;但反之却是被禁止的。这是法国为了控制公务人员支出快速膨胀而推行的一个新措施。

当然,主管人员的预算调整权是有条件的。公共预算管理者只有在有把握达到既定的预算目标时,才能获得上述自主权。在行动中,管理者必须清楚地理解这些既定的结果目标,将它们实现并交出一份年度绩效报告,而各类绩效指标则用于评估其已完成的管理工作质量。在近几年的实践中,由于总体预算结构不会总是有利于实现同一项目下各"款"之间预算分配的可互换性,因此这种可互换性在实际操作中可能会受阻。另外,由于强烈的预算限制,项目责任人通常被审慎地引导去托付预算资金给下级预算负责人。这些做法都大大地降低了管理者的行动余地与灵活性。为此,国家审计法院报告人总结,新 LOLF 的精神很难在一种极其紧张的预算氛围中生存,这就是为何同一项目中预算分配的可互换性在实践中仍然被应用得很少的原因。

(二)预算项目责任人的权力与责任

每一个项目都在一个项目责任人的领导下实施,共 80 位项目责任人负责约 170 个项目,因为在必要情况下,每个项目责任人可领导多个项目。例如,在"文化"预算任务下,"创造"作为预算项目,由主管艺术创造的官员负责;而在"与地方政府的关系"的预算任务下,"市镇财经考试"预算项目的责任人是由同时兼任其他三个项目的地方政府主管担任的。

值得一提的是,虽然这些项目预算管理者都是高级公务员(如中央行政部门的部长或者秘书长等),但没有任何法律对其身份职责进行规定。也就是说,项目责任人潜在的管理职责至今未被具体定义[①],其中的原因与法国的管理理念密切相关。他们认为,如果管理思想及态度过于标准化与规范化,可能会使绩效管理过程变得僵化。

从操作层面上看,国家审计法院还建议"通过更详细的方式来定义项目责任人的主要职责、任命条件及签字权限"。但实际上,每个项目责任人的地位与角色均由各个中央部门按其管理规章各自规定,根据其上一级的任务不同而各异,各个部门存在较大差别。

项目责任人将在各自的公共行政部门落实国家的公共政策。实际上,他们在相应的中央部门部长的授权下领导公共预算项目的同时,为议会财经委员会所监

---

① 法国国家审计法院在 2005 年预算执行报告中曾提出这一问题。

督。另外,他们还参与制定其领导的公共预算项目的战略目标,并且被赋予很大的自主权,从而保证其最佳地实现既定目标。除对公共预算资金在同一项目中的分配拥有很大的自主权外,他们还可以拥有一定的人力资源调配权,因此这也与该部门内的财务总监及人力资源总管密切相关。最后,当他们认为必要的时候,可以将其负责的公共预算项目划分为不同的可操作型目标,即项目下的可操作型预算(Budgets Oprationnels de Programme,BOP)。

(三) 建立预算项目 BOP、UO 责任制

当公共预算项目向下级延伸时,它通过不同的行动类别或不同的地方部门而被划分为项目下的可操作型预算。事实上,我们可将 BOP 理解为分项目。但是,自新 LOLF 实施以来,BOP 数量正逐步减少,2006 年为 2 200 个,2007 年为 2 100 个,2010 年减为 1 900 个。这些 BOP 由大约 1 000 名 BOP 负责人领导,他们拥有与项目责任人相同的权力与资源;但是,在同一个 BOP 内部,各"款"下的预算经费是禁止留用的。

BOP 通常指国家级、大区级或省级分项目,若它继续划分到县,就是可操作型预算单位(Unites Operationnelles,UO),即子项目。因此,预算项目从 BOP 到 UO,是政策项目从总体到逐级细化和实施的过程(见图 12-2)。

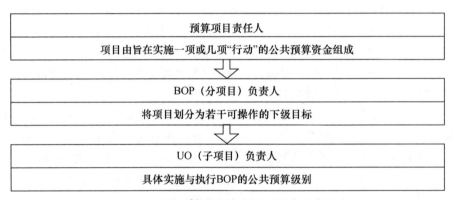

图 12-2 法国预算项目的 BOP、UO 责任人制度

(四) 预算执行:建立基于协商的管理机制

法国新 LOLF 的执行,从顶层到底层是通过责任链建立的,尽管每级都有一定的自主权,但以保证绩效目标的实现为条件。也就是说,在不违背财经纪律的条件下,完成年度的绩效目标就是责任,从而形成复杂的责任链。由于它需要某种力量来联结这一体系、使之协调一致,因此就要求政府创立一系列的调节与领导机制,使各个行动者都能参与从决策到实施的过程,这就是协商管理机制。

因此,协商管理机制的出现,颠覆了法国沿用至 2005 年的垂直行政级别管理

模式。新预算流程的重要环节,是各级别的预算负责人通过协商、交流,在目标、实施和资源消耗等方面达到一致。例如,项目责任人会与 BOP 负责人商讨要选择什么目标,BOP 负责人也会以同样方式与 UO 负责人讨论。同样,这种协商管理机制也在同一个部门中的项目责任人与该部门财政总监及人力资源主管之间建立。

二、绩效指标与绩效评价

法国新公共财政管理法案不只赋予每个项目责任人、BOP 负责人或 UO 负责人自主权,以合理分配和运用资源,还为每个项目、分项目和子项目的负责人设立了绩效目标,并将其纳入绩效考核体系。这样,从顶层到底层,所有负责人都有明确的公共政策结果目标及相应的绩效指标(见表 12-1)。在此基础上,法国形成了基于绩效目标和绩效评价的公共部门绩效管理体系。

表 12-1 法国公共预算管理体制下的绩效结果目标与绩效指标

目标类型	项目	绩效结果目标	绩效指标
对于公民:社会经济效益	高等继续教育与大学科研	满足青年的高等教育需要	年轻毕业生在毕业三年之内的就业率
对于使用者:公共服务质量	残疾与依靠	提高省级残管部门的决策效率及质量	各级残管部门对所提交文件的平均处理时限
对于纳税人:公共管理效率	地面基础设施与交通服务	在最优化成本的基础上实现交通服务计划,有效实现交通网络现代化	道路(每公里)平均修建成本

资料来源:法国 2016 年公共预算案。

由于每一任务和项目都有既定的基于结果的目标与绩效指标,而它们将通过政府的《年度预算绩效草案》(Projet Annuel de Performance,PAP)上交议会,并向下传达至 BOP 与 UO 级别负责人,这就形成了完整的预算绩效管理体系。在预算执行完毕后,负责人还必须将绩效评价结果以《年度预算绩效报告》(Rapport Annuel de Performance,RAP)的形式上报,并经层层汇总上报议会。

在新 LOLF 下,法国的预算项目(即各项公共政策项目)必须有量化的绩效目标,并指出项目重点及策略。这包括以下三个层次:

(1) 对于公民,侧重点是社会经济效益,即公共政策应达到的并由行政部门在执行中体现的社会经济效益。

(2) 对于使用者,侧重点是所提供的公共服务质量。

(3) 对于纳税人,侧重点是公共管理效率,即在最低税收下公共资源的最优使用。

三、强化预算监督

在法国,预算监督被认为是保证公共预算合法性的手段。这就是说,政府行政执行、公共会计及议会对预算的批准,都必须符合法律的规定。基于这种考虑,国家的预算监督首先指对各类公共预算行为的合法性监督;此外,新 LOLF 还规定要对公共财政管理的绩效与效率进行监督。从 2001 年 6 月 1 日起,结果监督成为新 LOLF 的核心内容。2008 年 7 月,法国通过《宪法》修订,赋予议会有义务对政府行为进行监督,并对公共政策进行评估。为此,法国形成了合规性监督和绩效监督两种形式,大体形成了内部监督与外部监督并存,事前、事中及事后监督相联结的预算监督制度体系。

监督思路的转变很重要。不管性质如何,所有涉及行政监督、法律监督及政治监督的工作,如今都在转向以效率、绩效为核心的新公共管理模式。在此形势下,法国财政监督的思路、程序及制度发生了以下变化:

(一)转变监督思路

由于在政府管理引入了私人部门的管理理念,同时应用了某些公司管理方法进行管理,因此法国政府的监督思路也发生了转变,将重点转向对预算绩效、预算结果的监督。而这种以绩效与结果为导向的公共预算所产生的各种预算信息,也为财政监督提供了依据;而这类监督也促使公共预算及公共会计信息的完善。

(二)改革监督程序,完善监督制度

法国绩效预算的监督体系包括行政监督、司法监督和议会监督三个部分。从监督的过程来分,有些是事前监督,有些则是事后监督。财政法律执行的目的在于深入限制与监督不同的公共部门,其首要特点在于涉及财政及预算部门的所有方面。如今,它们都经历了深入的变革,尤其是传统的事前监督,如中央各部门内部成立的预算会计监督司及公共会计对公共支出拨付的监督,这两种监督都经历了不同程度的真正意义上的变革。尽管事后监督(如国家财政稽核总局的专项监督检查及国家监察署对国有企业的监督)的变革没有那么轰动,但其任务实际上也是在不断变更的。

1. 完善事前监督,从建立财政专员到各部委设立预算与会计监督司

法国的财政监督始于 1922 年。当时,根据议会通过的议案,经济财政部于 1922 年开始实行财政监察专员制度,并实施到 2006 年。财政监察专员是由财政部预算司派驻中央各部委的,每个部门 1 人,共 30 多人。其任务为代表财政部就地监督各部门的预算,包括人员工资、机构运转经费等,部委的支出必须经财政监察专员签字,会计部门方可报销。由于财政部在年初只是核定各部委的总预算,细分预算方案由部委制定,为此部门制订的具体预算方案应征得财政监察专员同意。此外,他还应审查会计部门的预算执行情况月报,检查经部长签字批准的每

笔支出，审查的内容包括支出的法律依据、支出的预算依据、支出的决策和审批程序合法性等。在检查中，若财政监察专员发现决策有问题，则不仅可拒绝签字，还可冻结预算。通过财政监察专员制，法国财政部将预算监控延伸到用款单位。

1970 年以后，随着中央对地方的转移支付资金越来越多，财政部将财政监察专员制推广到地方，由预算司向 22 个大区各派 1 名财政监察专员，其职责是监督中央转移支付资金的使用。财政监察专员必须向财政部呈交年度工作报告并送议会，如有严重失职的则交审计院处理。可见，监察专员的工作有独立性，很少受到部门影响，且对他们有较高的素质要求。

2005 年 11 月以后，法国财政部根据法令，将财政监察专员制改为各部门的预算与会计监督制。从 2006 年 1 月 1 日起，在各中央部门设置了预算与会计监督司，该司设会计监督、预算监督两个处，前者的职责是监管各部门的会计事务，后者则承袭了财政监察专员的职责，从而形成了事前监督体系。其预算监督内容为：

（1）最迟在新会计年度开始前一个月签署每个部门的预算管理预测文件，必须检查这些文件的预算稳定性。在做这项工作时，他们必须考虑到为了防止损害预算平衡而留出保证金，考虑到对于政府服务使用和每个项目资金之间分配草案的协调性与真实准确性，还要保证留出必要的司法支出。

（2）对于公共支出的二次使用草案必须给出事前意见，因为公共支出的二次使用可能会减少原本拨付给公务人员的公共支出。而对于从现存的公共服务项目中分流出的公共支出的追加建议或请求，预算监督者通常会给出激励性意见。

（3）必须紧密跟进公共预算的执行，以防止风险发生并及时通知各部长。对于最重要的公共支出的议案，必须由预算监督者在公共支出执行前发布一个"事前通行证"或者预防建议，公共支出的重要程度由部长决定。此程序将逐渐转变为仅涉及很小部分公共支出议案。对于预算管理者要求发布某公共支出议案"事前通行证"的请求，预算监督者必须在 15 天之内给出答复。如果超过 15 天未给出任何答复，那么预算管理者便被默认允许使用此项公共支出；如果预算监督者要求提供更多的补充信息或书面材料，那么此 15 天期限可以延长。

2. 公共会计对公共支出拨付从系统性监督走向伙伴式监督

法国的会计分为公共会计和企业会计两种。所有管理国家财政公共支出拨款账目的会计都是公共会计，按照支出决策人与支出执行人相分离的原则，无论公共会计为哪个部门、单位或地区服务，都由财政部公共会计司垂直管理，目的是保证公共会计的独立性。

根据 1962 年 12 月 29 日的财政法令，公共会计的一个重要职责是具体负责公共支出的支付工作，并在为用款部门提供服务的同时承担拨款前的财政审查职责。公共会计负责拨付和监督的支出主要包括公务员工资、行政机构运转费用及公共投资性开支。对于这些公共开支,支出决策人在做出某项支出决策后,向公共会计下达付款命令,同时附上相关法律文件及材料等。公共会计接到付款命令后,有权检查开支是否符合预算范围,检查有关文件、材料是否齐备,检查有关签字是否有效,检查核对开支是否计算正确,检查账户上有无资金可供使用等。如果检查后没有发现以上问题,那么公共会计将记账并付款;如果检查发现有不合规定或资料不全的问题,那么公共会计有权中断支付,要求决策人进一步提供资料或改正不合规定的做法。只有上述要求得到满足,公共会计才能办理付款;上述要求得不到满足而支出决策人又做出强行执行的书面指令,公共会计人员可以执行,但责任由决策人承担。

新 LOLF 颁布实施之后,公共会计的任务有了重要变化,出现趋向于减轻监督这种新理念。它实施对公共支出的等级化监督,此种监督不再是透彻、详尽的系统性监督,而是转变成一种选择性监督,主要针对与公共支出性质相关的风险进行干预协调,以及对公共支出决策人行为的监督。这种监督也被称为"伙伴式"监督,根据新 LOLF 规定,为了保证会计记录的真实性及会计程序的合法性,公共会计必须从公共支出决策人或者管理者这个源头上就开始保证会计账户的质量。"伙伴式"监督的概念表达出公共会计监督应建立在一种支出决策人或管理者与公共会计人员之间定期互相交流的"伙伴式"制度上。

3. 加强国家财政稽核总局对专项的监督检查

在法国,历史最悠久、最负盛名的财政监督机构无疑是法国国家财政稽核总局,它根据文艺复兴时期(1831 年 3 月 10 日)的法令而成立,是财政经济部内的一个专门监督机构,共 80 人,直属于财政部部长,主要任务是随时根据部长指示对涉及国家财政收支的活动及其他有关事项进行专项监督检查。

国家财政稽核总局工作职责分为对内检查和对外检查两部分:对内,检查财政部部长领导下的税务总局、海关总署及国库司、预算司等各业务司,不仅检查这些单位的相关账目,还要检查这些单位的执法质量和工作效率,以及工作人员是否廉洁行政、有无贪污腐败现象;对外,根据财政部部长的决定,除检查各部门财政收支外,还要调查研究有可能对财政产生影响的相关经济活动。总之,只要财政部部长对某些事情有疑虑或认为某项活动可能对公共财政有威胁,都会指令国家财政稽核总局进行检查或调查。近年来,国家财政稽核总局的业务已超出本国财政收支的范围,现在已延伸到国外,如检查对外援助是否有效、资本输出的效益等。无论是对内检查还是对外检查,结束后都要形成书面报告,直接报告财政部部长,对有关问题和责任人的处理由财政部部长决定。

国家财政稽查总局的检查工作,无论是事中检查还是事后检查,均不事先通知被查者,接受财政部部长命令后立即行动,可以采取冻结账目等手段进行检查,检查结束后形成书面报告,把检查情况报告部长。

4. 加强国家监察署对国有企业的监督

法国财政部设国家监察署,专职从事对国有企业的监督管理,并直接对财政部部长负责。国家监察署的职责是由 50 多名国家监察员完成的。他们被派驻国家控股 50% 以上的国有企业,有时一人要负责几个企业,其主要任务是从财政角度对企业的决策活动进行日常监控。虽然他们无权采取措施阻止企业领导人的决定,但可以从中发现问题,向企业主管部门部长提出建议并写出报告,直接或通过部长办公室、国库司向财政部部长报告。为了落实这项职能,国家监察员有权得到有关文件,企业不能拒绝;国家监察员还可以参与企业年度预算的制定。

(三) 强化审计法庭的司法监督

法国国家审计法院正式成立于 2007 年,是国家最高的经济监督机关。法国《宪法》赋予审计法院的职责是协助议会和政府监督财政法律的执行。审计法院既独立于议会又独立于政府,属于司法范畴,所以审计法院和地方审计法庭的工作非常独立,议会和政府都不能干预。审计法院按业务分为 7 个法庭,全国设 24 个地方法庭和 1 个海外法庭。审计法院的基本任务是审计、检查国家机关、国家公共机构和国有企业的账目与管理;地方政府、地方公共机构的账目与管理由地方审计法庭负责审计。审计法院的工作主要有:

(1) 审查国家决算。每年财政部部长都要将国家预算执行结果的总账目提交审计法院,经审计法院审核后发布账目核准通告。该通告连同对预算年度执行结果的评价和对预算执行管理的意见一起送交议会。

(2) 对公共会计进行法律监督。公共会计每年都要把账目送交地方审计法庭或审计法院,审计法院和地方审计法庭的一项重要工作就是通过对账目、单据的详细审计,确定公共会计是否应负法律责任。公共会计如果涉及挪用公款就要被撤销会计资格、开除公职、取消退休金保障,严重的要被判刑。公共会计如果违规签收公款或违规支出开支,就要被判罚用私有财产赔偿全部损失。一般情况下,公共会计可以提请财政部部长给予赦免,财政部部长有权对不是因会计人员主观责任造成的部分赔偿予以赦免,赦免的部分要由财政部以公款支付;但会计人员因个人责任造成的赔偿不能被赦免。

(3) 监督公共开支决策人。法国审计法院和地方审计法庭有权对非选举产生的支出决策人进行检查,若发现决策人在决策中有违反财政法规的行为或其他问题,则审计法院通过检察长向财政预算纪律法院提起诉讼。财政预算纪律法院根据情节做出以下处理:一是写进审计报告,公开发布,通过新闻界予以曝光;二是做出罚款决定,罚金最高为当事人两年的收入;三是追究刑事责任的移交刑事法庭判决,全法国每年提起追究刑事责任的案件有60多起。对选举产生的决策人一般通过审计账目、提出建议、交换意见并最终形成报告,公开发表,实行舆论监督;对涉及违法的,由检察长向刑事法庭提起诉讼。

(四)加强对国有企业遵从财政法规的监督

这一工作主要通过审计企业的账目,检查企业的财务活动是否符合有关财政法规,以及检查企业经营管理水平。对管理不善或违反财政法规的问题,审计法院通过检察长通报企业主管部门的部长,由部长要求企业负责人对有关情况做出解释,并提出改进管理的具体措施。对有关责任人,检察长可以提起诉讼,追究其经济或刑事责任。

审计法院和地方审计法庭的审计检查都是在事后进行的,一般向前追溯45年,其年度审计计划抄送财政部。凡是国家财政稽核总局查过的案子,审计法院一般不再审计。

2001年8月1日出台的新LOLF明显扩展了审计法院的非司法性任务,更进一步强调了审计法院应协助议会监督国家财政法律的执行,还增加了审计法院的一项新任务——每年都要对政府总会计账目进行书面审计证明。这是法国审计法院非司法性任务的重要发展,代表其今后不仅要对政府管理的合法性给出书面证明,还要对公共预算执行结果及绩效做出严格认证。2001年新LOLF颁布之前,审计法院协助议会与政府的传统任务主要在于发布财政法律执行年度报告、呈交共和国总统的年度公共报告和社会保障财政法律执行年度报告三种报告。而2001年新LOLF的颁布明显扩大了审计法院的协助任务,规定其每年还必须提供关于国民经济进程及公共财政发展方向的预备报告,这是政府为了准备每年关于预算发展方向的年度辩论而必须呈交议会的;以及对于政府会计账目的合法性、真实性与准确性的审计认证。

随后,2008年7月23日的《宪法》修正案进一步确定了审计法院的三个特性:第一,审计法院必须协助议会监督政府行为,这在其协助议会与政府监督国家财政法律及国家社会保障财政法律的执行中占最重要的地位;第二,审计法院对于议会与政府的协助内容有所扩大,还须协助议会与政府对公共政策进行评价;第三,审计法院必须发布公共审计报告,让公民获知明确的财政信息并为公民所承认。

(五)议会对预算执行过程及结果的外部监督

法国议会对政府公共预算的执行过程及执行结果进行监督,在财政监督方面,法国议会的职能主要表现为对预算的审查与日常监督两个方面。法国每级政权都有自治的政府和议会,各级议会负责对本级政府预算进行监督。议会对预算的审查十分严格和细致,直接审查到各支出部门和单位。在审查过程中,议员经常对政府的财政收支进行质询,财政部门负责做出解释。议会除通过隶属的专门委员会进行审查外,还委托审计法院对预算执行特别是政府部门和事业单位的经费开支进行审计监督。

由于法国议会对中央政府的高度集权,特别是预算的控制权集中在经济财政工业部的不满愈演愈烈,公众强烈要求政府将一部分财政权力归还议会。于是,2001年新LOLF出台并强调了议会对于公共预算执行过程及其执行结果的监督职能;随后,2008年的《宪法》修正案承认并确保议会的监督与评估职能。

2001年新LOLF颁布前,议会对于预算执行过程的监督职能相对较弱;新LOLF强调了此项职能并专门在议会财经委员会中建立了一个监督与评估任务小组,重建并大大加强了法国议会在公共预算执行过程中的监督职能。其实,这也是一种事前监督,其最重要的变革是对于政府修改正在执行中的公共支出行为的监督。例如,在超过预算原定的公共支出额、改变公共支出原定预算用途、取消某项预算原定公共支出、划拨某项公共支出以作特殊用途等情形下,政府必须书面告知议会财经委员会,因此其决定权不再属于政府执行部门而转向议会,使得政府执行部门不再拥有之前"几乎自主的决定权",同时极大地增强了议会对公共预算的监督权。

同样,议会对于公共预算执行结果的监督是一种非常重要的事后监督,由1818年通过的法律确认,对于议会来说这是一个监督并评价政府政策的难得的好机会。然而,随着法国议会权力的变化,此项监督职能逐渐成为一个与其初衷相去甚远的空洞形式。1818年法律通过这项监督职能,其目的本来是使议会每年都能够评估财政法律的执行结果是否有效,并检查其与最初投票的目标是否相符。因此,新LOLF严肃重申了此目的,并使得议会能重新真正执行这项职能。法律规定,必须给予议会更全面的、详细的预算信息资源。例如,项目责任人每年必须向议会提交一份"年度绩效报告",这使议会得到更加完整、明确的关于预算执行结果及绩效方面的信息,因此也能了解当初投票选出的公共支出是否有效。不能否认的是,议会由此也找到了分析政府整体行为、对政府职责做出评价的最优工具。

第四节 法国政府绩效管理的特点与讨论

一、法国政府绩效管理的特点

(一) 它建立了结果与绩效导向型预算模式,有利于优化公共服务质量

法国新公共预算体制建立在结果与绩效的基础上,使得中央各部门的预算负责人必须根据所确立的量化绩效指标精准定义每一项公共支出的预算结果目标。这样,通过与量化的绩效指标进行比较,最终每一项公共支出是否达到目标便一

目了然。通过这种明确的以绩效指标与结果目标为基础的责任体制,使得公共服务质量得以有效地快速优化,公共资源得到更加高效的利用;并且,通过信息公示,使人民能知道政府预算支出的每一分钱都在哪里、用途是否合法合理、结果是否达到预算目标。

(二)在严格的责任制下,它赋予管理者更多的自由裁量权

2006年新LOLF具体实施之前,各种用途的公共预算资金一经确定,通常就是不能改变的。但新LOLF将所有公共预算资金进行整体性融合,使得项目责任人可以在责任制的框架内,在同一项目内的不同"款"间进行用途互换,让一个项目的公共预算得到更加充分、有效的利用,减少结构性浪费,提高支出效率。

这种互换性,虽然给予公共预算管理者更多的自主权,但实际上是为了更好地根据预算绩效指标达到所确定的公共预算目标;而且,这种同一项目下不同功能之间预算数目的可互换性,只能将公务人员经费类的预算支出用于其他类别的公共支出,反之则被禁止。这样既优化了支出结构,又防止了将本应服务于公民的公共支出滥用于公务人员福利,同时也有利于控制法国的赤字财政现状。

(三)它明确了预算的绩效目标,使议会监督变得可行

截至2005年,94%的公共支出都在下一年自动延续。也就是说,一项新的公共支出在经过议会第一次投票确立后,下一年基本不须经过议会再次投票确认,而是"几乎完全自动"地、没有任何异议地延续下来,因此只有6%的新公共支出经过预算辩论及投票确定的过程。自2006年开始,34项任务无一例外都要经过议会的预算方案辩论及投票。议会对公共预算的监督权明显增强,从此议会进入了"每年都要对每一分钱的公共预算支出进行审核"的时代;而且,新公共预算通过"任务—项目—行动"这种详细的三层级形式,对预算内容进行详细剖析,可读性更强、内容更完整,有利于议会在投票前对公共预算内容进行事前更加透明化的监督;并且,在2007年,通过政府每年必须呈交议会的《年度绩效报告》,议会更加清晰地了解到2006年全年公共预算的执行情况是否达到既定目标,有利于议会在事后对公共预算进行更加深入且实际的监督。

另外,2006年按新LOLF规定实施公共预算后,议会根据完整、真实的预算信息对政府进行有效的事前与事后监督,发现在法国的赤字预算下,公务人员人数过多、职责过于冗杂,人员方面支出占比过大。因此,2007—2008年,在法国总统萨科奇的领导下,法国公共部门进行了公共政策修正,目的在于用最少的公共支出保证尽可能好的公共服务,复查所有任务,节省预算并裁减公务人员人数。截至2008年6月,350项改革措施出台,从节省预算支出方面看,4年将节约77亿欧元,占整个公共支出的5%;公务员退休后空缺出来的岗位数的50%将不再进行招聘,2009年全年预算取消了30 600个公务员岗位;从使政府现代化角度看,合并了

多个中央部门,减少了 200 个部门中的 50 个。因此,新 LOLF 的实施,为解决法国财政赤字做出了贡献。

二、对法国政府绩效管理改革的几点评价

法国政府的绩效管理方法和路径,是从现实管理的需要出发的,它通过改革传统预算模式,形成"任务—项目—行动"三层次预算模式,将绩效管理锁定在项目阶段而实现。这一预算模式是以公共政策为导向建立的,这点对我国的预算改革具有参考价值;但是,从其运行看,存在以下问题:

(一)它存在如何厘清部门与预算关系的难题

理论上说,部门是按政府职能设置的管理机构,部门的职能,有的通过常规管理来实现,有的通过公共政策来实现。因此,部门与公共政策并非一回事,两者是无法画等号的。为此,通常认为,政府绩效管理的核心是巩固和强化部门绩效管理。

而现在,法国预算编制取消了部门层次,而试图以任务和项目解决部门经费问题。按其解释,任务指总体公共政策,项目指具体公共政策,它通过绩效目标、绩效预算、绩效指标、绩效评价等将项目绩效管理实化。为此,新 LOLF 试图虚化部门、实化项目,以推进绩效管理。

然而,在新 LOLF 的推进中,遇到了部门与预算厘不清的难题。例如,一些部门的常规管理虽然很重要,但无法列入政策项目,因而就无法获得经费。这不但会使简单问题复杂化,而且会引导各政府部门只重视列入预算项目的那些职能而放弃其他职能,从而导致"该管的事无人管",即政府管理变形。

于是,就产生这样一个问题:在法国行政管理中,政策能替代行政部门吗?若行政部门的经费来自政策项目,无项目的就无经费,则其还有存在的必要吗?

(二)易产生部门绑架任务和项目的难题

虽然新 LOLF 采用"任务—项目—行动"三层次预算模式,但就预算来说,由于任务有时会横跨多个部门,而一个部门会有多个任务,因此它是虚的。相比而言,由于项目与预算挂钩,因此它是实的。由此可见,法国的新 LOLF 预算(或者说绩效管理改革),就是美国的项目预算,以及在此基础上对项目的绩效指标化。

究竟绩效管理该怎么做?我们不想评议;但至少从美国看,脱离部门而以项目为预算依据,会产生部门绑架项目预算的问题。行政部门并不是因预算项目而是因管理公共事务的需要而存在的。为此,若某一政府部门只有一个预算项目,则其势必将部门所有费用(包括行政经费)打入该项目经费,从而造成项目经费无限放大;而且,即使部门的项目预算做得再"烂",政府和预算部门也不可能拿掉它而使该部门因缺乏预算而停业。由于存在预算绑架,部门就会有恃无恐,而不是积极地推进绩效管理。与其这样,不如先搞好部门预算,然后采用"一个部门、一

套绩效指标"的绩效管理推进思路,这样会更务实、更有效。

(三) 它难以回答"政府绩效管理推进是靠部门还是项目人?"

通常认为,政府绩效管理是由部门绩效管理和项目化管理两个体系组成。由于政府部门(如教育部、卫生部)拥有庞大的下属事业单位,因此政府绩效管理首先指部门绩效管理。或者说,它指应由部门主持的、对下属单位的绩效管理,绩效管理应采用在政府领导下、由各部门负责推进的模式。此外,部门在常规公共管理(即建立秩序,处理行政案件)之外还承担实施公共政策(即实施推进各项经济和社会事业发展政策)之责任,对于公共政策,通常采用预算项目进行管理。因此,通常而言,一国的绩效管理应由部门绩效管理和项目化管理两个体系组成;而对于后者,其绩效管理应由"项目人"推进。

然而,在法国,新 LOLF 预算取消了对部门的经费配置,而强化了对项目的预算配置,于是政府绩效管理就成了并非由部门而是由"项目人"推进的绩效管理。虽然法国"项目人"的身份多数是部长,但由于他们是从项目实施而不是从部门改革角度推进行政管理的,因此不必对部门绩效负责。于是,一是他们不会去全面推进绩效管理;二是对部门来说,项目属于局部,即使政府对某些项目评价的绩效不高,也无法说明该部门的管理绩效。

总之,法国新 LOLF 下的绩效管理是一种尝试,对其效果,我们将密切关注和跟踪。

本章小结

新 LOLF 框架下的法国绩效预算改革,历经繁复完备的准备工作,系统而彻底地改革了以投入为导向的预算,创立了以"任务—项目—行动"为特征的三层级预算构架,并进一步完善了以财政部门的内部行政监督、审计法院的外部司法监督,以及议会对公共预算执行过程与执行结果的监督为内容的公共预算监督系统。此外,他们还撤并、新建了一系列的公共预算部门,以适应并促进新绩效预算改革,使之与改革进程协调一致。法国公共预算体系的根本性改革,取得了令人瞩目的成绩,但也存在一些亟待解决的问题。例如,预算结果目标及绩效指标的设定有待改进,行政管理部门人员必须尽快适应新 LOLF 的相关规定等。

法国的实践无疑为我国提供了宝贵的经验,在预算管理中引入绩效管理理念和某些做法,同时积极进行法制环境的建设、相关技术的研究以及监督体系与监督意识的培养,为进行绩效预算改革准备必要的条件;增加预算透明度,加大预算信息化建设,将更完备、更易读的预算信息及文件予以公开披露以供公民共同参与并监督等。

第十三章 新西兰政府的绩效管理经验与借鉴

第一节 新西兰经济发展背景

新西兰位于大洋洲的西南部,地理位置得天独厚,地形多山,气候温和,雨量充足,非常适合牧草终年生长。此外,独特的地理位置使新西兰拥有天然的海洋屏障抵御着外来疫病的侵入,未发生过口蹄疫、疯牛病等疫情。自1 000多年前毛利人踏上新西兰的土地,这片大洋洲上的净土才有了人类的足迹。自此,新西兰丰富的农业资源被利用起来,并且逐步发展出成熟的农业技术,为高度机械化的现代农业奠定了良好的基础。

从18世纪70年代开始,英国人陆续来到新西兰的土地。英国人向新西兰大量移民并宣布占领;19世纪50年代,新西兰成为英国的殖民地,政治经济和外交逐步受到英国控制,英国也成为新西兰文化的重要部分。但是新西兰并不像其他殖民国家那样与英国签订了不平等条约;相反,1840年毛利人与英国王室签订的《怀唐伊条约》被认为是新西兰的建国文件,该条约赋予新西兰人与英国白人同等的地位,并在新西兰建立了政府,开启了新西兰的民主政治之路。

也正是因此,新西兰的政府组织结构承袭了英国。在立法权上,新西兰组建了众议院作为立法机构,实行多党代议制,主要的政党有国家党和工党,相当于英国的保守党和工党。众议院的议员由普选选出,任期3年。新西兰没有成文宪法,其宪法是由英国议会和新西兰议会先后通过的一系列法律与修正案及英国枢密院的某些决定构成的。行政权则由总督和部长组成的行政议会掌握。但是总督只是作为英国王室在新西兰的代理人而存在,由于英国实行君主立宪制,因此新西兰的总督也并不掌握实权。新西兰政府的实际首脑为新西兰总理,这一职位通常由新西兰议会中的多数党或联合政府中最大党派的党魁担任。新西兰一直将英国枢密院作为最高司法机关,新西兰自己的最高法院在2004年才正式成立,取代英国枢密院成为终审法院。

1939年,加拿大首先接受英国发布的《威斯敏斯特条例》,宣布成为独立国家;1942年,澳大利亚也宣布独立;而新西兰直到1947年才宣布独立。但在成为主权国家的同时,新西兰仍然是英联邦成员,在国家发展的过程中继续与英国保持着密切的联系,现任英国女王也仍然是新西兰形式上的国王。

新西兰的国民经济几乎全部依赖农副产品,畜牧业在国民经济中占有很大的比重。由于气候温和、全年拥有充沛的降雨量,新西兰的牧草长得比世界其他地方都好,新西兰人依靠质量上乘的牧草养出了优质的牛羊,也养活了自己。新西兰牲畜饲养方式科学,实行分区围栏放牧,无棚圈、不补饲谷物饲料,不仅饲养成本相对较低,而且牛羊体格健壮、肉质优良、饱和脂肪相对较低。

与发达的畜牧业相反的是,新西兰的工业先天不足,因此国民经济要获得进一步的发展,新西兰必须高度依赖海外贸易。这样使得新西兰与英国的特殊关系对新西兰的国民经济发展产生了重大影响。

在1840年到20世纪50年代之前,新西兰作为英国的殖民地之一,享有英国的"帝国特惠制"政策,即零关税、无限额特惠,因而新西兰人专注于向英国出口农牧产品,实质上成为了英国的海外牧场,新西兰的产业变得更加单一化。

殖民地政府建立之初,新西兰对母国市场的依赖并不明显。1865年,新西兰出口总额为742.6万新元,其中对澳大利亚出口499.2万新元、对英国出口237.2万新元,分别占出口总额的67.2%和31.9%。随着殖民统治的进一步强化,新西兰对母国市场的依赖度急剧上升。1885年,新西兰出口总额为1169.8万新元,对英国出口高达897.7万新元,占总额的76.7%。20世纪初"帝国特惠制"的形成进一步强化了新西兰对母国市场的依赖,到1915年升至总出口额的85.2%。

新西兰产业的单一化体现在其农牧业的高速发展。1861年,新西兰拥有牛、羊19.3万头和276.1万只;1901年,分别增至125.7万头和2 023.3万只;1941年,进一步增长到457.5万头和3 175.2万只;80年内牛、羊分别增长了23.7倍和11.5倍。牛、羊的急剧增长带动了乳品业的发展。1890年,新西兰的黄油和奶酪的产量分别为89.4万千克和199.14万千克,到1940年分别增至1.58亿千克和9 784万千克,50年内各增长了175倍和48倍。①

单一化的强化亦体现在出口领域。1889年,新西兰的出口总额为934.2万英镑,其中仅羊毛、肉、黄油、奶酪4种畜产品的出口合计为497.4万英镑,占总额的53.2%。1919年,总出口增至5 390.8万英镑,上述4类主要畜产品合计达4 005.9万英镑,占比升至74.3%;1939年进一步上升到84.5%。1945年,上述4类产品的出口比重一度降至72.4%,但不久之后又因欧洲市场的恢复而逐步得以上升,到1954年进一步回升至总出口的82.4%。②

与此同时,"帝国特惠制"严重制约了新西兰民族工业的发展,所需主要工业品长期依赖海外进口。1890年,新西兰进口总额为1 077.8万新元,其中橡胶制

---

① B. L. Evans, *Compiled*, *Agricultural and Pastoral Statistics of New Zealand 1861—1954*.
② Ibid.

品、医药、纺织品、钢铁、机电、运输设备合计达260.2万新元,占总进口的24.1%;1920年,进口额增至1.12亿新元,上述6类主要工业品合计0.39亿新元,比重上升至34.8%;1940年增至总进口的38.0%,1960年进一步升至47.4%。[①]

在作为英国殖民地的年代,虽然新西兰依附英国庞大的消费市场,其经济得到了处于世界平均水平之上的发展,国内生产总值平均年增长率为4%左右,但是所有这些使得新西兰的经济结构变得极度不均衡,国家工业产品无法自给自足。

1960年前后,新西兰经济开始停滞不前。当时,新西兰的执政党是保守党派国家党,其行政部门由行政管理委员会、总督、财政部共同掌管。行政管理委员会由总理和国务大臣(即内阁各部长)组成,总督作为国家的名义元首而存在,财政部则掌握国家的资金,下设的行政首长职位为职位终身制。政府奉行"福利国家"的原则,实施高开支、高福利的各项政策,在20世纪70年代引进了划时代的意外事件赔偿方案,其出发点是使每个人的收入得到保障,具体是为在意外事件中受伤的人支付医疗费用。但是,这个方案并没有追究意外事件的起因,也没有找寻应该为意外事件负直接或者间接责任的个人,使其承担相应的责任,因此这个方案的实施虽然对受伤害的个人有着暂时的好处,却给政府财政加大了压力。在此同时,新西兰还实行全国养老金方案,该方案按照指数给每一位六十岁以上老人发放养老金,而忽略了每个个体原先所拥有的财富。在公共服务方面,政府垄断了对公共服务的供给,教育、医疗等公共事业全部由政府直接提供,这使得新西兰的政府规制达到其他国家所没有的规模。在这些政策之下,政府绩效管理模式使用的是"计划—项目"预算模式。这种模式以项目为基础,是一种相对集权的、以现金收付制会计原则为基础的预算和财政管理体制。无论是行政部门的组织架构还是绩效管理模式都给新西兰政府带来了较低的行政效率,使得新西兰政府的运行需要付出较高的成本。

第二节 新西兰政府绩效管理模式变革的动机

新西兰政府绩效管理模式变革的直接原因是,新西兰畸形的经济结构遭遇了世界经济秩序大调整的冲击。

新西兰的经济发展主要依赖于其畜牧业产品对英国的出口。但是第二次世界大战之后的英国千疮百孔,已经无力再为新西兰提供一个充满活力的畜牧业产品消费市场。在20世纪70年代经历了两次石油危机之后更是如此。

英国作为曾经的"日不落帝国",早在1908年就企图染指伊朗的石油。1950年以前,英国通过租让形式得到伊朗的石油开采权,这给英国源源不断地输送了

---

① Overseas Trade Statistics 1995.

大量的利益。1950年以后,美国与阿美石油公司达成协议,将采油获得的利益五五分成。这使得伊朗人民觉醒,开始实行石油工业国有化,打破了英国对伊朗石油开采的垄断。之后,美国实施了"峻杰克斯计划",将伊朗的亲苏政权推翻,并且为了与伊朗建立良好的关系,帮助伊朗渡过经济难关,向伊朗提供了大量的援助,并帮助伊朗与西方其他国家进行谈判。通过谈判,伊朗的石油开采权在西方七大石油公司联盟之间进行分配,英国石油公司仅占40%的比重。这些变化一方面进一步削弱了英国的经济,另一方面美国为了拉近与中东国家的关系故意疏远英国,使得美国与英国的"特殊关系"开始逐步弱化。

在19世纪70年代初期,石油输出国组织拒绝向在赎罪日战争中支持以色列的西方国家出口石油,使得世界石油价格上涨近4倍。之后的5年,控制了石油输出国组织的沙特阿拉伯只同意对石油标价进行小幅度的提价,使得石油价格保持了相对稳定。但是从1977年起,世界第二大石油出口国伊朗爆发了大规模的反对君主制群众运动,大批工人示威、罢工,造成石油产业停产、交通中断。最终在1979年年初,伊朗国王礼萨·巴列维被迫流亡,伊朗的君主制政体瓦解,共和制取而代之。伊朗全国性的动乱一方面直接影响了其国内原油的生产和供应,到1978年12月26日伊朗全面停止石油的出口;另一方面新政权的成立使得旧王朝与消费国所签订的各项合约失效,这给石油价格上涨提供了一个合理契机。

由于伊朗的动乱,石油价格相对稳定的时期结束了。全球性石油供应短缺所形成的威胁给石油市场带来了相当程度的动荡和不安,促使油价大幅度上涨。1978年12月17日,石油输出国组织在日内瓦会议上决定从1979年1月1日起提高标准油价5%,在1979年10月前提高到14.5%。但是这一决定及之后几次会议中关于石油提价的决定促使石油输出国组织中较激进的成员国不断地突破会议规定的最高油价。世界石油市场处于混乱状态,在相当长的一段时间里,人们看待石油输出国组织的油价,不是根据沙特阿拉伯的标价,而是根据实际成交的平均官价。石油输出国组织出口石油的平均官价,1978年年底为12.87美元/桶,到1980年5月已涨到31美元/桶左右,上涨了140%。

1980年9月22日,伊拉克总统萨达姆在美国和苏联支援大量武器下与伊朗进行两伊战争,直到1988年8月20日停火。两伊战争对伊拉克和伊朗的石油产出产生了巨大的负面影响,致使全球石油产量继续受到产油国内部社会动荡因素的影响,从每天580万桶骤降到100万桶以下。随着产量的剧减,油价继续增长。

20世纪70年代的石油危机给世界经济带来了巨大的冲击,英国也不能幸免于难。英国在第二次世界大战之后的初期大量使用煤炭作为能源的来源,但随着经济的发展,能源结构发生了变化,能效更高的石油逐步取代了煤炭的地位。1960年,煤炭占全国使用能源总量的75%左右,到1974年降至30%左右;而石油的比重从1960

年的25%升到1974年的50%以上。与此同时,英国在海外的石油来源已不如从前。在这种情形下,英国国内的生产能力急剧下降,不得不将工人工资调低,同时缩短工时。这使得煤炭工人罢工,英国国内经济形势不容乐观。石油能源的缺乏使得电力的供应时断时续,供给家庭使用的热水也得不到保障。1973年第一次石油危机使得英国GDP年增长率从1973年的7.13%直接下滑至1974年的-1.36%;在经历第二个GDP负增长年度后,于1976年稳定至3%左右;在1979年第二次石油危机后,英国GDP年增长率从1979年的2.69%直接下滑至1980年的-2.09%;1981年仍然为负增长,1982年以后才重新恢复至稳定的正增长。

英国经济的衰落给了新西兰经济沉重的一击。新西兰在整个20世纪前半叶都专注于向英国出口农牧产品,其生产的农牧产品甚至受到英国人口味的巨大影响。英国消费市场的缩小,削弱了新西兰一贯依赖的经济增长动力。

从石油开采权遭到限制开始到石油危机爆发,石油价格的变动对英国经济的影响不可小觑。这让英国意识到自己一向坚持的"光荣孤立"外交政策已经不再适合新的世界格局。在与美国的亲密关系逐渐淡却之后,英国力图寻找其他国家以抱团取暖。

在欧共体成立后,英国也尝试组织其他6个国家缔结"欧洲自由贸易联盟",以对抗欧共体,但收效甚微。英国、丹麦等国自1961年申请加入欧共体,但美国与英国的亲密关系让英国被拒之门外。这主要是由欧共体的成立目的导致的,欧共体成立的最初目的就是对抗美国和苏联,法国总统戴高乐怀疑美国将通过英国控制欧共体,因而两次否决英国的加入申请。直到1969年戴高乐下台,1971年英国宣布结束英美特殊关系,欧共体才于1973年接纳英国等。

1973年英国突然加入欧共体给了新西兰人措手不及的致命一击。英国加入欧共体意味着英国必须遵循欧共体成员共同商定的农业政策,这包括:(1)共同体内农产品自由流通和对内统一的农产品价格体系;(2)共同体优先,出口首先面对成员国,建立对外统一的农产品关税壁垒;(3)建立共同农业基金,对共同农业政策实施共同财政支持。这些共同的农业政策使得英国不能再像以前一样直接从新西兰进口大量的农牧产品,转而将大量的资金投入法国的农牧产品市场。虽然1971年欧共体十国谈判拟定的条约给了新西兰五年的过渡期,但条约的最终目的是从1978年开始,新西兰奶酪的对欧出口不再享有配额方面的特惠。

当时拥有330万人口的新西兰既没有工业市场,也没有政治力量反击他国。这一巨大的挫折使得向来不懂行销的新西兰人吃到了苦头。他们的农牧产品卖不出去,本国工业生产能力较弱,使得本就在第二次世界大战阴霾下又受到石油危机冲击的新西兰国内经济状况雪上加霜,1975—1982年新西兰GDP几乎毫无增长。据世界银行估计,1965—1988年,新西兰人均GDP的年增长率仅为

0.8%,而同一期间低收入国家的增长率为2.4%—3.6%,中等收入国家为2.4%—4.6%,高收入国家为2.2%—3.5%。

新西兰政府信奉凯恩斯主义经济学,对经济实施强烈的干预政策,为了能够缓解国内萧条的经济状况,政府实行十分宽松的财政政策。宽松财政政策实施的主要途径是国家党政府于20世纪80年代初推出"做大"(Think Big)投资项目。该项目主要是加大政府对工业项目的投资支出,以达到替代进口、减少进口,平衡国际贸易;同时以这种形式加强国内工业的基础设施建设,给国内工业的发展找寻一条可行的道路。但这项宽松的财政政策的落实并没有带来理想的结果,在借用和耗费大量的资金后,非但没有解决反而加剧了国际收支不平衡和失业问题。新西兰1982年实施的工资、价格、利率和汇率全面冻结政策,就是在"做大"项目失败后才不得已导入的。

当时新西兰国内还实行早年制定的高福利政策,为了维持庞大的社会福利开支,新西兰政府毫无选择,只得依靠大量举债暂时抵消赤字,这条路使得新西兰的外债越积越高。1973年英国刚刚加入欧共体时,新西兰财政赤字陡然从1974—1975财政年度的相当于GDP的4%剧增至1975—1976财政年度的近11%。1973—1984年,在经合组织成员中,新西兰是结构性财政赤字(按GDP占比测量)增长最快、波动也最大的前三位国家之一(另两个国家为爱尔兰和瑞典)。财政赤字波动大,意味着与其他大多数国家相比,新西兰政府的财政政策缺乏稳定的指导原则,这与政府实行的绩效管理模式有着相当大的关系。

1980—1981财政年度中,官方外债高达48.09亿新元,债务负担已占GDP的20.1%。这还使得经济中的通货膨胀和就业问题恶化了,20世纪70年代末80年代初期,新西兰的年均通货膨胀率高达12.2%;到了1984年,失业人数已经达到13万人,国际收支赤字接近GDP的10%,全国外债已高达143亿新元,每年都有大批的新西兰人离开祖国去往别的地方寻找更好的生存机会。

新西兰政府绩效管理模式变革的直接原因是其处于崩溃边缘的经济状况。石油危机的冲击及英国加盟欧共体使新西兰传统农产品出口遭受沉重打击。新西兰政府无力维持国内经济的平稳发展,国有企业长期萎靡不振、社会矛盾激化、快速上升的政府债务,这些种种都使得国民对政府的社会治理能力悲观、失望。新西兰国内面临严重的宏观经济不平衡,经济结构调整迫在眉睫。

政府绩效管理模式变革更深层次的原因在于其政府绩效管理模式本身的弊病。在新西兰经历这些经济困境的时候,新西兰的政府绩效管理制度和预算制度尚未得到改革,政府会计使用的是现金收付制会计原则,而非国际惯例采用的权责发生制。财政政策实施时主要还是因为受到凯恩斯学派经济思想的影响,大多时候只关注财政政策对经济的短期影响,并不注重长期的经济发展情况。政府的预算制度为计划—项目预算模式,这种体系的问题是公共责任不明确、目标和绩效未清晰地定义、支出无法控制、资产管理效率低下。这些使得政府净债务占 GDP 的比重由 1976 年的 9% 上升到 1985 年的 41%。①

20 世纪 70 年代,新西兰政府及其部门常常进行小预算操作。所谓小预算操作指的是在年度预算之间或之外,政府及其部门往往还提出新增的小型预算,对原有的预算进行这样或那样的修正。这种小预算的存在使得各政府部门只关注自身预算规模的增减,而对于政府项目的中长期效果及其对国家财政的可持续性影响则不进行详细考量。②

在政府垄断对公共物品的提供的前提下,这些制度使得新西兰政府无法及时、高效地为民众提供应有的服务,新西兰民众的社会需求得不到满足,长此以往对整个社会的稳定会产生不可挽回的负面影响。1984 年,新西兰左派党工党上台,新西兰工党强调国家意识,主张远离美国和英国,自称是亚太国家,而不是英联邦国家或者澳新美联盟国家。新西兰工党朗伊政权抓住执政党更换的契机,上台之后为了重振经济和社会信任,对经济进行了大刀阔斧的改革。

第三节 新西兰政府绩效管理模式改革的过程

朗伊政权时代对经济进行的改革包括对新西兰政府绩效管理的变革,改革的主要推动者是财政部。改革前,新西兰的经济状况处于崩溃的边缘,政府的绩效管理模式也较为僵化,财政部对政府运作中出现的问题进行了总结:第一,多数部门欠缺明确界定的目标;第二,多数部门欠缺明确的管理计划;第三,太少的控制机制,未能系统性地评估政府部门的绩效;第四,部门管理者欠缺改变部门运作方式的权力,特别是对于幕僚作业;第五,许多部门尤其欠缺效率的投入控制;第六,欠缺有效的绩效衡量指标,以了解各部门资深管理者的管理绩效。

新西兰政府绩效管理改革首先从法律制度建设入手,先后出台了一系列法律。例如,1986 年的《国有企业法》(SOEA)、1988 年的《政府部门法》(SSA)、1989 年的《公共财政法》(PFA)、1994 年的《财政责任法》(FRA),同时在政府管理中导入应计制会计制度(AA)。这些法律法规为政府绩效管理改革及政府组织构造调整奠定了制度基础。

1986 年出台的《国有企业法》是用来削减政府对经济的干预程度的法案。鉴

---

① Scott, Graham C., *Government Reform in New Zealand*, International Monetary Fund, Washington D. C., 1996.
② Massey, P., *New Zealand: Market Liberalization in a Developed Economy*, London: St. Martin's Press, 1995.

于新西兰在 80 年代初期表现出来的经济衰退状况，上台执政的新西兰工党认为政府应当明确自己在经济中的作用，规范自己在经济活动中的行为。这一方面体现在将经营权下放，由国有企业的经理决定企业生产的数量和产品的价格，而不再由国家以指令的形式控制；另一方面体现在国有企业的私有化上，私有化的主要目的是改善国有企业的经营管理结构，使得国有企业通过私有化途径进一步提高效益。这一改革使得新西兰国有企业开始自负盈亏，而不再指望依靠巨额的政府补贴填平亏空，同时也意味着政府的财政支出不再需要为国有企业所累。

在对国有企业进行了改造之后，新西兰政府于 1988 年出台了《政府部门法》，用来调整政府行政机关的结构。新西兰的行政部门仍然由行政管理委员会、总督、财政部共同掌管，但行政管理委员会被改为相当于行使政府人事决策职能的部门，其下设的原各部门行政首长职位变成了首席执行官职位。首席执行官的角色与私人企业的首席执行官相同，与行政管理委员会不再是上下级关系，而是作为职业经理人与行政管理委员会构成委托代理关系。首席执行官的任命既可以由行政管理委员会推荐，也可以从社会招聘。《政府部门法》制订了一套类似于企业雇佣合同的协议，用于规范首席执行官职位的职责。协议规定了国务大臣和首席执行官每年需要提供的服务、预期的服务质量和成本，以及为确保有效率地使用资源而确定的管理目标。《政府部门法》规定，首席执行官的每届任期为 5 年，必须以与政府签订任期合同的形式来约束，首席执行官是否继续留任取决于其任期内的任职绩效。这样一来，首席执行官就不再是终身制的政府高级雇员，并且受到绩效约束，一旦绩效不达标就会被辞退。在对首席执行官工作绩效施压的同时，《政府部门法》也给予首席执行官很大的权力。首席执行官所管辖的部门的全体雇员都由首席执行官决定雇用、解雇和薪资水平，相当于将政府部门除决策之外的行政职能外包给私人部门，首席执行官是这个私人部门的法人代表，对部门内部一切事务负责，也有权行使部门内部一切事务的决策权。落实在实际中，就是政府组织被重新调整了架构，1986 年环境保护组织首先面临重组；1989 年科研与技术部门进行了重组；1990 年创建了总理内阁部、毛利人发展部；1989—2009 年教育、住房、司法和福利部门逐渐分化；1999 年成立了儿童、青年和家庭服务部。① 这是一种政府部门私企化的过程，将过去各个部门终身制的公务员职位变成私人部门内具有较大流动性的职位，并且将部门按照不同的专职职能划分，吸收私人企业高效率、低成本的特点，改变了一向冗余僵化的政府行政部门。

紧接着政府组织架构简洁化改革之后的是对财政资金使用方式的改革。新

---

① Whitcombe, J., "Changes in Structural Design in the New Zealand Social Service Sector", *Social Policy Journal of New Zealand*, Issue 36, August 2009.

西兰政府在1989年出台了《公共财政法》，用以改变原来的公共财政预算绩效流程，并在1994年出台的《财政责任法》中将一系列的财政管理责任原则细化。《公共财政法》涉及的内容包括财政拨款、财政责任、政府及其部门的财务等信息的报告和披露、借款、债券、衍生交易、投资、银行关联、担保、信托货币及一般规定。可见，《公共财政法》对财政管理做出了全面的规定，建立了一套较为完善的公共财政预算绩效流程。正是在该法案中，为了更好地反映公共部门的成本投入和财务状况，将政府部门的会计原则改为权责发生制。这样方便了公共部门做出基于目标和绩效的预算。该法案重新界定了政府行政部门的绩效产出（output）和最终效果（outcome）。绩效产出指公共部门向社会提供的产品和服务，衡量的是公共部门的行政效率；最终效果指公共部门所提供的产品和服务对社会产生的影响，衡量的是决策部门所制定的政策的效果。通过这两个概念的重新界定，《公共财政法》对政府行政部门工作绩效的内容进行了明确的区分。绩效产出是用来衡量首席执行官所带领的执行部门的工作绩效的，最终效果能否达到预期则不属于它们的职责范围。《财政责任法》重申和完善了《公共财政法》中关于政府的财政责任及其行为方式的部分，并在财政行为原则和财政透明度上做出了相应的规定。这项法案的出台为新西兰建立起一个"能够促进良好的、可信的并能够抵御危及财政稳定性的政策的法律框架"[①]开了个好头。

以上几个法案的出台给新西兰的公共绩效管理改革营造了良好的法律环境，将新西兰的改革纳入了法制化的轨道。各项法案给政府绩效提供了详细而统一的评价方式，也为新西兰政府设定了不变的行政绩效改革目标——提高效率。法案推行之后，新西兰政府的运行是对法案的严格遵从。首先是制定这些政策的激进的左翼政党新西兰工党，它们制定公司化、民营化政策，发布将经济推向市场化的法案就已经是对自身的一种突破了。一般情况下，左翼政党是不主张民营化改革的，而且它们向来注重社会福利，但是新西兰的经济改革需要政府将不合理的社会福利取消，1984年上台的新西兰工党在经济改革中就制定了撤销过多社会福利的政策。在工党执政的1984—1990年，一直贯彻执行自身所制定的一系列法案。直到1991年，新西兰国家党上台执政也没有破坏新西兰工党为政府设计的这套绩效评价方法，反而订立了新的法律来巩固这套制度。例如，1991年制定的《雇佣合同法》改变了政府与雇员谈判的方式，1994年出台的《财政责任法》丰富了《公共财政法》的各项细节，而这些都与工党在之前执政时期营造出来的良好的法律环境不无关系。1996年，新西兰迎来了国家党与新西兰优先党两党组成的第一

---

① Richardson, H. R., "Opening and Balancing the Books: The New Zealand Experience", Frontier Centre for Public Policy, 2004.

届联合政府。1999年是由工党与联盟党两个政党组成联合政府；2002年与2005年均由工党与进步党两党组成联合政府；2008年与2011年均由国家党与行动党、毛利党和联合未来党四个政党形成联合政府。[①] 在这些政党更迭之中，新西兰经济改革的法律基础仍然在不断地发挥其应有的作用，使得不同的政党都可以将新公共管理模式作为指导思想，继续改进自己的政府绩效管理模式。

在改革的目标和具体措施设定之后，政府必须加强对政府行政绩效的监督。而新西兰的监督机制是与绩效管理机制合为一体的。在引进新管理机制的同时，政府就确定了绩效监督的程序，各个公共部门的机构和组织都能明确各自的作用与职责，其工作效率和效能可以由绩效指标准确地评价出来。新西兰政府所要做的就是公开人事、财政等信息，为民众提供高效、真实的政府内部信息，使得政府绩效管理透明度不断提高。

新绩效预算使得政府项目、绩效标准和预算信息能够得到披露，而且让普通民众可以获得、了解这些信息。这能够帮助各部门负责决策的部长与负责执行的行政官员进行及时、有效的沟通，还可以加强政府组织与普通民众之间的沟通，从而使得政府预算不断得到完善。接下来，本章将从理论方面着手分析新西兰政府绩效管理改革之后的模式。

第四节 新西兰政府绩效管理模式的理论背景

一、政府绩效管理模式的理论框架

现代国家大致上是由家庭、经济组织、政府组织和政治体系四个功能部分构成的社会体系。该体系中，各部分相互作用，共同形成相对稳定的社会体系。如图13-1所示，家庭为社会体系的基础。家庭向经济组织提供劳动力以换取薪酬收入，维持生存和繁衍，并通过对政治体系的支持（选举）来维护自己的权益。同时，家庭还向政府纳税，换取经济组织不愿提供或无法提供的公共服务。经济组织向社会提供商品和服务，满足社会的基本物质需求，同时纳税。政府在既定的政治体系框架下，维护社会和经济秩序，并提供公共安全、国防、教育、医疗及社会保障等公共服务。政治体系承担全体社会的价值选择，政治权力由选举产生，政治理念经由政府的管理功能转化为社会治理。如果将政治理念与经济效率间的关系用坐标轴来表示的话，在图13-1的横轴从左至右的方向上，社会由重视公平和公正，逐渐趋向于重视经济和社会效率；而沿纵轴由下向上，社会从重视公平和公正，趋向于重视社会和谐。其中，政治体系的作用是调节上述系统的均衡，平息社会发展与公平间可能的价值冲突。

---

① http://www.beehive.govt.nz.

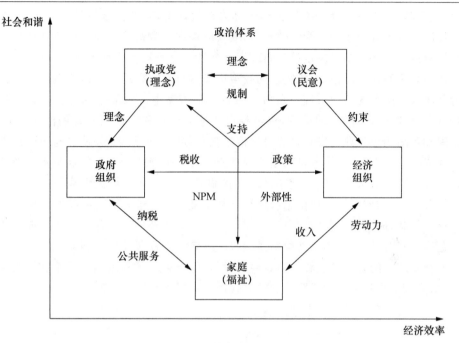

图 13-1 社会治理关系

以委托代理理论为代表的新制度派经济学理论体系,提供了理解政府绩效管理在上述社会治理关系中的基本思维框架。政府是国民的受托者,国民通过议会委托政府进行社会治理并向社会提供公共服务;国民承担并提供委托代理费用(纳税),议会制定法律约束并监督政府行为。由于在委托代理关系中普遍存在信息不对称问题,一些政府部门或组织内部的个人为了获取自身利益最大化,会选择隐性行为(行政不作为、懈怠、腐败),从而损害政府社会治理的效果,或者造成严重的公共资源浪费。解决这些问题除进行必要的制度设计外,还应对政府管理流程进行改革,而政策评价和绩效测定是有效的手段之一。

20 世纪 80 年代,西方国家开展的政府绩效管理改革运动是按照委托代理理论的基本框架展开的。由于不同国家间政治体制存在差异,具体做法也不同。要想准确予以把握,首先必须明确政府绩效管理的一般流程,并了解政治体系对预算和绩效管理流程的约束与影响。按照委托代理理论的思维逻辑,将图 13-1 中政治体系和政府治理功能展开,会得出如图 13-2 所示的政策决策和行政管理流程模型。在该模型中,政治理念通过政府的具体政策选择来实现,政策评估是政策选择的方法和手段,政策执行所耗费的资源为财政投入。政策选择和政策评估及资源配置共同构成政策决策过程,该过程受政治体系的约束和行政权力的控制;政策执行过程的管理和产出及效果评价共同构成政府行政管理过程。在该过程中,对产出和效果进行综合评价的操作被称为绩效评价,对产出或效果进行实际测定、绩效证据收集等作业被称为绩效测定,绩效成果在多数情形下通过可量化指标来衡量。根据绩效评价结果决定政府财政资金配置的过程被称为绩效预算;将评价结果应用于政策调整和修正,形成完整的政策选择、执行、结果反馈及政策调整的全过程则是通常意义上的绩效管理。在图 13-2 所示的模型中,西方各国通过选择政策决策和行政管理流程中的不同要素,构建各自的绩效评价和绩效预算管理模式。例如,美国和英国的绩效评价模式是通过评价政策最终的执行效果,并使之与政策决策过程及资源配置组合,形成各自的绩效管理模式。美英模式最大的特点是重视政策执行的最终社会效果。中国目前绩效评价的做法主要是将焦点集中在绩效结果的测定环节上,而如何将绩效评价结果应用于资源配置(预算决定)、形成预算确定和政策修正机制,成为当前各级地方政府深化绩效管理改革的瓶颈问题。为了向解决该问题提供有益的参考,本章选取新西兰政府绩效管理模式作为分析对象,解说、分析和总结其产生的背景及实践经验,特别关注评价结果与预算编制和政策调整之间的关联,为探索构建适合中国国情的绩效管理模式提供有益的借鉴。

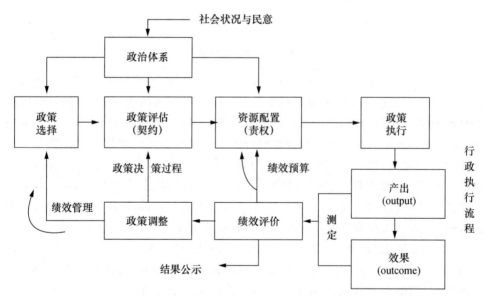

图 13-2 绩效预算管理与绩效评价关系模型

二、新西兰政府绩效管理模式

新西兰被西方国家视为政府绩效管理改革的典范。虽然其政府绩效管理模式与英国有很多相似之处,但实际上其关联性不大。新西兰绩效管理模式严格遵循委托代理理论而设计。

参照图 13-2 模型所示原理,可将新西兰政府绩效管理模式的特征概括如图

13-3 所示。在政治体制上,新西兰采用议会内阁制,国务大臣原则上为国会议员。大臣管理中央部门,各部门的行政管理权由首席执行官施行。政策决策在内阁和议会进行,首席执行官提供必要的政策咨询。在绩效管理模式上,大臣与所属首席执行官之间的工作关系由两个基本契约约束:一个是绩效合同,另一个是采购合同。绩效合同规定执行政策所需的义务、责任、权力及资源,实现中央政府战略目标(SRA)[①]各部门所需实现的关键行政领域(KRA)[②]中相应的时间节点及量化目标。大臣通过采购合同向所属或其他部门购买公共服务,并提供给国民。绩效评价是对合同执行情况的测定。另外,绩效合同重视绩效产出而不是政策的最终效果。重视产出的原因是首席执行官无法控制政策效果,是政策自身的问题。因此,新西兰政府的绩效管理模式更偏重于政府部门的行政执行效率。从这个意义上说,首席执行官是政府部门的具体管理者,对政府不负有政治上的责任。首席执行官由大臣推荐,也可向社会招聘,经国家行政管理委员会审核大臣签字后正式任命。财政部、国家行政管理委员会及内阁总理(总理办公厅)统管各部门,对大臣和首席执行官进行监督。

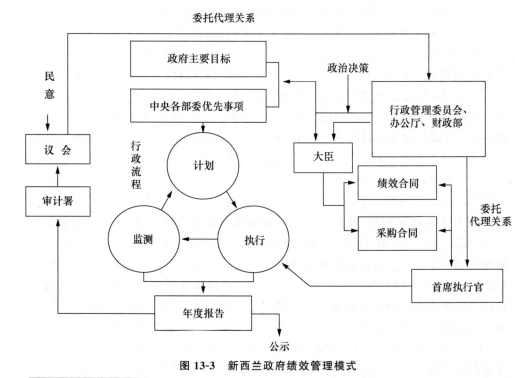

图 13-3 新西兰政府绩效管理模式

---

① SRA 为英文 Strategic Result Areas 的缩写。
② KRA 为英文 Key Result Areas 的缩写。

观察图 13-2 可发现,新西兰政府绩效管理模式的最大特点是严格按照委托代理关系设计绩效管理流程。中国在绩效评价与预算联动时出现的难题,新西兰是通过契约的形式来解决的,用合同规定政策执行所需的权力、义务和资源,绩效评价测定合同约定的产出状况。

第五节　新西兰政府绩效管理的成果

政府绩效管理改革只是新西兰经济改革的一个组成部分,新西兰的整个经济改革还包括金融货币政策改革、税制改革、劳工市场管理改革、外贸改革、招商引资改革等方面。在这些改革措施多管齐下、相辅相成的作用下,新西兰的经济状况得到了好转,1988—1989 财政年度出现了 16 年来的第一次外贸顺差,这主要是由于新西兰发展了新的贸易伙伴,不再一味地依赖英国。自英国加入欧共体之后,新西兰被倒逼着改变了海外贸易策略,出口至英国的商品占新西兰海外贸易商品比重不断下降,1982 年仅为 13.87%,并逐年递减至 2015 年的 3.18%,澳大利亚和中国转而成为新西兰的两个最大的海外贸易合作伙伴。

新西兰的通货膨胀率也在不断下降,按 CPI(居民消费价格指数)计的通货膨胀率从 20 世纪 80 年代的两位数降到 20 世纪 90 年代的个位数。1985 年按 CPI 计的通货膨胀率为 15.41%,到 1988 年首次降至 10% 以内,为 6.3%,之后一直保持下降趋势,直到 1991 年降至 5% 以下,此后都一直保持为一个较小的个位数正值。这样持续而显著的经济改革效果来自新西兰人为经济改革所付出的坚持不懈的努力,以及对改革目标的坚持;但更重要的是新西兰人在设定经济改革目标时清醒地认识到自己的国情,把握了正确的经济改革节奏。

政府绩效管理改革使得新西兰公共部门不再效率低下、机构冗余。首先是根据《国有企业法》而接受了公司化、私营化改革的国有企业有所改变。与英国等老牌的资本主义国家相比,新西兰国有企业的私营化程度甚至更加彻底,包括国有银行、保险、航空、造船、电信、能源等企业都开始由私人经营。1988—1992 年,国家税收增长了 15%,国有企业净利润从 2.62 亿新元增长到 10.23 亿新元;1987—1992 年的雇员人数下降了 53%。从 1986 年法案颁布开始到 1995 年的 10 年时间内,共计 20 多家国有企业被出售。改革之前,国有资产增加值占 GDP 的 12%,国有资产投资占国家投资的 17%;改革之后,国有资产在经济中的份额下降到 5% 左右,但其质量却大大提高了,邮政、林业、煤矿等长期亏损部门实现了扭亏为盈,林业部门甚至在一年之内就将 7 000 万新元的亏损变成了 5 300 万新元的盈利。①

---

① State Sector Commission, New Zealand's State Sector Reform: A Decade of Change, 2002.

政府机构也得到了精简,改革初期公务员人数比改革前减少了60%。20世纪80年代中期,新西兰的公务员人数接近9万人;到20世纪90年代初期,公务员人数已经降到3万多人。许多中央机构被撤销,地方行政当局的数目也由700多个减少到73个。政府的财政赤字状况有了明显的改善,从1994年开始,新西兰政府财政开始出现盈余,因福利国家政策而导致的严重赤字局面被彻底扭转,公共服务质量也有了显著的改善,公众对公共物品的需求得到了满足,政府资金的利用效率得到了提升。在1996年由世界经济论坛发表的《世界竞争力报告》中,新西兰的竞争力排在世界第三位。

新西兰在1999年也遇到了改革的瓶颈期,在通过新的绩效评价体系强有力地约束住首席执行官为法人代表的各个行政部门之后,新西兰的新绩效管理体制已经做好了对个人的监督管理,但是整个政府的绩效无法得到进一步的提升,具体的问题体现在政府无法满足公众想要得到的公共服务。这主要是由于新西兰的新公共管理模式使得政府变得"碎片化",每个首席执行官与部长之间都是委托代理关系,导致首席执行官在接受部长的政策指导时可能会出现理解上的扭曲。另一个问题是新公共绩效管理模式将政府不同职能部门的行政人员完全隔离开,他们除共同听命于行政管理委员会之外,并没有共同从属于政府,而是从属于各自不同的首席执行官。这种分割状态使得政府很难作为一个整体为社会提供服务。这些问题在改革之初就存在,但是改革之初带来的巨大收益将它掩盖了起来。在21世纪即将来临之时,信息技术的发展使得民众对公共产品的提供方式有了更高的要求,如更加便捷化、个性化。当这些问题爆发时,新西兰政府再一次做出了改革的决定,新西兰工党甚至将公共部门改革写入1999年的选举宣言之中。这次的改革仍然是沿着新公共管理的思路进行的。政府重新审视了部门统筹规划的问题,提出了"整体政府"的概念,重新组建权力架构。例如,2001—2006年,将特殊教育服务中心、早期儿童发展中心都加入教育部,将残疾人问题办公室、青年事务部、社区和志愿者办公室都加入社会发展部。[①] 这些改革使得政府各部门之间的横向联系变得更加紧密,公共服务供给"碎片化"的问题得到了解决。

随着改革的逐渐深入,新西兰经济逐渐步入良性循环之中。近年来,新西兰政府的财政开支占GDP比重并没有明显地下降,而是一直保持在30%—40%的稳定状态;财政赤字占GDP的比重有所下降,从2005年的4.6%降至2012年的-7.8%,再一次实现了扭亏为盈。2013年,国际透明组织发布的《全球清廉指数报告》显示,新西兰位居第一,并连续8年蝉联榜首。

---

① Whitcombe, J., "Changes in Structural Design in the New Zealand Social Service Sector", *Social Policy Journal of New Zealand*, Issue 36, August 2009.

近年来，新西兰的经济增长要好于其他发达经济体，尽管受到全球经济形势的影响，其增速有所下降，但增长仍然较为稳定。新西兰政府承担了主导公共服务的提供的责任，并随着社会和经济状况的发展在不同阶段为自身设定了不同的目标。2015年年末，新西兰财政部为自己设定的目标包括：(1) 提供国际化的竞争性商业环境；(2) 国民有参与社会和经济活动的能力与机会；(3) 国有部门高效能地为公众提供服务；(4) 毛利人的生活水平得到快速提高；(5) 国家资产负债表可以被高效地利用；(6) 经济可持续增长；(7) 财政部成为高绩效政府组织。① 可以很明显地看出，这些目标的制定仍然围绕新公共管理模式的思路而不断地提高政府行政效率、提高政府透明度。

虽然新西兰政府绩效管理改革已经取得了如此多的理论及实践成果，但对它的批评也并不鲜见。一些学者认为，新西兰的政府绩效管理改革是针对新西兰国情出发的"量身打造"型改革，并不适用于每个国家。许多发达国家（如日本和德国等）就对新西兰改革思想的核心（新型公共管理模式）不感兴趣。② 另一些学者担心，新西兰先行实践的新公共管理模式将传统的制度和政策复杂化，如在商讨合同、监督实施情况及准备报告的过程中，严格的合同主义增加了交易成本。③ 还有一些人认为，新公共管理模式注重的是政府的执行绩效，而忽略了政府最重要的管理能力。④ 这些异议都是新西兰绩效管理改革继续发展下去必须思考的问题，对于已经实践新公共管理模式的新西兰来说，探索的道路仍然很漫长。

第六节　新西兰政府绩效管理案例

本节以新西兰商务、创新和就业部2013年发布的关于其管理的"科学与创新事项决算绩效信息书"⑤为参考，结合新西兰财政部2009年发布的"政府与非政府机构组织合同签订指南"（修订版）⑥，以及新西兰商务、创新和就业部2013年发布的"意向陈述书"⑦来具体说明新西兰在实践新公共管理模式改革之后的今天是如何对政府部门的预算执行情况进行绩效评价和管理的，以及政府官员和执行官之

---

① The Treasury, Strategic Direction, http://www.treasury.govt.nz/abouttreasury/strategicdirection.
② 薛凯："改革政府：新西兰的经验"，《中国行政管理》，1998年第12期。
③ 彭婧："新西兰政府构建购买公共服务模式的经验与启示"，《经济社会体制比较》，2015年第2期。
④ 袁方成、盛元芝："'新公共管理运动'的困境与转型——新西兰公共部门改革的反思及参鉴"，《公共管理学报》，2011年第8期。
⑤ Performance Information for Appropriations.
⑥ Guidelines for Contracting with Non-Government Organisations for Services Sought by the Crown.
⑦ Ministry of Business, Innovation and Employment Statement of Intent 2013—2016.

间是如何分工合作的。

新西兰商务、创新和就业部管理的所有事项被分为三大块,以组合的形式呈现,包括商业、科学和创新事项(Vote Business,Science and Innovation)、劳动力市场事项(Vote Labour Market)、建筑和住房事项(Vote Building and Housing)。商业、科学和创新事项组合包括了商务与消费者事务、通信、科学与创新、经济发展、小企业、能源和资源、旅游七大子事项。不同的子事项由单独的一个部长负责,同一个部长可以负责多个子事项。例如,现任新西兰总理约翰·基(John Key)同时负责旅游子事项;而史蒂文·乔伊斯(Steven Joyce)不仅负责商业、科学和创新事项中的科学与创新、经济发展两个子事项,还负责劳动力市场事项中的高等教育、技能与就业子事项。所参考的"科学与创新事项决算绩效信息书"显示,科学与创新部部长对拨款负责,商务、创新和就业部作为项目的管理部门,经济发展部部长对管理部门的管理负责,时任经济发展部部长和科学与创新部部长都是史蒂文·乔伊斯,在政府大臣班子中由他对本节案例分析的决算信息负责。

商务、创新和就业部管理着许多事项,由众多部长、大臣制定政策、确定国家建设的发展方向,而具体的政策执行由首席执行官戴维·什莫尔(David Smol)负责。2013年,戴维·什莫尔所管理的团队包括企业服务组织、市场服务组织、健康和安全组织、劳动和商业环境组织、新西兰移民局、科学技术和创新组织、战略与管理组织、基础设施和资源市场组织八个子团队。企业服务组织为财务、信息和通信技术、法律、信息管理、内部采购、物业管理和车队管理提供内部服务。市场服务组织为企业、工人和公众提供信息、建议与解决方案服务,使人们能够有信心参与市场。健康和安全组织提供了一个卓越的中心,实施有关健康和安全合规监管服务。劳动和商业环境组织为确保有效、健康、公平并能支持具有国际竞争力的商业环境提供政策建议和劳动监察服务。新西兰移民局负责把最好的人带到新西兰,以提高其社会和经济成果。科学技术和创新组织致力于为新西兰的繁荣和福祉而发展科学技术与创新系统及国际联系。战略与管理组织支持商务、创新和就业部的管理团队设置、指引战略方向及管理,并且致力于毛利的经济发展和交流。基础设施和资源市场组织致力于确保基础设施与资源作为有效的、具有国际竞争力的商业环境的一部分能够被有效管理,具体事项包括国有资源的管理、已建成的商业环境的管理等。2016年,为了建设一个更强大的部门,戴维·什莫尔对执行团队进行了重组,其下设置了七个部门,包括财务与绩效部门、首席执行官办公室、市场服务部门、新西兰移民局、劳动及科学与企业部门、公司及治理和信息部门、建设及资源和市场部门。由于本案例的材料产生于2013年,因此不再详细介绍2016年商务、创新和就业部的执行机构。

从决算信息中可以看到,2012—2013财政年度,所有的科学与创新事项拨款

可以分为四大类,包括部门拨款、非部门拨款、非部门其他支出、非部门资本支出。部门拨款用于寻求建议和支持,以构建科学和创新体系。部门拨款被要求不超过3 000万美元,所用于的具体方面包括政策建议、公众咨询、参与国家科学挑战(新西兰科学与创新部门发起的一项科学实验工程,将被选中的、与新西兰人日常生活有着千丝万缕联系的问题交给专业团队来解决,并由纳税人为之付款)、合同管理、科学和创新部门的战略领导。非部门拨款包括的项目较多,包括拨给皇家研究院(Crown Research Institutes)的款项,拨给用于高价值的制造和服务业、生物产业、健康和社会、环境、灾害、基础设施项目,能源和矿产领域的研究及应用的款项,拨给研究和发展成长支付项目(Research and Development Growth Grants)、目标企业研究和发展基金(Targeted Business Research and Development Funding)、创业企业有偿转移支付(Repayable Grants for Start-Ups)的款项,拨给国家科学挑战的款项,拨给皇家实业卡拉汉创新中心(the Crown Entity Callaghan Innovation,专门帮助企业发展和维持能够实现现在与未来需求的战略能力)的款项,拨给马斯登基金(Marsden Fund,用于支持卓越的基础科学研究)的款项,拨给用于支持未来研究领导者的发展的奖学金和助学金的款项,拨给加强涉及组织或个人的研究、科学和技术合同的服务的款项,拨给用于鼓励新西兰人参与科学和技术事业的款项,为了补偿其提供的咨询服务及经纪服务和网络服务而拨给卡拉汉创新中心的款项,拨给研究合同管理部门的款项,拨给为提供符合规定的标准以满足新西兰可追溯的物理测量的需要的款项等,详细金额和项目描述都可以在"科学与创新事项决算绩效信息书"中找到。

非部门其他支出包括资助特定组织的款项,这些组织可以在新西兰也可以在海外,它们负责建设对整个新西兰或者更广阔范围有好处的基础设施和项目。一些组织负责的虽然不是基础设施项目,但项目太大而无法只由一家机构资助,并且对新西兰有益,也可以获得该款项的资助。非部门其他支出中还包括对国际米制公约组织(Convention du Metre)中的其他成员国的支付款项。非部门资本支出只有一项,是用于皇家实业卡拉汉创新中心这一先进技术机构的建立和发展的。

在"科学与创新事项决算绩效信息书"中提到政府对项目的优先选择顺序,这些顺序是政府根据政治决策所要求达到的政策目标确定的。有了对政策目标的优先选择顺序后,就可以确定政府想要得到的最终效果及对项目拨款的先后顺序。例如在2012—2013财政年度中,新西兰政府的目标首先是建设一个更具竞争力和生产力的经济,其次是提供更好的公共服务。那么它想要达到的最终效果首先是创造更具生产力和国际竞争力的企业,其次是增加所有新西兰人参与经济的机会。落实到科学与创新部门就是将拨款投入发展对企业生存和竞争力有利的事项,如建设为企业提供科学和创新建议及支持的科学创新系统、对不同产业在各自学科领域的专门研究。此外,还鼓励个人参与,如对合同管理提供咨询服务、给参与科学探索的个人和组织以奖励。

用于参考的绩效信息还包括对将来四个财政年度的总预测,其预测的主要依据是政府功能的实现,而不是首席执行官上一年的绩效产出情况。例如,2013—2014财政年度的非部门其他支出有了较大变动,主要是因为在2012—2013财政年度成立的澳大利亚同步加速器(Australian Synchrotron)项目在2013—2014财政年度开始营运了。

政府还对各部分拨款进行了详细的分析。对部门拨款进行具体分析时,首先列出政策倾向或政府想得到的最终效果,在此案例中即上文所述的"创造出更具生产力和国际竞争力的企业、增加所有新西兰人参与经济的机会";其次得出科学与创新事项的中间最终效果为,提高业务能力和更高水平的创新、改善民众、思想、投资和贸易的国际流动;最后,根据中间最终效果和拨款流向确定绩效产出所花费的费用。

以部门产出支出为例。部门拨款用于发展科学和创新系统,拨款的应用所涉及的范围如上文所述,对应用范围的细节也有另外的规定,如用于科学和创新部门的战略领导的开支只能用于做出部长级的服务及领导所需的花销。而2013—2014财政年度的用于科学和创新部门的战略领导的预算低于2012—2013财政年度的,这主要是由于商业投资功能被转移到属于非部门的卡拉汉创新中心,为了实现财政中性须将一部分部门拨款向非部门拨款转移。

部门产出支出的绩效在事前就进行了规定,且不同年份有所变动。例如,2012—2013财政年度有关科学和创新部门的战略领导绩效产出的绩效指标包括:在2014年6月30日之前编制科学和创新生态系统状态报告,并向部门大臣提交;符合质量标准的对部长信函的回复、对议会质询的响应的百分比。2013—2014财政年度新增了在指定或法定时限内完成的对议会质询、部长信函的回复;评估计划和确认或评估完成的比例,撤销了符合质量标准的对部长信函的回复、对议会质询的响应的百分比的绩效考查。绩效标准也在事前有所规定,2012—2013财政年度的绩效标准如下:在2014年6月30日之前编制科学和创新生态系统状态报告,并向部门大臣提交的预算标准是"完成",估计的实际标准也是"完成";符合质量标准的对部长信函的回复、对议会质询的响应的百分比的预算标准是95%,估计的实际标准也是95%。这些所有的绩效产出的细节都是在绩效、采购合同中被定义了的具体的绩效产出指标。虽然由这份文件无法得知具体的绩效产出信息,但从中可以清晰地看到新西兰政府内大臣和首席执行官之间的委托代理关系,以及他们各自负责的大体事项。

新西兰财政部2009年修订的"政府机构与非政府组织合同签订指南"说明了

政府在与非政府组织签订合同时所需考虑的各种事项,包含了整个合同周期,从合同的计划、选择供给方、协商合同、管理合同、回顾和评估到最后合同的终结。尽管内容比较笼统,但从这份文件中可大致看出政府和执行组织之间的合作方式。回顾和评估阶段是比较好的例子。在回顾和评估阶段,政府部门被要求思考一些问题。例如,政策是否以合同效力的方式被传递、项目结果值得如此多的拨款吗、还可以有怎样的提升、非政府组织的合同管理效力如何、非政府组织提供高质量服务对政府实现政策的最终效果有什么贡献,等等。这些信息将在合同的审计、评估和服务使用者的反馈信息等资料中提取,并最终影响政策建议、政府预算过程及合同管理系统等,所有的这些信息可以被用来形成合同中政府为非政府组织制定的绩效指标。

新西兰商务、创新和就业部2013年的"意向陈述书"是新西兰商务、创新和就业部部长与执行官们共同发布的文件,其中陈述了部长和执行官对未来的展望及其肩负的责任,写明了部门的战略方向,明确罗列了政策最终效果、政策中间最终效果、以此为目标的绩效产出,以及绩效完成的衡量标准。2012—2013财政年度,新西兰商务、创新和就业部的政策最终效果是上文所述的"创造出更具生产力和国际竞争力的企业、增加所有新西兰人参与经济的机会"。相关的中间最终效果包括:(1)可信的良好运作的竞争性市场;(2)设备齐全且安全的工作场所;(3)提高业务能力和更高水平的创新;(4)可靠的基础设施和负责任的自然资源开发;(5)安全、健康、负担得起的住房和建筑物;(6)有创造性的、成功的人民、社区和地区;(7)改善民众、思想、投资和贸易的国际流动。在"意向陈述书中"所列示的第三个中间最终效果对应的具体绩效指标以及绩效完成的衡量标准如表13-1所示。

表13-1 提高业务能力和更高水平的创新相关的绩效信息

绩效指标	衡量标准
一、主要指标	
研究型商业支出的增加,并增加到至少占GDP 1%的长期目标	2011年12月:0.58%
科技系统维持10年以上平均每百万人口年产出728篇科技文章	2009年:10年平均每百万人口年产出728篇科技文章
二、辅助指标	
无创新阻碍因素的商业报告比例的增加	2011年:33%
来自经营活动调查机构(Business Operations Surveys)的数据显示的商业报告创新活动比例的增加	2011年、2009年、2007年:46%

(续表)

绩效指标	衡量标准
企业战略和管理能力的改进:提供管理/监督培训的企业的百分比、提出两年以上计划的企业的百分比	2009年:50%、19%
创新能力:新西兰创新能力排名在世界经济论坛全球竞争力指数中的提升(如科学家数量/风险投资金额)	2012年:24/144
皇家研究机构商业研究的增加:皇家研究机构来自私人部门收入的比例	2012年:42.5%
相比于非创新型企业,保持或提高创新型企业更好的盈利能力	2011年:创新型企业赚取利润超过非创新型企业12 000美元/雇员(创新型企业赚取利润67 000美元/雇员,非创新型企业赚取利润55 000美元/雇员)

资料来源:Ministry of Business, Innovation and Employment Statement of Intent 2013—2016。

这些绩效指标及绩效完成的衡量标准正是执行官所需执行的政策和实现的目标。正如对新西兰政府绩效管理模式的理论背景所阐述的那样,执行官只要努力完成政策目标就可以,至于这些政策目标实现之后是否真的能得到政府部门想要的"提高业务能力和更高水平的创新"的效果不再是执行官的责任,也不被作为执行官工作的绩效考核标准。

第七节 新西兰政府绩效管理模式的借鉴

通过对新西兰政府绩效管理实践的考察,并对比其他国家和中国绩效管理改革探索中出现的问题,可综合归纳出以下经验以供借鉴:

1. 政府绩效管理改革需要政治权力的强力推动

政府管理模式的变革必然伴随着权力和资源再分配的政治过程,由此产生的博弈行为,会对改革过程产生巨大的影响。另外,官僚组织体系旧有的制度功能、行政流程及官僚行为模式存在巨大的惯性,会成为改革的巨大阻力。因此,没有政治体系强有力的主导和推动,改革难以进行。

2. 制度建设是政府绩效管理改革的核心任务

制度建设包括三方面的内容:一是法制建设;二是做好顶层设计,建设适合本国的政府绩效管理模式;三是按此模式进行政府管理流程再造。法制建设是改革的制度保障,也是防止官僚组织抵抗的有效手段。反思中国各地政府参差不齐的做法,法制建设是今后的紧迫选择。政府管理流程再造所要解决的是中国大部分地区评价结果与预算整合的瓶颈问题,新西兰责权约束的做法值得借鉴。

3. 新西兰政府重视评价的做法值得我们参考

从以往的经验来看,政府在社会治理上的失灵往往表现在决策失误上。一旦政策决策失误,不仅会造成财政资源浪费,还会招致民众对政府管理能力的质疑,进而损害执政党的威信。如果能将新西兰政府与澳大利亚政府重视产出而非效果的做法相结合,就会具有更为重要的借鉴价值。如果将社会效果评价纳入政策决策过程,绩效评价只测定产出,就会使绩效测定指标的设计更为简单,测定过程也更具可操作性。

4. 政府绩效管理无法回避政治体系对预算分配的约束和干涉

政府绩效管理改革的本质是有效利用公共资源,因此改革实践中必然会出现政治对资源配置的约束问题。中国各地政府重视单纯的绩效测定、回避政策决策的绩效评价模式,难以解决预算资源配置问题。对此,新西兰的契约约束模式对中国绩效管理模式的再设计,具有重要的参考价值。

5. 积极培训绩效管理专门人才,为政府绩效管理改革储备人力资源

新西兰政府在这方面做出了巨大努力。政府绩效管理操作是件专业性非常强的工作,操作的好坏直接关系到引导政府财政资金使用效率的问题。统一评判标准和统一人才训练可以形成统一的评价流程与统一的价值判断标准,这点值得我们借鉴。实际上,中国也有过这种尝试。例如,上海浦东新区财政局委托上海财经大学中国教育支出绩效评价中心对第三方评价人员进行培训并颁发资格证书,无资格证书者不能参加项目评价投标的做法与澳大利亚的如出一辙。

第十四章　德国政府的绩效管理

第一节　德国政府绩效管理的起因

从20世纪80年代开始,在世界范围内兴起新公共管理改革的浪潮,为了顺应国际趋势和国内形势的需要,德国也加入英、美等国的行列,开始推行政府绩效管理改革,在提高公共资金使用效率、改进政府部门绩效等方面取得了显著成果。德国政府绩效管理的兴起与当时特定的政治背景与经济发展状况密不可分,受到内在改革和外在因素的多重影响。

一、严重的财政赤字是政府绩效管理改革的直接原因

第二次世界大战后,德国经济和制造业迅速恢复,在"马歇尔计划"的扶植下,德国的经济取得长期的高速增长。20世纪60年代中期到80年代初期,受德国社会民主党上台执政实践的影响,市场经济的凯恩斯主义色彩越来越浓。1973年受到第一次石油危机冲击,德国结束了经济增长的"黄金年代",社会总产品增长率由20世纪60年代的年均4.4%降至70年代的年均2.9%,德国经济增速逐渐放缓。但是受凯恩斯主义的影响,德国开始不断扩大政府投入,使得政府干预经济发展的作用进一步增强,政府职能不断扩张,导致德国政府财源枯竭,出现了严重的预算赤字。1983年,国债利息支付就占到当年联邦政府预算总额的12.3%。

另外,自1990年德国统一以来,德国东部地区的经济形势急剧恶化,通货膨胀和失业率不断加剧,1990年GDP比上年下降16.4%。为了刺激经济,政府赤字规模逐渐增大,日益陷入入不敷出的财政危机困境,形成巨大的公共债务规模。为了有效缓解财政收支矛盾,降低财政赤字规模,德国政府开始更加关注资金的使用效率。在这种经济环境下,强化绩效理念、推行政府绩效就成为德国政府改革的必然选择。

二、新公共管理运动为绩效管理改革提供了重要契机

20世纪七八十年代,西方国家面临政府管理低效、浪费严重、成本增长、官僚主义作风盛行等日益严重的问题,在这样的历史背景下,一场"重塑政府""再造公共部门"的新公共管理运动在西方国家应运而生。新公共管理运动首先在英、美等国兴起,并得到迅速扩展与传播。与此同时,德国深受新公共管理运动的影响,也掀起一股针对政府绩效的改革浪潮。

新公共管理作为一种新兴的管理思潮,融合了当代西方经济学、工商管理学、政策科学、政治学、社会学等理论。虽然新公共管理理论在各国的称谓不同,但其本质是相同的。新公共管理理论主张引入市场竞争机制,采用私人部门的管理理论、方法,将市场机制和私人部门管理理念引入政府行政管理,以市场或顾客为导向,重新调整政府、社会和公众的关系,尝试建立一种高效、高质量、低成本、应变力强、响应力快、责任机制更健全的政府管理模式。另外,新公共管理理论重视公共支出绩效,加强对公共部门的绩效评价,在追求效率的同时更关注服务质量,促使政府努力转变为"花钱更少,办事更好"和"讲求效果"的政府。新公共管理运动推广了政府绩效管理理念,提高了政府资金使用效率,提升了政府管理水平和服务质量,为政府绩效管理改革提供了重要的契机和强有力的理论支撑。

三、政府信任危机、管理危机是政府绩效改革的直接动因

从公民的角度来看,随着德国民主化进程的不断推进,公民意识日益觉醒,纳税人观念深入人心,公民民主意识、参政意识增强,对政府的期望和要求也越来越高。20世纪90年代初期,德国统一后,由于经济形势急剧恶化,通货膨胀和失业率不断加剧,致使公民对整个社会产生不满情绪,对政府逐渐失去信心。持续长期的经济不景气使政府投入的规模越来越大,形成严重的财政赤字,人们开始怀疑政府能否控制财政赤字,也开始担心自己的社会福利是否受到影响。在这样的经济环境下,德国公民对政府的不满越来越强烈,致使政府陷入了信任危机。

从政府管理角度来看,进入信息化时代后,传统的公共管理体制已不再适用,管理体制僵化致使政府管理效率低下、政府机构臃肿、人员冗杂、行政管理费用飙升,腐败、官僚主义等问题不断暴露。由于政府长期垄断公共服务领域,排除市场竞争机制和私人企业的进入,使得其提供的公共服务数量不能满足社会需求且公共服务质量递减。而且,在传统的行政管理模式下,过分强调资金投入与过程控制而忽视最终效果和产出,导致政府行政效率低下、公共资源浪费现象严重、政府规模过度膨胀,严重影响了公共部门提供公共产品和服务的水平及能力。

在经济和政治双重矛盾的推动下,改革政府管理模式,建设节俭、高效政府的呼声越来越高,纳税人要求政府提高公共资金支出的经济性、效率性和有效性,希望政府部门在不扩大支出的前提下提高公共服务的水平和质量。这种来自公众的压力,以及财政资源需求的无限性与供给的有限性之间的矛盾日益尖锐,政府和政治家被迫进行政府管理绩效改革,提升公共部门支出绩效,以缓解财政赤字、满足公共需求,促进经济可持续增长。

四、经济全球化与信息技术革命为之创造了有利条件

经济全球化的到来,不仅推动了个人与企业的竞争,还推动了国家政府之间的竞争。政府管理效率和产出作为影响一国政府竞争性的重要因素,得到德国政

府的高度重视。因此,德国与其他西方国家一样,开始实行预算制度改革,希望通过创新预算管理方式,促进公共资源的科学配置与高效利用,并提升公共服务质量,从而带动政府运作效率的提高,最终达到提升国际竞争力的目的。同时,信息技术革命为德国政府实行绩效管理模式给予了强有力的技术支持。由于信息技术的发展普及了计算机与现代通信技术的应用,从根本上提高了政府收集、加工和传输信息的效率与能力,方便了各项指标相关性的分析和汇总,为开展大规模的绩效评价和分析提供了支撑。另外,随着单一的计算机发展为计算机联网,为绩效评价结果向社会公开并接受监督提供了便利,为建立灵活、高效、透明的政府创造了可能性和提供了物质基础,为政府绩效管理创造了有利条件。

第二节 德国政府绩效管理的历程

一、德国地方政府率先引进政府绩效管理模式

在许多国家,政府绩效管理模式首先是在中央政府开展的,如英国议会在1983年通过《国家审计法案》,确立在中央政府开展绩效管理。但是在德国,市镇一级的地方政府是改革的先驱,而且与西方其他国家相比至少推迟了十多年。20世纪90年代中期,一些地方政府为了解决德国统一后的债务危机等问题,率先引进了政府绩效管理模式,以严格执行财政预算、提高工作效率,更好地为公众服务。德国地方政府不断探索绩效管理模式,提出了所谓的新型掌控模式。新型掌控模式包含五个要素:(1)以产品为导向;(2)以成本为导向;(3)分散的资源责任,以及专业责任和财政责任相结合;(4)目标协议与合同管理;(5)报告制度和监控。与此同时,地方政府开始以合作的方式开展绩效评价,地方政府之间互相比较绩效结果,展开竞争,从而逐步缓解了地方政府的财政收支矛盾,降低了赤字率,提高了政府资金使用效率,提升了政府管理水平和服务质量。

二、德国联邦政府开始尝试政府绩效管理模式

德国的政府绩效改革是一个渐进的过程,随着地方政府不断推行政府绩效管理模式,德国部分联邦政府部门开始逐步尝试,由地方层面逐渐延伸到州一级再覆盖至中央层面。例如,2001年起,外交部引进绩效管理模式,把行政成本、会计制度、人力资源管理、部门之间达成的协议纳入绩效管理;随后,联邦就业指导机构引进绩效对比模式,每季度对整个行业的运行成本、机构成本进行对比;2003—2005年,农业部尝试开展绩效管理。另外,德国柏林州通过绩效评价,将政府工作人员从20万人精简到10万人,降低了巨额预算赤字,并在2007年实现预算盈余。

三、公共管理现代化与信息技术进步推动政府绩效管理改革

随着公共管理现代化与信息技术的发展,德国在政府绩效管理方面步入一个

新的台阶。一方面,随着复式簿记预算的推行,德国汉堡州在新型掌控模式的基础上发展成为汉堡新型预算制度,更加注重以结果为导向,并且更加清晰地反映了成本与收益的关系;另一方面,德国政府充分利用信息技术,有效地开展政府绩效管理,将部门绩效、组织绩效和个人绩效结合起来,基本实现了政府绩效管理的信息化。同时,德国越来越注重来自社会多方面的监督,在编制绩效报告时引入专家论证资讯、社会调查、听证会等方式,广泛听取社会公众的意见。另外,德国根据本国经济社会发展的需要,不断创新政府绩效管理模式,不断完善绩效评价体系,针对公共投资项目建立了标准化的评估体系。德国的政府绩效评价手段丰富多样,而且引入了信息化手段。例如,北威州对公共事务类项目专门开发了一个名为 Wibezoll 的绩效评价软件,这个软件先将项目指标分解,并在每个分解环节设置经济、社会和财务指标,再按照设定的量化模型进行测算,最终得出相对科学准确的评价结果。

四、政府绩效管理的法制化建设

德国政府尤为注重法制化建设,随着政府绩效管理模式的深入,绩效管理、绩效评价、经济性原则等概念也陆续出现在德国的各项法律法规中。与此同时,德国政府不断完善预算法律体系,以结果为导向,以经济性为基本原则,严格规范并控制一切活动、项目的资金使用和支出。德国与政府绩效管理的相关法律主要包括联邦的《基本法》《预算原则法》《经济平衡发展和增长法》及其他财政法律法规。其中,1998年德国通过了对《预算法》和《联邦预算条例》的修订,要求每个项目在开展前要进行财政资金使用的成本效益计算和经济性研究,这为绩效预算的实施提供了有力的法律保障;2009年德国议会通过的《宪法》修正案中,明确应促进联邦和州一级政府的绩效比较,为开展政府绩效评价提供了法制保障。

第三节 德国政府绩效管理的现状

一、德国政府间财政管理体制

德国是联邦制国家,德国的经济模式是以社会市场经济体制为核心的,在政治上分权自立,行政上实行联邦、州、地方三级政府管理体制。其中,联邦政府为中央政府,下设16个州政府;州以下的各级政府统称为地方政府,包括县、市、镇、乡等各级政府。德国联邦和各州政府具有高度的独立性,并各有自己的宪法,行政机构层次在各州也不尽相同。

联邦、州和地方政府行政管理层次分明,事权清晰。中央政府主要管理国防、外交、海关、铁路航空、重大科研开发、基础研究、跨州基础设施等事务;州政府主要负责州一级行政事务,包括交通、警察、住房、中小学教育等事务,并有权决定所属地部分税收和收费政策;地方政府主要负责一些本地化的事务,如社区规划及服务、街道、乡镇公路、公园、文化设施、垃圾污水处理、成人继续教育等。

与事权相适应,德国财政也分为三级——联邦财政、州财政和地方财政,并统一采用分权自治、适度集中的财政税收权限划分方式。德国的联邦、州都设财政部,具有财政和税务双重职能。联邦财政部的主要职能包括:负责制定财经、金融、预算、税收政策;管理涉及财政的欧洲事务和国际事务;负责联邦财产和经济资助管理;批准财政预算内的支出和法律、法规条款中涉及财政收支的相关内容;制订联邦预算草案;对财政计划提出建议,协调联邦、州及地区之间财政计划的合作;承担法律赋予的特别任务。各联邦州财政部的主要职责与联邦财政部基本相同,主要履行州政府职责范围内的财政事务,下设的财税局、建筑局承担公有资产的管理职能,分布在各地的财税局承担联邦和州及地方各项税收的征收职能。

二、德国政府项目监督与绩效审计

德国注重对项目的监督和审计工作,监督和审计部门(机构)涉及议会、联邦审计院、财政部门、内部监督检查委员会、社会中介机构、社会公众及媒体等,全方位地对项目进行监督和审计。《预算原则法》赋予联邦和各州审计署对拨付获得者进行法定审查的权力,因此监督和审计也主要根据《预算原则法》对财政预算资金使用情况的合规性和经济性进行审计,考核项目是否严格按议会批准的预算及预算规定的用途使用资金。

德国审计机关一般采用事后审计,但是近年来,很多审计机关逐步改变了审计方式,特别是在投资审计领域建立了属于审计范围内的建设项目相关数据报送制度,有针对性地选择项目进行审计。通过事前审计和跟踪审计,积极开展以项目的决策是否遵循经济性原则为核心内容的投资项目绩效审计,从基础设施项目决策阶段开始介入,对项目是否经济和节约发表审计意见,促进项目的科学决策。

以柏林州为代表。柏林州审计院每年投资审计项目占审计项目总数的35%,审计院建立了柏林州建设项目数据库,根据有关法律,要求属于其审计范围内的所有项目单位及时报送规划、设计和建设成本等相关数据;审计院每年根据数据分析情况,制订投资项目审计计划,并对总投资在7 000万欧元以上的项目,从规划立项阶段就开始进行全过程跟踪审计。柏林州审计院每年开展全过程跟踪审计的投资项目约占投资项目审计总数的25%。

案例1:柏林州某监狱的项目审计

项目基本信息:该项目业主为柏林州建设局,使用单位为柏林州司法部,审计部门为柏林州审计院。

项目进度与阶段:项目于2006年开始设计,2009年7月开工,预计2012年完

工。该项目建设经过了六个阶段,分别为制订投资计划阶段、制订需求方案、规划和设计文件的前期规划阶段,正式纳入预算阶段,招标、投标和签订合同阶段,建设实施阶段,工程结束总结阶段。

项目审计过程:柏林州审计院依据公共建设项目经济性标准,在前期规划阶段就对该项目进行审计,审查项目是否具备获得财政建设资金的资格;在制订需求方案、规划和设计文件的前期规划阶段,对项目规划和设计等文件进行了重点审计(见表14-1);在建设施工阶段,对项目是否严格按照预算使用资金等进行审计。

表14-1　柏林州审计院对项目前期规划阶段的审计内容与建议

阶段	审计内容	审计结论/建议
制订需求方案、规划和设计文件的前期规划阶段	2008年:对项目的规划文件进行审计,重点对因位数量、空间方案进行重新计算,对其功能是否满足社会犯罪专家的要求进行审查	该项目经济性须改进,建议减少功能区的使用面积
	2009年:对项目的设计文件进行审计,重点审计项目建筑面积是否超标、建材选择是否经济等	通道玻璃过多,建设和使用后的清洁成本太高且不安全,部分配套设施的配置多余等
	2011年:对施工设计进行审计	室内温度控制考虑不周,建议将原设计室的内控制温度进行调整和优化

资料来源:山东省财政厅干部教育中心,《当代中外财政预算绩效管理荟萃》,经济科学出版社,2013年。

项目审计结果:项目单位针对审计建议,对规划方案、设计文件等进行了调整。通过对该项目的全过程审计,有效地控制了项目的建设和使用成本,节约了财政预算资金。

三、德国政府绩效评价与应用

从20世纪末起,德国政府就开始推行公共支出绩效评价工作。德国联邦财政部明确地规定了投资项目的资金使用目标,要求每个预算年度结束后,部门对500万欧元以上的单个预算项目都要提交绩效报告,在报告中认真审视以前年度的项目完成情况,详细列明项目达到的社会、经济效益目标,总结达到绩效目标过程中的经验和教训,并估计本年度绩效计划的执行前景。另外,德国在部门开展绩效评价工作的同时,会对部门递交的绩效报告进行再评价,这个再评价工作由财政部主导。预算执行后,部门应将绩效报告上报联邦财政部,联邦财政部一般选择10%左右的项目进行评价,评价项目是否达到绩效要求并将绩效报告向社会公布。

(一)评价指标

德国审计部门没有专门的投资项目评价指标体系,项目决策中的绩效评价一般由主管部门委托专业咨询机构完成。根据不同行业的特点,德国行业主管部门针对公共投资项目建立了标准化的评价体系；除此之外，专业咨询机构还制定了专门的指标系统。

德国绩效评价手段十分丰富，在编制绩效报告时注意引入专家论证咨询、社会调查、听证会等方式，并广泛听取社会公众的意见，同时注重信息化技术的应用。例如，北威州对公共事务类的项目专门开发了 Wibezoll 绩效评价软件，将项目指标分解后，在每个分解环节设置经济、社会和财务指标，按照设定的量化模型进行测算。对于可量化的项目指标，采取货币化方法进行量化，并将不同时间点的项目资金回归到资金现值进行比较分析；对于无法量化的项目指标，进行社会价值分析，借助统计学的方法和结果，列出所有积极或消极因素，最后综合量化分析结果，得出评价结论。

案例 2：德国联邦交通投资项目绩效评价指标体系

《德国联邦交通财政行动纲领》规定，超过 2 500 万欧元的交通投资项目必须进行标准化评估，通过标准化评估，综合各地人口、面积、交通项目的经济和技术等情况，对不同项目进行量化比较，指导交通规划，为项目投资决策提供参考，其具体指标如表 14-2 所示。

表 14-2　德国联邦交通投资项目绩效评价指标

指标体系	具体内容
乘客收益目标指标体系	减少不同人群的出行时间和出行成本、改善目的地的可达性和出行条件、改善区域交通网络等指标
公共交通运营目标指标体系	收入最大化、成本最小化、线路投资最优化等指标
公众目标指标体系	提高出行安全、减少土地占用、减少对自然景观和重点区域的影响、减少干扰休闲活动、提高城市定位、改善区域社会和经济结构等指标
环境目标指标体系	减少尾气排放、噪音、能源消耗和水资源污染等节能环保指标

资料来源：山东省财政厅干部教育中心，《当代中外财政预算绩效管理荟萃》，经济科学出版社，2013 年。

（二）绩效评价结果的应用——以德国高等教育绩效拨款制为例

由投入导向拨款转向产出导向拨款是世界高等教育财政改革的基本趋势，德国自 20 世纪 90 年代中期开始积极试行绩效拨款制，截至 2004 年，16 个德国州中的 11 个州采用了以绩效评价结果为依据进行拨款的模式，经过多年的实践，对德国高等教育的发展产生了深远而积极的影响。

20 世纪 90 年代以来，德国高等教育经费供给不足，但高校学生规模日渐庞大，出现了严重的供求矛盾，德国各州政府都希望将财政拨款用在刀刃上，尽可能地提高资金使用效率,使有限的经费发挥最大的价值。因此,为了确保教育拨款能够合理、有效地进行分配,德国各州纷纷采用责任制模式,通过奖优罚劣来加强对公立高校经费使用绩效的监督与控制。在具体实施上表现为:对经费使用绩效高的高校加大拨款力度,对经费使用绩效低的高校减少拨款金额,以此引导高校注重绩效结果。责任制强调高校必须对所获教育经费的使用效益承担相应的责任,保证经费在使用过程中合理、有效。为了落实责任制,德国各州政府提出要制定高等教育政策目标,并设定一系列的绩效标准和评价指标,定期对高等学校进行绩效评价,监督、检查高校达成目标的情况,并以此为依据判断该高校所获的拨款数量。

德国政府在设定绩效评价指标体系时,充分考虑了公立高校的特点,设立了四种基本分析模型,具体如表 14-3 所示。

表 14-3　德国高校绩效评价的四种基本分析模型

分析模型	测量内容
投入—生产—产出分析模型	完成学业、离开学校时,学生在知识技能方面的掌握或形成情况
资源效率和使用效益分析模型(比率分析法)	教师、空间、设施等关键资源的利用效率
各州投资回报率分析模型	高等教育机构满足所在州经济发展需要的情况(如劳动力的供给)
消费者投资回报率分析模型	高等教育满足学生个体发展需要的程度(如大学生的毕业率、就业率等)

资料来源:赵凌,德国高等教育绩效拨款制透视,《高教探索》,2012 年第 1 期。

除此之外,德国各州政府在制定绩效评价指标时充分考虑了高校管理者的意见,设定了一系列的绩效评价指标,如在校大学生数量、生师比、毕业生就业率、学生实际修业年限、优质课程数量、新课程计划的数量、毕业生质量、公立高校争取到的第三方经费、公立高校成功申请到和主持的研究项目的数量、由德意志研究联合会的科学家提出的关于高校研究水平的评价意见、吸引到的科学界和社会各界名流的人数等。并且,在绩效评价工作结束之后,德国各州政府应及时、有效地将结果告知政策制定者并公布于众,确保绩效评价结果能够被切实地应用于教育拨款的决策工作,由此引导公立高校以绩效为导向,不断提高产出质量,促进资金使用效率的提升。

案例 3:德国黑森州的高等教育绩效拨款制

德国黑森州于 1998 年颁布《黑森州高等教育法》,经过 1999 年和 2000 年的两次修订,基本确立了高等教育领域以产出为导向的绩效管理模式;2003 年,黑森州进行预算改革,引入新的预算体系,并创新高等教育绩效拨款制。黑森州对高等学校的总预算分为四个部分,即基本预算、绩效预算、创新性预算和特殊预算,这样的划分使得教育经费的划拨更为合理,并最大限度地满足高等学校科研、教学的发展需求,具体如表 14-4 所示。

表 14-4 黑森州实行的高等教育绩效拨款制

分类	内容	占高等教育预算之比(%)
基本预算	包括高等教育机构履行科研、教学和初级学术人员培养职能所需的基本经费,保障高等学校常规或基本的科学研究工作、教学工作及年轻教师的进修深造活动得以正常进行。	80
绩效预算	依据教学和科研的绩效评价结果确定。为了提供激励机制,在绩效预算拨款方面,高等教育机构若在质量提升方面有明显的表现,就可得到额外资助。 绩效评价指标包括: (1) 所获得的第三方经费额; (2) 德意志研究联合会针对该学校研究生院、研究团队和合作研究中心的经费额; (3) 具有博士学位和教授备选资格的人数; (4) 女教授的人数; (5) 非德国籍的外国留学生中处于规定学制期内的人数; (6) 毕业生数(尤其是女毕业生数); (7) 在规定学制期内毕业的人数等。	10
创新性预算	包括对科研和教学方面的重要项目的经费资助,这些项目包括新建科研中心、新设课程和学习领域、知识和技术转移项目,创新性预算依据项目认证和事后的外部评价结果而定。	5
特殊预算	对试验性课程、大学博物馆、大学农业开发项目等的拨款依据常规的标准化方法计算。	5

资料来源:赵凌,德国高等教育绩效拨款制透视,《高教探索》,2012 年第 1 期。

四、对公务员的绩效管理模式

德国公务员的范畴十分广泛,包括政府官员、法官、检察官、外交官、教师等。在德国,公务员拥有高退休金、高社会地位、稳定的工作岗位,是令很多人非常羡慕的职业;但是,懒惰、死板、办事效率低下等特点也是德国公务员给民众留下的普遍印象。20 世纪 90 年代以来,德国掀起了新一轮的行政现代化改革浪潮,主要目的是削减行政管理成本、提高行政管理效能,核心之一是建立一支高素质、精简高效的公务员队伍,具体策略就是从调整政府职能范围、压缩公务员规模、改善绩效、选择评估等几方面着手。近年来,德国政府为了提高公务员队伍的整体素质,不断加强对公务员的绩效考核,进一步完善公务员绩效评价标准,提高其科学性和客观性。

德国公务员实行分类管理,分为初级、中级、较高级和高级四类。其中,初级类人员应具备初级中学文化水平,中级类人员应具备中等专科学校文化水平,这两类人员在入职前会接受为期两年的针对性培训,入职后主要从事一些体力和辅助性质的工作;较高级类人员应具备高中或高等专科学校文化水平,主要从事一些简单的管理工作和警察事务;高级类人员应具备大学以上文化水平,在行政部门从事较为复杂的管理和决策工作。德国公务员的这种分类管理模式有利于合理制定绩效考核时的绩效指标,使绩效评价结果更具有科学性和实用性。

另外,在公务员管理方面,德国有较为系统、完善的法律制度,如联邦一级有《联邦公务员法》,各州也有各自的公务员法,确保依法进行公务员的管理;并且,德国联邦和各州的公务员法都明确规定了要对公务员进行考核评价。虽然各级政府、各部门在公务员考核方面的具体做法不同,但有共通之处。目前,德国在不断完善公务员绩效考核,新的改革与探索主要从量化考核要素、将业绩考核与薪酬挂钩等方面进行。

(一) 绩效考核的目的

一般来说,德国的公务员绩效考核目的主要立足于明确公务员的自我认知、促进人力资源开发等方面,因此考核评价的结果与晋级、工资、奖励等没有太大的关联。对被考核公务员而言,可以通过这种比较公正、透明的考评,对自己胜任工作的能力及工作业绩有一个比较明确的自我认知;对人事管理部门和管理者而言,考核的目的主要是促进人力资源开发,对公务员能否胜任工作做出评价,并根据其能力特征预测未来发展方向,提出相关培训建议。同时,绩效考核的另一个目的是促进公务员之间的沟通,包括上下级之间的纵向沟通和平级之间的横向沟通。

(二) 绩效考核的内容与方式

德国公务员绩效考核是一种全方位的广义考核,考核工作由人事部门负责组织。德国公务员的绩效考核注重考核过程及平时的绩效管理,虽然绩效考核是在特定考核期间完成的,但绩效管理却伴随公务员工作生涯的全过程。从绩效考核内容上看,主要为业绩考核和综合能力评价两项。在通常情况下,业绩考核包括工作态度、责任心、工作效果和质量、工作方法、专业知识、合作能力等,主要评价其是否胜任工作;综合能力评价包括理解能力、思维判断能力、决策实施能力、谈判技巧、创造性工作能力、沟通交流能力、对工作压力的承受能力、学习能力等,主要评价其发展潜力和方向。另外,德国公务员绩效考核会对领导者进行专门的领导能力考核评价,但是对工勤人员会采取比较简便的考核方式。

(三) 绩效考核的标准

德国公务员绩效考核的标准较为综合,并且能够很好地反映特定的工作要求。人事部门依据能够量化和不能量化的绩效结果提出了测量与评价两种考核方式,并分析这两种方式的适用条件,为不同类型的绩效结果评价确定了合理的评价标准。德国公务员的绩效考核标准主要有四类(见表14-5)。

表 14-5 德国公务员的绩效考核标准

标准	内容
数量标准(定量)	答复咨询的数量、服务客户的次数等
质量标准(定性)	抱怨或异议的多少、客户等待时间的长短、错误率发生概率的高低等
效率标准(结果导向)	成本控制等
影响力或行动力标准(行为导向)	沟通、谈判技巧、团队精神等

资料来源：余仲华、杜新宇，德国公务员绩效考核的七大启示，《人事天地》，2012年第11期。

最后将这四类标准中每一项内容的得分进行汇总，得出评价结果。德国以相应的考核分数为依据，将公务员评价结果分为五级(出色、非常好、好、满意但偶有失误、经常性地无法令人满意)，从而较好地区分公务员绩效的好差，具有激励作用，也为公务员的提升、辞退提供了依据。

(四) 绩效考核结果的应用

近几年，德国正在探索将公务员的业绩考核结果与薪酬进行有效的挂钩，以提高公务员队伍的工作效率，这也是德国一些联邦州目前进行试点改革的共识和基本方向。2012年9月，萨克森州通过了《公务员制度改革法案》，以提高公务员体系的灵活性、透明度和流动性。按照该法案，公务员的收入和职位晋升将更多地与职业经历与绩效挂钩，奖金不仅用于激励单项的突出成绩，还用于奖励长期的出色工作。

目前，有关改革措施已基本不再实行。这项措施试行期间，在实际工作中出现了很多困惑与问题：一是直接领导不愿得罪人或担心影响相互关系，所给的评价分数偏高和比较平均，使考核难以发挥作用；二是考核是由具有主观性的人来实施的，且大部门工作无法计量和测量，考核难以做到客观、公正；三是考核中存在职务层级越高的人评价分数越高的现象。

第四节 德国政府绩效管理的特点

一、具有完备的预算法律体系

德国政府十分重视法制建设，特别是在政府预算管理方面建立了完善的预算法律体系，为政府绩效管理的实施奠定了有力的法律基础。德国与预算管理相关的法律主要有德国基本法、财政法、年度财政法和其他财政法律法规四个层次。相关的法律既有联邦的《基本法》《经济平衡发展和增长法》，又有联邦及各州的《预算基本原则法》。每一项支出都通过立法予以规范，如《差旅费管理法》《培训费管理法》《政府采购法》《投资法》《办公费支出法》等,形成较为完备的法律体系,为预算活动全过程提供了充分的法律保障。

德国《预算法》的制定较为全面、规范和详细,规则设定清晰明确。《预算法》规定三级财政应采用统一的预算规则,适用统一的评价标准。一是经济性和节约性原则,以尽可能少的支出达到一定的效果,或者以一定的支出达到尽可能好的效果;二是完整性原则,要求尽可能把所有的收入、支出列入预算;三是统一性原则,只有一个财政预算方案;四是预算的真实性和明晰性原则,要求各个预算项目尽可能准确地核算和清晰地分类;五是公开性原则,要求让各方公开查证,保证各方知情,让公民参与预算编制的活动中。与此同时,德国预算管理的法律层次也相对较高。德国的联邦及州的《基本法》对公共开支、税收立法权、税收分配、财政补贴和财政管理等基本事项均做出了明确的规定,使其具有较高的法律层次,为绩效预算的实施提供了有力的法律保障。

二、具有科学的绩效评价指标

德国在绩效评价指标的设立上注重科学性和差异性,针对不同的项目或部门设置了不同的绩效指标,特别是对公共投资项目还建立了标准化的评价体系,使得绩效评价结果更具有应用价值,也更能准确、如实地反映部门的真实绩效状况。另外,德国的一些主管部门还委托专业咨询机构进行绩效评价,在长期的实践摸索中,专业咨询机构总结制定出专门的指标系统,使绩效评价更具有科学性和针对性。德国绩效评价的方式丰富多样,在部门内部评价与专家评价的基础上,广泛引入社会力量,采取听证会、社会调查等方式,广泛听取社会公众的意见。随着信息化的发展,当前德国越来越重视信息化手段对绩效评价的作用,专门开发绩效评价软件以促进绩效评价工作。从总体上看,德国具有相对科学的绩效评价指标体系,并在绩效评价工作中取得了较好的成绩,为绩效评价结果的应用提供了客观的依据。

三、具有健全的审核监督体系

德国长期以来都非常重视各方的监督作用,建立了较为完善的审核监督体系。首先,联邦审计院作为独立于议会和联邦政府的国家最高财政监督机构,对财政资金运行的全过程实施监督,对政府行为是否符合现行预算管理规定和原则进行审计,包括对簿记等方面的正确性审计和对管理措施等方面的合法性审计。联邦审计院严格按照经济效益原则——以最小的资金投入取得最大的经济利益,对部门或项目投入与产出之间的关系进行审计。其次,财政部门作为财政政策的制定者,在预算编制和预算执行中实行全面监督。政府各部门也实行内部监督,而且各部门均设有专门的监督机构——监督检查委员会,对本部门的具体账目进行检查并开展绩效考核,在16个州之间进行横向和纵向比较。最后,社会中介机构、新闻媒体、公众等也是重要的监督渠道。在德国，整个预算过程是高度公开、透明的，《联邦财政预算》与《联邦财政决算报告》作为政府公开发行的出版物，每个公民都能够从中获悉各项财政资金的来源、用途及预算执行情况，从而对政府实施监督，促使政府更加注重结果，注重公共产品和服务的质量，确保纳税人的每一分钱都花在刀刃上。

四、具有完善的内部考核机制

德国政府在部门内部具有较为完善的考核机制，特别是对公务员的考核，而且相关法律文件也比较健全（如联邦一级有《联邦公务员法》，各州有各自的公务员法），确保对公务员的管理都依法进行。德国联邦和各州的公务员法都明确规定了要对公务员进行考核评价，在考核过程中，德国注重对公务员整个职业生涯的绩效管理，而非单纯地看重考核期间的考核结果；而且，德国政府对公务员的绩效考核内容较为广泛，分为业绩考核和综合能力评价两项。德国公务员绩效考核标准也较为综合，并且能够很好地反映特定的工作要求。近年来，德国不断改革公务员绩效考核，进一步完善绩效考核指标，并尝试将绩效考核与公职人员的职务提升、奖金等直接挂钩。

五、引入权责发生制会计核算方式

1995年，德国巴登-符腾堡州的威斯洛赫率先引进了权责发生制会计，并作为德国的第一个试点城市。这个在威斯洛赫市实行的制度是在复式记账的基础上，引入了损益表、资产负债表和现金流量表。1999年，德国内政部长会议主张对公共预算法进行根本性的改革，并全面实行复式记账；这项改革正式通过法律来实行是在2004年的北莱茵-威斯特法伦州，随后其他州也通过了相关的法律。近年，德国逐步将权责发生制会计核算方式运用到预算会计核算和预算编制领域，使得政府预算会计更加适应绩效预算管理的计量和内在要求。权责发生制会计的运用更能显示出财政的真实状况，并且进一步增强了部门的成本意识，也更加清晰地反映了成本与结果的关系，使得预算不断向产出导向型的模式发展，在确定合理的支出规模、制订科学的绩效计划、调整未来的绩效目标等方面发挥了基础性的作用。

本 章 小 结

20世纪90年代以来，德国政府以结果为导向的绩效管理模式经过多年的不断探索与实践，取得了十分显著的成效。在这种绩效模式下，德国政府建立了健全的法律保障体系，为实施政府绩效管理提供了坚实的制度支持；建立了"政府－中介－社会"的全方位监督模式，提高了预算透明度，切实提升了公共产品和服务的质量；对公职人员进行绩效考核，客观上纠正了政府官员以往安于现状、办事低效、不问民情、排斥竞争的不良作风，促进了政府风气的转变，使政府工作变得更加务实、有效；建立了科学、合理的绩效评价体系，大大削减了无效、低效的项目与部门财政支出，提高了财政资金的使用效率，为降低财政赤字、促进收支平衡起到了重要作用，同时也为政府机构的精简提供了依据。

从德国政府绩效管理的发展历程来看，有三点经验是值得中国借鉴的：一是应加快做好相关立法工作，确立绩效评价和绩效预算的法律地位，对绩效报告进行法律要求和规范；二是应进一步提高预算透明度，完善预算监督机制，提高公众参与度，从最初的预算编制阶段到最终的绩效评价阶段，所涉及的信息都应该对外公开，广泛接受来自社会的监督，切实提高公共服务质量，保障人民利益；三是应进一步完善绩效评价指标体系，引入信息化技术，并充分结合各部门或项目的自身特点，科学地选择指标。对能够量化的指标进行统计测算，对不能够量化的指标进行合理评估，从而更有效地推动中国政府绩效管理的发展。

第十五章　韩国政府的绩效管理

第一节　韩国政府绩效管理的起因

一、审查预算执行情况

与欧美等国因面临危机而不得不对政府采取绩效管理模式不同,韩国政府的绩效管理是政府积极、主动地探索并实施的。它是韩国国家领导人面对国家经济社会的不断变化,高度预见政府管理的未来发展方向,审时度势地采取的行政改革。韩国政府绩效评价的理念发端于20世纪60年代引入的政府部门计划审查制度,早期的政府工作评估主要针对预算执行情况进行审查。1961年,韩国政府修改了《政府组织法》,成立了内阁首脑直属的"企划统制官室",实施"审查分析制度"。中央政府的各个部门也设立负责对自己部门的政策与企划进行调控的"企划调整官"。"企划统制官"负责对中央政府各个部门的政策与企划进行审查、分析、评估及调整。1963年,韩国修订了《政府组织法》,按照该法设立了"企划调整室"。"企划调整室"是国务总理直属的政府工作评估机构。1972年4月,韩国政府为了推广政府评估制度并提供法律根据,制定了《关于政府企划与审查分析的规定》。这些政策的制定对规范当时韩国政府的职能起到了一定作用。

二、推动政府行政改革

韩国政府绩效评价真正走上制度化是在20世纪90年代韩国行政体制发展的过程中。1993年开始民选政府的政治制度和1997年出现的金融危机,使得当时执政的金大中政府针对韩国自20世纪60年代以来"权威主义政权"和"军事统治"的积弊及社会对政府效能的新要求,对政府进行了大规模的行政改革,包括重新确定政府职能,并由此改革传统的绩效评价制度,建立新的评价体制。2000年,《政府绩效评价框架法》颁布,该法案完善、强化了政府绩效评价体系,进而促进了预算管理理念的转变和绩效预算制度的建立。

韩国政府绩效评价经过多年的发展,至今已经逐渐制度化,积累了大量的实践经验和有效的管理方法。总的来说,政府部门绩效评价对于韩国政府内部管理的革新、业绩导向型和服务型政府的建立都发挥着积极的作用。

第二节　韩国政府绩效管理的发展阶段

韩国政府绩效评价理念发端于20世纪60年代,到20世纪90年代逐步制度化。经过五十余年的发展与完善,韩国政府绩效评价已经有了比较科学、有效的评价体系、评价技术和评价方法。韩国政府绩效管理的这一发展历程大体可分四个阶段,即引进阶段、系统化阶段、快速发展阶段和整合阶段,并在此期间积累了大量的政府绩效管理理论和实践的宝贵经验。

一、引进阶段

韩国行政部门绩效管理制度的引进从20世纪60年代至20世纪80年代初。1961年,《审查分析制度》的引进是韩国行政部门绩效评价的开端。在当时,这项制度的引进在有效地推进韩国经济的发展上起到了重要的保障作用。

在《审查分析制度》下,韩国各行政部门建立了以预算为前提的基本运营计划,按季度进行审查分析。分析制度的执行结果由韩国国务总理企划调整室负责审查及评价。企划调整室和评价专家团进行的审查与评价虽然在规范行政部门行为、提高政府效能上起到一定的积极作用,但是其所做的也只是简单地聚合各部门提出的基本运营计划草案,完成的审查分析结果在很多情形下也未能反映于下一个经济发展五年计划或次年的预算编定。这主要是因为审查分析和基本运营计划由企划调整室管辖,而中长期计划和预算编制则由经济企划院管辖。负责机构的二元化及审查分析欠缺客观性,导致基本运营计划的审查分析未能充分发挥对政策执行结果的评价作用。

基本运营计划审查分析制度,虽然欠缺具体的评价方法、判断基准体系尚未确立和开发、评价内容过度注重量化,但是对行政部门的内部文化产生了很大影响。

二、系统化阶段

20世纪80年代中期至21世纪初期,是韩国行政部门绩效管理的系统化阶段。受西方新公共管理思潮,以及自1993年开始民选政府的政治制度和1997年出现的金融危机的影响,韩国加大了行政部门绩效管理的改革力度。

1981年11月,韩国行政部门在大幅度改编组织的工作中,为了充实化审查分析功能而废除了国务总理企划调整室,在经济企划院内新设审查分析局,代替企划调整室接管审查分析工作。同时,为了改善之前的审查分析制度的问题、促进审查操作的灵活性,废除了基本运营计划制度,而对主要业务执行计划实施审查分析。各中央部门自行负责对自身业务的审查分析,审查分析局对各部门的审查分析结果进行综合调整。1990年4月,恢复国务总理室的政策评价职能,引入对行政部门主要政策进行评价的政策评价制度，将评价结果经由报告会向总统报告。但在这一时期，各行政部门的政策评价工作比较消极，显得有些形式主义，缺乏充实性和实效性。

1994 年 12 月，原属于经济企划院的审查分析职能转移到国务总理行政调整室，与 1990 年 4 月设置于国务总理室的政策评价职能相整合，由国务总理行政调整室负责审查评价业务。为了确保审查评价的客观性和专业性，重新整顿之前的审查分析有关规定，并聘用外部专家进行审查评价。这些新的制度和规定，从原来的以进度分析为主改成综合评价计划、执行、成果等工作推进的全过程。

这一时期，韩国开始引进和实施以结果为导向的政府绩效管理制度。1998 年引进了《机关评价制度》，编制了"审查分析手册"作为业务评价的指南，1999 年试点实施了《绩效主义预算制度》，1999 年实行了"国家开发研究工作评价""财政工作评价"和"信息化评价"等活动。这一系列的改革改变了韩国行政部门业务评价过去只注重遵守法令或执行预算情况的局面，提高了业务绩效在行政部门绩效管理中的比重，使政府绩效评价向成果评价方面倾斜。

三、快速发展阶段

2000 年 1 月至 2006 年是韩国行政部门绩效评价的快速发展阶段。除之前已经建立的行政部门业务评价制度之外，韩国行政部门先后引入和发展针对部门与公务员的多种绩效管理制度。

尽管自 1990 年以来实行的各种行政部门绩效管理制度和方法取得了一定的效果，但也暴露了一些问题。因此，金大中执政后，成果主义预算制度被引入行政部门。成果管理制度，由相应部门直接拟订成果计划书，测定成果，以此为基础拟定成果报告书。

成果预算制度于 2000 年首次在 16 个机构试行。2002 年逐渐扩大范围。从 2003 年开始，韩国行政部门对 22 个先行部门开发成果目标——绩效指标，每年以上年的财政事业基准的一定比例为目标拟订年度成果计划书。2005 年，韩国行政部门建立财政事业自律评价制度，各部门按照预算当局提供的评价目录，依次自行检查并评价工作业务绩效。此外，韩国行政部门从 2000 年开始在行政部门组织中引入和实行责任运营机关制度；2004 年开始对 4 级以上公务员实施职务成果契约制，评价个人的工作成绩，把绩效评价反映于晋升、奖金等激励机制。

为了确立评价的基本原则和构筑绩效评价体制，制定绩效评价基本法的需求越来越迫切了。2000 年，韩国政府政策协调办公室颁布《政府绩效评价框架法》，规定了政府绩效的原则、程序、评价机构及评价结果应用等内容。2001 年 5 月起施行《有关行政部门业务评价的基本法》，将政府绩效评价在法律上加以确定，在审查评价上特别强化了国务总理的作用，并细化了许多规定上。这部法律基本解决了审查评价上的若干问题,明确了政府绩效管理体系的基本框架,使韩国政府绩效评价有了法律上的根据。

四、整合阶段

2006年至今是韩国行政部门绩效管理的整合阶段,将由法令形成的个别的或者重复的各种评价进行整合使之体系化,形成政府部门全方位的业务成果管理体系,提高行政部门业务运营绩效。

韩国政府于2006年制定了《行政部门业务评价基本法》《行政部门业务评价基本法施行令》和《国家财政法案》。《行政部门业务评价基本法》规定了有关行政部门绩效管理的基本原则、绩效评价的主体、绩效管理计划、绩效管理推进体系、业务评价种类和程序、业务评价标准、业务评价基础建设及绩效评价结果的应用等方面的基本事项,为构筑综合性行政部门业务评价系统提供了基本框架,提高了中央行政机构的评价力量,强化了行政机构和评价机关的责任。《国家财政法案》对各部门编制年度绩效计划和绩效报告做出了法定要求,将绩效预算长期化、法制化。

这些法律的建立使评价得以制度化,从而确保评价的实效,为进一步完善行政部门绩效管理制度起到了关键作用。目前,韩国政府绩效管理不但对政策课题、财政、组织、人事等政府业务进行评价,而且将政府组织、部门和公务员个人绩效评价紧密联系起来,使之形成综合性的绩效管理体系。随着改革的推进,韩国的绩效评价制度正日趋多维度和系统化。

第三节 韩国政府绩效管理的现状

韩国政府于1961年在政府部门引入计划审查制度。经过几十年的发展,截至1994年,由国务总理行政调整室负责的政府业务审查评价制度发展成为韩国政府第一项真正意义上的绩效评价制度。迄今为止,政府业务评价制度依然是韩国政府部门最主要的绩效管理制度。2000年之后,随着韩国行政部门绩效管理的多元化发展,财政成果管理制度、责任运营机关制度及公务员绩效评价制度先后出台并且发挥着各自的作用。这四项制度构成韩国政府绩效管理制度的主要部分,其内容、评价方法、运作过程等各有不同。

一、政府业务评价制度

政府业务评价制度是韩国政府绩效评价体系中最为核心的制度,是最早引入且发展最完善的、针对中央和地方政府的一项绩效评价制度。政府业务评价制度综合地分析、评价政府业务的推进状况及执行成果,并把结果反映在今后工作计划中。政府业务评价制度由1961年引入的审查分析制度发展而来,当时的韩国政府已经开始实行政策和项目评估、投入和产出测量，但还不是一种综合的成果测量。2008年之后，韩国政府根据《行政部门业务评价基本法》的规定，构筑了以政府业务评价委员会为核心的一元评价管理体系。该委员会将指挥权赋予掌管一切政府业务的国务总理，以48个中央行政机关、地方行政机关为评价对象，并在评价方式上运用了个体评价和组织评价相结合、内部评价和外部评价相结合的多元化评价方法。

（一）中央政府绩效评价

对中央政府的绩效评价是韩国政府业务评价的一大组成部分，从内容上可以把评价具体分为自我评价和特定评价。自我评价由自我评价委员会负责，特定评价由政府业务评价委员会组织实施。自我评价和特定评价分别有不同的评价内容和各自的特点。

1. 自我评价

韩国政府自2005年起便建立了项目自我评价制度，该制度借鉴美国项目等级评价工具的做法，收集掌握项目绩效信息以评价财政项目的绩效结果，并根据项目绩效结果调整公共支出的优先顺序。自我评价委员会一般由中央行政机关的长官担任，负责对中央行政部门的主要政策课题、财政事业、人事、组织、信息化等方面进行自我评价。国务总理行政调整室、企划财政部、行政安全部等对评价过程进行协调。自我评价结果由政府业务评价委员会确认和检查。

自我评价过程分为自我评价计划的制订与实施、确认与检查及再评价等几个阶段。各部门须聘请民间专家作为自我评价委员会的核心成员，以保证评价的合理性和专业性。自我评价委员会应对自我评价计划进行审议、期中检查，并在年底时实施自我评价、提出评价报告书。自我评价委员会在每季度至少召开一次会议，在会上进行总结和评价，并将会议内容通报政府业务评价委员会或公之于众。政府业务评价委员会通过电子综合评价系统对各部门的自我评价结果进行确认及检查，审议并通过有关自我评价结果。

2. 特定评价

特定评价由国务总理领导，国务总理室负责协调，由政府业务评价委员会负责组织实施。评价内容主要包括政策、政策实施能力，以及公民、客户对政府提供的服务和政策实施的满意度三个组成。当各行政部门按评价日程将有关特定评价的资料录入电子综合评价系统或向国务总理行政调整室提出时，特定评价就正式启动了。政策评价是特定评价的核心指标，着重于评价韩国各行政部门实施政策的效果。政策实施能力评价侧重于评价政府机构对计划实施的政策的实际执行能力，包括政策具体的贯彻、宣传力度、管理能力等。公民、客户满意度的调查衡量公民对各个行政部门各个方面的满意程度，具体可分为政策满意度、信访满意度等。

特定评价是一种外部性的综合评价，其三个组成分别由不同的专门部门进行评价操作。政策评价主要是在政府业务评价委员会、实务会议及有关专家的参与下实施的。政策实施能力评价主要由总理办公室的官员实施，他们通过协调不同评价部门并向专家进行咨询，综合各方意见进行评价，评价结果在包括政策评价者和政策协调办公室人员的联合会议上讨论，最终由政府业务评价委员会审议通过各评价部门的评价结果。公民满意度调查由研究机构完成，韩国公共行政研究所是一家政府资助的研究机构，它负责设计用于调查客户对服务提供满意度的调查问卷，并在公共行政研究所的研究者、政策评估者、政策协调办公室人员的联合会议上讨论，通过后向公民发放问卷，实施问卷调查。公共行政研究所负责处理问卷，分析数据并报告结果。

政府特定评价的这三个业绩评价方面，为了准确而细致地进行评估，韩国政府专门制定了一系列具体标准、指标进行量化（见表15-1、表15-2、表15-3）。

表15-1 韩国政策评价的标准和指标

过程	标准	指标
政策模式	政策目标合适	政策目标明确定义了吗？政策目标与更高层次的目标一致吗？
	政策内容合适	政策方法在逻辑上与政策目标一致吗？在准备计划、征求有关公众意见的时候有正确的步骤以供遵循吗？
政策实施	政策实施正确	就投入、各种活动、日程来说，政策是按原计划实施的吗？资源的利用有利于取得完满的政策结果吗？
	政策实施合适	政策被很好地实施了吗？在实施的过程中克服遇到的困难了吗？听取有关机构的意见、通知有关的公众知道政策是否顺利实施了吗？
政策结果	完满取得预定目标	从产出方面来说，预定目标按原计划实现了吗？
	政策有效率	从效果方面来说，政策目的和目标达到了吗？

资料来源：范柏乃、程宏伟、张莉，"韩国政府绩效评价及其对中国的借鉴意义"，《公共管理学报》，2006年第3卷第2期。

表15-2 韩国政策实施能力的评价标准和指标

标准	指标
更新机构事务的能力	有足够的力量实现政府的认知性；有足够的力量制定规则和章程来实施国民大会的决定；有足够的力量反腐败；有足够的力量告知人们每个机构要发生的事
机构评估政策、项目的能力	合适地选择评价人和评价计划；合适地选择评价程序；合适地选择评价类型；正确地利用评价结果

资料来源：范柏乃、程宏伟、张莉，"韩国政府绩效评价及其对中国的借鉴意义"，《公共管理学报》，2006年第3卷第2期。

表 15-3 韩国政府公民满意度的评价指标

标准	指标
可接近性	友好地提供服务,为客户提供指导
方便性	形式简便,多途径获得服务
迅速和准确性	处理事务快速而准确
设施便利	提供停车场、休息室、茶水、电话等
反馈	对公民的要求及时做出反应
公平	在处理事务中保证公平

资料来源:范柏乃、程宏伟、张莉,"韩国政府绩效评价及其对中国的借鉴意义",《公共管理学报》,2006年第3卷第2期。

(二) 地方政府绩效评价

韩国地方政府绩效评价主要分为机关的自我评价和中央行政机关执行的自治体评价。

1. 自我评价

自我评价主要是地方自治最高行政长官根据《政府部门业务评价基本法》对所属机关的全部业务进行评价。在评价的过程中,行政安全部长官可在评价指标、评价办法、评价基础的构建、强化自我评价能力等方面向地方自治体提供指导,并将自我评价的结果通过电子综合评价系统及网络等形式予以公开,以提高评价的公正性和客观性。

2. 自治体评价

自治体评价是由中央行政机关对地方政府受中央政府委托、除地方政府原有业务外的国家委任事务进行的评价。地方自治体政府业务评价按照形式可以分为联合评价和个别评价。

联合评价是为了提高管理效率,必要时由行政安全部主管会同相关中央行政机关长官一起进行的评价。进行联合评价时,须成立并运营联合评价委员会。由联合评价委员会主管这类联合评价并组织实施。联合评价需要相关部门相互合作、通力配合。在实施评价前3个月,韩国行政安全部长官与地方自治体及相关中央行政机关的长官应对联合评价进行协商,制订实施计划,确定评价措施。行政安全部制订联合评价实施计划时,应对计划进行可行性研究,并根据实际情况和某些特殊的评价需求予以适当调整;注意开发能够综合评价地方执行政策情况和成果的指标,尤其是要开发能反映人口规模、财政状况等地区特点以提高群众生活水平的指标体系。实施计划经业务评价委员会审议通过后,向所属地方自治体联合评价委员进行意见征求,最后将确定的联合评价实施计划向中央行政机关及地方自治体通报。之后,由行政安全部和相关中央行政机关及专家组成联合评价团实施联合评价。联合评价结束后,行政安全部应向政府业务评价委员会报告联合评价结果,由行政安全部与相关中央行政机关协商,采取相应的政策改善方案等措施,向该地方自治体通报。

在进行自治体评价时,如果因业务的特点或评价时间等无法正常进行联合评价而不得不另行评价时,相关中央行政机关应与政府业务评价委员会协商进行个别评价。相关中央行政机关和地方政府自治体长官实施个别评价后,向工作业绩评价委员会提交工作业绩评价书与排位名簿,委员会审查确认后向地方自治体通报。基于评价结果,相关中央行政机关提出政策改善方案等措施,并表彰业绩评价好的单位。

(三)评价程序

如前所述,政府业务评价制度以韩国政府业务评价委员会为核心,由国务总理指导实施。政府业务评价制度的具体实施程序如下:

(1)国务总理应当在每年1月31日前制定出当年的绩效评价指南并分发给中央行政机关负责人,机关负责人在3月31日之前根据绩效评价指南制订绩效评价计划并提交给总理。如果中央行政机关提交的绩效评价计划出于不可避免的原因必须更改,负责人就应当尽快向总理提交修改后的评价计划。

(2)政府机构和代理机构在每年6月15日之前提交一份有关绩效的上半年自我评价报告,在10月25日之前提交后半年的绩效评价报告。

(3)评价小组委员会对各部门将要评价的内容先进行讨论,接着在全体委员会上讨论,最后在7月底的年中报告大会和12月中旬的年终报告大会上讨论后得出对行政部门内部的个体评价的结果。年中报告大会由总理主持,年终报告大会由总统主持,所有的评估者和政府机构与代理机构的有关领导都必须参加。

(4)在评价的过程中若发现偏差,则应就发生的偏差提出应采取的补救措施,由存在问题的机构自己选择要采取的措施并提交给政策协调委员会。总理办公室的人员负责督促、指导问题机构采取补救措施。

(5)业绩评价结果出来后,应通过平面媒体、电视媒体、网络媒体播发通告。对绩效突出者以嘉奖令、个人升迁及预算分配方式进行奖励,对绩效低劣者进行处罚。同时,这些结果要在政策评估者和政府机构与代理机构的首脑都参加的联合会议上报告给总理及总统。

二、财政成果管理制度

成果管理制度是一项由企划预算处负责推行,通过设定财政事业的目标和成果指标,并依据指标评价事业目标及其成果的完成情况,在预算编制中予以反映,以期提高预算执行效率的绩效评价制度。

(一)财政成果的主要内容

财政成果管理的管理过程以中央政府企划预算处设定的财务目标为起点,企划预算处每年年初监督各部门设定本年财政事业要达到的成果目标,开发能测定成果目标完成与否的成果指标,使指标可计量化,把成果目标和事业施行结果依据指标进行比较评价,拟订成果计划书,并依据评价结果调整下一年的财政预算和运营。

财政成果管理制度的目的是通过给预算编制者提供相关政策推进的情况,明确财政事业需要完成的目标,提高预算编定的效率。因此,如果说在这之前的预算主要是以投入、控制为主的制度的话,那么施行成果管理制度之后,则是管理财政预算投入后而推进财政事业最终成果。

(二)财政成果制度的管理过程

韩国政府的预算编定、执行和结算的周期约为3年,因此韩国财政成果的管理周期也为3年,具体由拟定成果计划书、执行财政、拟定成果报告书三个过程组成。拟订成果计划书即确立成果管理计划的过程,在这一阶段须设定成果目标和指标测定方法等具体任务。成果计划书中需要测量的指标体系主要包括战略目标、成果目标、成果指标。战略目标指通过财政事业完成中长期政策方向;成果目标是战略目标的具体化;成果指标是判别成果目标完成与否的尺度。由于成果指标负责测定成果的完成情况,因此可以说成果指标是成果管理制度最重要的要素。

第二个阶段是执行财政阶段,在这一个阶段应就已定好的成果计划书分配到各个部门,由各个部门具体执行财政计划,落实财政目标。

评价各部门财政执行的成果是第三阶段,这一阶段就各个部门对成果计划书具体的执行情况、执行效率,运用成果指标进行量化评估,并将评估结果编制为成果报告书,对执行结果进行反馈。

(三)施行财政成果制度的优点

施行财政成果管理制度的优点主要体现在以下两个方面:

其一,全方位提高财政运行的有效性。实行财政成果评价制度后,行政部门每年的部门工作都要进行评价,评价的结果与下一年的预算相联系。因此,部门会更努力地完成部门计划,以减少财政浪费。

其二,提高财政透明度。通过企划预算处的成果管理,国会可以即时了解到财政工作的成果情况。各行政部门按规定需将财政工作的成果状况向民众公布,民众可以对政府财政运营进行监督。

三、责任运营机关制度

责任运营机关制度是一种为了保障责任运营机关负责人运营机关的独立性和自律性、让机关对自己的行政结果负责,进而提高行政效率和行政服务质量的制度。20世纪80年代后期至90年代初期,经济合作发展组织成员国广泛引入责任运营机关制度。韩国针对本国当时的国情,从2000年开始引入和运营此制度。

（一）责任运营机关制度的主要内容

责任运营机关制度不改变原机关人员的公务员身份。人事任用、报酬支付和组织管理等方面仍由机构自行决定。责任运营机关制度主要是通过设立"两个会"来实现的。在责任运营机关所属各中央行政机关设立责任运营机关运营审议会。审议会拟订关于事业目标的事项、制订事业运营计划和年度事业计划，对责任运营机关实施评价。在行政自治部设立责任运营机关评价委员会，负责审议、评价责任运营机关的存续与否及改善责任运营机关有关制度的重要事项。

责任运营机关评价委员会每年对各责任运营机关的工作计划、自我评价的适当性、目标完成业绩及成果水准、机关运营的效率，以及符合法律规范的程度进行评价，并将评价结果反映于下一年的工作预算、机关运营费和奖金等之中。

（二）施行责任运营机关制度的优点

责任运营机关制度对于优化韩国行政部门的运营起到了重要作用，其积极影响主要体现在以下两个方面：

其一，实行对部门运营业绩的彻底评价和以评价结果为动机的制度，改变了韩国政府部门以往淡化绩效管理的观念，促进韩国绩效管理的系统化和广泛化。

其二，责任运营机关制度在政府运营的过程中引入竞争，加速了部门之间的专业化和分工化，并催化了顾客的需求和以顾客的期望为导向等行政概念，进而提高韩国行政部门的运行效率，引发政府部门的实质性的改革。

四、公务员绩效评价制度

韩国自1999年起，在政府各部门的公务员中引入绩效工资制，实施目标管理，建立了以目标管理为基础的新绩效评价制度。所有的部门都要提交工作目标计划表，而且要为每个目标制定完成的具体方案、完成的时间等。经过一年的试点，2005年，职务成果契约制度在韩国各部门实施，对韩国公务员工作效率的提高起到了关键作用。

职务成果契约制度是部长等机关的负责人和室、局长及室、局长和课长之间签署公文式的成果契约，在契约中协议工作的成果目标及成果指标，契约签订后，据此评价个人的工作成绩，把评价结果反映于奖金、晋升过程的人事管理制度。

职务成果契约以一年为期进行签订。订立成果契约的公务员的直接上级者，根据被评价公务员的素质、能力及日常综合表现，按照评判标准进行评价。与此同时，上下级之间要实施周期性的成果面谈和反馈。为了促进个人成果目标的实现和适应环境的变化，在年中至少进行一次以上的部门内部中间检查，次年1月末进行最终评价。评价方法是评价者提出与被评价者业绩相关的情况及问题，通过讨论完成最终评价书。评价完后，如果被评价公务员要求公开评价结果，则设定一定的时限公开其评价结果。被评价公务员如果对自己的评价结果不满意，则可以申诉。

成果契约执行度的最终评价结果记录于个人的成果管理卡上,评价结果往往被用于以下两个方面:(1)与公务员的年薪和奖金挂钩,政府每一年度均授予那些在年度中表现特别优秀的公务员以特别奖励;(2)与个人品质、经历、能力等一起构成任命和提升官员的重要指标。公务员的绩效评价结果直接与公务员的经济待遇、仕途命运和高级进修紧密挂钩,提高了评价的使用价值,使得评价不但可以对公务员的实际工作进行有效的指导,而且与他们的切身利益息息相关。

第四节 韩国政府绩效管理的特点

韩国政府绩效管理经过多年的发展,如今已日渐成熟。不仅在规范韩国各级行政部门上起到了重要作用,还激励了各部门不断地创新和改进,让韩国的各级政府焕发出新的活力。韩国在绩效管理上不仅积累了大量的经验,还有着自己鲜明的特点。

一、绩效管理制度的多样化

韩国政府为了提高政策和财政事业的效果性、政策执行的效率性和责任性、顾客指向性,运用了多样化的绩效管理制度。除上文已经提到的政府业务评价制度、财政成果管理制度、责任运营机关制度、公务员绩效评价制度之外,还有监查院的成果监查制度、国会预算政策处的政府预算执行分析、企划预算处对国有企业的经营评价等。多种管理制度同时运用、相互协调,构成一个紧密相联的系统,以达到政策的最大效用。

目前,韩国政府把绩效管理看作财政改革的主要课题,为了扩大预算编定的自律权就必须使用评价管理系统,通过绩效评价得到预算编定成为必需的过程。

二、绩效管理目的明确化

在韩国,绩效管理的目的不再是对行政效率低下的公务员进行惩罚,而是激励行政人员、提高机关效率、收集部门信息、检讨战略计划的综合性目标的统一。这个重要转变使决策者和高层管理者能够更准确地在宏观上把握行政管理方向,对管理过程进行及时和有效的控制。通过科学合理的绩效评价和管理,能保证公共部门在竞争中对公众负责、提高效率、降低成本、提高服务质量,促进韩国行政事业长期健康、有效地发展。

三、绩效评价主体特定化

韩国政府的绩效评价制度有明确的主体负责相应制度的具体运作。《行政部门业务评价基本法》对这一方面有明确的规定:主要政策过程部分由国务总理行政调整室负责,评价委员会负责政府业务评价制度,企划预算处负责成果管理制度,中央人事委员会则负责职务成果契约制度;组织部分由行政自治部负责,信息化部分由情报通信部负责,并由这几个主体指定各评价关联机构。各评价主体都有各自的明确的职责范围。

对于接受评价的部门和个人也有一定的特定化。被评价的部门主要是那些具有事业性、执行性特征的公共部门,而那些所从事的项目的结果比较有偶然性的(如防止犯罪、火灾、疾病等)公共部门则不是绩效评价制度的适用对象。同样,针对公务员个人的成果契约制度,原则上也仅限于4级以上的公务员,其他公务员适用不同的绩效评价制度。

四、绩效管理制度保障法制化

韩国政府的绩效评价大多有法律保障。20世纪90年代以来,韩国政府出台了一系列规范和推进绩效管理的规章与法令,如《责任运营机关设置运营法》《行政部门业务评价基本法》《关于公务员绩效评价等的规定》等;同时,也出台了一些旨在提高公共部门服务质量的规定,如《关于政府主要政策评价及调整的规定》。2006年4月颁布的《行政部门业务评价基本法》则进一步将各种绩效管理制度统合为一个体系,对评价制度的分类、评价主体、对象、方法和指标体系,以及绩效信息的应用等都做出了明确的规定,这些规定在法律上的落实,使韩国政府绩效管理有法可依,绩效评价得到进一步的具体化和制度化。

五、较高的公民参与度

在韩国政府的绩效评价中,公民对政府公共服务的满意度是政府绩效评价的一个重要方面。公民的参与能为政府绩效评价设计出更适合顾客需求和提高满意度的绩效指标,同时还能提高公民参与绩效评价的积极性。韩国的许多绩效评价结果,都通过各种媒体向社会公开,并向民众征求意见。韩国政府绩效评价体系中最为核心的制度是政府业务评价制度,主管该业务的国务总理政策评价委员会的15名委员中有10人是民间委员。在评价的过程中,对各部门的业务设定了民众满意度指标,并通过调研机构对韩国民众进行调查,其结果反映于政府业务评价中。企划预算处也对政府所属机关进行顾客满意度调查,其结果反映于该机关的评价结果中。

本 章 小 结

政府绩效评价是当今世界公共管理领域的一个重要课题。与许多西方国家类似,为了提高政府绩效、政策质量和公众满意度,韩国政府将绩效评价作为行政改革的重要内容并付诸实践。20世纪60年代,韩国将计划审查制度引入政府部门,成为政府绩效评价理念的发端。20世纪90年代,为了适应全球化、信息化和知识经济给政府管理带来的挑战,韩国政府启动了以创建廉价、高效和服务型政府为目标的行政改革,推动韩国政府绩效评价真正地发展并走上制度化。随着时代的发展,韩国政府的行政改革从未间断,为了推动行政改革和提高政府绩效,几十年间,韩国政府开展了一系列的绩效评价实践,主要措施包括:(1)推行并完善政府业务评价制度,分析与评价主要政策的实施及其效果、政府机构和代理机构执行政策的能力,以及公民对政府提供的公共服务的满意度等;(2)推行部门内部评价与外部评价相结合的评价模式,确保评价的公正性、客观性;(3)加强政府绩效审计,以增进公共部门的效率和竞争力;(4)成立政策评价委员会进行绩效评价监督,保证绩效评价的有效实施;(5)公务员评价中引入绩效工资制,实施目标管理,提高公职人员的工作效率和积极性;(6)出台绩效评价的相关法案,将绩效评价法制化,促进政府绩效评价的制度化和规范化。这些措施让韩国政府的绩效评价向规范化、系统化迈进了一大步。

如今,韩国政府的绩效评价制度已形成以国务总理领导的政府业务评价委员会、行政安全部和监察院三个主管机关为核心的格局。政府业务评价委员会的主要职责是依照《行政部门业务评价基本法》,主管政府及公共机关评价和主要政策评价。行政安全部的主要职责是负责和组织中央政府机关人事管理、地方政府人事管理。监察院主要负责根据《监察法》监察国家税收、预算支出、会计检查及公务员履职情况等。这三个主管机关各有明确的职责,又相辅相成。

在政府绩效评价的内容上。2000年之后,韩国政府绩效评价朝着多元化发展,政府的业务评价制度、财政成果管理制度、责任运营机关制度,以及针对公务员个人工作绩效的职务成果契约制度先后出台。这四项制度构成了韩国政府绩效评价制度的主体,各自在不同评价方面上发挥着关键的作用。其中,韩国政府业务评价制度是整个制度的核心,它采取自我评价和特定评价这种内外部评价相结合的方式,通过政策评估、政策实施能力、公民满意度等关键指标,全面、科学地反映了行政部门的运行效率。

提高绩效是现代政府管理的核心问题,中韩两国都是东亚国家,地理相邻、传统文化相近,韩国政府的绩效管理带给中国的参考价值是巨大的。如上文所述,经过多年的发展与完善,韩国政府绩效评价已经有了比较科学、有效的评价体系、评价技术和评价方法,考察和比较韩国有关政府的绩效管理,为中国政府绩效评价体系的建立和发展提供了一些有益的启示。

第十六章 丹麦政府的绩效管理

第一节 丹麦政府绩效管理改革的起因

一、新公共管理运动热潮的影响

丹麦政府绩效评价制度主要是在20世纪80年代引进并实施的。20世纪70年代,许多欧洲国家面临严重的经济危机,英美等国掀起了一场新公共管理运动的热潮,政府行为的首要目标由原本的追求法律完备、效益至上转变为绩效评价,明确责任、结果导向、民众至上等标准成了新的政府绩效评价措施。受到公共管理变革思潮的影响,世界各国为了改善政府绩效、提高政府管理效能,开始进行不同规模和程度的政府改革,政府绩效管理成为提高国家核心竞争力的重要内容。通过1979年的"雷纳评审"、1991年的"公民宪章"和"质量竞争",英国带头推动了政府的绩效评价。丹麦为解决财政赤字和社会公众对政府的信任危机,与荷兰、挪威、新西兰一道,开始引进政府绩效评价。

二、通过综合预算改革,建立绩效管理制度

从1983年开始,丹麦政府发动并实施了综合预算改革,通过建立规范的绩效管理制度,推行权责发生制政府会计和预算,全面、完整地反映政府预算信息和支出成本,广泛接受社会公众的监督,以改善政府管理、提高政府效能。经过多年的努力和实践,丹麦基本形成了一套比较完善的绩效管理体系,绩效管理作为丹麦政府控制支出、规范行为、提高绩效的一项政策工具,发挥了重要的作用。

丹麦政府自20世纪80年代初期逐步实施综合性的预算改革以来,政府各部门已成功地从以自上而下的控制支出为导向的管理体系,转变为以结果绩效为导向的管理体系。丹麦政府预算改革在不同阶段采取了不同的预算改革工具,通过这些工具或制度的实施,在一定程度上解决了在不同发展阶段中的财政难题。20世纪80年代,丹麦采用了预算上限、年度监督、节约与结转制度、人员控制、定期汇报制度等预算改革工具,成功地解决了当时丹麦政府的长期赤字问题。90年代,引进市场化与企业化的管理方法,使政府更加注重结果控制,并将国家审计办公室从行政部门分离,促使丹麦政府提高透明度与运行效率。其中,主要采用的预算改革工具有专题研究、多年协议、中期财政框架、企业会计制度等。这一阶段的预算改革在促进宏观经济增长、降低政府负债水平等方面起到了突出作用。21

世纪开始，丹麦的预算改革充分运用绩效预算管理理念，一方面在中央和地方政府引入以权责发生制为基础的会计与预算，另一方面在中央政府层面全面推行绩效合同制度。自 20 世纪 80 年代以来，丹麦政府通过不同时期预算改革的推进，引进并实施绩效评价制度，经过几十年的改进和提高，绩效评价制度已经取得了长足的发展并趋于完善，从根本上改善了丹麦政府的管理方式，提高了政府效率。

第二节 丹麦政府绩效管理的发展阶段

自 20 世纪 80 年代引进并实施绩效评价制度后，丹麦的政府绩效评价大致走过了四个阶段：支出控制阶段、结果导向阶段、绩效管理阶段、危机应对阶段。

一、支出控制阶段

丹麦政府绩效评价的第一阶段，是从 20 世纪 80 年代至 90 年代初的支出控制阶段。这一阶段推行综合预算改革，实行自上而下的预算控制，并根据预算制度对每个部门的支出进行控制。这时期的预算改革以关注预算编制、强化财政纪律及自上而下的驱动为特征，并采取各种激励措施以保证目标的实现。丹麦政府这一阶段预算改革的工具主要有预算上限、年度监管、节约与结转制度、人员控制等。每年的 2 月至 3 月，财政部设定政府总支出的年度目标，并向财政委员会呈报；对各部门的预算执行情况实行汇报制度，要求各部门定期汇报其预算绩效，如出现违规行为则采取措施予以阻止或修正。如果某部门能够节约资源或使收入大于支出，不但不会受罚，反而会通过结转制度获得奖励。财政部赋予各部门官员限额内支出决策的自主权，将工资与购置成本的增加转为各部门的内部问题，以此提高部门内资金管理的效率。

二、结果导向阶段

20 世纪 90 年代是丹麦政府绩效管理的结果导向阶段，从控制投入转向提高生产力和产出、以提升机构运行的效率和透明度是这一时期预算改革的主要特征。一方面，丹麦政府整合预算与政府的结构政策和宏观经济政策，将预算程序视为一个政策驱动型的治理工具。例如 1994 年，财政部合并了预算司与行政司，成为政府政策决策的参与者。另一方面，丹麦政府引进企业市场化的管理方法，更关注组织结果与管理责任。

在结果导向阶段，丹麦政府主要采取专题研究、多年协议、中期财政框架、企业会计制度与合同管理、新增支出动议的自我融资等工具进行预算改革。这一时期的预算改革在促进宏观经济增长、减少政府债务负担方面起到了较为明显的作用。然而，在施行过程中一些问题的存在，使得建立一个可测量的目标与绩效结果的管理制度并在预算程序中充分利用这些绩效信息的良好夙愿，最终未能实现。

三、绩效管理阶段

21世纪初,丹麦引入绩效规划和权责发生制会计与预算,开启了绩效管理阶段。2001年起,增加公共福利的政治承诺与经济下行的压力,迫使丹麦政府在原有基础上继续推进以绩效为基础的预算制度改革。在改革中,丹麦政府选择了一条更具市场化的改革路径。采用权责发生制会计和预算、绩效预算、绩效合同等预算改革工具,强调合同转包、与私人提供者的成本比较以及对终端用户的重要性,使得政府的绩效评价更加以市场为导向。

2004年以来,所有部门被政府要求公布一项覆盖部门所有领域的绩效规划。制定规划的目的是确保各部门用于改善效率和效益的不同工具(如绩效合同、服务外包及政府采购等)能够协调一致,也有利于促进向项目成本核算和权责发生制预算的转变,在改善政府效率和效益上起到了重要作用。

丹麦政府在预算编制流程中使用绩效与结果信息,取得了一定的成效,政府各部门已成功地从一个注重投入的评价体制转变为一个更注重结果的评价体系。另外,在公共部门推行效率战略,不但减少了部门间的信息不平衡,整合并协调了各方力量,而且改善了公共服务的质量和效率。但在全面推进绩效预算的过程中,财政部也面临来自政治、技术、组织、绩效结果运用等方面的挑战。

四、危机应对阶段

2009年起,丹麦经济开始显露衰退迹象。丹麦财政在保持了十年的预算盈余之后,于2009年突然转为赤字,相继发生的金融危机和欧债危机迫使丹麦不得不进行预算调整。这一时期丹麦的政府绩效评价处于危机应对阶段。

危机应对阶段的绩效管理改革更加注重法律化和具体化。与20世纪80年代的支出控制相比,丹麦政府在2009年后的预算改革中更加重视正式法律制度的刚性约束作用。2012年丹麦《预算法》的正式颁布,为丹麦的预算平衡和议会限制政府支出权提供了法制保障。以《预算法》的通过为标志,未来几年内,丹麦政府可能暂缓其绩效预算改革的脚步,而将预算改革的重点聚焦于严格限制政府开支、赋予议会预算限额的制定权和变更权、强化对经济政策实施情况的独立评价能力三个方面。从2014年起,丹麦中央政府开始将预算限额以四年总量的形式予以确定,《预算法》还对地区与市级政府的预算限额制度做出详细规定,并且强调各级政府必须严格、独立遵守限额,禁止在不同层级政府间进行转移支付。丹麦政府试图强化立法机构对预算限额的控制力,以加强预算纪律。

第三节 丹麦政府绩效管理的现状

近年来,丹麦政府在实行绩效管理方面取得了一定成效,在预算编制中十分注重绩效结果的应用,政府各部门已成功地从一个以投入为导向的一般管理模式转变为以结果为导向的绩效管理模式。这种管理模式的转变从根本上提高了各部门的竞争性,促使各部门注重结果、注重效率,更好、更有效地利用有限的预算拨款,既降低了公共支出的成本,又提高了公共服务的质量。

一、绩效管理的典型模式
(一)计程器模式的应用

丹麦最具代表性的绩效管理模式是计程器模式。计程器模式构思于 1981 年,率先应用于丹麦的大学教育领域。如今,这种模式已基本覆盖丹麦所有的中级和高等教育部门,并逐渐向医疗、卫生等领域扩展,通过计程器模式的预算拨款金额在丹麦整个国家预算支出中占有很大的比例。该模式有两个基本形式:一是用于教育部门的平均价格预算模式;二是目前用于卫生领域的边际预算模式。计程器模式的应用,促进了各机构间的竞争性,也提高了公共服务质量和水平。

1. 教育部门的计程器模式

教育部门的计程器模式主要是将教育拨款数量与教育产出结果挂钩,即根据学生的考评结果,确定学校可以获得的拨款资金。根据不同的学生类型,丹麦政府为各大学设立了不同的拨款等级,目前等级分类已由原来的 17 类减少为 3 类。其基本原则是:对于学校部门,每一个通过考核的学生,大学都可以获得一定数量的拨款,且这些资金可以在学校内部自由使用;如果学生考核不合格或未参加考核,则学校就不能获得与该学生对应数量的拨款。

计程器模式还包括三方面核心内容:第一,政府给予大学的拨款包括两部分,一部分是由计程器模式确定的,另一部分是固定的拨款;第二,大学所需的有关教育的成本、管理费用、固定资产成本等基本都是由计程器模式拨款承担;第三,对于科研等其他费用由除计程器模式外的固定拨款承担,固定拨款只能用于特定方面,不能在学校内部自由使用。

2. 卫生领域的计程器模式

在卫生领域,计程器模式的预算拨款数量涵盖了当今丹麦国内卫生总预算的 20%,而且这个比例在未来可能会上升到 50%。但是,卫生领域的计程器模式与教育领域的计程器模式相比有很大的区别,是一种边际预算模式。在这种模式下,政府会给每家医院设定一个基本指标(如手术例数等),当达到设定的基本指标时,医院即可获得固定拨款;与此同时,对于超过这个基本指标的每一例手术,都可获得额外的拨款。

在卫生领域中使用计程器模式,虽然在促进医院竞争方面起到了积极的作用,也提高了资金的使用效率,但同时也带来一些隐患,有些医院为获得预算拨款而产生过度治疗,如对原本不需要手术治疗的病患予以手术治疗等。因此,在指标的选取上,政府须考虑多方面因素并综合衡量。

(二) 实行绩效合同制

从1993年起,丹麦政府决定采用以绩效为基础的合同作为管理国家部门的长期工具。采用以绩效为基础的合同,其目的在于改善政府管理模式,促进政府部门能够更有效率地开展活动。丹麦政府对签订了绩效合同的部门给予相应的奖励,这些部门将被赋予更大的自主管理权。1998年,丹麦国家审计办公室对这项计划(采用绩效合同制)进行了评价审计,以此判定绩效合同对提高政府部门管理效率和结果是否真正起到作用。丹麦国家审计办公室以绩效合同、国家预算工作图和中央会计数据库的数据为依据,进行目标成效和生产率的定量考评。丹麦国家审计办公室发现,签约绩效合同的部门(有更大的自主管理权)与未签约的部门(严格受政府控制)相比,前者的生产效率更高。

随后,绩效合同制被全面推广,特别是在大学等教育部门得到了广泛应用。随着教育投入的不断增加,社会更加关注教育支出所产生的效果,开始注重大学的绩效管理。一方面,绩效合同制的实行在增强学校的教学和科研能力等方面起到了不容忽视的作用;另一方面,大学绩效合同制的实行顺应了大学的社会化发展趋势。当前的大学教育管理已不再是传统的封闭结构,越来越多的大学开始通过广泛的方式融入社会,与企业等外部机构合作,将课程推广至校园之外,提供开放式教育,出版书刊,组织交流活动等,充分体现出大学的社会性作用。

在签订大学绩效合同时,由研究和信息技术部联合教育部与每所大学进行谈判,并最终确定大学的发展目标及财务安排等,绩效合同一般为中长期合同(现定为四年),并作为大学管理的一个依据。绩效合同的重点在于确定目标框架,并将总体目标划分成不同的具体目标,并依据具体目标的完成情况衡量总体目标。目前,研究和信息技术部已为合同中涉及的目标领域与内容设定了总体框架,教育部也设定了教育方面的总体目标和具体目标(指标)的建议框架(见表16-1、16-2)。

表 16-1　丹麦研究和信息技术部大学绩效合同内容

目标领域	合同内容
研究	研究成果、研究水平、研究质量
教育	由教育部另定
与外界的关系	与其他大学、研究机构、企业等的合作 对外交流
校舍	校舍的维护 校舍的新建与利用
行政	人事管理 激励创新的政策与环境 奖励与处罚政策
图书馆和博物馆等	图书馆馆藏量与书目检索快捷程度 博物馆收藏的保护与更新

资料来源：刘国永，《预算绩效管理概述》，江苏大学出版社，2014 年。

表 16-2　丹麦教育部大学教育绩效合同内容

总体目标	具体目标/指标
大学提供的教育必须是一个高专业水准并由具有专业素质和事业心的老师来支撑	科研教学人员进行教学和研究的比例； 教职员工接受继续教育和培训的数量，特别是教学资质的更新和提高； 在系统的定期评估中学生对教师的评价； 在系统的定期评估中用人单位对毕业生的评价； 内部质量保证机制； 教育评估中发现的具体问题的解决程度
分配给高等教育的资源应可能地有效并使之满足劳动力市场对高质量人才的需求	录取——定量和定性的标准； 退学率； 毕业周期； 入学的年龄分布； 提供教学的连贯性和灵活性； 毕业生的就业比例
高等教育必须经历持续的发展，适应新的需求和可能性	国际化程度，如学生和教师交换的程度； 与丹麦其他教育机构的合作范围和性质； 信息、通信技术与教育集成度； 更新课程与学习计划的具体建议

资料来源：刘国永，《预算绩效管理概述》，江苏大学出版社，2014 年。

二、丹麦政府绩效评价体系

20 世纪 90 年代中期，丹麦开始借鉴并实施公共财政绩效评价活动，主要运用项目等级评价工具对政府项目进行比较评价，从而为项目的管理和预算提供依据。目前，丹麦在项目绩效评价方面已取得了一定的成就，主要包括：第一，建立了层级式绩效评价体系，即项目评价—部门评价—跨部门评价；第二，进行比较绩效评价，对项目的评价在多个政府部门予以公布，形成相互比较和竞争的局面；第三，绩效评价与预算紧密结合，为项目和部门绩效提供内在动力。

案例：丹麦能源与环境绩效管理

当前的政策评价体系可以分为两种类型，一是综合政策评价，二是单项政策评价。以日本、韩国、英国、法国等为代表的国家采用综合政策评价体系，综合政策评价体系具有全面性和系统性的特点，而且对责任主体的划分较为明确，可以具体到每个部门，同时有完善的法律法规作为保障。而以美国、荷兰、加拿大、西班牙、德国、丹麦等为代表的国家则采用单项政策评价体系。不同国家在环境管理方面适用不同的报告指南，目前的国外环境报告指南如表16-3所示。

表16-3 国外环境报告指南

类型	发布机构
参考型指南	UNEP（联合国环境规划署） WBCSD（世界可持续发展工商理事会） CICA（加拿大特许会计师协会） FEEM（意大利环境经济研究所） DIN（德国准则学会） 环境报告书指南（日本环境省） 资源计划（日本经济贸易产业省） 环境活动评估规划（日本环境省）
自主标准型指南	CERES（环境责任经济联合体） PERI（公共环境报告行动）
环境管理监察型指南	EMAS（欧盟环境管理和审计计划） ISO 14000（环境管理标准体系） ISO/TC207（世界标准会议）
法规管制型指南	丹麦、挪威、荷兰、瑞典
可持续报告型指南	GRI（全球报告倡议组织）

资料来源：刘国永，《预算绩效管理概述》，江苏大学出版社，2014年。

丹麦实施的是法规管制型指南。概括而言，丹麦实施两项策略性环境评估系统：一是应用于政策层面的，基于1998年法律约束的《首相办公室通告》，该法规规定所有提交给议会审批的政府方案和建议书，凡是对环境有显著影响的都要进行评估；二是应用于计划和活动层面的，基于《环境评估法案》的规定，并根据"欧盟2001/42/EC条款"予以确定。

其中，在《首相办公室通告》中规定了策略性环境评估的步骤，具体为：

（1）筛选。识别那些可能对环境有显著影响的，并须进一步评估的项目方案或建议书。

（2）定性。识别该议案或政策对环境影响的属性和范围。

（3）评估。具体分析那些对环境有显著影响的项目,对项目进行评估,并在最后的报告中阐述评估的结果。

（4）报告。在议案或其他政府建议书提交给议会时,应附有一份环境影响的说明报告。

提交的报告应面向社会公开,报告内容应通俗易懂,便于社会公众审阅监督。如果项目方案或建议书对环境没有显著的影响,那么就必须在议案的数据中加以指出。丹麦能源政策与行动和策略性环境评估现状如表 16-4 所示。

表 16-4 丹麦能源政策与行动和策略性环境评估现状

能源政策与行动	政策： 《丹麦能源政策展望 2025》(A Visionary Danish Energy Policy 2025) 《丹麦气候战略》(Danish Climate Strategy) 行动： 分配二氧化碳排放,由《丹麦国家计划》(Danish National Plan)发布二氧化碳排放权交易计划
能源指引与立法	不适用
评估类型	策略性环评
要求机制	行政性（针对政策） 法规型（针对计划和活动）
环境评估/策略性环评法案	《首相办公室公告》（针对政策） 《环境评估法案》（针对计划和活动）
应用	政策、计划和活动

资料来源:刘国永,《预算绩效管理概述》,江苏大学出版社,2014 年。

除此之外,丹麦政府于 2007 年颁布了《丹麦能源政策展望 2025》,描述了 2025 年之前丹麦能源政策的目标。这是丹麦政府朝着使丹麦摆脱对煤炭、石油、天然气等矿物燃料的依赖这一长远目标所迈出的重要一步,其重点目标和措施包括：到 2025 年可再生能源比重翻番,达到 30%；加强节能措施,每年节能 1.25%；到 2020 年,交通运输业所使用燃料的 10% 将是生物燃料形态的可再生能源；能源研究支出翻番,每年达 10 亿克朗。政府这一规划将使丹麦 2025 年的矿物燃料使用量下降 15%；同时,大力采取节能措施,在经济增长的同时,使 2025 年的能源消费量维持在 20 世纪 70 年代的水平。

三、丹麦政府绩效信息的整合应用

在丹麦,从各部门的绩效合同、年度报告、效率战略,以及财政部与支出部门之间的双边协议,可以获得较为详细的绩效信息,并且以这些绩效信息为依据决定对各部门的预算投入。根据丹麦财政部颁布的绩效合同指导规定,绩效合同是部门制定绩效规划行为准则工作的一部分,丹麦所有的政府部门都要拥有一份绩效合同,因此可以从绩效合同中获得部分绩效信息。另外,丹麦的绩效管理法案要求各部门应出具年度报告,这份年度报告要求在每个财政年度结束后的3个月内公布,而且年度绩效报告也涵盖在这份年度报告中。年度绩效报告提供了有关资源运用的信息,阐明了目标与结果的对应关系,并且以权责发生制为基础进行编制,产出和结果以资产负债表、损益表、现金流量表的形式体现,清晰地展示目标的实现状况。

四、丹麦政府绩效管理的关键挑战

虽然丹麦政府在改善绩效管理方面做出了很多努力,而且绩效改革得到了广泛的政治支持,也取得了一定的经验,但随着绩效管理的实施和发展,遇到了很多新的挑战,包括技术、文化、制度等诸多方面。其中,最主要的挑战与技术相关,即如何选取准确的绩效测量方法和绩效指标。一方面,由于政府绩效改革的重点从投入转向结果,而结果往往取决于诸多部门之间相互配合的情况。在对一个部门进行绩效评价时,必须排除其他部门对这个结果的贡献程度,而仅仅围绕这个部门的核心业务来设定评价指标。这个评价指标或标准是很难准确把握的,一旦设定不当,就很容易误导部门去完成那些容易实现和衡量的目标,以提高自身的绩效评价结果。另一方面,如果设定的评价指标过多,那么就会导致信息超负荷,反而不利于绩效评价。

除此之外,还有来自制度方面的挑战。丹麦的分权制度使丹麦各部门高度分散,导致丹麦的绩效管理缺乏整体性、集中性和系统性;而且,部门绩效目标的设定也是由各支出部门自身决定的,因此在设定目标时,会有意将目标设定过低或者设定一些很容易实现的目标。虽然丹麦的分权制度使得其部门的管理与发展更为灵活,但也会造成评价目标设定无效率。已经有迹象表明,支出部门会偶尔设定其专有领域内的高目标,并以此申请更多的拨款。因此,政府必须找到一个灵活性与整体性之间的平衡点。

在绩效信息的运用方面,丹麦政府目前的计程器模式虽然将大学的绩效与预算拨款紧密结合在一起,但在实际应用中也出现一些问题。例如,学校会为了获取更多的预算拨款而人为地提高学生成绩和考核通过率;而且如果某年学校的招生规模较大,在假设考核通过率不变的情形下,政府会面临巨额的新增拨款。因此,政府应该进一步规范考核,完善计程器模式,尽量平衡学生人数与考核通过人数之间的比例。

第四节 丹麦政府绩效管理的特点

经过三十多年的努力,综合来看,丹麦政府已经基本形成了一套较为完善的绩效管理体系,建立了具体、规范的绩效指标体系。在每个财政年度,丹麦政府各部门通过制订完善、全面的绩效规划,以及向社会提交绩效报告的方式,全面、透明地反映政府预算信息和支出成本,广泛接受社会公众的监督。丹麦政府在有效控制公共支出的基础上,显著改善了公共服务的质量和效率。具体来讲,其绩效管理具有如下特点:

一、建立以结果为导向的管理模式

1993年丹麦社会民主党政府执政后,对预算政策和结构性政策进行了改革,不再受限于政府支出零增长的目标,而是规定公共支出增速低于GDP的增长。与此同时,丹麦政府将改革的重点由支出控制转向结果控制,逐步建立起以结果为导向的管理模式。这其中包括三方面的核心要素:设定目标、达成协议、结果报告。以结果为导向的管理模式注重最终的产出结果,期望通过关注产出来提高政府服务的质量和效率。通常,在一项协议达成之前,会设定详细的目标,并安排全面的专题研究,判断该项支出服务在未来的需要程度,以及有关效率、成本节约等方面的问题。只有预期结果符合设定的目标才会达成协议。最后,还要求定期形成支出与结果情况的总括性报告,将各部门的注意力逐渐集中到最终结果上。

2004年起,丹麦政府进一步推动以结果为导向的管理模式,充分运用绩效预算管理的概念,决定对各部门采取"绩效战略规划—绩效合同—绩效报告"三步措施。首先,丹麦政府要求各部门必须每年公开发布一份全面的绩效战略规划,这份规划应覆盖本部门的所有领域;其次,在中央政府层面全面推行绩效合同制度,在不同领域分设不同绩效目标和具体指标,并作为政府绩效的基准,各部门在绩效战略规划的基础上签订绩效合同;最后,各部门须提交绩效报告,汇报绩效合同中目标的完成情况,并在每个财政年度结束后的3个月内面向社会公开出版,这份年度绩效报告的结果在一定程度上影响预算投入水平。由此一来,各部门会不断地改善绩效规划,注重绩效评价结果,努力提高效率、节约成本,促使丹麦政府成功地转变为以结果为导向的管理模式。

二、实行以权责发生制为基础的会计和预算

为了获得更好的管理信息,提供更多的财务激励,进一步增强成本意识,2004年丹麦政府决定在中央和地方实行权责发生制会计。权责发生制更关注产品成本的分摊,能更好地将成本与预期成果进行配比,有利于加强管理者对产出和结果的责任,有利于获取绩效信息。可以说,权责发生制为绩效管理开启了一扇新的机会之窗。

2006年,丹麦中央政府部门开始尝试编制权责发生制预算,将权责发生制引入预算领域。与此同时,为了与2007年联邦《预算法》相衔接,试点单位的所有拨款被转换为新的以权责发生制为基础的预算。权责发生制预算可以准确地反映财政支出、核算成本、费用,使费用和产出之间的联系明显增强。另外,权责发生制预算还能较为全面地反映政府现实和潜在的经济状况,也提高了政府经费的透

明度。因此，对中央政府来说，这项改革从政府宏观层面改善了管理行为，提高了工作效率。

三、确立机动灵活的绩效评价机制

丹麦在绩效评价方面，其评价活动的规模与模式均经历了较大的变化。首先，从绩效评价的规模来看，早期丹麦政府的绩效评价大多是围绕一些政策部门进行的，评价规模也相对较大，并且运用了内嵌许多变量的社会模型。近年来，丹麦政府的绩效评价趋于小型化，将侧重点集中转向对项目的评价。其次，从绩效评价的方式来看，早期丹麦政府设置了共计55页纸的具体目标和指标，涵盖大多数的政策领域，并作为政府绩效的评价基准，评价的主要部门为国家审计办公室。近年来，丹麦政府在评价方式的选择上较为灵活，同时经常利用外部的咨询机构进行评价。最后，对于不同的领域，丹麦政府采取不同的绩效评价模式，如教育部门采取适合教育部门的评价模式，而医疗、卫生部门会选择其他评价模式。各个部门确定其评价框架并决定采用适合的评价模式，充分反映出政府不同部门绩效评价模式的差异性和灵活性。

四、采用计程器模式进行预算拨款

丹麦政府对教育部门的拨款包括两部分：一部分是根据《预算法》安排的固定拨款，主要分配给科研；另一部分拨款通过计程器模式来衡量，主要用于教学。计程器模式的运用很好地将教育成果与预算拨款联系起来。与此同时，丹麦政府为大学建立了特殊的拨款体系，称为"出租车跳表体系"。这种拨款体系具有竞争性，使大学和学生更具竞争力。由此一来，以教育成果为基础进行预算安排的方式，将引导学校等机构更加关注学生教育的质量和结果，关注学生的成绩，从根本上提高了学校的资金使用效率，同时也大大提升了教育水平。

另外，为了防止出现腐败，丹麦政府在学校机构中设置了监督审查部门，主要负责对学校董事进行调查，以及对各类投诉案件进行处理。同时，丹麦政府在国家审计委员会办公室中专设小组，负责对学校进行审计，审计方式包括财政审计和效益审计。丹麦的科技创新部代表政府对学校实施管理和一般性监督，与学校签订3—4年的合同并监督合同的执行情况，合同的主要内容包括大学的战略目标、发展重点和发展规划，达到了有效管理的目的。

本 章 小 结

从20世纪80年代初期开始，丹麦就开始发动并实施政府绩效管理改革，建立了规范的绩效管理制度，推行了以权责发生制为基础的政府预算，全面、完整地反映政府预算信息和支出成本。经过多年的实践，丹麦已基本形成较为完善的绩效管理体系。近年,丹麦政府的绩效管理已发展至新的高度,丹麦财政部现代化公共行政管理局拟实施一项"公共部门绩效管理计划",不仅对政府部门进行绩效管理,同时对政府雇员进行绩效管理,并对绩效水平达标的政府雇员给予提薪等额外奖励,该项计划拟对全丹麦18.5万名教师、警察和公务员实施绩效监督。这项计划的实施是丹麦政府绩效管理的一种升华,在规范政府雇员行为的同时,将进一步改善政府绩效。

从丹麦的政府绩效管理改革过程中可以发现,绩效管理作为一种全新的政府管理模式,在降低支出成本、提高运行效率、改进政府绩效等方面起到重要作用。丹麦政府绩效管理的实践证明,我们必须建立以结果为导向的绩效管理体系,明确部门职能与绩效目标,将部门的产出结果与既定的绩效目标相结合;建立绩效报告和评价制度,构建科学、规范的绩效评价指标体系,客观评价部门绩效目标的实现程度,并将评价结果作为预算的重要编制依据。中国在政府绩效管理实践中,可以参考丹麦政府的绩效管理方法,特别是丹麦政府在学校、卫生等部门实行的计程器模式。我们应更加注重绩效评价结果的应用,从而提升资金使用效率,更好地推动中国政府绩效管理体系的建设。

第十七章 香港特区政府绩效管理的实践与启示

第一节 香港特区政府绩效管理的历程与价值取向

一、香港特区政府绩效管理的历程

自20世纪70年代开始,香港特区政府为解决政府管理中存在的严重问题,满足市民对公共服务的迫切需求及其对政府期望的不断提高,也是为了适应在经济、社会和科技等方面日趋复杂的挑战以及达成国际都市目标的需要,不断推进公共部门绩效管理的改革。迄今为止,改革经历了四个阶段。

(一)建立问责机制阶段

20世纪60年代开始,香港特区政府公务员队伍贪污腐败问题严重,因此改革以提高公务员的问责为特点。香港特区政府于1974年成立了廉政公署,进行了廉政立法,将问责制度化;推行多项考核财政效率的新措施,并对审查结果进行问责。

(二)推进以服务市民为落脚点的改革阶段

1992年,效率促进组成立,负责制订和实施公营部门改革计划,并直接向政务司司长负责,绩效管理得以完全制度化。效率促进组制定了长远的改革目标和四项改革原则,并在此基础上拟订未来计划、评估新措施和计划的成效。为了改变公营部门的行政文化,在效率促进组的策划下,连续推出了以服务市民为题旨的一系列改善公共服务的措施,包括服务承诺、营运基金、顾客联络小组、公开资料守则、顾客服务改善计划等。

(三)强化成效为本的改革阶段

香港回归后,公共管理改革的步伐也随之加快。前行政长官董建华指出,政府管理必须更注重成效。香港特区政府实施以目标为本的行政管理过程,确立了"以成效为目的、以成效定优劣"的管理目标。政府各部门都公布施政方针,公开计划所达到的成效。香港特区政府于2000年公布了《绩效评估渐进指南》,作为实施绩效管理的方法依据。

(四)推行资源增值计划的管理阶段

在《一九九八年施政报告》中,董建华公布推行资源增值计划,其主要目的是革新资源管理文化,帮助政府提高资源使用效率。政府采取了一系列措施,不但削减基线开支增长、检讨主要开支范畴,还为注入更积极的资源管理文化而改革管理架构。

进入21世纪,香港特区政府继续改善现行公共部门管理计划,并推行新的措施,朝着亚洲国际都市的目标,努力建立一个世界级服务水平的政府,以求为市民提供的服务达到预期成果,并取得长远成效。

二、香港特区政府绩效管理的价值取向

香港特区政府不断地推进绩效管理,希望打造一个高效率的、世界级水平的政府,纵观近四十年的绩效管理改革实践,其价值取向主要有以下五点:

第一,注重责任。香港特区政府将服务市民视为自己的基本责任,强调要明确自己的责任,承担自己的义务,并勇于承诺,切实兑现。

第二,提高实效。公共服务要以提高实质成果和成效为基本目标,因此绩效管理必须突出重点、把握关键,明确部门的核心功能和服务目标,根据特定时期的中心工作,依靠财政支持,提高产出和质量等关键因素。

第三,善用资源。资源增值计划的核心思想就是要珍惜资源,有计划并有效地开发和利用资源,在现有资源条件下为市民提供尽可能好的服务。

第四,以民为本。以服务市民为本位,在管理中强调体现服务意识、顾客意识,接受市民问责,体恤市民所需,重视市民反馈。

第五,持续改进。绩效管理的目的在于持续改进公共管理并服务市民,不断提高政府服务市民的能力和效果。

第二节 香港特区政府绩效管理的组织与政策措施

香港特区政府成立专门机构,统筹绩效管理及评价事务,并陆续推出了一系列的政策与措施。

一、组织机构

效率促进组作为具体负责绩效管理的职能机构,下设在政务司,由效率促进组专员、副专员、助理专员、首席管理参议主任、首席行政主任等组成,致力于改善公营部门的管理和提供服务的方法,为各决策局和部门提供优质的管理顾问服务,从而发掘并改善政府服务的机会、构思可行的方案、设计富有成效的业务计划,有效地推行各项改革工作,协助各决策局和部门制定明确的工作方针、目标,实施绩效评价。

效率促进组的重点工作包括重整工序、外判工作及公共部门与私营机构的合作,重组架构,应用科技,策划及成立综合电话查询中心,改善对顾客的服务(包括推行服务承诺计划)及绩效评价,编辑发放指导性文件、资料,等等。

其他与绩效管理和评价密切联系的机构有审计署、廉政公署、公务员事务局等,绩效管理的责任机构在总体上形成了一个有统筹、有分责的跨部门绩效管理组织体系,且效率促进组直接向政务司司长负责,审计署、廉政公署更是独立于香港特区政府行政机构,直接向行政长官或立法会负责。

二、绩效管理政策措施

1. 建立绩效管理体系

香港特区政府的绩效管理体系包括四大环节,即绩效目标、绩效合同、绩效评价、绩效申诉。绩效目标是基础,分为宏观目标和微观目标。绩效合同起到明确责任的作用,部门必须以契约方式承诺实现绩效目标,达成目标成效。绩效评价起到衡量、评定作用,对部门在一定时期内的实际运作状况做出量化考核与定性评价。绩效申诉则是将结果有效地运用到实际管理中,使进一步的管理监督与调整有据可依。

2. 实行目标管理计划

部门应实行以目标为本的行政管理过程,通过制定、公开政策目标手册等方式,阐明部门目标及项目的优先性,注重结果,确保向市民提供高质量的公共服务并评价绩效。目标应包括部门的整体目标、重点目标、工作规划、工作内容、工作程序、项目目标等。通过设立目标,建立以结果为导向的管理方式,明确方向、目标,提高管理成效。

3. 推进服务市民计划

部门每年公布服务承诺,简明地列出市民可期望享用的公共服务标准。这些服务承诺使市民知道有关部门已承诺的服务标准,并监督服务计划的实施。

4. 动员私营机构参与

私营机构参与公共服务是一项改善公共服务的策略,可充分利用私营机构的资源,弥补公营机构的不足,使有限的公共资源集中于优先项目,使公共服务的质量和效率在总体上得以提升。私营机构参与公共服务的形式主要有两种——外判、公共部门与私营机构合作。外判指政府部门与外部服务供应商之间的合约安排,让有关供应商在一段时间内提供指定的服务并向部门收取费用。效率促进组每年发表关于政府外判实施情况的报告。

5. 开展部门业务流程重整

要达到良好的效率,部门内部和部门之间的基本工序必须互相协调,部门的目标也要彼此配合。业务流程重整主要包括资讯和以作业为本的成本计算法、最佳工作方式及处理变革的手法等。可从工序、组织、系统和基本建设四方面对流程进行重整。

6. 实施政府管理的架构重组

香港特区政府绩效改革的措施之一是进行部门的架构重组。一定的组织架构必然产生于一定的时代背景之下,在社会性质有所变化、工作职能有所转变的情形下,机构的组织架构就有重组的必要。重组架构可以确保机构的资源和管理人员集中应付真正需优先处理的工作,减少层级和重叠,提升机构应付改变的能力等。

7. 设立综合电话查询中心

综合电话查询中心提供24小时的一站式服务,取代了繁多的电话热线、传真号码、电邮和其他地址,为市民提供更快捷、更有效的一系列关于政府服务的查询及投诉。中心于2001年7月启用,除了为16个部门处理查询和投诉外,还为政府不时举办的推广计划或活动提供解答和查询。

8. 推行顾客管理评价机制

在效率促进组的组织设计下,香港特区政府公布了一套顾客管理评价机制。它是以多个经业界证实可行的顾客管理模式为蓝本,针对香港特区政府独特的管治环境而订立。这套自我评价工具,以综合、系统的方法检讨政府的顾客管理能力,目的是让顾客得到更满意的政府服务,确保服务成效达到顾客的期望。

9. 推行衡工量值审计

政府绩效审计是香港特区政府绩效管理的重要方式,称为衡工量值审计,由香港审计署独立组织实施,每半年提交一份衡工量值审计报告,对受审机构履行职务的节约、效率和效益情况进行评价,提出改进意见和建议。审计结果实时公开,让市民对具体部门的绩效状况有真实、及时的了解。

10. 建立营运基金

香港特区政府对某些提供较商业化服务的部门,以营运基金方式运作。这可以让这些部门保留收益并以财政上更自主的方式运营,最终达到改善服务的目的。

11. 建立顾客联络小组

为了重视市民的反馈意见,畅通沟通渠道,在效率促进组的指导下,服务对象明确的部门成立顾客联络小组。这些小组反映市民意见,定期与部门开会讨论有关改善服务事宜。

三、香港特区政府绩效评价办法

1. 绩效评价的目标架构

香港特区政府绩效评价的架构由目标维度、顾客维度、过程维度、组织和员工维度四个维度构成。每个维度分设若干指标,形成一套包括四个维度和若干指标的评价模式。

各相关公共部门必须建立绩效评价制度,确立和控制一些绩效评价目标,如政策目标手册、官员监控报告、季度进步评价。在具体做法上,各部门可灵活掌握,效率促进组并不框定实施步骤、期限、约束的通则,但评价内容必须突出重点、把握关键。公共部门可以参照同一个评价维度,但不同部门的评价指标可以不同。香港特区政府为公共部门建构了一套比较规范、清晰的评价维度,但在评价指标问题上,只是规定了一些总体性的原则,要求各个公共部门在选择评价指标时,应明确部门关键要素与高层政策目标的关系,平衡评价行为的总体布局,重视输出与结果的对应关系,提供整体满意度的评价机制,保证操作的可行性、程序性。

香港特区政府倾向于把绩效目标分为宏观性目标与微观性目标两类。

宏观性目标包括:

(1)纲领性目标。香港特区政府总体性、中长期的目标和规划。

(2)政策性目标。各个职能部门的整体目标,要求各部门各负其责,相关部门积极配合。

(3)关键性目标。在每个职能领域中,确定4—6个关键效果区域,代表政策目标实施的一些主要步骤。

微观性目标包括:

(1)部门目标。具体服务部门针对服务需要,为实现政策目标而制定的工作规划、工作内容、工作程序。部门目标是政策性目标的补充,围绕着政策性目标而展开。

(2)项目目标。某项工作内容的具体设计,政策性目标、关键性目标提供运作基础,但项目目标与政策性目标、关键性目标的一致程度,需要靠部门目标加以衔接。例如,在部门目标监控得力的情形下,政府执行基本的预算评价就可以成为生产力提高这个政策性目标的有机组成部分。

(3)活动目标。由一线服务部门对现行的活动行为做出的底线规范。当然,宏观性目标与微观性目标又是密切联系的,每一个政策性目标、关键性目标,都有一系列具体的部门目标、项目目标,甚至是活动目标相配套。目标体系的设计有助于各个部门、各个层级统一认识、加强合作,以提高公共服务质量。同时,目标体系的设计为绩效评价提供了明确的分层导向,越是微观性的目标,这种基础作用越是明显。

2. 绩效评价的实施过程

香港特区政府绩效评价的实施过程基本上分为以下六个步骤:(1)明确部门政策目标;(2)拟订具体行动计划;(3)确定考评内容;(4)确定绩效目标;(5)收集相关数据,准备评价条件;(6)使用评价体系,监督管理过程。

第三节　香港特区政府的衡工量值审计制度

在香港特区政府的审计法规中，将政府绩效审计称为衡工量值审计，其在审计工作中占有重要地位。香港特区政府审计署每年在衡工量值审计中投入较多的人力、资源，并取得了显著成效。

一、衡工量值审计的范围

1. 什么是衡工量值审计

衡工量值审计指任何决策局、政府部门、专责机构、其他公众团体、公共机构或账目须受审核的机构，在履职时，由审计机构对其达到的节省程度、效率和效益进行的审查。

按香港特区政府立法会的要求，审计署应按预先制定的工作程序表，每年应有组织地对以上部门和机构开展衡工量值审计，每年审计两次，分别在4月和10月，审计署将审计结果向立法会报告。

2. 衡工量值审计的工作范围

根据香港特区政府立法会通过的《衡工量值审计》的规定，审计署署长可就任何决策局、部门、机构、其他公共团体、公共机构或受审核机构在履行职务时所遵守的经济原则、取得的效率和效益进行调查。其中，受审核机构包括所有有关条例规定对其账目加以审核的任何人士、法人团体或其他团体；过半数收入来自公款的机构，但也可根据补助条件中的一项协议对少于半数收入来自公款的机构进行类似审核；根据行政长官的书面授权，对其账目及记录进行审核的机构。

二、衡工量值审计的过程

香港特区政府于20世纪70年代中期开始衡工量值审计，80年代形成规范，其衡工量值审计的进行过程有三个操作阶段。

1. 策划阶段

衡工量值审计的对象和内容是广泛而多样的。按照审计署的工作范围，可审核机构包括政府总部的11个决策局、几十个政府部门、几十个有关机构，还有其他公共机构及其下属机构，这些机构繁杂的工作内容可以列出难以胜数的审计项目。因此，要尽可能合理、有效地使用审计资源，安排和分配好一定时间（如一个年度）的工作量。效率和效益审计是审计的第一步。审计署选择项目时，先进行一般性考察，收集和评价受审核机构的有关资料，了解它们的主要活动及资源状况，以此为基础制订衡工量值审计的五年战略计划；然后在五年战略计划的基础上，制定每年的审计工作程序表。

2. 调查分析阶段

经过初步研究，如果确认该项审计有充分理由须进行下去，全面调查就可以展开了。审计人员会采取各种审计方法扩展和深入，如同财务收支审计那样审核会计资料，更多的则是超越传统的做法，多方面、多途径地了解情况。例如，审阅更多种类的文件档案，实地察看某些事物，访问有关的人员，甚至需要进行问卷调查，尤其要统计和分析许多数据。全面审计是为了达到审计目标而收集充分、可靠和相关的证据，为形成审计结论而提供合理的基础。审计人员通过审阅、复查、核对、复印、摘录等方法取得文件证据，通过直接观察、拍照、画图、备忘录等方式取得实物证据，还通过整理、汇总、计算、比较、推理来取得分析性证据。证据通常说明某些事项在节约、效率或效益方面存在一定的问题，如经费超支、计划延误、未达到政策目标等，而问题的产生可能由于制度漏洞、决策失当、管理不善或者人为疏忽。这一切工作都会记录在审计人员的工作底稿上，也会始终与受审核机构有关人员交换意见而确认或修改、补充想法。

3. 撰写绩效审计报告阶段

调查工作完成以后，审计组撰写审计报告初稿，初稿包含了有关事项的基本情况和调查结果，以及初步的审计意见和建议。报告初稿由审计署助理署长以上的高级官员审阅后，送交受审核机构，然后召开会议征询其意见。审计报告会按照一定程序受到严格的质量检查，以保证其内容客观、公正、完整、均衡、有建设性。审计署的高级官员付出许多时间和精力研究、推敲报告书，并将受审核机构的正式回应纳入报告的最后定稿。

三、衡工量值审计的特点

1. 审计署独立的地位

审计署隶属特别行政区政府，对行政长官负责，审计署署长是行政长官任命的政府主要官员之一。但是，法律规定，属于行政系列的审计署拥有相当的超脱和独立性，能够在衡工量值审计中不负使命，积极地发现和揭示政府的财政问题，确保公共资源的有效使用。

审计署并无权力对受审核机构下达具有法律约束力的文书，审计署的工作是发现问题，并在审计报告书中就问题提出意见和建议，以此发挥监督作用。立法会专门成立了政府账务委员会。这是个常设机构，职责是处理审计报告所提的事项，实际上同审计署一样，也是对政府公共开支的合法性、有效性进行审查；但因账委会是立法机构的组成部分，负有制衡政府权力和执法监督的职责，故更具有权威性和约束力。

2. 有组织的方法

审计署按照有组织的方法进行衡工量值审计，确保工作进度和质量受到控制。衡工量值审计按照策划、调查和报告三阶段进行的具体过程源自英国。英国国家审计署的绩效审计计划按四个步骤编制：调查了解审计对象概况；记录整理资料；各业务部门编制五年期滚动式战略计划；综合、调整各业务部门计划后编制总体计划。香港特区政府精心组织衡工量值审计，进行得严谨细致，讲求效率。审计人员通常采用抽样方法节约时间和成本，根据具体的审计目标选择样本的结构、规模，并大量使用计算机进行辅助审计，显著地提高了工作效率和准确性。

3. 与受审核机构的合作

对于传统的财务审计，有一个通俗的称呼，叫做查账。绩效审计的范围和内容要广泛得多，工作方式和方法也灵活多样，尤其需要被审计单位多方面的配合帮助。衡工量值审计不像审核账目性质的工作，能以严格的法规和公认的会计标准去判别与处理财政财务收支事项，它没有统一的标准和固定的模式，需要对受审核机构的制度和运作有足够的了解、与相关人员进行有效的沟通，才能恰当地确定评价指标和审计内容。良好的合作关系可以使审计人员取得有用的资料、信息和意见，许多审计项目要进行跨部门的调查研究，广泛的交流与协作是非常必要的。更重要的是，衡工量值审计的目的是帮助受审核机构改进工作、提高绩效水平，而这一目的的实现，有赖于受审核机构对于审计工作的认同和接纳。所以，在不影响审计独立性的前提下，审计人员在调查阶段的各个环节会公开自己的工作，多层次、多方面地与人磋商，表现出同受审核机构互动互助的过程。

4. 充足的资源保障

绩效审计比财务审计需要更多的资源，特别是审计人员必须具备由较多知识和较强能力构成的综合素质。每一个衡工量值审计项目的负责人，都必须由高级审计师担任。审计署十分清楚其所需的资源主要是人力，在全署人员的配置中，8%是业务人员，而业务人员中有4%是高级审计人员；而且，审计署非常重视业务培训，以持续培训促进审计人员更新知识、提高技能，每年还选派人员到海外培训，由英国国家审计署和美国审计总署提供帮助，到有关机构进行衡工量值审计方面的实习，以吸收先进的方法和技术。另外，审计署拥有充足的经费以保证衡工量值审计的开展。

四、衡工量值审计的开展情况

香港特区政府审计署在每个财政年度一般要安排衡工量值审计项目20个左右，并于每年4月、10月经行政长官、分两次向立法会提交每个审计项目的审计报告，每次各提交单个审计项目报告10份左右。

审计署对有关部门与机构在履行职责时所遵循的经济原则，以及取得的效率、效益和取得的效率、效益的事实，不加评判，但审计署可提出建议，由政府账目委员会根据审计报告提出质询。

衡工量值审计发现的问题及其处理。审计署向社会公布的、向立法会提交的《2000—2001财政年度衡工量值审计情况报告》，揭露了一些部门和机构存在的公务人员偷懒、浪费和滥用资源、处理问题不慎等问题。例如，法律援助署使用公款不当，5年间经费赤字上升3倍，高达1.2亿港元；政府物料供应部门采购的电脑档次低，却比市价还高，截至2001年3月31日，货仓的存货多达1500多万港元，有些物料足够使用100年，造成严重浪费；医管局所属的一些医院的采购缺乏严格的控制，既增加了行政费用和采购成本，又造成了设备分配不均，降低了设备的使用率，浪费严重；食环署所属的机动街道清洁服务队车队管理混乱，每年浪费开支1000多万港元。各部门和机构都根据审计报告提出的问题，认真地改进了工作。

衡工量值审计的内容和作用，由此可见一斑。当然，它并非一项简单的业务，需要成熟的机制和充足的资源，是一个社会的经济发展、民主意识、行政管理达到相当水准时才能够普遍开展的。

五、香港特区政府衡工量值审计的实践经验

香港特区政府衡工量值审计基本上依循国际公认的政府绩效审计的最佳做法，并参照英国国家审计署的工作方法。香港特区政府从20世纪70年代中期开始实行衡工量值审计，80年代形成较为规范的体系，得到实践者的广泛赞同。

1. 处理好审计目的唯一性与审计目标双重性的关系

传统的政府审计目的在于查错防弊，落脚点是政府行为的合法性；而衡工量值借审计的目的则是评价被审计部门或机构有效利用公共资源的情况，落脚点是政府的责任，并借此寻找进一步提高政府部门运行绩效的途径。与目的相适应，审计目标具有双重性：一方面要向立法机构提供政府行政管理部门绩效的保证；另一方面要促进政府部门改进管理，提高绩效水平。

2. 审计范围的广泛性和审计内容的多样性

审计范围包括政府及所属机构，政府投资举办的公营企业，接受政府资助和补贴资金的企业、单位和团体，随着政府活动范围的扩大和公共支出的增加，政府审计领域呈现不断扩展的趋势。衡工量值审计内容集中在资源的有效管理与使用方面，审计对象以管理活动为主，审计的价值判断标准为经济性、效率性和效果性，不仅界定了审计内容的多样性，更引导被审计单位的管理者、决策者、立法者和社会公众所利用的政府部门管理和所使用的公共资源的信息质量得到提高，以最终提高政府的责任。

3. 审计计划的周密性和审计工作的协作性

香港特区政府审计署每年列出的审计项目中，大多数涉及两个以上的机构，但审计资源是有限的，因此审计署有一套完整、严密的审计工作模式，尽可能合

理、有效地使用审计资源。在执行特别专业的审计业务时,审计署也会聘请社会中介机构提供服务,以确保审计质量和审计建议的有效性;而且,许多审计项目要进行跨部门的调查研究,广泛地交流与协作是非常必要的。

4. 审计准则的规范性和审计方法的灵活性

香港特区政府审计署在20世纪70年代首次颁布衡工量值的审计准则,并进行了多次修订,从立项开始到体现审计成效等环节做了具体的规定和指南,已成为规范衡工量值审计的作业标准。其框架结构包括衡工量值审计一般概念、计划准则、初步阶段工作准则、外勤准则、审计报告准则、审计结果公开及跟踪准则。审计署在衡工量值审计中除使用检查、观察、监盘、查询与函证、分析性复核等传统方法外,更多地使用问卷调查、访谈、比较分析、研讨会等方法获得所需的信息。衡工量值审计方法多种多样,每种方法各有长短,审计人员通常会根据具体情况灵活地运用各种方法。

5. 审计结果的透明性和审计结论的建设性

香港特区政府审计署的审计报告书向立法会提交之日,也是向媒体和市民公开之时。作为纳税人的广大市民,非常关注公共资源的管理和运用,对于审计署提示的问题,特别是政府开支的明显差错或关系民生密切的审计事项,反应较大,也普遍认同审计署的建议。舆论监督促使存在问题的被审计对象采取积极的态度和行动,同时也是对审计质量的严格考验。审计署出具的每份审计报告都要按照一定程序接受严格的质量检查。报告通常是指出问题、做出结论和提出改进办法,而非做出处理、处罚。报告全部对外公开,且有可能接受公开聆讯,因此被审计对象经常是锱铢必较,审计报告征求意见的过程比较漫长。审计署高级官员要参与审阅所有的审计报告,付出许多时间和精力研究、推敲报告书,以保证其内容客观、公正、完整、均衡、有建设性。此外,每次报告完成后,审计署均要进行后评价,并以此作为衡量其工作业绩的指标。

第四节 香港特区政府绩效管理经验的启示

一、认清政府职能,确立服务为本的价值取向

长期管制型体制下形成的意识还不能彻底转变,绩效管理的基础就不能牢固树立。香港特区政府将服务市民视为最重要的目的和目标,把政府定位为"大市场,小政府",政府的目标是"以民为本,决策果断,有效回应市民诉求"。中国内地政府存在的主要问题之一正是价值扭曲,过分重视无效益的增长,过分注重效率原则而忽视满意度原则,没有将公共服务和公众满意作为政府绩效评价的根本标准,导致无效率的增长和"政绩工程"的出现。因此,政府必须坚持以人为本,以提高人民生活质量作为发展的最终目标,树立正确的政绩观,建立服务型政府。

二、利用市场资源,推广政府公共服务外包

私营机构灵活变通、积极进取的办事方式,可以为公共服务注入新的活力,提升服务的质量和效率,也使政府可以把有限的公共资源集中于指定的优先项目上。香港特区政府充分利用公营部门和私营机构的资源,确保政府服务所用的资源占本地生产总值的比重不会超出有助于促进经济繁荣的最佳值。私营机构参与公共服务这个模式,多年来已融入香港特区政府的多项改革措施中,包括引入新科技和提高成效的方法。公营部门及私营机构在提供公共服务方面能够互相补足、符合公众利益,并达到双赢的效果,政府可以提供更佳的服务,使政府和社会受惠,私营机构也可以获得发展机会。在中国内地,这种做法还不够广泛,但随着市场发育的渐趋成熟,可以进一步放宽领域,大力推广公共服务外包。

三、适应科学发展,建立多维度的评价体系

以往的评价实践多以经济效率和效益为核心,是一种经济主导型的评价体系。基于平衡计分卡的绩效指标体系强调从受众服务、职能业绩、内部管理、创新学习等角度为党政机关设计绩效指标,体现了科学发展观的平衡理念。我们可以借鉴这种理念,在绩效管理与评价中建立多维度的、导向综合平衡发展的评价体系。

四、重视顾客导向,确立多元化的评价主体

评价主体单一化是中国内地绩效评价的普遍现象。从某种意义上讲,政府是一个垄断组织,对其评价不能只从政府内部的自上而下来进行,上级满意并不是公众满意,这样导致的结果是一些地方政府只唯上不唯下,偏离以人为本的价值导向。绩效评价需要更多的社会机构和民众的介入,将自评与他评(如引入专业评价组织、社会评价组织、第三方中介机构评价组织等)相结合,提高评价的可信度和有效性。

五、加强绩效审计,建立跨部门评价机制

香港特区政府的公共部门绩效审计由审计署进行,每半年一次。绩效审计的结果即时公开,公众从中可以了解评价对象的绩效状况,形成舆论和民意影响,公共部门由此受到监督。绩效不佳的公营部门迫于压力,就不得不公开道歉、承担责任,并给出具体改进方案。另外,香港特区政府的绩效管理与评价整体上是由效率促进组、审计署等共同完成的,单一部门的考核缺乏制衡性。因此,政府应发挥审计部门的客观性与权威性及相关部门的优势,建立跨部门的评价机制。评价主导机构应由利益相对独立的一方(或社会第三方)担任。

六、重视结果运用,发挥绩效评价的工具性

结果运用既是评价的延续,又是评价的目的所在。评价的目的在于根据评价

结果,寻差距、找经验,促进政府提高绩效,发挥其监督功能、激励促进功能、资源优化功能、改善政府形象功能。政府绩效评价的最终意义在于通过评价导向来改善政府预算,促进政府部门之间、政府与公众之间的沟通与合作,提高公共政策理性,增强公共责任,提高公共服务质量。香港特区政府绩效管理将结果应用列为基本环节之一,并强调要确保结果得到应用。因此,政府应强调对评价结果的应用,克服在应用方面的单一化,扩大评价结果的适用范围和使用者,充分发挥绩效评价的工具性,促进公共部门不断提高管理绩效、改善公共服务。

参 考 文 献

Ammons, D. N., *Municipal Benchmarks: Assessing Local Performance and Establishing Community Standards*, ME Sharpe, 2012.

ANAO, 2000—2001 ATO Performance Reporting under the Outcomes and Outputs Framework, 2001.

ANAO, 2012—2013 The Australian Government Performance Measurement and Reporting Framework Pilot Project to Audit Key Performance Indicators, 2013.

ANAO, Agencies' Implementation of Performance Audit Recommendations, 2013.

ANAO, *Annual Performance Reporting*. Canberra: AGPS, 2003.

ANAO, Application of the Outcomes and Outputs Framework, Australian National Audit Office, 2007.

ANAO, Better Practice Guide Better Practice in Annual Performance Reporting, 2004.

ANAO, Better Practice in Annual Performance Reporting, 2004.

ANAO, DoF. *Better Practice Guide: Better Practice in Annual Performance Reporting*. Canberra: ANAO, 2004.

ANAO, DoF. *Performance Information Principles*. Canberra: ANAO, 1996.

ANAO, Performance Information in Portfolio Budget Statements. Australian National Audit Office, 2001.

ANAO, Program Evaluation in the Australian Public Service, Australian National Audit Office, 1997.

Audit Commission, CPA-The Harder Test: Scores and Analysis of Performance in Single Tier and County Councils 2007, Local Government National Report, February 2008.

Blöndal, J. R., The Reform of Public Expenditure Management Systems in OECD Countries, Available at SSRN 2028366, 2005.

Bouckaert, G. and J. Halligan, Managing Performance—International comparisons, 2008.

Brass, C. T., Changes to the Government Performance and Results Act (GPRA), Overview of the New Framework of Products and Processes: CRS Report for Congress, 2012.

Brrul, J. D., "GPRA—A Foundation for Performance Budgeting", *Public Performance & Management Review*, 2007, 3(30): 312—331.

Cabinet Office, Single Departmental Plans for 2015 to 2020, February 2016.

Centre of Excellence for Evaluation, 2012 Annual Report on the Health of the Evaluation Function, 2013.

Centre of Excellence for Evaluation, Evaluation of the 2009 Policy on Evaluation, 2015.

Curristine, T., "Government Performance: Lessons and Challenges", *OECD Journal on Budgeting*, 2005, 5(1): 127.

Curristine, T., *Performance Budgeting in OECD Countries*, OECD Publishing, 2007.

Curristine, T., "Performance Information in the Budget Process: Results of the OECD 2005 Questionnaire", *OECD Journal on Budgeting*, 2005, 5(2): 87.

Department for Communities and Local Government, The Audit and Inspection of Local Authorities Memorandum from the Department for Communities and Local Government, February 2011.

Documents budgétaires, http://www.performance-publique.budget.gouv.fr/documents-budgetaires/lois-projets-lois-documents-annexes-annee/exercice-2006#.V7_o-pN95-U.

Documents budgétaires, http://www.performance-publique.budget.gouv.fr/documents-budgetaires/lois-projets-lois-documents-annexes-annee/exercice-2015#.V7_paZN95-U.

Evans, B. L., Agriculturaland Pastoral Statistics of New Zealand 1861—1954, 1956.

Feller, I., "Performance Measurement and the Governance of American Academic Science", *MINERVA*, 2009, 47(3): 323—344.

Gómez, J. L. and K. Willoughby, "Performance Informed Budgeting In US State Governments", *Presupuesto y Gasto Público*, 2008, 51:287—303.

Goldman, F. and E. Brashares, "Performance and Accountability: Budget Reform in New Zealand", *Public Budgeting & Finance*, 1991, 11(4): 75—85.

Guidelines for Contracting with Non-Government Organizations for Services Sought by the Crown.

Hatry, H. P., *Performance Measurement: Getting results*, Urban Inst Press, 2006.

HM Treasury, Choosing the Right FABRIC: A Framework for Performance Information, London: HM Treasury, 2001.

HM Treasury, Comprehensive Spending Review: New Public Spending Plans 1999—2002, July 1998.

HM Treasury, Spending Review 2010, October 2010.

Ho, A. T. K. and A. Y. Ni, "Have Cities Shifted to Outcome—Oriented Performance Reporting? A Content Analysis of City Budgets", *Public Budgeting & Finance*, 2005, 25(2): 61—83.

IEG, Designing a Results Framework for Achieving Results: A How-to Guide, 2012.

IEG, Monitoring & Evaluation: Some Tools, Methods & Approaches, 2002.

IEG, Writing Terms of Reference for an Evaluation: A How-to Guide, 2011.

Jordan, M. M. and M. M. Hackbart, "Performance Budgeting and Performance Funding in the States: A States Assessment", *Public Budgeting & Finance*, 2003, 19(1): 68—88.

Joyce, M., Performance Informance and Innovation in the Canadian Government, 2007.

Joyce, P. G. and S. S. Tompkins, Using Performance Information for Budgeting: Clarifying the Framework and Investigating Recent State Experience: Meeting the Challenges of Performance-oriented Government, American Society of Public Administration Washington, DC. 2002.

Joyce, P. G., "The Obama Administration and PBB: Building on the Legacy of Federal Performance, Informed Budgeting?", *Public Administration Review*, 2011, 71(3): 356—367.

Kroll, A. and I. Proeller, "Controlling the Control System: Performance Information in the German Childcare Administration", *International Journal of Public Sector Management*, 2012, 26(1): 5.

Le cadre organique des lois de finances, http://www.performance-publique.budget.gouv.fr/budget-comptes-etat/cadre-organique-lois-finances#.V8AFP5N95-U http://www.performance-publique.budget.gouv.fr/budget-comptes-etat/cadre-organique-lois-finances#.V8AFP5N95-U.

Lynch, T. D., Public Budgeting in America, 1995.

Mackay, K. R., *How to Build M&E Systems to Support Better Government*, World Bank Publications, 2007.

Mascarenhas, R. C., "Searching for Efficiency in the Public Sector: Interim Evaluation of Performance Budgeting in New Zealand", *Public Budgeting & Finance*, 1996, 16(3): 13—27.

Massey, P., *New Zealand: Market Liberalization in a Developed Economy*, London: St. Martin's Press, 1995.

McNab, R. M. and F. Melese, "Implementing the GPRA: Examining the Prospects for Performance Budgeting in the Federal Government", *Public Budgeting & Finance*, 2003, 23(2): 73—95.

Melkers, J. and K. Willoughby, Staying the Course: The Use of Performance Measurement in State Governments, 2004.

Melkers, J. E. and K. G. Willoughby, "Budgeters' Views of State Performance-Budgeting Systems: Distinctions across Branches", *Public Administration Review*, 2001, 61(1): 54—64.

Ministry of Business, Innovation and Employment Statement of Intent 2013—2016.

OECD, Modern Budgeting, 1997.

OECD, Performance Budgeting: A Users' Guide, 2008.

Performance et gestion publiques, http://www.performance-publique.budget.gouv.fr/performance-gestion-publiques/controle-interne#.V8AEI5N95-U.

Poister, T. H., *Measuring Performance in Public and Nonprofit Organizations*, Jossey-Bass, 2003.

Pollitt, C. and G. Bouckaert, *Public Management Reform: A Comparative Analysis-New Public Management, Governance, and the Neo-Weberian State*, OUP Oxford, 2011.

Richardson, H. R., Opening and Balancing the Books: The New Zealand Experience, Frontier Centre for Public Policy, 2004.

Rubin, I. S., *The Politics of Public Budgeting Getting and Spending Borrow and Balancing, New Jersey Chatham House Publishers Inc, 1997.

Schick, A., "Planning-Programming-Budgeting System: A Symposium", *Public Administration Review*, 1966, 26(4): 243—258.

Schick, A., "Sustainable Budget Policy: Concepts and Approaches", *OECD Journal on Budgeting*, 2005, 5(1): 107—126.

Schick, A., "The Road to PPB: The Stages of Budget Reform", *Public Administration Review*, 1966: 243—258.

Scott, Graham C., Government Reform in New Zealand, International Monetary Fund, Washington D. C., 1996.

State Sector Commission, New Zealand's State Sector Reform: A Decade of Change, 2002.

Sterck, M. and B. Scheers., "Trends in Performance Budgeting in Seven OECD Countries", *Public Performance & Management Review*, 2006, 30(1): 47—72.

Taylor, G. M., "Introduction to Zero-Based Budgeting", *The Bureaucrat*, 1977:33—55.

Taylor, J., "Performance Measurement in Australian and Hong Kong Government Departments", *Public Performance & Management Review*, 2006, 29(3): 334—357.

The Chief Financial Officers Council and the Council of the Inspectors General on Integrity and Efficiency, Report to the Congress and the Comptroller Genera: The Chief Financial Officers Act of 1990—2020 Years, July 2011.

The Treasury, http://www.treasury.govt.nz/abouttreasury/strategicdirection.

Thurmaier, K. M. and K. G. Willoughby, *Policy and Politics in State Budgeting*, ME Sharpe Incorporated, 2001.

Treasury Board of Canada Secretariat, Guide for the Development of Results-based Management and Accountability Frameworks, 2001.

Treasury Board of Canada Secretariat, *Management Accountability Framework*, 2016.

Treasury Board of Canada Secretariat, *Policy on Management, Resources and Results Structures*, 2012.

Treasury Board of Canada Secretariat, Results for Canadians: A Management Framework for the Government of Canada, 2000.

Treasury Board of Canada Secretariat, Whole of Government Framework, 2010.

Tyer, C. and J. Willand, "Public Budgeting in America Public Budgeting in America: A Twentieth Century Retrospective", *Journal of Public Budgeting Accounting and Financial Management*, 1997, 9(2): 189—219.

U. S. Department of Health and Human Services, Fiscal Year 2017 Budget in Brief: Strengthening Health and Opportunity for All Americans, 2016.

U. S. Department of Health & Human Services, FY 2015 Annual Performance Report and FY 2017 Annual Performance Plan, 2016.

U. S. Government Accountability Office (GAO), Performance Budgeting: Observations on the Use of OMBs Program Assessment Rating Tool for the FY 2004 Budget, Washington, DC:

U. S. Government Printing Office，2004.

U. S. Office of Management and Budget（OMB），Overview of Federal Evidence-Building Efforts，July 2016.

U. S. Office of Management and Budget（OMB），Preparation，Submission，and Execution of the Budget，Circular NO. A-11，July 2016.

U. S. Office of Management and Budget（OMB），The Federal Program Inventory：Making Program Information More Accessible，May 2013.

Wang，X.，"Conditions to Implement Outcome-Oriented Performance Budgeting：Some Empirical Evidence"，1999，11(4)：533—553.

Wang，X. H.，"Performance Analysis for Public and Nonprofit Organizations"，*Jones & Bartlett Learning*，2010.

Whitcombe，Judy，"Changes in Structural Design in the New Zealand Social Service Sector"，*Social Policy Journal of New Zealand*，Issue 36，August 2009.

Wholey，J. S.，H. P. Hatry and K. E. Newcomer，*Handbook of Practical Program Evaluation*（3rd edition），2010.

Willoughby，K. G.，"Performance Measurement and Budget Balancing：State Government Perspective"，*Public Budgeting and Finance*，2004，24(2)：21—39.

安秀梅："政府公共支出绩效评估的基本理念"，《中国行政管理》，2007年第3期。

包国宪、李一男："澳大利亚政府绩效评价实践的最新进展"，《中国行政管理》，2011年第10期。

包国宪、周云飞："英国全面绩效评价体系：实践及启示"，《北京行政学院学报》，2010年第5期。

包国宪、周云飞："中国政府绩效评价：回顾与展望"，《中国政府绩效管理年鉴》（创刊号），2010年。

财政部条法司、干教中心赴德国培训考察团，德国财政法律体系及财政立法制度考察报告，《财政研究》，2006年第2期。

蔡玉文："法国的预算编制"，《中国财政》，2003年第1期。

晁毓欣："公共品政府供给绩效评价：机理与运用"，山东大学，2011年。

陈旭东："绩效预算的理论基础探源"，《财会月刊》（综合版），2005年第8期。

邓毅："基于绩效的预算所面临的挑战：美国的实践及启示"，《经济问题》，2008年第7期。

董礼胜、胡志芳："英、法、德三国政府改革的实践经验及其对我国的启示"，《欧洲研究》，2006年第6期。

董玲、安艳芳："政府预算绩效评价指标体系研究"，《山西高等学校社会科学学报》，2011年第2期。

法中公共财政监督研讨会中方代表团、金莲淑："法国财政预算改革与监督管理新情况考察及借鉴"，《财政监督》，2007年第1期。

范柏乃、程宏伟、张莉："韩国政府绩效评估及其对中国的借鉴意义"，《公共管理学报》，2006年第3期。

范柏乃：《政府绩效管理》，上海：复旦大学出版社，2012年。

方振邦、葛蕾蕾、李俊昊："韩国政府绩效管理的发展及对我国的启示"，《烟台大学学报》，2012年第3期。

方振邦、葛蕾蕾：《政府绩效管理》，北京：中国人民大学出版社，2012年。

苟燕楠："公共部门综合性项目绩效评价研究：一个PART（绩效评级工具）的实践"，《行政事业资产与财务》，2009年第1期。

海涛："我国预算绩效管理改革研究"，2014年。

韩君："地方政府公共预算研究——深圳与香港的比较"，《甘肃行政学院学报》，2012年第4期。

何宝玉："法国议会的预算审查制度"，《人大工作通讯》，1996年第11期。

何欣："论鸡西市绩效导向型公共财政建设"，《当代经济》，2010年第7期。

黄严："新LOLF框架下的法国绩效预算改革"，《公共行政评论》，2011年第4期。

黄严："新LOLF框架下的法国绩效预算改革"，《公共行政评论》，2011年第4期。

孔志峰："绩效预算是提高执政能力的重要工具"，《财政与发展》，2005年第9期。

蓝志勇、胡税根："中国政府绩效评估：理论与实践"，《政治学研究》，2008年第3期。

李凤鸣："法国审计法院对国家预算的监督"，《审计与经济研究》，1997年第3期。

李慧："英国的绩效预算改革及启示"，《经济导刊》，2008年第5期。

李慧、张志超："美国绩效预算的经验、困难和启示"，《华东经济管理》，2007年第10期。

李尽法、邢天添："绩效预算运行机制内外影响因素的系统分析与互动研究"，《现代财经》（天津财经大学学报），2008年第4期。

李文彬、郑方辉：《公共部门绩效评价》，武汉：武汉大学出版社，2010年。

李艳鹤、马国贤："公共管理科学化的演变历程：基于效率内涵的解释"，《现代管理科学》，2014年第12期。

李艳鹤："预算绩效管理改革的逻辑探索——基于制度与信息的比较研究"，上海财经大学，2015年。

李燕、王宇龙："论绩效预算在我国实施的制度约束"，《中央财经大学学报》，2005年第6期。

李燕、朱春奎："丹麦预算改革的工具、成效与启示"，《地方财政研究》，2014年第11期。

李宜强："法国新LOLF法案及其对中国事业单位绩效管理改革之借鉴价值"，《现代财经》（天津财经大学学报），2010年第9期。

李永友："解析与构建公共支出绩效评价指标体系"，《当代财经》，2005年第1期。

练伟、马骏："公共与绩效：预算改革的关键"，《浙江人大》，2010年第9期。

林玲："法国新预算法简析"，《中国财政》，2005年第9期。

林岐："法国预算绩效管理若干启示"，《产业与科技论坛》，2010年第10期。

林岐："法国预算绩效管理若干启示"，《产业与科技论坛》，2010年第9期。

刘国永：《预算绩效管理概述》，江苏：江苏大学出版社，2014年。

刘国永：《预算绩效管理概述》，镇江：江苏大学出版社，2014年。

刘昆：《绩效预算：国外经验与借鉴》，北京：中国财政经济出版社，2007年。

刘昆:《绩效预算——国外经验与借鉴》,北京:中国财政经济出版社,2007年。
刘丽敏、杨淑娥、袁振兴:"国际环境绩效评价标准综述",《统计与决策》,2007年第16期。
刘明勋:"中国公共支出绩效评价指标体系研究",暨南大学,2005年。
刘绍云:"香港政府绩效管理评估的经验和启示",《政府法制建设》,2012年第3期。
楼继伟:"法国的预算管理",《中国财政》,1999年第3期。
路军伟、陈希晖:"法国政府预算与政府会计改革:评介与借鉴",《审计与经济研究》,2009年第3期。
吕昕阳:"英国绩效预算改革研究",《经济研究导刊》,2011年第22期。
吕炜、王伟同:"我国公共教育支出绩效考评指标体系构建研究——基于绩效内涵和教育支出过程特性的构建思路",《财政研究》,2007年第8期。
马蔡琛、童晓晴:"我国公共预算绩效管理的政策选择与制度框架",《广东技术师范学院学报》,2005年第3期。
马国贤、陈云鹏、李艳鹤:"论预算绩效管理",《行政事业资产与财务》,2011年第15期。
马国贤、李艳鹤:"论基于绩效的农业县转移支付政策研究",《甘肃行政学院学报》,2011年第6期。
马国贤:《政府绩效管理》,上海:复旦大学出版社,2005年。
马骏:"公共预算原则:挑战与重构",《经济学家》,2003年第3期。
马骏、侯一麟:"中国省级预算中的政策过程与预算过程:来自两省的调查",《经济社会体制比较》,2005年第5期。
马骏、刘亚平:"为什么研究美国进步时代改革?",《公共行政评论》,2008年第2期。
马骏:"新绩效预算",《中央财经大学学报》,2004年第8期。
马骏、叶娟丽:"公共预算理论:现状与未来",《武汉大学学报》(社会科学版),2003年第3期。
马骏、於莉:"中国的核心预算机构研究——以中部某省会城市为例",《华中师范大学学报》(人文社会科学版),2007年第2期。
马骏、赵早早:《公共预算:比较研究》,北京:中央编译出版社,2011年。
马骏:"中国预算改革的政治学:成就与困惑",《中山大学学报》(社会科学版),2007年第3期。
马志远、韩一宾:"NPM理论的应用与政府绩效管理实践——来自新西兰、澳大利亚政府治理模式的借鉴",《财政研究》,2013年第3期。
马志远:"美英财政绩效管理模式选择的实践与借鉴——从组织效率到绩效成果",《中国行政管理》,2013年第9期。
马志远:"我国财政绩效评价的现状与推进路径",《山东财政学院学报》,2012年第5期。
迈克·列茨岑斯基、熊焱冰、韦春卉:"德国高等教育经费及绩效导向拨款",《高教发展与评估》,2007年第5期。
茆英娥:"地方政府一般预算绩效评价指标体系的构建",《财经论丛》,2007年第5期。
孟岩:"新西兰的新绩效预算改革及对我国的启示",《湖南财经高等专科学校学报》,2010年第3期。

米歇尔·列申斯基、刘晗:"德国高等教育中的财政和绩效导向预算:竞争激发效率",《北京大学教育评论》,2008年第1期。

聂丽洁、王俊梅:"关于绩效预算与零基预算相结合的预算方法体系的思考",《中央财经大学学报》,2004年第12期。

宁有才:"英国政府绩效评估及其启示",《行政与法》,2004年第3期。

牛美丽、马骏:"新西兰的预算改革",《武汉大学学报》(哲学社会科学版),2006年第6期。

彭春华、袁明智、孙宝有:"香港政府绩效审计探析",《湛江师范学院学报》,2006年第5期。

彭健:"OECD成员国的预算绩效评价实践及其借鉴",《山东财政学院学报》,2005年第2期。

彭婧:"新西兰政府构建购买公共服务模式的经验与启示",《经济社会体制比较》,2015年第2期。

朴钟权:"中韩政府绩效管理的现状、特点与比较研究",浙江大学硕士学位论文,2007年。

屈亚:"乔治·W.布什的新绩效预算改革探析",《党政干部学刊》,2011年第3期。

Richard Allen、Daniel Tommasi 著,章彤译,《公共开支管理——供转型经济国家参考的资料》,北京:中国财政经济出版社,2008年。

山东省财政厅干部教育中心:《当代中外财政预算绩效管理荟萃》,北京:经济科学出版社,2013年。

尚虎平:"我国地方政府绩效评估中的一些'大'问题",《甘肃行政学院学报》,2008年第4期。

沈春丽:《绩效预算:基本介绍和在中国地方政府推行的可行性探讨》,北京:中信出版社,2005年。

宋雄伟:"英国'公共服务协议'治理方式解析",《中国青年政治学院学报》,2012年第4期。

孙迎春、周志忍:"国外政府绩效管理与评估的实践模式与发展趋势",全国政府绩效管理研究会——兰州大学中国地方政府绩效评价中心,《中国政府绩效管理年鉴》,2010年。

谭立满:《新绩效预算的美国经验及其对我国的启示》,武汉大学,2005年。

唐志敏:"英德两国政府绩效评估比较及启示",《第一资源》,2011年第3期。

万文翔、杨雪鸪、李萌、朱昌兵、杨发勇、张均平:"德国财政预算政策研究",《中国财政》,2012年第10期。

汪建华:"预算绩效评价指标体系构建",《高教发展与评估》,2010年第6期。

汪菁、朴钟权:"韩国政府绩效评估制度及其对我国的启示",《理论与改革》,2006年第5期。

王爱学:"公共产品政府供给绩效评估理论与实证分析",中国科学技术大学,2008年。

王德祥、黄萍:"美国新绩效预算改革及其对我国公共财政建设的启示",《科技进步与对策》,2004年第12期。

王桂娟:《绩效预算的经济学分析——兼论财政职能与政府效率》,上海:立信会计出版社,2013年。

王海涛:"我国预算绩效管理改革研究",财政部财政科学研究所博士学位论文,2014年。

王羚、程敏:"香港特别行政区衡工量值式审计给我们的启示",《审计与经济研》,2005年第2期。

王绍光、马骏:"走向'预算国家'——财政转型与国家建设",《公共行政评论》,2008年第1期。

王伟:"制度评估——韩国的实践及其启示",《地方政府管理》,2001年第6期。

吴俊培、李淼焱:"中国地方政府绩效预算改革论",《经济视角》,2011年第2期。

吴俊培:"预算绩效管理的理论依据探究",《财政监督》,2012年第36期。

吴少龙:"让绩效预算运转起来:支出部门遵从度研究",中山大学,2009年。

吴淑英:"政府绩效预算:美国经验与中国探索",复旦大学,2007年。

吴文玉:"德国绩效预算实践及其对中国的启示",安徽大学,2014年。

吴亚萍:"新《财政组织法》之下法国国家预算制度的改革与特色",《公共经济与政策研究》,2015年第2期。

香港政府绩效审计研究与借鉴,www.kanzhun.com/lunwen/579744.html。

徐冰:"公共治理:政府绩效审计的重要内容——来自丹麦的经验",《审计月刊》,2004年第8期。

徐瑞娥:"法国国家预算管理体制简介",《西欧研究》,1986年第3期。

薛凯:"改革政府:新西兰的经验",《中国行政管理》,1998年第12期。

姚肖梁:"法国绩效审计研究",同济大学,2008年。

游祥斌:"试论绩效预算改革的战略规则基础",《中国行政管理》,2010年第1期。

余仲华、杜新宇:"德国公务员绩效考核的七大启示",《人事天地》,2012年第11期。

袁方成、盛元芝:"'新公共管理运动'的困境与转型——新西兰公共部门改革的反思及参鉴",《公共管理学报》,2011年第8期。

张爱民、汪枝明:"香港政府审计简析",《世界经济文汇》,1993年第2期。

张海燕:"地方政府公共支出预算绩效管理改革实践探索——兼论上海市闵行区'以结果为导向'的预算管理改革",《青海社会科学》,2011年第5期。

张雷宝:"地方政府公共支出绩效管理:来自浙江的实践与启示",中国改革国际论坛暨中国改革的下一步:变化与选择国际研讨会,2008年。

张维平:"对中国实行绩效预算管理的思考",《当代财经》,2005年第2期。

张晓岚、吴勋:"预算功能取向与部门预算绩效评价理论导向",《当代经济科学》,2007年第5期。

赵合云:"绩效预算的难点分析:基于理论假设的视角",《经济经纬》,2007年第2期。

赵晖:"借鉴与创新:英美等国政府绩效答理的启示",《云南社会科学》,2008年第1期。

赵辉:《政府绩效管理与绩效评估》,南京:南京师范大学出版社,2011年。

赵凌:"德国高等教育绩效拨款制透视",《高教探索》,2012年第1期。

赵勋、侯丽芳:"法国的预算管理及启示",《山西财税》,2006年第5期。

赵永全:"瑞典绩效预算改革的研究",《理论界》,2010年第10期。

郑方辉、覃事灿:"政府绩效评价周期及其实证检验",《中国行政管理》,2010年第11期。

中华人民共和国审计署:"借鉴香港衡工量值式审计经验 创新绩效审计工作思路",

http://www.audit.gov.cn/n1992130/n1992150/n1992576/2559484.html。

周佳怡:"英国中央政府绩效管理及其借鉴",《经营管理者》,2016年第4期。

周娇娥:"衡工量值式审计对绩效审计的研究和借鉴",《时代经贸》,2010年第26期。

朱海:"丹麦预算绩效管理的实践及启示",《行政事业资产与财务》,2009年第4期。

朱海:"丹麦预算绩效管理的实践及启示",《行政事业资产与财务》,2009年第4期。

卓越:"政府绩效评估指标设计的开发思路",《中国行政管理》,2008年第3期。